本教材第4版曾获首届全国教材建设奖全国优秀教材二等奖

“十二五”普通高等教育本科国家级规划教材

高校课程思政示范建设项目(国家级)配套教材

中国管理学系列教材

战略管理

理论模型与中国实践

第6版·数字教材版

徐　飞　编著

中国人民大学出版社
·北京·

前言

《战略管理》2009年初版，现已出到第6版。新版（第6版）的变化主要体现在以下几个方面。

第一，纳入“中国管理学系列教材”，书名更新为《战略管理——理论模型与中国实践》。作者一以贯之地将全球化与本土化有机结合，自觉践行全球视野和本土功夫。新版更注重在中国情境下考察相关理论，充分审视战略管理理论与中国式现代化特征、市场特质、文化特色、发展阶段及消费偏好等因素的契合和调适。本土化始终是本书一直保持的特色。本书注意突出东方管理智慧，彰显中国战略思想，注重学理化地呈现中国企业管理实践并大量采用本土案例。特别地，直面VUCA和BANI情势，结合自然科学量子理论的新发展，在战略管理认知思维上，适时将过往西方占主导地位的（牛顿）经典思维，转变为当今东方智慧占优的量子思维。

概言之，经典思维具有更多的粒子性、分解性、独立性、单元性、静态性、逻辑性，而量子思维具有更多的波性、统摄性、关联性、系统性、动态性、直觉（洞见）性。显然，量子思维的这些特点由量子的叠加、纠缠、涨落、跃迁、跳跃、相干、包容、测不准、不确定等特征所决定。基于东方量子思维，本书在第8章第3节增加了“战略组态”，并在相关章节补充了本土理念思想和理论，如新质生产力等，积极探索建构中国自主知识体系。

第二，新质生产力是创新起主导作用，摆脱传统经济增长方式、生产力发展路径，具有高科技、高效能、高质量特征，符合新发展理念的先进生产力质态。新质生产力作为先进生产力的具体体现形式，是马克思主义生产力理论的中国创新和实践，是科技创新交叉融合突破所产生的根本性成果。近年来，中国大力发展以数字经济为典型代表的新质生产力，同时，健全相关规则和政策，加快形成同新质生产力更相适应的生产关系，促进各类先进生产要素向发展新质生产力集聚，大幅提升全要素生产率。基于此，本书在第4章增加了“新质生产力”，并将其作为单独的一节（第7节）以示突出和强调，同时增写了“数字经济”（见第3节）。

第三，在新一轮科技革命浪潮中，人工智能、量子科技、生物技术、新能源、新材料等科技创新进入密集活跃期，引发链式变革。特别是生成性人工智能，作为共性技术或通用技术（general-purpose technologies，GPT），几乎可以格式化所有的行业、产业、领域和赛道，以前所未有的方式重塑生产方式、产品形态和服务模式，催生新质生产力。换言之，或全部或多个产业都基于AI，或AI使能/赋能所有产业。实际上，AI业已成为当前我国推动制造业高质量发展和国家综合竞争力提升的关键内容。因此，本书在第3章增写了以AGI、GAI、AIGC为核心内容的第3节“生成性人工智能”；在第7章新增了第7节“生成性人工智能使能战略”，旨在顺应时代大势并积极响应国家大力倡导的“人工智能+”行动。

第四，党的二十大报告明确提出弘扬企业家精神，并将其作为构建高水平社会主义市场经济体制的重要举措之一。党的二十届三中全会通过的《中共中央关于进一步全面深化改革 推进中国式现代化的决定》进一步指出，“完善中国特色现代企业制度，弘扬企业家精神，支持和引导各类企业提高资源要素利用效率和经营管理水平、履行社会责任，加快建设更多世界一流企业”。基于此，本书在第1章增加了以爱国敬业、开拓创新、诚信守法、社会责任、国际视野为主要内容的“弘扬新时代企业家精神”；在第2章专门增加了第3节“企业社会责任（CSR）与环境-社会-治理（ESG）”。

第五，本次修订时对全书的引例、新视角专栏，以及战略实践专栏的案例进行了全面更新，对每章开篇的名人名言亦作了部分更新。同时，全书采用新的材料/数据系统更新了有关内容和表述。受篇幅所限及对与时俱进的考量，删除了原第4章第3节“知识和数据为何成为战略资源”的部分内容，删除了原第10章第4节“平衡计分卡（BSC）”，将原第7章第1节“电子商务战略”删减改写为“平台战略”。

在新版修订过程中，上海财经大学博士生胡铖、陆亮亮和韦皓钰，在认真完成好学业和科研的同时，积极查找资料，准备有关素材，撰写有关节段，遴选引例、新视角专栏和战略实践案例，更新章节数据和材料。在此对他们的踏实勤勉、用功用心和智慧贡献表示由衷的感谢。

感谢中国人民大学出版社的各位编辑在成书过程中的及时沟通和有益建议，她们精益求精的专业精神令人感佩。

感谢家人对我的悉心照顾和周到关怀，使我能专注于工作、思考和写作。

徐　飞

目　录

第 1 章

战略管理概论

治国有大体，谋敌有大略。立大体而后纲纪正，定大略而后机变行，此不易之道也。

——南宋陈亮

没有战略的企业，就像一架迷失了方向且在险恶天气中飞行的飞机，即使不坠毁，也不无耗尽燃料之虞。

——未来学家阿尔文·托夫勒

▶ 本章要点

1. 正确理解战略及战略管理的概念。
2. 了解战略管理的发展历程。
3. 熟练掌握经典战略管理理论。
4. 把握战略与决策者之间的关系。
5. 掌握战略与竞争优势的关系。
6. 理解企业家精神的内涵。
7. 熟练掌握战略管理全模型及其构成要素、层次和过程。

▶ 课程思政元素

战略思维；系统观、整体观、大局观、辩证观、运动观、义利观；“两个大局”（实现中华民族伟大复兴的战略全局、世界百年未有之大变局）；“十个坚持”（坚持党的领导，坚持人民至上，坚持理论创新，坚持独立自主，坚持中国道路，坚持胸怀天下，坚持开拓创新，坚持敢于斗争，坚持统一战线，坚持自我革命）；新发展理念（创新、协调、绿色、开放、共享）；高质量发展；“三新一高”（立足新发展阶段，贯彻新发展理念，构建新发展格局，推动高质量发展）；“四个自信”（中国特色社会主义道路自信、理论自信、制度自信、文化自信）；“两个确立”（确立习近平同志党中央的核心、全党的核心地位，确立习近平新时代中国特色社会主义思想的指导地位）；企业家精神。

引 例

AI 让熄灯工厂成为现实

熄灯自动化依赖于能够感知、规划和执行任务的机器人，其能力水平几乎与人类相同。就在几年前，这些机器人还只支持工厂中预先设置好的单维互动，这严重限制了它们的能力。

具身智能体（embodied agents）意指可以在虚拟环境中处理数据和做出决策，而且能够在现实世界中通过物理身体进行感知、学习和行动的智能系统，它将生成式AI的能力带入了机器人的物理世界。现在，机器人可以通过文字、音频、传感器和信号等多模态感官感知车间的变化。因此，AI可以生成简单的计划，并根据对世界的理解进行迭代。机器人还可以实时将计划转化为具体行动并加以执行。

（1）指令简单。编程和集成占机器人应用成本的50%～70%。通过为非技术人员提供指导机器人的自然语言界面，生成式AI界面有望大幅降低相关成本。

（2）任务多样性。训练机器人完成单一任务的传统方法正在过时。DeepMind等30多个研究实验室证明，在电缆布线、物体操作和拾放等不同任务中，通用机器人人工智能（generalist robotic AI）的表现比专业机器人高出50%以上。

（3）适应能力提升。机器人可以动态识别并适应不断变化的工业环境。如Covariant公司的机器人基础模型可自行设计策略，以应对具有挑战性的拾放任务，包括摇晃箱子以更轻松地抓取其中的物品，从而使机器人能够在第一天就处理客户仓库中超过10万个从未见过的SKU。预先训练好的模型可以缩短设置时间，通过即时适应提高效率，并在整体上建立我们对熄灯设置的信任，为制造商提供公平的竞争环境。

（4）像人一样灵巧。随着机器人在一系列任务中模仿人类行为的能力不断提高，可自动化任务的范围也在迅速扩大。丰田研究所（Toyota Research Institute，TRI）正在开发一种“机器人幼儿园”（kindergarten for robots），在这种幼儿园里，远程操作员可以手动控制机器人完成200多种常见的人类技能，如使用工具和倒入液体，而AI生成模型则会在后台学习这些行为。

资料来源：丹尼尔·库珀，列昂尼德·茹科夫，娜姆拉塔·拉加歌帕，雅尼克·巴斯波．AI让熄灯工厂成为现实．哈佛商业评论，2024年10月刊.

思考题：熄灯工厂成为现实的基础条件是什么？熄灯工厂具有哪些优势？AI为熄灯工厂提供了哪些赋能？

第1节　战略管理的历程

一、战略管理理论的起源

战略起源于军事领域，战略“strategy”一词由希腊语“strategos”演化而来，“strategos”是指将军指挥军队的才能，或更一般地表示战略家、能人、战略眼光或超常能力。

在军事上，战略指在与敌人进行实际作战之前，计划和指挥大规模军事行动，将力量调整到最具优势位置的谋划。尽管战略来源于军事，但其中很多原理，如进攻与防御的相对优势原理、夹击（侧翼进攻与包抄）原理、随形就势原理等，已广泛应用于商业竞争。

中国自古就是一个战略大国，中国古代的许多书籍，如《三十六计》《孙子兵法》

《诸葛亮兵法》《三国演义》《易经》等，孕育着非常丰富的战略智慧。其中，春秋时期孙武所著的《孙子兵法》堪称"兵学圣典"，是将帅必读的"武经"，在《武经七书》中被排在七部著名兵书的首位。在军事以外的诸多领域，《孙子兵法》也有广泛应用，在《战国策》《吕氏春秋》《韩非子》《黄帝内经》等著作中不难发现《孙子兵法》的深刻影响。《孙子兵法》作为一部综合性的战略教科书，注重谋略，富于哲理，内容丰富，思想深邃，适用范围广，是战略哲学的精华，是哺育历代将帅的乳汁，是克敌制胜的重要思想武器。

19 世纪末，西方军事战略家先后提出"海权制胜论""空权制胜论""机械化制胜论"等思想，反映了西方军事战略的雏形。两次世界大战后，军事战略理论在西方有了长足发展，其中一些重要的观点和思想与东方先贤的观点和思想不谋而合。如英国战略理论家哈特（L. Hart）认为："最完美的战略是不必经过严酷的战斗就能达到目的的战略"，这和孙武的"不战而屈人之兵，善之善者也"遥相呼应；同时，哈特还提出了"大战略"的概念，使战略的内涵和外延大大拓展，成为涉及多个领域和学科的重要概念。

企业战略的思想是随着管理理论的发展而形成的。经济学家巴纳德（C. Barnard）首次将战略作为理论加以研究，在 1938 年出版的《经理的职能》（*The Functions of the Executive*）一书中，巴纳德将战略理论从组织理论和管理理论中分离出来，运用"战略因素"构想分析企业组织的决策机制。巴纳德强调企业组织决策必须考虑战略因素，强调企业组织与环境相适应，这种组织与环境相匹配的思想成为现代战略分析的基础。

二、近代经典战略管理理论

学者钱德勒（A. D. Chandler）在 1962 年出版了《战略与结构：工业企业史的考证》（*Strategy and Structure：Chapters in the History of the American Industrial Enterprise*）一书，掀起了研究企业战略的浪潮。该书提出了企业发展的战略四阶段论：数量扩大战略、地区扩展战略、垂直一体化战略和多元化经营战略。这四个阶段环环相扣，带有强烈的可以科学推演的递进关系，被视为企业发展战略的普适性规律。该书还着重阐述了环境、战略和结构三者之间的关系，提出了"结构追随战略"的观点，认为企业经营战略应当适应环境、满足市场需求，组织结构又必须适应企业战略，随着战略的变化而变化。在此基础上，战略研究形成了设计学派（design school）和计划学派（planning school）。这两大学派均注重对环境和市场的分析，把企业的经营活动视为在统一战略指导下相互关联的整体，从而提高了对企业战略问题的认识。

设计学派的代表人物是哈佛商学院的安德鲁斯（K. Andrews）教授，他于 1971 年出版了设计学派的经典著作《公司战略概念》（*Concept of Corporate Strategy*）。他认为战略形成的过程实际上就是企业内部条件与外部环境相匹配的过程，由此企业战略可分为战略制定和战略实施两个阶段。安德鲁斯的最大贡献是提出了制定战略的 SWOT 分析框架，即在制定战略的过程中，必须考虑企业自身的优势和劣势以及外部环境中存在的机会和威胁；要将企业的目标、经营活动和不确定的环境结合起来，充分利用外部环境提供的机会，同时避免不确定性带来的威胁，通过趋利避害，构建企业的竞争优势。

计划学派的代表人物是哈佛商学院的安索夫（H. I. Ansoff）教授，他在 1965 年出版的《企业战略》（*Corporate Strategy*）一书中提出了战略构成的四个要素，即产品与市场范围、增长向量、协同效应和竞争优势。其中，协同效应和以此为基础发展起来的协同战略，成为企业兼并、收购以及战略联盟的理论源泉。1972 年，安索夫又出版了《战略管理思想》（*Strategic Management Thought*），正式提出"战略管理"的概念；1976 年，安索夫在《从战略计划走向战略管理》（*From Strategic Planning to Strategic Management*）一书中提出了"企业战略管理是一个动态过程"的观点；在 1979 年出版的《战略管理》（*Strategic Management*）和 1984 年出版的《植入战略管理》（*Implanting Strategic Management*）两本书中，安索夫不仅将战略的要素扩大为八个方面，即外部环境、战略预算、战略动力、管理能力、权力、权力结构、战略领导和战略行为，还进一步发展和完善了他提出的一套广为学术界、企业管理实务界所接受的战略管理理论、方法（methodology）、程序和范式（paradigm）。安索夫的这些著作被公认为战略管理的开山之作，他本人也被尊称为"战略管理鼻祖"和"一代宗师"。

三、当代竞争战略理论

（一）20 世纪 80 年代竞争战略理论

20 世纪 80 年代初，以哈佛商学院迈克尔·波特（Michael E. Porter）教授为代表的竞争战略理论成为战略管理的主流理论。波特提出的行业竞争结构分析方法和模型得到战略管理学界的普遍认同，并且成为外部环境分析和战略制定的最为重要和广泛使用的模型。波特认为，战略的核心是获取竞争优势，而影响竞争优势的因素有两个：一是企业所处产业的盈利能力，即产业的吸引力；二是企业在产业中的相对竞争地位。因此，竞争战略的选择应考虑以下两点：（1）选择的产业是否具有潜在利润的吸引力；（2）如何在选择的产业中获取竞争优势。为了正确选择有吸引力的产业以及获取竞争优势，企业必须对将要进入的一个或几个产业的结构状况和竞争环境进行分析。

波特竞争战略理论的基本逻辑是：（1）产业结构是决定企业盈利能力的关键因素；（2）企业可以通过选择和执行低成本或差异化战略，影响产业中的五种作用力量，以改善和加强企业的竞争优势；（3）价值链活动是竞争优势的来源，企业通过价值链活动和价值链关系的调整来实施其基本战略。

（二）20 世纪 90 年代战略管理理论的新发展

进入 20 世纪 90 年代，随着信息技术的迅猛发展，市场竞争环境日趋复杂，企业把战略重点从外部环境分析转向内部控制，注重自身核心竞争力的形成，强调企业内部条件对于获取并保持竞争优势的决定性作用。1990 年普拉哈拉德（C. K. Prahalad）和哈梅尔（G. Hamel）提出了企业的核心能力（core competence）理论，该理论假定企业具有异质资源，且资源不能在企业间自由流动；对于企业独特的资源，其他企业无法得到或模仿，这些独特的资源成为企业竞争优势的基础。

巴尼（J. Barney）、科林斯（D. J. Collins）和蒙哥马利（C. A. Montgomery）被认为是企业资源学派的代表，他们把企业看作各种资源的集合。所谓企业资源，是企业在向社会提供产品或服务的过程中，能够实现企业战略目标的各种要素组合。其中，那些与企业预期业务和战略相匹配的资源最具价值，企业的竞争优势取决于其拥有资源的价值。企业资源学派认为，企业应将自身置于所处的产业环境，只有与竞争对手的资源进行比较，才能发现企业拥有的优势资源。1997 年，提斯（D. J. Teece）、皮萨诺（G. Pisano）和舒恩（A. Shuen）把演化经济学的企业模型和企业资源学派的观点结合起来，提出了“动态能力”的战略观和基于“动态能力”的战略分析框架。

20 世纪 90 年代后期出现的战略联盟强调企业间的“竞合”，即合作中的竞争与竞争中的合作，认为竞争优势构建在自身优势与他人竞争优势相结合的基础之上，自此，通过创新和创造来超越竞争开始成为企业战略管理研究的一个新焦点。随着产业环境的日益动态化、技术创新的加速化、竞争的全球化和顾客需求的日益多样化，企业逐渐认识到，无论是为了增强自身能力还是拓展新市场，企业都应努力营造共赢的局面，与其他企业共同创造消费者感兴趣的新价值，培养以发展为导向的协作性经济群体，企业才能获得更多的利益。

（三）2000 年以来战略管理理论的新趋势

进入 21 世纪，决策变量的易变性（volatility，V）、不确定性（uncertainty，U）、复杂性（complexity，C）、模糊性（ambiguity，A）前所未有，使企业家对未来的预测主要不是基于统计模型和计算，而是更多地基于自己的心智、想象力、洞察力、直觉力、警觉性、自信心、判断力和勇气。日益凸显的“VUCA”特征和愈发动荡的经营环境动摇了企业对战略规划的信心，企业越来越难以保持长期的竞争优势，而传统的战略理论对此又无能为力，反叛传统战略理论的呼声日益高涨。在这样的背景下，以环境不确定性、未来不可预测性、系统复杂性和发展非均衡性为基础条件变量的后现代企业发展战略理论应运而生。

后现代企业发展战略理论并不是一个体系化的理论，尚处在形成和演化过程中，很不完善。之所以称为“后现代”，是因为在哲学和社会学中，“后现代”意味着对理性、必然性、确定性的反叛和解构，后现代企业发展战略理论所强调的正是不确定性、随机性、直觉性、偶然性、试错性、应急性、学习性、自组织性和自适应性等特征，其主要观点如下。

嵌入、升级、扩展、构建四种生态战略，是企业适应 VUCA 时代的利器。

战略实践 1-1　VUCA 时代，新一代企业战略

1. 战略是不断试错和学习的结果

现实的战略往往不是理性和计划的结果，而是不断试错的结果。环境的不确定性必然导致企业不断尝试与修改自己的对策，这些对策的逐步积累就形成了战略。尤其是当企业的知识与经验无法应对外部复杂的环境时，不妨摸着石头过河，从试错中寻找解决方案。既然外部世界如此复杂多变，高层管理者的主要职责就不是程式化地制定战略，而是管理组织学习（organizational learning）。通过学习尤其是组织学习，企业才能应对不确定性，才能在渐进式的学习过程中创建出企业的战略。21 世纪的学习型组织理论进一步认为，只为适应与生存而学习是不够的，必须创造性地学习，这样才能将企业打造成一种有机的、高度柔性和弹性的、扁平化和人性化的可持续发展组织。

2. 战略是一种意图

普拉哈拉德和哈梅尔提出的“战略是一种意图”的著名论断越来越契合当下的经营环境。所谓意图，是指一种最终追求的目标。意图虽然仅仅是一种直觉或愿望，并不具体明晰，当然更谈不上完善，但它扮演了“罗盘”的角色。在高度不确定性和存在大量偶然性的现实商业环境中，在变化越来越快的市场上，再好的战略也不可能给企业一个完全确定的路线，因此，战略更像指引方向和导航的“罗盘”而非具体详尽的“地图”。

3. 战略是一个应急过程

明茨伯格（H. Mintzberg）和沃特斯（J. Waters）指出，合适的战略制定与决策过程要考虑到环境波动的程度，一个好的战略应该给企业多种选择，并配有应急措施。企业可以对这些选择做出权衡，并能适应市场上迅速发生的变化。为了提高应急能力，企业应该把自己锤炼成“自组织”“自适应”的组织。对“自组织”的强调和推崇，成为20世纪90年代后期尤其是进入21世纪以来许多企业管理论著的主要特征。这些理论彻底放弃了机械式的战略模式和组织模式，代之以更激动人心和革命性的有机模式——自组织模式。自组织和自适应理论认为，战略规划的程序和结果都应该和现实紧密相连，组织的自发学习和创新可以使企业更好地适应复杂多变的环境。

4. 战略是复式迭代变革

如今，互联网和数字技术带来了智能革命、颠覆式创新等巨大变革，迭代与创新层出不穷。从经济形态看，数字经济大行其道；在能源和工业原料方面，不再完全依赖于化石能源的绿色低碳的“生物经济”（bioeconomy）开始出现，各种新技术、新材料的应用催生了一个“工业经济+数字经济+生物经济”叠加的复式时代。从产业层面看，跨界混搭、外行颠覆内行、社群经济成为新常态，行业的边界逐渐消弭，市场变得开放、无边界，传统的竞争维度被颠覆，企业必须秉持价值共生、共创、共享的理念，重新思考与消费者、员工、股东（含风险投资人）、竞争对手、上下游供应商、平台商家、社区等利益相关者的关系，企业发展的速度、广度、深度亦需随之迭代变革。同时，社会、技术、模式等方方面面的迭代速度都在不断加快，企业发展“唯快不破”，靠速度突围势在必行。

第2节　战略内涵

一、战略解析

战略（strategy）主要涉及组织的长期发展方向和范围，力求使资源与环境（尤其是市场）、消费者相匹配，以达到组织的预期目标。战略具有全局性、长远性、整体性、系统性、基础性、发展性、相对稳定性、竞争性、差异性和匹配性等基本特征。

企业战略的概念来源于企业生产经营活动的实践，不同的管理学家或战略实践者对企业战略下了不同的定义，有长而复杂的，也有短而简明的，其侧重点不尽相同，有些强调战略与企业目标之间的关系，有些着重环境机会与企业优势的匹配，有些则强调战略的主观意志和心理特征。以下是具有代表性的有关战略的定义。

（1）安德鲁斯认为，战略是目标、意图或目的，以及为完成目标而制定的方针和计划的一种模式，这种模式界定企业正在从事的或者应该从事的经营业务，界定企业所属的或应该属于的经营类型。

（2）波特认为，战略是公司为之奋斗的目标与公司为达到这些目标而寻求的途径的结合物。关于竞争战略，他在《哈佛商业评论》（*Harvard Business Review*）上发表的题为《什么是战略》（What is strategy）的文章中明确指出，竞争战略就是创造差异性，即有目的地选择一整套不同的运营活动以创造一种独特的价值组合。在这篇文章里，波特把战略分为三个层次：一是定位，即战略是一种独特、有利的定位，关系到各种不同的运营活动；二是抉择，即在市场竞争中做出取舍，其实质就是剔除没有发展前景的内容和部分；三是配置，即在企业的各项运营活动之间建立一种有效的联系。

（3）安索夫认为，企业战略是贯穿企业经营与产品和市场之间的一条共同主线，决定着企业目前所从事的或者计划要从事的经营业务的基本性质。

（4）霍弗（Hofer）和申德尔（Schendel）认为，战略是企业当前和未来的资源配置与环境相互作用的基本模式，该模式表明企业将如何实现自己的目标。

由于战略事关重大，在具有全局性和长远性的同时，必然具有复杂性和多面性，这使得战略的定义不容易用简洁的语言来描述，“大多数力图简洁的定义，都不可避免地只强调了战略的某个侧面”（H. Mintzberg，1980）。战略定义呈现出的多样性表明，战略领域仍然有很多问题需要深入研讨和探究。

二、战略的构成要素

根据安索夫 1965 年在《企业战略》中提出的观点，战略由以下四个要素组成。

（一）经营范围

经营范围（business scope）是企业从事生产经营活动的领域，反映了企业与外部环境相互作用的程度，也反映了企业计划与外部环境发生作用的要求。企业根据所处的行业、产品和市场来确定经营范围。

（二）资源配置

资源配置（resource allocation）是企业对所拥有的资源和技能进行配置、整合的能力与方式。资源配置的优劣极大地影响着战略的实施和企业实现战略目标的程度。异质性战略资源的配置被视为形成企业核心竞争力的基础，资源配置是企业生产经营活动的支撑点。

（三）竞争优势

竞争优势（competitive advantage）是指企业通过其资源配置模式与经营范围决策，在市场上形成的优于其竞争对手的竞争地位。竞争优势既可来自企业在产品和市场上的地位，也可来自企业对特殊资源的正确运用。

（四）协同作用

协同作用（collaborative effect）是指企业从资源配置和经营范围的决策中所能寻求到的各种共同努力的效果。协同作用作为战略要素极具抽象性，在广义上，可看作资源配置与整合的规模优势。协同作用主要表现为投资协同、作业协同、销售协同、管理协同四个方面。

新视角

处理好战略与策略的关系

战略与策略是我们党领导人民改造世界、变革实践、推动历史发展的有力武器。正确运用战略和策略，是我们党创造辉煌历史、成就千秋伟业、战胜各种风险挑战，不断从胜利走向胜利的成功秘诀。推进中国式现代化，必须把这一成功秘诀传承好、运用好、发展好。要增强战略的前瞻性，准确把握事物发展的必然趋势，敏锐洞悉前进道路上可能出现的机遇和挑战，以科学的战略预见未来、引领未来。增强战略的全局性，谋划战略目标、制定战略举措、作出战略部署，都要着眼于解决事关党和国家事业兴衰成败、牵一发而动全身的重大问题。增强战略的稳定性，战略一经形成，就要长期坚持、一抓到底、善作善成，不要随意改变。做到这些，需要我们提高政治站位，树立世界眼光，胸怀“国之大者”，把历史、现实、未来贯通起来，把中国和世界连接起来，增强战略思维能力，使我们制定的战略符合实际、行之有效，为中国式现代化提供强大的战略支撑。策略为战略实施提供科学方法。实施战略的环境条件随时都在发生变化，每时每刻都会遇到新情况新问题，这就需要我们把战略的原则性和策略的灵活性有机结合起来，灵活机动、随机应变、临机决断，在因地制宜、因势而动、顺势而为中把握战略主动。

资料来源：习近平．推进中国式现代化需要处理好若干重大关系．求是，2023（19）.

第3节　战略管理者

一、战略管理

从动机上看，战略管理（strategic management）是一种确保当前利润最大化，同时追求长远利益的组织行为；从功能上看，战略管理致力于对市场营销、财务会计、生产作业、研究与开发及管理信息系统进行综合的管理，并确保公司在正确的轨道上前进；从流程上看，战略管理是一个包括战略规划、战略实施以及战略评价和控制的过程。

一般地，战略管理是制定、实施和评价能够使组织达到其目标的跨功能决策的科学和艺术。战略管理有广义和狭义之分，狭义的战略管理即战略决策；广义的战略管理不仅包括战略制定（战略决策），还包括战略实施和战略评价，本书所指的战略管理是广义的。

战略管理涉及三个持续的环节：分析、决策和行动。组织领导者首先对组织内外部环境进行分析，在此基础上形成若干战略备选方案；然后，根据组织目标和有关要素，从众多方案中确定最恰当的方案；最后，分配资源，采取必要的行动实施战略。战略管理的三个环节相互作用，共同构成一个持续演进的过程。

需要指出的是，战略管理的核心内容是如何赢得竞争。管理者必须决定企业如何进行竞争才能获得竞争优势，以及如何在市场上保持竞争优势，使企业可持续发展。

战略管理涉及因素多，牵涉面广，对企业的生存和发展影响深远，因此是一件非常复杂的工作。其复杂性至少有三个原因：

（1）战略决策通常具有很高的不确定性。

（2）战略管理要求用一系列综合的方法去整合和管理组织。

（3）战略管理可能涉及组织的重大变革。

二、战略管理者的构成

战略管理者一般包括企业的董事会、高层经理、中层管理者、战略管理部门、非正式组织的领导、企业智囊团等。战略管理者是企业战略管理的主体，是企业内外部环境的分析者、战略的制定者，是战略实施的领导者和组织者，还是战略实施过程的控制者和评价者。

按照企业的职能层次结构，可以将企业战略管理者划分为三个层次：高层、中层和基层。不同层次的战略管理者承担的战略管理责任和工作各有不同。具体而言，高层管理者是企业战略的责任者，其战略管理的重点是确立企业的核心价值观，制定和实施企业的使命、目标、政策和策略；中层管理者是企业事业部战略的责任者，其战略管理的重点是制定和实施公司战略之下的相关事业部战略；基层管理者是职能层战略的责任者，其战略管理的重点是使各职能部门协调配合，确保公司战略、事业部战略的具体落实。简单而言，企业总体战略规划是企业高层管理者的主要职责，而战略的实施和控制是企业中下层管理者的主要职责。

倡导数一数二、群策群力、无边界行为和 A 类选手，力推全球化、制造业服务化与数字化。

战略实践 1-2　世纪传奇 CEO 杰克·韦尔奇的战略领导力

三、战略管理者的任务

从战略管理职能的角度分析，企业各层管理者在战略管理中的主要职责如下。

（一）战略决策

战略决策（strategic decision），有指导整个企业的基本决策（如长期规划、市场研究），还有指导某一战略阶段的决策（如竞争分析），或就某一重大行动所做的决策（如并购）。不同的决策解决不同范围的问题，既有总体的，又有阶段性的和各个竞争领域的，再加上具体的组织和指挥活动，构成了对企业全面系统的指导。战略决策由企业的董事和首席执行官等高管人员承担。

（二）变革管理

战略往往涉及变革，能否管理好变革，尤其是重大变革，是企业在竞争中成败的关键。通过变革管理（change management），确定变革策略，提出行动方案与各种配套措施，对内部层级、工作流程以及企业文化进行必要的调整，进而推动企业不断增强活力，以适应外部市场环境的变化。变革管理是企业高管人员的重要职责，高管人员不仅要制定战略，把战略向各个职能部门和业务单元进行解释和渗透，而且要花大气力推动组织变革。

（三）资源配置

为了有效地实施战略，需要正确高效地管理和配置包括人员、装备、原材料、资金和信息等在内的各种资源。为此，企业中高层管理人员必须发现、甄别、整合、组织、调度和优化各类资源，同时，采取强有力的措施，监督和控制企业的资源分配系统，使各部门之间的资源配置（resource allocation）达到最佳状态，以实现企业在一定资源约束下的高效率和高收益。

（四）应急处理

应急处理（emergency treatment）要求企业管理者必须学会处理影响企业正常运行的突发事件，化解在推行战略的过程中下属之间或企业与外部组织之间的冲突，驾驭非自愿情况以及部分不可控情形。企业管理者要树立危机意识，强化主体意识和责任意识；同时，企业要加强应急管理机构的人员和设备配置，制定各项应急管理制度，排查内部管理存在的薄弱环节和隐患，对外部环境保持高度警觉，制定切实可行的应急预案，采取适当措施纠正偏差或消除突发事件的影响，把可能遭受的资源损失降到最低。

（五）运营管理

管理人员的时间虽然大致平均分配在战略制定和战略执行两个方面，但后者才是他们的侧重点，运营管理（operation management）是战略执行的关键所在。管理人员需着力构建和持续改进运营系统，尤其要优化流程，注意监控关键要素的业绩，及时掌握动态，通过信息流，使人流、物流、能流、资金流协同有序。对那些业绩不好的环节以及偏离既定战略路线的行为采取果断措施，确保战略目标的达成。

战略管理过程虽然要求企业各层级的管理者共同参与，但是相对而言，战略管理的主要职责还是应当由企业高层管理者承担，中层管理者次之，基层管理者再次之。与此相反，企业作业管理主要依靠基层管理者，中层管理者和高层管理者在这方面所承担的责任依次递减。

第4节　竞争优势

一、竞争优势的概念

竞争优势（competitive advantage）是某种区别于竞争对手的独特品质，这种品质难以观察和测量，但在竞争中能够比较明显地表现出来。企业竞争优势是一个企业相对于另外一个或一些企业，在任何可比的层面或者维度上的、实际的或想象的差异性或者不对称性。这种差异性或不对称性有利于企业在竞争中获胜。一般地，只要企业在某些方面具有某种特质，它就具备了某种竞争优势。

竞争优势有狭义和广义之分。狭义的竞争优势仅指从市场角度比较而得到的优势；广义的竞争优势则是从企业综合竞争力的角度，全面地加以分析比较，通常是从系统和市场两个角度全面比较而得到的综合优势。

竞争优势源自企业自身的资源和能力。一个企业若相对于其他企业而言能够以自身的资源或能力为基础，给顾客提供更好的产品或服务，更好地创造顾客所需的价值，那么该企业就赢得了竞争优势。

竞争优势非常广泛，除了产品或服务的价格和质量优势，还包括企业的管理优势、资金优势、科技与人才优势、文化优势以及企业与外界的合作优势等。构成竞争优势的战略资源主要包括人才资源、科技资源、信息资源、管理资源以及与这些资源密切相关的市场营销能力、新产品开发能力和品牌形象等。

二、竞争优势的类别

企业竞争优势是一种依据企业综合竞争力要素进行比较的结果，从综合而实际的角度讲，竞争优势可以表现为同质优势和异质优势、位置优势和动态优势、直接优势和间接优势、现有优势和潜在优势、相对优势和绝对优势、组织内部优势和外部市场优势等多种优势。以下简要分析组织内部优势和外部市场优势。

（一）组织内部优势

组织内部优势主要是组织作为一个系统的内部优势，是指从企业系统内部条件分析得出的内生优势，它通常包括：

- 与企业领导集团决策力有关的战略优势和管理优势；
- 与企业创新有关的包括技术与人才在内的智力优势；
- 与企业经济实力和财务业绩有关的资本优势；
- 与企业内部凝聚力和外部亲和力有关的企业文化优势。

（二）外部市场优势

外部市场优势是指从企业系统外部的市场角度考察企业所处的行业竞争环境而得到的竞争优势，通常包括：

- 得天独厚的区位优势；
- 丰富且布局合理的渠道优势；
- 产品成本优势；
- 产品品牌优势；
- 产品或服务质量优势；
- 售后服务优势；
- 良好融洽的与利益相关者的关系优势。

三、持续竞争优势

关于持续竞争优势（sustainable competitive advantage）可做如下定义：如果产业中的竞争对手以及潜在进入者尽力模仿或攻击企业，而企业仍然能够长时期保持与其他竞争对手之间的相对优势，则称该企业的这种竞争优势是持续的。

巴尼对竞争优势和持续竞争优势做了明确区分。他认为，当企业实施一种价值创造战略，而该战略没有被任何现有和潜在竞争对手同时执行时，企业就拥有了竞争优势，而当前的和潜在的竞争对手不能复制同样的价值创造战略时，企业便拥有了持续竞争优势。

竞争优势是近年来企业经营战略理论研究的核心问题之一，众多文献将竞争优势的来源归纳为三种：一是竞争定位；二是核心竞争力；三是资源禀赋。其中，竞争定位以波特为代表，核心竞争力以普拉哈拉德和哈梅尔为代表，资源禀赋以巴尼和皮特拉夫（Peteraf）为代表。关于竞争定位和核心竞争力，在以后章节中将有详细论述，本节仅就基于资源禀赋的竞争优势作一介绍。

巴尼和皮特拉夫认为，要了解持续竞争优势的来源，必须建立资源为异质且不可流动的假定模型。企业获取持续竞争优势需要具备四个条件：（1）资源异质性；（2）竞争的事前限制；（3）不完全流动性；（4）竞争的事后限制（如图1－1所示）。

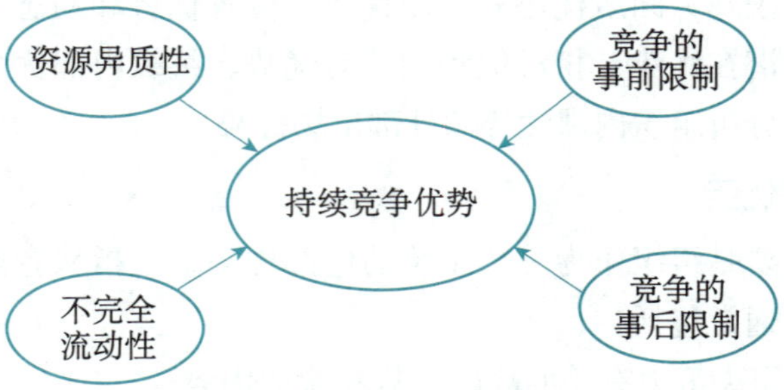

图1－1　持续竞争优势条件

从经济学租金的角度看，以上四个条件分别意味着：资源异质性创造了李嘉图（D. Ricardo）租金或垄断租金；竞争的事前限制避免了租金的耗散；不完全流动性确保了有价值的资源留在公司内及租金共享；竞争的事后限制使租金大于成本。资源禀赋学派研究持续竞争优势得到的结论是：通过分析带来持续竞争优势的资源条件和特性，确定资源“等级”，从而使企业获取优势战略资源，在这些战略资源的基础上构建企业竞争优势。

一般地，可采取以下方法锤炼企业的竞争优势：

- 控制成本因素，强化成本优势；强化创新机制，保持核心优势。
- 深化市场研究，增强决策优势；开展流程再造，赢得运营优势。
- 重视人本管理，塑造文化优势；加强资本运作，提升财务优势。
- 开发人力资源，建立人才优势；重视虚拟经营，拓展网络优势。
- 优化部门职能，保持组织优势；发展外部合作，赢得联合优势。
- 整合多方资源，打造集成优势；着眼未来发展，缔造持续优势。

获取并保持竞争优势是企业的经营之道，这既是一种管理技术，也是一种经营艺术。竞争优势是在竞争中培育出来的，也是在日常工作中积累起来的，需要用心和智慧。企业一方面要通过创建合理的机制，来有效地隔绝竞争对手的模仿或替

战略既看全局也看终局，技术是企业的核心竞争力，消费者是品牌最大底气。

战略实践1－3　比亚迪：底气来自消费者，竞争力源于技术，长期坚持成就卓越

代，从而使竞争优势得以维持；另一方面要特别注意修炼那些不同于竞争者的独特或特质的东西，如魅力独特的品牌、卓尔不群的营销等。

实际上，沃尔玛就是从自身优势出发，依托其强大的全球资源，在全球市场采取代理采购战略，以实现其低成本和高利润的目标。拼多多作为后起之秀，下沉三四线城市和乡镇，通过差异化战略以性价比吸引用户，以低佣金高流量支持商家入驻，在头部电商阿里巴巴和京东的夹缝中走出了一条康庄大道，并通过"百亿补贴""扶农助农"等战略不断巩固公司的竞争优势。

第 5 节　企业家精神

将战略管理行为和企业家精神结合起来，对于组织追求财富最大化来讲是必要的。战略管理者应该明白，要想充分发挥企业中以企业家精神为特质的实际能力的价值，就必须将计划的能动性和环境的不确定性结合起来，使不可预测的机会成为企业战略的一部分，从而体现战略的意义。目前，关于战略管理与企业家精神的融合与衔接受到广泛关注，理论界对这两个问题及它们之间关系的认识也在逐渐深入。

一、企业家

对于何为企业家（entrepreneur）历来有不同的见解。企业理论开创者之一、法国经济学家萨伊（J. B. Say）最先对企业家下了定义："把经济资源从生产率较低、产量较小的领域，转到生产率较高、产量更大的领域的人是企业家。"美国经济学家黑尔斯（G. E. Hills）的定义是："所谓企业家，就是那些能够抓住经济生活中的机遇，或能够对经济生活中发生的机会做出反应，通过创新为其本人和社会创造更多的价值，从而使整个经济体系发生变化的人。"

新古典经济学代表人物、英国经济学家马歇尔（A. Marshall）在《经济学原理》（*Principles of Economics*）中指出，"企业家属于敢于冒险和承担风险的有高度技能的职业阶层""企业家总是以自己的创造力、洞察力和统帅力，发现和消除市场的不均衡，创造出更多的交易机会和效用，给企业的生产过程指明方向，使生产要素组织化"。

奥地利学派的柯兹纳（I. M. Kirzner）在其著作《竞争与企业家精神》（*Competition and Entrepreneurship*）中将企业家定义为："具有一般人所不具有的、能够敏锐地发现市场获利机会的洞察力的人。"美籍奥地利著名经济学家熊彼特（J. Schumpeter）在《经济发展理论》（*The Theory of Economic Development*）中指出："企业家是实现创新、进行新组合的人，否则只能是管理者。"

英国经济学家彭罗斯（E. Penrose）使企业家的意义得到了提升："企业家的事业心和对风险的态度是一枚硬币的两面。因为企业家的事业心包含承担风险的意志、探索避免风险的热情，是企业持续发展的动力，把对利润的追求当成自己的伟大使命。"

当代英国经济学家马克·卡森（Mark Casson）在《企业家：一个经济理论》（*The Entrepreneur：An Economic Theory*）中对企业家定义的外延进行了拓宽："企业家就是专门就稀缺资源的配置做出判断性决策的人。"

著名管理大师德鲁克（P. Drucker）认为："企业家就是赋予资源以生产财富能力的人。"

日本学者万成博（Hiroshi Mannari）认为，企业家是指"占有或取得企业资产并承担经营风险、从事市场交易的主体"。

尽管定义众多，但其共性还是鲜明的。简言之，企业家是生产要素的组合者，是判断性决策者，是创新与风险的承担者，其本质特征是创新与风险创业。企业家在创新与风险创业精神的支配下，不断开展创新与创业活动，开辟新市场，提供新产品或新服务。正因为有了企业家，创新与风险创业才被赋予更深刻的意义。企业家与创新及风险创业精神的有机结合，使社会经济活动范围扩大，速度加快。

二、企业家精神

马歇尔认为，企业家精神（entrepreneurship）是一种心理特征，包括果断、机智、谨慎、坚定、坚强、敏捷、自力更生并富有进取心以及对优越性具有强烈的愿望。企业家精神与企业家个人的精神境界和内在气质相联系，包括对利润的渴望与不知疲倦地追求，旺盛的永不枯竭的与市场对手竞争的欲望。企业家精神代表着一种与普通人明显不同的个人禀赋，这种禀赋使得企业家成为技术创新与制度创新的践行者，成为增进社会福利的使命的主要承担者，成为经济发展和制度变迁的推动者。

米勒（D. Miller）较早提出企业家精神的基本维度，将企业家精神概括为创新（innovation）、冒险（adventure）和超前行动（ex-activity）三个基本维度；德斯等学者把企业家精神概括为四个维度，即持续再生（sustained regeneration）、组织恢复（organization rejuvenation）、战略更新（strategic renewal）和范围再定义（domain redefinition）。本书将企业家精神归纳为八个维度，即创新、内驱、冒险、合作、敬业、学习、执着和诚信。如图1-2所示。

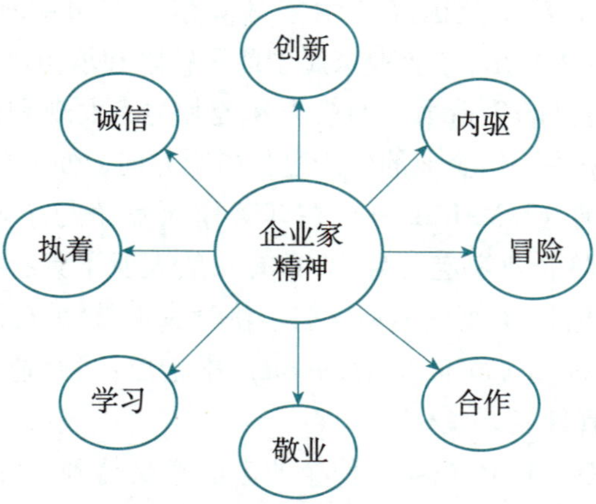

图1-2 企业家精神的八个维度

（一）创新是企业家精神的灵魂

熊彼特关于企业家是从事"创造性破坏"（creative destruction）的创新者的观点，凸显了企业家精神的实质和特征。熊彼特认为，创新不是例行的工作，而是对旧有均衡状态的颠覆，创新是企业家活动的典型特征。传统观念认为，企业家的主要职责是配置稀缺资源，假定资源、技术和偏好给定，然后根据目标去选择手段和行动。实际上，企业家最重要的职能不是配置资源而是改变资源，用新技术、新产品、新组织、新商业模式等来改变资源的可用程度，甚至设法获得全新的资源。这些改变就是创新，创新必须成为企业家的本能。一个企业最大的隐患就是创新精神的消亡。

（二）内驱是企业家精神的动力

按照瑞士著名心理学家、分析心理学的创始人荣格的观点，内驱（力）是个体在环境和自我交流的过程中产生的具有驱动效应的给个体以积极暗示的生物信号，源于最原始的积累了整个历史经验的心理体验在人脑中的反映。简言之，内驱（力）即驱使有机体产生一定行为以达到满足需要的内部力量，与它相对应的概念是诱因。内驱力存在于机体内部，诱因存在于机体外部，内驱力和动机往往被看作同义词。全球杰出的创业家埃隆·马斯克（Elon Musk）就称自己成功的关键是内驱力，并断定只要具有足够的内驱力，普通人也可以取得非凡的成就。他认为内驱力的要义有三：一是从小要有好奇心和梦想，想象力不设限；二是认定目标，确定自己追求的最能影响人类未来的目标，而不考虑什么是最好赚钱的；三是要有不怕失败的坚韧毅力。古今中外众多企业家创业史和企业发展史表明，内驱力是企业家创业和克服困难的不竭动力和取得成就的根本奥秘。他们大都从小有梦想、有追求，锁定目标，坚定不移，充满希望与有进取心，用平凡与传奇编织人生，用奋斗与拼搏书写业绩。

（三）冒险是企业家精神的天性

经济学家坎迪隆（R. Cantillon）和奈特（F. Knight）将企业家精神与风险或不确定性联系在一起。奈特在其博士论文《风险、不确定性和利润》（Risk，Uncertainty and Profit）中认为，所谓企业家就是那些在极不确定的环境下，做出决策并自己承担决策全部后果的人；企业家必然是“工商企业主”而不是负责日常决策、领取薪水的经理。他明确指出，企业家应最富有创造精神和冒险精神，没有甘冒风险和承担风险的魄力，就不可能成为企业家。在美国 3M 公司有一个很有价值的口号：“为了发现王子，你必须和无数个青蛙亲吻。”“亲吻青蛙”常常意味着冒险与失败，但是“如果你不想犯错误，那么什么也别干”。创新的风险很大，要么成功，要么失败，没有第三条道路。实证研究表明，那些成功的企业家差不多都是在条件极不成熟和外部环境极不明晰的情况下敢为人先，第一个吃螃蟹，才闯出了一番天地。

（四）合作是企业家精神的精华

正如赫希曼（A. Hirschman）所言：企业家在重大决策中实行集体行为而非个人行为。尽管伟大的企业家表面上常常是一个人表演（One-Man Show），但其实他们很擅长合作，而且这种合作精神需要扩展到企业的每个员工。诺斯（D. North）认为，“西方崛起”的关键是在保护创新利润的制度下，一批企业家能够把贸易关系、劳动分工等人与人之间合作的基本方式不断地扩展到更大范围，促进了市场的繁荣，这也是哈耶克（F. A. Hayek）所说的“人类合作的扩展秩序”。在当今世界，竞争的格局已由“点”竞争发展为“链”竞争，即由过去个人与个人、企业与企业单点之间的竞争，演化为现在业务链与业务链、价值链与价值链、供应链与供应链，乃至整条产业链与产业链之间的竞争，合作势在必行。企业家既不可能也没必要成为一个超人，企业家应努力成为“蜘蛛人”（spiderman），要有非常强的“结网”意识和能力。

（五）敬业是企业家精神的底蕴

《荀子·劝学》曰：“无冥冥之志者，无昭昭之明；无惛惛之事者，无赫赫之功。”韦伯（M. Weber）在《新教伦理与资本主义精神》（*The Protestant Ethic and the Spirit of Capitalism*）中写道：“这种需要不停地工作的事业，成为他们生活中不可或缺的组成部分。事实上，这是唯一可能的动机。但与此同时，从个人幸福的观点来看，这类生活是如此的不合理：在生活中一个人为了他的事业才生存，而不是为了他的生存才经营事业。”企业家对利润的追求源于一种使命感，似乎来自“神召”的力量和“彼岸”的召唤，超脱了普通意义上的追求利润最大化的假定。金钱财富只是成功的标志之一，对事业的忠诚和责任才是企业家精神的底蕴。

（六）学习是企业家精神的关键

荀子曰：“学不可以已。”圣吉（P. Senge）在其名著《第五项修炼》（*The Fifth Discipline*）中说：“真正的学习，涉及人之所以为人此一意义的核心。”学习与智商相辅相成，从系统思考的角度来看，从企业家到整个企业必须是持续学习、全员学习、团队学习和终身学习。日本企业的学习精神尤为可贵，它们向戴明（E. Deming）学习质量和品牌管理，向朱兰（J. Juran）学习组织生产，向德鲁克学习市场营销及管理。同样，美国企业也在虚心学习，企业流程再造和扁平化组织正是学习日本的团队精神结出的硕果。

（七）执着是企业家精神的本色

在发生经济危机时，投资者可以变卖股票退出企业，劳动者亦可退出企业，然而企业家是唯一不能退出企业的人。企业家哪怕屡战屡败，也得屡败屡战，必须坚韧不拔、锲而不舍、百折不挠，以夸父追日般的执着，咬定青山不放松，才可能赢得一席之地。恰如英特尔总裁格鲁夫所言：“只有偏执狂才能生存。”京东于2007年决定自建物流，在当时第三方物流平台占据市场的情形下，京东物流显得格格不入，其投入巨大，仅一年时间京东物流便耗尽了京东第一轮1 000万美元融资。在随后的12年时间里，京东物流连年亏损，累计亏损额超300亿元。在重重质疑和压力中，京东认准目标，执着坚定地将大量资金持续投入到物流平台和服务技术上。到2019年京东物流苦尽甘来，仅3个月就盈利35亿元，2021年5月京东物流在港交所主板挂牌上市，市值一度达到2 800亿港元。2024年上半年，京东物流营收863亿元，经调整后净利润31.2亿元，同比增长2 631.2%。如今，强大的京东物流已成为京东坚实的护城河。

（八）诚信是企业家精神的基石

诚信是企业家的立身之本，在企业家修炼领导艺术的所有原则中，诚信是绝对不能妥协的原则。市场经济是法制经济，更是信用经济、诚信经济。没有诚信的商业社会，将充满极大的道德风险，诚信的缺失会显著抬高交易成本，造成社会资源的极大浪费。凡勃伦（T. Veblen）在其名著《企业论》（*The Theory of Business Enterprise*）中指出：有远见的企业家非常重视包括诚信在内的商誉。诺贝尔经济学奖得主弗里德曼（M. Friedman）更是明确指出：“企业家只有一个责任，就是在遵循游戏规则的条件下，运用生产资源从事获取利润的活动。亦即须从事公开和自由的竞争，不能有欺瞒和诈欺。”

三、弘扬新时代企业家精神

改革开放以来特别是党的十八大以来，党中央高度重视企业家群体和企业家精神在国家发展中的重要作用。党的十九大报告提出，激发和保护企业家精神，鼓励更多社会主体投身创新创业。党的二十大报告明确提出弘扬企业家精神，并将其作为构建高水平社会主义市场经济体制的重要举措之一。

党的二十届三中全会通过的《中共中央关于进一步全面深化改革 推进中国式现代化的决定》指出，“完善中国特色现代企业制度，弘扬企业家精神，支持和引导各类企业提高资源要素利用效率和经营管理水平、履行社会责任，加快建设更多世界一流企业”。我们要认真贯彻党中央的决策部署，在新时代新征程更好地弘扬企业家精神，激发中国经济活力，加速推进经济高质量发展。

弘扬新时代企业家精神，各社会主体特别是企业家群体需要重点在爱国敬业、开拓创新、诚信守法、社会责任、国际视野等五大维度上持续修为。

爱国敬业是企业家精神的鲜明底色。企业家必须把企业发展同国家繁荣、民族兴盛、人民幸福紧密相连，积极主动为国担当、为国分忧，自觉与党和国家的政策主张同频共振，做与祖国发展休戚相关、荣辱与共的先锋。企业家应以强烈的使命感、责任感和事业心，踔厉奋发、艰苦奋斗，为积累社会财富、创造就业岗位、增强综合国力、以中国式现代化推进中华民族伟大复兴作出新的更大贡献。

开拓创新是企业家精神的灵魂。企业家要敢为天下先，做创新发展的探索者、组织者、引领者，勇于推动生产组织创新、技术创新、市场创新和商业模式创新。企业要强化自身科技创新主体地位，主导产学研深度融合，主动牵头或参与国家科技攻关任务，主动与国家创新驱动发展战略相呼应，推动技术革命性突破、生产要素创新性配置、产业深度转型升级，催生新产业、新模式、新动能，大力发展以高技术、高效能、高质量为特征的新质生产力，全面提升全要素生产率。

诚信守法是企业家立身之本。人无信不立，业无信不兴。企业家要同方方面面打交道，调动人财物等各种资源，没有诚信寸步难行，不守法度必有灾殃。企业家要坚守底线、不越红线、不碰高压线，切实以法律和道义为根本，有机统一程序正义和实体正义，持续涵养法治意识和契约精神，强化有诺必践的观念，做诚信守法的表率，推动经营发展行稳致远。

社会责任是企业家精神的题中应有之义。企业既有经济责任、法律责任，也有社会责任、道德责任。企业首先应做强做优做大，使自己有实力和能力承担更大的经济责任。在此基础上为国分忧、为社会尽责，正所谓侠之大者，为国为民。展言之，企业家要增强国家意识、集体意识和担当意识，践行 ESG（环境-社会-治理）理念，热心参与促进社会发展进步的公益事业，赞助福利事业和慈善事业，救助灾害、救济贫困、扶助残疾人等弱势困难群体，为推进共同富裕不遗余力。

国际视野是企业家应有的格局。中国特色社会主义进入新时代，我国综合国力进一步增强，企业家应着眼中华民族伟大复兴的战略全局，立足中国，放眼世界，提高统筹利用国内国际两个市场、两种资源的能力，尤其要提高把握国际规则甚或制定国际规则的能力，力求实现从“企业国际化”向“国际化企业”乃至世界级伟大企业的转变，在更高水平对外开放中实现更好发展。由此不仅为我国加快构建新发展格局贡献力量，也助力世界经济走出低迷、走向复苏繁荣。

弘扬新时代企业家精神，除在上述五个方面持续发力外，还需要在构建“亲”“清”新型政商关系，处理好政府和市场的关系，依法保障企业家合法权益，坚持“两个毫不动摇”，创新发展“晋江经验”，充分激发全社会投资创业活力，持续优化稳定公平透明可预期的发展环境等诸多方面久久为功，为以企业家群体为代表的各经济主体干事创业创造更加适宜的条件，为它们在经济社会发展中发挥重要作用筑牢制度保障。

第6节　战略管理模型

一、战略管理全模型

战略管理模型揭示了战略管理过程中主要因素之间的关系。图1－3展示的是一种被广泛接受的战略管理过程综合模型，该模型清楚地描述了战略制定、战略实施和战略评价的全过程及其相应的方法。

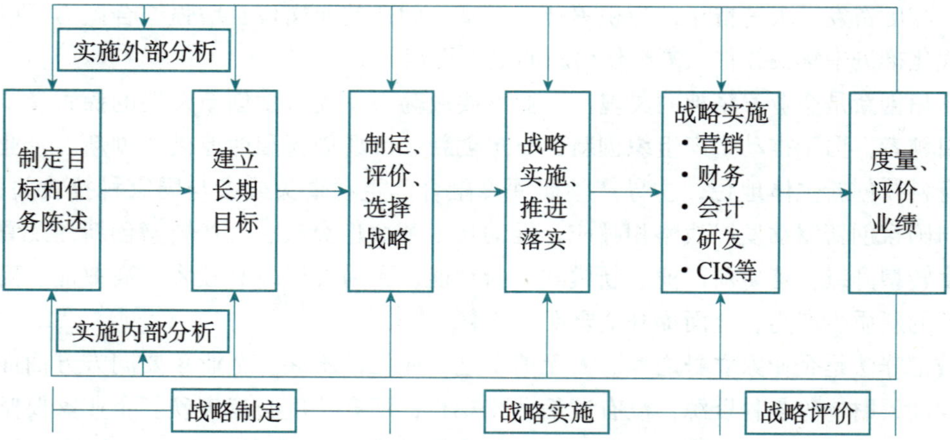

图1－3　战略管理过程综合模型

战略管理过程是动态连续的，模型中任何要素的变化都可能导致其他要素的变化。其中，制定目标和任务陈述是战略管理的逻辑起点。

在实践中，战略制定者并不是按部就班地遵从上述模型，战略管理过程也并不像上述模型所显示的那样界限分明，严格序贯地逐个实施。上述模型仅为一个逻辑分析模型，战略管理过程不必也不可能如此正式。通常战略管理的正规化程度与各种类型和各种规模的企业的总战略规划的成本、复杂性、准确性和成功可能性正相关。由于企业各层级之间存在相互牵连、相互妥协的现象，整个战略管理过程需要良好的沟通、反馈和调整。

二、战略管理层次

企业战略通常分为三个层次：公司战略、竞争战略和职能战略。对企业战略进行层次划分的意义在于：既保持企业经营战略的统一性，使企业资源的调动能最大限度地符合企业长期发展目标的要求，又能适应分权管理的要求，体现企业经营活动的灵活性。一般而言，企业的战略层次与企业组织层次和权力层次相对应，以保证权责统一。

图 1－4 详细列示了战略层次、战略内容与组织结构的对应关系。

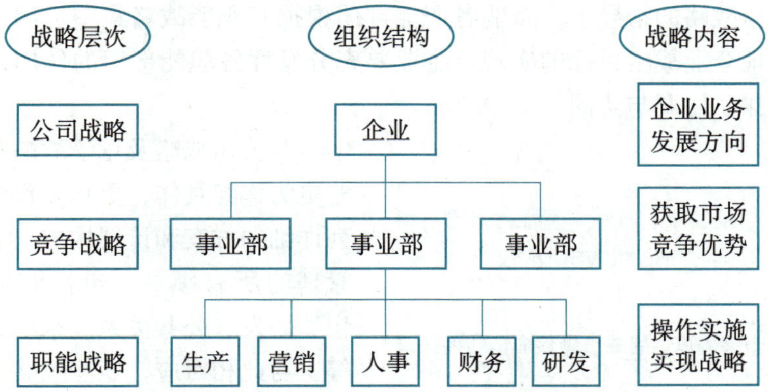

图 1－4　战略管理层次

（一）公司战略

公司战略（corporation strategy）是企业最高决策层指导和控制企业的最高行动纲领，其研究对象是由相对独立的业务组合而成的企业整体，研究的主要内容包括两个方面：一是应该做什么，即确定企业的使命和目标体系，确定企业活动的范围和重点，以及企业投资决策等一系列关键内容；二是合理配置资源，即企业高层决策者以最有利于提高企业绩效为目标，权衡经营活动对企业内部资源的需要，力争将有限资源的效用发挥到最佳。

公司战略一般有以下四种类型：

（1）稳定型战略（stability strategy），又称防御型战略（defense strategy），即企业保持原有的业务组合与资源分配的原则和方式。

（2）发展型战略（growth strategy），又称扩张型战略（expansion strategy），即调整业务组合，鼓励业务迅速发展，从而实现企业业务组合的改变和发展速度的提高。

（3）衰退型战略（retrenchment strategy），又称紧缩型战略，即抑制某些业务的发展，以实现业务组合的调整或防范风险。

（4）退出型战略（exit strategy），即对业务组合进行较大的变革，并退出某些关键业务，为发展新的业务重新配置资源。

（二）竞争战略

竞争战略（competitive strategy）又称事业部战略，是在公司战略的指导下，经营管理某一特定的战略业务单元（strategic business units，SBU）的战略计划，由战略业务单元根据公司战略决定的业务组合和各业务的地位与发展方向，确定经营活动的竞争策略和资源配置，是公司总体战略下的子战略。

竞争战略主要涉及在各细分市场中的竞争，重点是使战略业务单元在行业的特定细分市场或领域中取得较好的经营业绩，构建可持续竞争优势，其职责主要是面向市场进行产品或服务开发。

（三）职能战略

职能战略（functional strategy）是为贯彻、实施和支持公司战略与竞争战略而对企业职能管理部门制定的战略。职能战略的重点是提高企业资源的利用效率，降低成本。在公司战略和竞争战略的指导下，企业各职能部门根据其职能战略集中资源，支持公司战略的实施，保证企业战略目标的实现。企业要充分发挥各职能部门的作用，加强各职能部门之间的合作、协调与协同。

打造安全、精准、智能、可靠、高效的 SPIRE 供应链战略。

战略实践 1－4　中兴通讯：战略引领供应链转型升级

与公司战略及竞争战略相比，职能战略更为详细具体，更具操作性。它由一系列详细的方案和计划构成，涉及企业经营管理的所有领域，包括财务、生产、销售、研发、公共关系、采购、储运、人事等。与此相对应，职能战略一般可分为财务战略、生产战略、销售战略（市场战略）、研发战略（技术战略）、公关战略、采购战略、供应战略和人力资源战略等。

三、战略管理过程

战略管理是制定、实施和评估战略的一系列管理决策与行为。战略管理由几个相互关联的具有一定逻辑顺序的阶段组成，由此形成一个完整的体系。从动态的逻辑和系统的角度可以将战略管理过程描述为确定企业愿景、使命与目标，战略态势分析，战略分析与选择，战略实施，战略评价与控制五个阶段。战略管理的基本过程如图 1－5 所示。

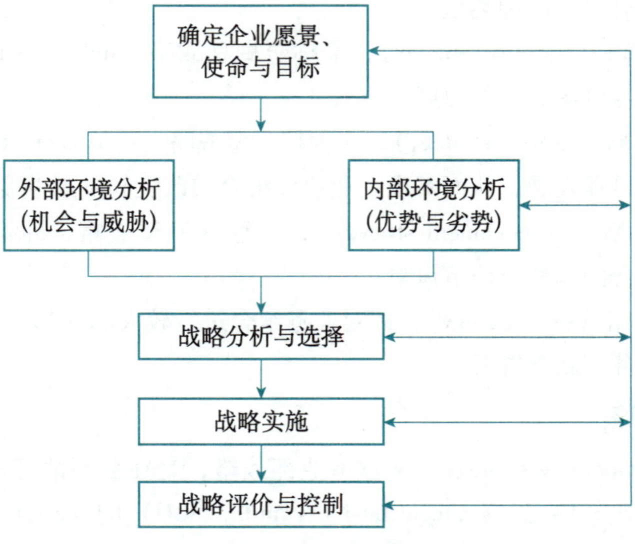

图 1－5　战略管理过程

（一）确定企业愿景、使命与目标

确定企业愿景、使命与目标（formulation of vision，mission and objectives）的工作是战略管理过程的起点，是指导企业行动的纲领性文件，对企业的业务领域、顾客及要提供的产品或服务加以明确界定。

愿景描述了企业发展的方向和最终目标，表明企业的长期方向和战略意图；使命是组织基本的目的和价值取向，取决于组织的经营范围，是组织存在的理由；企业战略目标的确定也是企业战略管理过程中至关重要的一步，只有明确了战略目标，企业才能根据目标合理分配资源，正确安排经营活动的优先顺序，明确任务和职责。

（二）战略态势分析

企业战略态势分析（strategic situation analysis）是通过对企业内外部环境因素的分析和组合，为制定符合客观条件的企业战略提供依据。这种分析应以能够有效地发挥企业的优势（strength）、克服劣势（weakness）、利用机会（opportunity）和避免威胁（threat）为基本原则。战略态势分析要求对企业所处的外部环境和企业内部的资源条件加以准确分析。

（三）战略分析与选择

战略分析与选择（strategy analysis and choice）就是要在分析企业外部环境的机会与威胁、把握企业内部资源的优势与劣势的基础上，制订战略方案，决定实现战略目标的途径，其中涉及企业发展中带有全局性、长远性和根本性的问题。

企业战略管理者根据外部环境和企业内部条件、企业使命和目标，拟定可供选择的几种战略方案。根据是否发挥企业优势、克服劣势，是否利用机会、化解威胁等来评价战略方案；然后，按照适用性、可行性、接受性等标准，分析企业组织与战略的匹配程度以及企业实施战略所需的资源条件，最终选择出可执行的最佳战略。

（四）战略实施

战略实施（strategy implementation）是战略管理的行动阶段，是在企业最高管理层的监督和指导下，由企业中下层管理人员组织实施的。战略实施包括建立有效的组织结构、建立和管理信息系统、培育支持战略实施的企业文化以及将员工薪酬与组织绩效挂钩等内容。

战略实施的关键在于有效性。首先，要通过细致的计划，将企业的总体战略方案从空间和时间两个维度进行分解，形成企业各层次、各子系统的具体战略或策略；其次，要在企业各部门之间分配资源，制定职能战略；最后，要设计与战略相一致的组织结构，以保证战略任务、责任和决策权限在企业中的合理分配。

（五）战略评价与控制

战略评价与控制（strategy evaluation and control）就是将经过信息反馈的战略实施成效与预定的战略目标进行比较，检查战略实施偏离的程度以及偏离的原因，并采取相应措施纠正，保持经营活动方向与既定战略的一致性，以完成企业使命与实现战略目标。战略评价与控制是战略管理过程中的重要环节，贯穿战略实施的整个过程。

战略评价与控制既是战略管理周期的最后阶段，也是战略管理新周期的开始。随着企业内外部环境的变化和战略管理者战略思维的调整，管理者必须思考究竟是继续保留原有的企业愿景、使命和目标，维持既有战略及实施方案，还是对其进行修订。因此，战略管理是不断循环、没有终点的过程，不可能毕其功于一役，需要持续努力和改善。

/ 本章小结 /

战略管理是制定、实施和评价能够使组织达到其目标的跨功能决策的科学和艺术，由组织为了获取和保持竞争优势而采取的分析、决策和行动所构成。

战略管理者是企业战略管理的主体，是企业内外部环境的分析者、战略的制定者、战略实施的领导者和组织者、战略实施过程的控制者和评价者。按照企业的职能层次结构，可以将企业战略管理者划分为三个层次：高层、中层和基层。

竞争优势有狭义和广义之分。狭义的竞争优势仅指从市场角度比较而得到的优势；广义的竞争优势是指从企业综合竞争力的角度，全面地加以分析比较，通常是从系统和市场两个角度全面比较而得到的综合优势。获取并保持竞争优势是企业在市场竞争中一切战略和绩效的核心。

战略制定从根本上来说是一项以市场和顾客为推动因素的企业家活动。企业家具有冒险精神、创造力、发现新市场机会的能力、敏锐洞察顾客需求的能力、承担风险的兴趣，这些都是制定公司战略的本质要求。创新是企业家精神的灵魂，没有创新也就无所谓企业家精神，而企业的战略制定，从本质上来说就是一种创新行为。将企业家精神和战略管理结合起来对于组织追求财富最大化来讲是必要的，它们是互补的而不是可以相互替代的。

战略的构成要素包括经营范围、资源配置、竞争优势和协同作用四个方面；战略层次分为公司战略、竞争战略和职能战略；战略管理过程包括确定企业愿景、使命与目标，战略态势分析，战略分析与选择，战略实施，战略评价与控制五个阶段。

/ 常用术语 /

战略（strategy）
战略管理（strategic management）
决策者（decision maker）
组织（organization）
企业（corporate）
资源配置（resource allocation）
竞争优势（competitive advantage）
定位（position）
绩效（performance）
协同（synergy）
创新（innovation）
市场（market）
环境（environment）
企业家精神（entrepreneurial spirit）
环境-社会-治理（Environmental，Social，Governance，ESG）
数字经济（digital economy）
生物经济（bioeconomy）
复式迭代（compound iteration）
具身智能体（embodied agents）
战略管理层次（strategic management level）
战略管理过程（strategic management process）
战略管理的流派（strategic management genre）

/ 思考题 /

1. 简述战略管理理论发展的历程。
2. 如何理解企业战略？它有何特性？

3. 不同战略管理流派的主要观点是什么？
4. 描述企业战略管理的层次及过程。
5. 企业如何获取并保持竞争优势？
6. 如何理解战略思维及战略创新？
7. 全球化经济环境下，中国的中小企业如何面对全球化竞争？
8. 如何弘扬新时代企业家精神？

第 2 章

核心价值观、使命、愿景与战略目标

看不到愿景的人将永远不会察觉到任何远大的希望，也不会担负起任何伟大的事业。

——政治家托马斯·伍德罗·威尔逊

人类的使命是用卓越的行动回应自己内心的呼唤。

——哲学家伊曼努尔·康德

▶ 本章要点

1. 正确理解企业核心价值观。
2. 深入理解商业伦理和企业社会责任。
3. 了解企业社会责任金字塔。
4. 正确理解 ESG 的核心要义和实践意义。
5. 掌握企业使命的构成要素。
6. 牢固树立战略导向的观念。
7. 领会企业愿景。
8. 理解目标管理。
9. 熟练掌握战略目标及分解方法。

▶ 课程思政元素

中国管理文化与战略思想；社会主义核心价值观；“十个坚持”；中国式现代化；家国天下观，价值（利益）共同体，共同富裕；以人为本，以人民为中心，实现最大多数人的社会效用最大化；不忘初心，牢记使命；良知正义，责任担当；厚德载物，上善若水；德不配位，必有灾殃；商业伦理，职业操守；企业社会责任（CSR）；环境-社会-治理（ESG）；诚信、公正、法治；使命驱动，战略导向，问题导向，目标导向；取法乎上，志存高远；保护产权、维护契约、统一市场、平等交换、公平竞争、有效监管；反垄断、反资本无序扩张。

引 例

农夫山泉的使命、目标与愿景

农夫山泉成立于1996年，中国饮料行业20强之一，是中国市场上同时具备规模性、成长性和盈利能力的饮料龙头企业。以2019年零售额计，农夫山泉茶饮料、功能饮料及果汁饮料的市场份额均居中国市场前三位。多年来，农夫山泉坚持“天然、健康”的品牌理念，从不使用城市自来水生产瓶装饮用水，也从不在饮用水中添加任何人工矿物质。为了保障持续大量的优质天然水供应，农夫山泉独具战略眼光，前瞻性地在中国布局了十二大稀缺的优质天然水源，奠定了为消费者提供长期天然健康服务的基础和能力，形成长期稳定的竞争优势。

使命：为生命健康提供产品与服务

农夫山泉根据消费者洞察，结合中国文化，推出了一系列经典的广告语和营销案例。农夫山泉坚信，一个产品推向市场，不仅仅是产品，更要具有品牌的灵魂和精神。以初心，执着坚持，专注未来，铸就中国饮料超级品牌。

目标：创利、育人、兼济天下

把最基本的产品做好，始终做“对消费者负责”的事情，是农夫山泉坚持产品至上的初心。为消费者提供更好的产品，是“负责”；让利合作伙伴与经销商，是“负责”；维护资本市场投资者利益，也是“负责”。

当我们理清纷繁复杂的表象，向更深层次及更久远的往昔追溯时会发现：农夫山泉之所以能获得青睐，背后就是最简单又最稀缺的“负责”两个字。用心做产品、用心做企业、用心为社会，不浮夸、不奢谈所谓大义，简简单单把“负责”两个字做好，做好企业的本分，这是农夫山泉二十几年来“强者恒强”的基石，也是应对市场竞争，始终自然、从容的根本原因。

愿景：让所有的商店都有我们的产品，让人人都享用得起

资料来源：农夫山泉官网：https：//www. nongfuspring. com/aboutus/introduce. html；萧田．农夫山泉，仅仅用“负责”两个字就赢得了所有．（2024－07－09）．https：//baijiahao. baidu. com/s?id＝1804150020630380408&wfr＝spider&for＝pc.

思考题：农夫山泉愿景、使命的构成要素有哪些？

第1节　企业核心价值观

价值观是主体对客观事物按照其对自身及社会的意义或重要性进行评价和选择的标准。价值观对个人的思想和行为具有一定的导向或调节作用，使之指向一定的目标，或带有一定的倾向性。企业价值观是指企业及其员工的价值取向，简言之，即对事物的判断标准。

通常企业价值观有四种基本类型。一是客户至上型，如IBM的“最佳服务精神”，海尔的“真诚到永远”，海底捞的“服务至上，顾客至上”等；二是以人为本型，如惠

普的“尊重个人价值”，3M的“绝不扼杀一个主意，只能加以开导”，索尼的“鼓励个体的能力和创造力”，华为的“认真负责和管理有效的员工是华为最大的财富”等；三是普世价值型，如格兰仕的“为人类创造财富”，复星集团的“修身、齐家、立业、助天下”，雀巢的“创造共享价值”，迪士尼的“让世界更欢乐”，国药集团的“关爱生命，呵护健康”等；四是开拓创新型，如中国国家电网的“努力超越，追求卓越”，通用电气的“坚持诚信、注重业绩、渴望变革”等。

企业核心价值观（core values）是企业在追求经营成功的过程中所推崇的基本理念和奉行的目标，是对生产经营、目标追求以及自身行为的根本看法和评价，是对企业意义的一种终极判断，是企业哲学思想的最集中体现。企业核心价值观是企业安身立命的根本，深深根植于企业内部，是处理企业种种关系、引领企业进行一切经营活动的指导性原则，企业其他理念都受其影响和约束。当企业创新、服务和利益发生矛盾时，企业行为选择就明显受到企业价值观的支配。

企业发展过程中，经营战略和实践活动总是不断地适应变化的外部市场环境，但核心价值观是企业重要且永恒的信条，体现的是企业不随时间而改变的指导方针和原则。企业核心价值观必须经得起时间的考验，企业一般只有3～5条核心价值观，否则不能真正起到核心的作用。

企业构建核心价值观的意义在于：

（1）核心价值观是企业行为规范的内在约束。企业运营过程中，所有员工都应该遵守企业的制度安排和贯彻企业的经营战略，员工的基本选择、行为规范都是以企业核心价值观为轴心加以调节，员工的行为也应该受核心价值观的约束。虽然核心价值观不像法律条文那样具备刚性的约束力和强制的执行力，但对员工有内在约束力和感召力。

（2）核心价值观是制定企业制度与实现经营战略的思想保证。企业价值观是隐于企业经营思想和管理哲学之中支撑企业的最基本信念，是企业制定一切制度和措施的前提。核心价值观是企业制定战略和制度的出发点和归宿，核心价值观规范了企业自身的价值理念，企业的存续、发展都是以核心价值观为基石得以实现的。

（3）核心价值观是企业活力的内在源泉。正确的价值观能够获得用户和员工的忠诚以及社会的广泛支持，能产生内聚力和激励作用，激发员工的积极性、主动性和创造性，为一个共同的目标，在共同价值观的引导下，员工在行为方式上产生共识，形成一个协调融洽、相互信任、高效率的整体，产生巨大的生产力和竞争力。

值得指出的是，实践中有必要将核心价值观区分为“崇高价值”和“义务价值”两个层次。崇高价值当然值得提倡和弘扬，但更要注重践行义务价值，固守底线价值。在市场经济环境下，在充斥着诱惑的商业社会里，在价值取向越来越多元化的当下，一些企业的核心价值观变成了假、大、空的作秀，成为挂在嘴上、写在纸上、贴在墙上的口号。诚然，我们不可能也不必要求每家企业都有产业报国的使命感和担当意识，都有为人类谋福祉的情怀，但是要求它们以人为本，敬畏规则，诚实经营，遵纪守法，照章纳税，节能减排，不要为富不仁，不要偷税漏税，不要假冒伪劣，不要行贿受贿，不要破坏环境，不要官商勾结，不要将内部成本外部化，如此等等，不仅是应该的，而且是必须的和起码的。

第 2 节　商业伦理

一、商业伦理的要旨

（一）商业伦理内涵

商业伦理（business ethics，BE）也称企业伦理，是指蕴含在企业生产、经营、管理及生活中的伦理关系、伦理意识、伦理准则与伦理活动的总和。伦理关系包括企业与投资者（股东）、员工、消费者、上下游合作者（供应商、分销商、零售商）、竞争者、媒体等的关系；伦理意识包括企业的道德风气、道德传统、道德心理、道德信念等；伦理准则包括营销准则、分配准则、生产准则、信息准则等。

要把握商业伦理的内涵，需要厘清商业伦理与企业文化、商业伦理与企业法规之间的关系。企业文化是企业成员共享的价值观念和共同遵守的行为准则以及由此体现出来的企业整体的价值取向。企业文化的精髓是企业价值观，它反映企业的基本观念及信念。商业伦理反映的是企业对善与恶的价值判断，是企业价值观的核心，因此，商业伦理是企业文化的核心。

企业法规体现的是社会对企业以及企业管理者的要求，具有强制性和外在性。商业伦理则依靠内在的信念起作用，具有自觉性和内在性。商业伦理与企业法规两者相互统一、互为补充，共同发挥作用。有一种观点认为，伦理就低不就高，法规就高不就低。也就是说，社会以公认的最低道德准则来要求，低于最低道德准则的行为会受到道义的谴责；而执行法律时要以是否违反法律作为判别准则，不分违反程度高低，只要违反就应追究法律责任。

由于激烈的竞争及其他多种因素，企业商业伦理的状况不容乐观。安然公司曾是华尔街的骄傲，然而，就是这样一家企业却在 2001 年爆出财务造假丑闻并以破产收场。近年来，互联网巨头涉嫌滥用市场支配地位进行垄断、抑制竞争、侵犯用户隐私、破坏新闻出版多元化等问题日益受到社会关注，2020 年 10 月美国众议院司法委员会在经过长达 16 个月的调查和听证后认定，脸书、亚马逊、苹果、谷歌这四家公司利用其垄断地位打压竞争者，压制行业创新。当前，在全球范围内掀起了一股强烈的对企业伦理和企业社会责任进行反思的浪潮，商业伦理已成为全球企业共同面临的亟待解决的问题。

产品安全管理和质量控制是企业的底线责任。

战略实践 2－1　宝马召回事件：安全隐患下的企业责任与行业启示

（二）商业伦理规范

商业伦理规范给出了企业在其经营活动中涉及内外关系时所必须遵循的行为准则和道德规范，是社会经济关系的道德体现。商业伦理规范由四大要素构成，即由目的、手段、准则和自律组成的一个有机系统。具体来说，伦理规范需要回答：（1）调节的目的、目标是什么；（2）实现该目标的手段是什么；（3）要实现该目标，企业行为必须遵循什么准则；（4）商业伦理对企业的自律要求是什么。这些恰与东方企业特有的“和谐、义利、中庸、诚信”伦理规范形成了某种对应。

企业商业伦理规范应符合以下三方面的要求。

（1）客观性。商业伦理规范的客观性首先表现为，它是对企业在一定的经营活动中所形成的各种道德关系的反映和概括。这种客观性作为一种内在的约束，制约并规范着企业的行为方式。企业要生存和发展，首先必须解决与社会融合的问题。企业可以用多种方法获取利润，但一旦采用不正当手段获取利润，就会与社会道德相冲突。此外，当企业以追逐利润为唯一目标而将内部成本外部化时，外部不经济性就成为必然，甚至会受到法律的干预或其他利益相关者的抵制。客观性的另一表现是，商业伦理规范受到社会现实生产力水平的制约和所处时代大环境的影响。比如，当社会生产力水平很低、社会物质产品极度匮乏时，“高产为善”就成为商业伦理的首要要求；相反，当社会生产力水平提高，市场供过于求时，有效配置资源、节能减排、保护环境和生态、共同应对全球气候变化，就会更受关注并成为一种自觉和自律。

（2）层次性。伦理作为处理人（自然人或法人）与人之间关系以及林林总总的其他关系的准则，核心价值观在其中起着重要的作用。随着经济的发展，企业与社会的关系更为密切，社会也会对企业提出更高要求，企业的经营理念与核心价值观对于企业的竞争越来越重要。然而，如本章第1节最后一段所指出的，核心价值观有“崇高价值”和“义务价值”之分，崇高和义务是两个不同的层次。实际上，作为理性人，人们不会做损人损己的事，会做利人利己的事，也会做利己但不损人或利人但不损己的事；作为经济人，人们极有可能做损人利己的事；作为超越人，人们则会奉行利他主义的原则，在特定情形下义无反顾地做损己利人的事。这里，利他主义是一种崇高的伦理，要提倡、弘扬但不要求，而“不损人”作为一种义务的伦理，人们必须遵从、固守。商业伦理规范的层次性就是要表明企业倡导什么，推崇什么，鼓励什么；宽容什么，允许什么，可以做什么；反对什么，抵制什么和拒绝什么。

（3）阶段性。商业伦理规范的阶段性是指规范应适合企业自身的阶段性特征，即企业发展的生命周期。企业在发展的不同阶段，有不同的商业伦理规范要求。在企业创立的初期，伦理规范的主要内容应为自立自强、诚实经营、遵纪守法、货真价实。随着企业业务的扩张、盈利的增加和实力的壮大，伦理规范则应侧重于照章足额纳税、扩大雇用员工数量、重视安全、珍惜生命、融入当地、服务社区等，同时把保护生态环境、爱护资源、降低能耗等作为企业伦理规范的应有之义。当企业充分发展、在业界具有举足轻重的地位时，伦理规范应突出产业报国的担当意识和扶弱济贫、共同富裕的理念；在技术创新、转变发展方式等方面身体力行；在走内涵式、可持续发展道路方面起引领作用。不但要一如既往地尽经济责任，而且要尽道德责任和慈善责任，在回馈社会、帮扶弱势群体方面做出表率。

二、商业伦理建设

新视角

AI 时代的科技伦理问题

生成式人工智能（AIGC）横空出世，在惊艳世人的同时，也引发了有关抄袭、造假等方面的一系列风波；基因编辑、合成生物学的发展，在创造出无限可能的同时，也令世人对子孙后代的成长颇感担忧。科技的高速发展，给社会带来的不只是红利，还有诸多伦理困境。

《连线》杂志曾在官网刊发题为《利用生成式 AI 来犯罪只是时间问题》的文章。事实上，非法交易人脸数据、伪造特定人物视频等违法犯罪行为已经滋生，其恶劣影响正日益受到重视。为人工智能等新科技发展划定边界，将技术纳入监管，已经成为全球共识。

无论采取哪种监管路径，技术发展与治理机制不同频、难同步，始终是摆在监管者面前的难题。尽管已经有不少国际机构出台文件，对 AI 的发展方向加以明确，但这些文件缺乏约束力，且形成周期长，跟不上技术发展的速度。

科技伦理关键在人，人工智能领域的科技伦理问题，同样是人的问题。人类要形成伦理价值共识，并将其转化为法规、政策或技术标准。此外，人类还要具备将创造出来的价值共识植入人工智能的技术手段，并检验其效果，这是“为 AI 立心”。假如 AI 被植入人类的伦理价值共识，那么它就能识别并纠正人类的不合伦理行为，进而对人类社会增益。

在形成伦理价值共识前，人类首先必须具备伦理意识。人工智能时代，科学实验室被搬到了社会。如果我们对伦理风险缺乏预见性，就只能任由事件发生，被动推进监管。应当转被动为主动，加强研究，特别是提高从业人员的认知能力。

资料来源：孙欣祺．AI 时代，要不要给技术发展踩刹车．文汇报，2024－09－09.

商业伦理的选择和建设是一项具有战略意义的工作，需要精心谋划、扎实推进。

（一）思想上高度重视

时至今日，以价值文明、伦理文明为主旨的软实力竞争时代已经到来，缺乏理念价值和商业伦理的企业难以形成真正的可持续的竞争力。企业必须高度重视商业伦理的建设，并在全体员工中形成这样的共识：对个体而言，道德高尚是成功与幸福之本。追求个人的目标和效用应以合法合规为前提，即使目标高尚也不能不择手段。不仅要结果公平，还要确保过程和程序正义。营造高尚道德行为的环境是社会组织对其成员义不容辞的责任，而高尚道德行为的养成必须尽量用制度来保障，不能仅仅依赖于人们的觉悟，要通过制度使企业对规则保持起码的敬畏。从长期看，关注伦理道德的企业要比忽视伦理道德的企业具有更好的经营效益，这一观点得到了实证支持。

（二）伦理取向要突出社会责任

在伦理建设中，企业要牢固树立“义利相融”“义利统一”的经营理念，在其价值取向和伦理取向中，把承担社会责任放在突出的位置。企业积极承担社会责任，有助于企业员工树立正确的人生观和价值观，让员工置身于一个富有爱心和责任感的环境里；有助于增强他们的归属感、自豪感和荣誉感，从而增强企业的凝聚力和向心力；也有助于增强团队的协作能力。勇于承担社会责任的企业，更容易获得社会的信任，赢得更多客户，从社会得到更多的资源和发展助力，从而增强企业自身的竞争力和生命力。与单纯追逐经济利润最大化的企业相比，伦理取向中突出社会责任的企业的使命感和责任感更强，追求的境界更高，发展的动力更足，员工的精神面貌更佳，企业的整体素质和社会形象也更好。

（三）重视领导者的表率作用

战略决策的主体是企业领导者，领导者在分析战略的环境、使命、能力时，都会自觉或不自觉地受其主观价值观的影响。从深层看，主观价值观的核心就是个人看问题时所遵循的伦理准则。战略决策实际上是领导者和管理者外显或内隐的伦理价值观影响的结果。因此，企业领导者要意识到自己对企业文化和伦理建设的特殊影响力，要充分发挥正面导向作用。第一，企业领导者要树立强烈的伦理建设意识和观念；第二，要对伦理建设有明确的思考，对伦理责任有明晰的定位；第三，健全企业内部管理机制，完善伦理守则，整合信息渠道，持续进行伦理强化；第四，领导者和管理者要加强对自身的约束，率先垂范、言行一致、表里如一，模范地遵守商业伦理规范。

（四）求同存异，加强沟通

伦理建设要注意宏观总体的一致性和微观具体的差异性的有机统一。在微观层面和深层次上，伦理准则因人而异是常见的。从伦理准则本身看，其尺度把握也很困难，因为伦理准则具有鲜明的时代特征，有许多起初看起来是离经叛道并受到惩处的观念和做法，后来却为社会公众广为接受，甚至成为通行的价值准则或行为典范。因此，在企业伦理建设过程中，面对不确定的环境不要太过武断地使用某种伦理准则来强行判定一件事或一个观点的对错，在当下社会急剧转型变革的时期尤其如此。可行的做法是，注意加强决策者内部意见的沟通，以便在充分交流与相互理解的基础上达成共识。

第3节　企业社会责任（CSR）与环境-社会-治理（ESG）

一、企业社会责任（CSR）

（一）企业社会责任的定义

企业社会责任（corporate social responsibility，CSR）是指在市场经济体制下，企业除了为股东（stockholder）尽追求利润的责任外，也应该考虑利益相关者（stakeholder）的利益。其中，雇员利益是企业社会责任中最直接和最主要的内容。企业社会责任是企业基于自身形象考虑而对社会利益相关者的友好回应，是企业为改善利益相关者的生活质量而对可持续发展贡献力量的一种承诺。企业社会责任的支持者认为，企业应有“社会良心”。因此，企业不仅要考虑利润，还要关心其他社会效益，有责任为提高就业率、消除歧视、减少污染等做出努力。企业不仅要为社会创造更多的经济财富，为物质文明做贡献，还要尽可能尽社会责任，为精神文明、生态文明建设做出贡献。

企业社会责任并非新概念，早在 20 世纪 20 年代，随着资本的不断扩张，贫富分化、劳工问题、劳资冲突等一系列社会矛盾愈发突出，正是在这样的背景下，企业社会责任这一概念应运而生。但是，作为一场社会运动，企业社会责任运动是在 20 世纪 90 年代兴起的，是随着经济全球化、国际贸易和资本流动自由化产生和发展起来的。1997 年，总部设在美国的社会责任国际组织（Social Accountability International，SAI）发起并联合欧美跨国公司和其他国际组织，制定了 SA 8000 社会责任国际标准并建立了认证制度；1999 年，英国社会责任和伦理责任协会（Institute of Social and Ethical Accountability）制定了 AA 1000 标准；2002 年，经济合作与发展组织（OECD）发布了修订后的《跨国企业准则》（Guidelines for Multinational Enterprises）；2003 年，德国企业伦理研究中心制定了价值观管理系统标准（Values Management System Standard）。

企业社会责任虽然多次在国内外论坛或会议上得到讨论，其正式定义却莫衷一是。比如，欧盟将企业社会责任定义为：企业基于资源把社会和环境密切整合到它们的经营运作以及与其利益相关者的互动中。美国有关组织将企业社会责任定义为：通过尊崇伦理价值以及对人、社区和自然环境的尊重，实现商业的成功。世界银行将企业社会责任定义为：企业承诺与其员工、他们的家庭、社区及社会一起，采取既对企业有利又对社会发展有利的手段来全面改善员工的生活质量，从而为经济的可持续发展做出贡献。

近年来，国际上普遍认同的企业社会责任理念为：企业在创造利润、对股东利益负责的同时，还要承担对员工、对社会和对环境的社会责任，包括遵守商业道德、生产安全、职业健康、保护劳动者的合法权益、节约资源等，以获得在经济、社会、环境等多个领域的可持续发展能力。

现实中，无论是从认识的角度还是实践的层面看，企业在社会责任上的表现差异甚大。相当数量的企业把社会责任看作一种负担，原因很简单：要承担社会责任，就得增加成本。也有一些企业把社会责任看作一种约束，这些企业承认应该承担社会责任，认为社会责任是企业经营中的一种必要付出，也愿意遵守社会的普遍准则对企业的规定。一些先进的企业则把社会责任看作一种资本，一种在金融资本、实物资本、人力资本、智力资本之上的社会资本和关系资本。基于这样的视角，社会责任不再是成本而是资本，不再是被动的、消极的付出，而是一种回报很高的投资。还有一些企业，它们把社会责任看作一种境界，以创造阳光利润为追求，敬畏法律与伦理，怀着一颗感恩的心回馈社会，矢志成为最受尊敬和可持续发展的企业。

科技创新、低碳转型、服务三农是腾讯“科技向善”价值观的集中体现。

战略实践 2-2　腾讯：“科技向善”共创可持续社会价值

（二）企业社会责任的四个层次

美国佐治亚大学教授卡罗尔（Archie B. Carroll）是企业社会责任领域最有声望的学者之一，对企业社会责任进行了长达 20 年的研究。1979 年，卡罗尔首先对企业社会责任进行概括，提出了“企业社会责任金字塔”理论（如图 2-1 所示）。

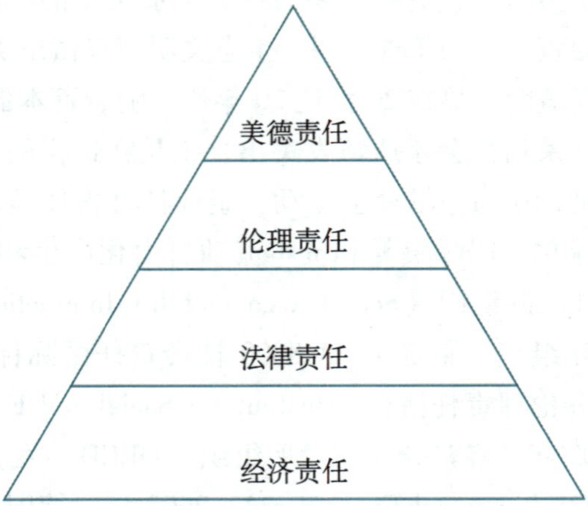

图 2-1　企业社会责任金字塔

第一层（底层）：经济责任。经济责任是指以能使投资者满意并维持企业运行的价格，按社会需求生产产品和提供服务。企业经济责任处于金字塔的底层，是其他更高层次社会责任实现的基础。企业应尽力做大做强，使自己有实力和能力承担更大的经济责任。

第二层：法律责任。法律责任是指企业的一切活动都必须遵守法律法规，依法经营，遵守包括当地的和相关的现存规则以及国际标准在内的各项规定，在法律框架内从事企业的经营活动。这种责任具有强制性，如果不承担则要承受相应的法律后果。

第三层：伦理责任。伦理责任指那些为社会所期望或禁止的、尚未形成法律条文的活动和做法，它要求企业的各项工作和行为必须符合公平、正当、正义的基本伦理道德，不做违反社会公德的事。伦理责任在一般情况下并不具有强制力，但在特殊情况下或者在特定时期，有可能会转化成一种强制要求。比如，生产口罩、呼吸机和消毒产品等的企业，在平常根据订单安排生产计划，可以生产，也可以不生产，但新冠疫情发生时，这类企业就负有义务组织生产，必须向社会提供相应产品。

第四层（顶层）：美德责任。美德责任是指企业基于自身的价值观和社会的希望而采取的额外行动，如救助灾害、救济贫困、扶助残疾人等有困难的社会群体和个人，赞助促进社会发展进步的福利事业和慈善事业。当前，在推进共同富裕的过程中，我国明确提出构建初次（一次）分配、再（二次）分配、三次分配协调配套的基础性制度。其中，三次分配主要通过包括企业在内的社会组织（法人）或个人（自然人）自觉、自愿、自发的捐赠行为来实现。

以上四大责任并不相互排斥，如此排列的目的只是强调社会责任的层次性和演化顺序。一般地，可以将经济责任与法律责任视为社会对企业的要求，伦理责任是社会对企业的期望，美德责任是社会对企业的向往。对企业而言，应重基础，遵法度，尚伦理，行公益。

二、社会责任的动因

企业为什么要承担社会责任？对这个问题的理解，可以从经济学、法理学和社会学三个角度综合考虑。

（一）经济学角度：利益相关者理论

利益相关者理论认为，企业是一个由利益相关者构成的契约共同体，利益相关者包括企业的股东、债权人、雇员、消费者、供应商等交易伙伴，也包括政府部门、公众、媒体、环境保护主义者等，甚至还包括自然环境等受到企业经营活动直接或间接影响的客体。这些利益相关者都对企业的生存和发展注入了一定的专用性投资，他们或是分担了一定的企业经营风险，或是为企业的经营活动付出了代价，因此，企业的经营决策必须考虑他们的利益，并给予相应的报酬和补偿。企业对利益相关者必须承担包括经济责任、法律责任、伦理责任、美德责任在内的多项社会责任。其中对利益相关者中的雇员、顾客和股东三者负有最基本的责任，这些责任主要包括：安全生产，就业机会平等和薪酬公平，反对性别、种族等歧视，注重员工福利；保护消费者权益，保证产品质量；维护股东权益，重视投资者关系等。另外，还包括企业对所在社区的贡献等。

值得特别指出的是，全体人民共同富裕是中国式现代化的五大特征之一。实现共同富裕固然是一个长期任务，但要始终牢记共同富裕是中国特色社会主义的本质要求。企业必须着力维护和促进公平正义，着力促进利益相关者的利益和福祉，坚决防止两极分化。

（二）法理学角度：企业公民

企业公民（corporate citizenship）一般解释为企业为了表达对人类、社区以及环境的尊重，所做出符合道德及法律规范的发展策略。波士顿学院企业公民研究中心将企业公民定义为："一个企业将社会基本价值与日常经营实践、运作和策略相整合的行为方式。"企业公民的概念脱胎于商业道德和企业社会责任，但从法学的角度强调了企业的"社会公民"身份。这种强调意味着企业不能只满足于做个"经济人"，还要做一个有责任感和道德感的"社会人"。企业是社会的组成单元和细胞，社会是企业利益的源泉，企业在享受社会赋予的条件和机遇的同时，也应该以符合伦理、道德的行为回馈社会。企业公民的概念包括：企业的基本价值观，对利益相关者的责任，对环境资源的责任，对社会发展的广义贡献。当前，很多大型跨国公司都把"企业公民"作为企业的核心价值观之一，积极实践。这种价值观是企业与包括各种环保、人权组织在内的非政府组织以及各种利益相关者之间长期博弈形成的。

（三）社会学角度：和谐社会

在社会学领域，一个始终强调的概念是社会的和谐性，和谐社会是一个既充满活力又富有秩序的社会。按照社会组织理论的说法，构建和谐社会涉及各个主要社会组织的社会责任，包括政府的社会责任、企业的社会责任、民间社团的社会责任和城乡基层社区的社会责任等。社会和谐，企业有责。社会的和谐离不开企业，企业的发展也离不开社会，企业承担社会责任是社会和谐的内在要求。企业在处理与社会的关系时绝不能只盯住经济效益，要主动承担起

数字平台企业通过动员平台生态主体，为解决外部性和社会问题做出贡献。

战略实践 2-3　美团"青山计划"助力社会价值共创

应尽的社会责任，把企业的发展融入社会的发展之中。在构建和谐社会的过程中，企业具有其他社会成员所无法比拟的地位，在整个社会组织的责任体系中可以发挥重要作用。即使从企业自身追求的和谐而言，不论是劳资和谐还是同业和谐，也都需要通过承担社会责任的方式实现。

三、环境-社会-治理（ESG）

（一）ESG 核心要义

与 CSR 密切相关的概念是 ESG。ESG 是环境（environmental）、社会（social）和治理（governance）的首字母缩略语，现已成为一种关注企业环境、社会、治理绩效而非财务绩效的投资理念和企业评价标准。投资者可以根据企业 ESG 绩效，评估其投资行为和企业（投资对象）在促进经济可持续发展、履行社会责任等方面的贡献。2018 年 9 月中国证监会在修订《上市公司治理准则》时增加了利益相关者、环境保护与社会责任章节，规定了上市公司应当依照法律法规和有关部门要求披露环境信息、履行扶贫等社会责任以及公司治理等相关信息。

实际上，ESG 不仅仅是企业履行社会责任的工具，还是一种推动企业长期竞争优势和价值创造的战略选择。在当前的商业环境中，投资者、消费者、监管机构以及其他利益相关者越来越关注企业在环境保护、社会责任和治理结构方面的表现。因此，将 ESG 融入企业战略，不仅有助于企业提升声誉，还能在激烈的市场竞争中实现可持续增长。

首先，在环境层面，企业面临着日益严格的环境法规和消费者环保意识的不断增强。因此，企业需要通过绿色技术、节能减排以及可再生能源的应用来降低其环境足迹。这不仅有助于企业降低运营成本，还能在市场上建立“绿色品牌”形象，从而吸引注重可持续发展的客户群体和投资者。例如，壳牌、宝马等跨国公司通过制定碳中和战略，致力于在未来数十年内实现零排放目标，在市场中树立了可持续发展的典范。

其次，在社会层面，企业需要承担更多的社会责任，以回应利益相关者的期望。这包括员工福利、客户关系管理、供应链的社会影响，以及在当地社区的投资与发展。企业践行社会责任，可以提升员工的忠诚度和满意度，增强客户的品牌黏性，从而实现更高的市场占有率。此外，在供应链管理中，企业越来越重视供应商的社会责任绩效，以确保整个价值链的可持续性。例如，宜家和耐克通过严格的供应链审查，确保合作伙伴遵守公平劳动标准和环境保护规定，从而降低因供应链问题带来的声誉风险。

最后，治理的有效性是企业长期稳定发展的基石。良好的公司治理结构有助于企业在战略决策中保持透明度和问责制，防止内部控制失效和腐败现象的发生。尤其是在数字化和全球化的背景下，企业需要通过现代化的治理工具，如数据透明度、反腐败政策和董事会多样化，来应对日益复杂的监管环境和利益相关者的多元化需求。例如，苹果和微软等企业通过引入独立董事、增加治理透明度以及实施高标准的道德规范，成功提升了企业在资本市场的信任度和吸引力。

（二）将 ESG 有效融入管理流程

为了将 ESG 有效融入管理流程，企业需要采取系统化的方法，包括以下几个关键步骤：

（1）制定明确的 ESG 目标：企业需要根据其行业特征和运营环境，设定具体的 ESG 目标，如降低碳排放、提升员工多样性或加强数据隐私保护。这些目标应与企业整体战略一致，并纳入绩效考核体系，以确保各部门共同推动 ESG 目标的实现。

（2）构建 ESG 治理框架：建立专门的 ESG 委员会或工作组，负责监督 ESG 相关政策的制定和实施。同时，企业应在董事会层面加强对 ESG 事务的监督，以确保企业在战略层面对 ESG 问题高度重视。

（3）提升数据透明度与报告质量：企业应定期发布 ESG 报告，以展示其在环境、社会和治理方面的绩效。这不仅有助于提升企业的透明度，还能增强投资者和利益相关者的信任。此外，通过第三方审计和认证，企业可以进一步提升 ESG 数据的可信度和公信力。

然而，尽管 ESG 具有显著的战略价值，企业在实施过程中也面临诸多挑战。例如，不同市场的 ESG 标准和监管要求可能存在差异，企业需在全球化运营中平衡各地的法规要求。此外，如何在短期财务业绩和长期可持续发展目标之间取得平衡，也是企业实施 ESG 时需要解决的问题。因此，企业在实施 ESG 的同时，必须不断调整和优化其管理模式，以应对外部环境的动态变化。

激励与监督、利益冲突与协调、意识形态化是 ESG 实践中的现实挑战。

战略实践 2－4　ESG 实践的现实挑战

第 4 节　使　命

一、使命的概念

使命（mission）是组织或个体基于其价值观对社会和利益相关者应承担的责任，它揭示组织或个体存在的根本理由。例如：

- 医院的使命是“救死扶伤”；
- 政府的使命是“成为老百姓的守夜人”；
- 学校的使命是“传道、授业、解惑”；
- 大学的使命是“培养人才，开展科学研究，服务社会，引领未来”；
- 知识分子的使命是“为天地立心，为生民立命，为往圣继绝学，为万世开太平”；
- 普通人的使命是“天下兴亡，匹夫有责，位卑未敢忘忧国”。

有时使命又称为宗旨、纲领、目的和任务等，尽管提法不同，但都表明了组织或个体存在的理由。

企业使命是企业“存在理由”的宣言，它阐明企业的根本性质和存在的目的或理由，不论这种原因或者理由是“提供某种产品或者服务”，还是“满足某种需要”或者“承担某个不可或缺的责任”。企业使命指明了企业对社会进步和经济发展应做出的贡献和应承担的责任，反映企业管理者为企业经营活动规定的价值观、信念和指导原则，描述企业力图为自己树立的形象，揭示本企业与其他企业在目标上的差异，界定企业的主要产品和服务范围，以及企业要满足的顾客基本需求。此外，企业使命是指向外部的而不应指向企业内部，也就是说，企业使命必须定位于企业的外部，必须根据所服务的对象及顾客的需要来确定自己的使命。

企业使命代表企业的目的、方向和责任，为企业目标的确定和战略的制定提供依据。德鲁克曾给管理下过一个经典的定义："管理就是界定企业的使命，并激励和组织人力资源去实现这个使命。界定使命是企业家的任务，而激励与组织人力资源是领导力的范畴，二者的结合就是管理。"

使命感和责任感是组织和个人建功立业的强大动力，也是古往今来能成就伟业的共同特征。实证研究表明，与那些没有正式使命陈述的公司相比，拥有正式使命陈述的公司给股东的回报要高出一倍，在某些财务指标方面的收益高出30%。

使命的重要性毋庸置疑，但并不是每个公司都能真正理解且身体力行。很多公司虽然都有自己的使命陈述，却没有把使命内化为公司及全体员工的自觉行为。原因是多方面的，主要有两个：一个是公司使命的合理性；另一个是公司的使命是否真诚。

一个好的企业使命，应该强调以下几个方面：

- 清楚企业的崇高目的，弄清楚企业为什么存在。
- 阐明企业的关键价值观。
- 描述企业的主要活动和希望获得的行业地位。
- 富有想象力，并且可以持续很长的时间。
- 挑战性和可达性有机结合。

二、企业使命的构成要素

德鲁克认为企业需要思考三个问题：我们的企业是什么？我们的企业将是什么？我们的企业应该是什么？这也是思考企业文化的原点，这三个问题集中在一起体现了企业的使命。企业因其规模、发展阶段的不同，具有不同的使命。企业使命一般有以下构成要素。

（一）企业目的

企业是以营利为目的、为满足顾客需要而提供产品或服务的经济组织。如果仅根据企业的一般定义，很容易得出企业目的就是营利、就是利润最大化的结论。追求利润固然是企业的本质特征和本能，但企业必须看清楚自己在社会中扮演的角色并为所有利益相关者提供价值。企业要达到的目的应是多元化的，除了经济目的，还有社会目的；除了功利目的，还有公益目的。即便是经济目的，也有当前和未来、短期和长期的目标之分，企业不能只注重短期目标而忽视长期奋斗的目标。在日益变化的市场环境中，企业只有拥有了超越经济目的的更崇高目的，才能获得更加强大、持久的发展动力，才能保证企业的生存与持续发展。企业使命应对企业目的予以明确界定，对企业的生存发展发挥导向作用。

（二）经营理念

经营理念是企业对经营活动的目标、目的、原则等的思考，是企业基本哲理、信念、价值观和抱负以及行动准则的集中体现，是评价现实及将来企业各种活动的基准体系，对企业的各种行为具有指导、控制和约束作用。经营理念和企业发展密切相关，是任何一个想更好发展的企业必须关切的。恰如恩格斯所说的“一个民族要想站在科学的最高峰，就一刻也不能没有理论思维”①，一个企业要想取得辉煌的业绩，就一刻也不能忘记经营理念。企业经营理念为企业树立发展方向，提供激励，树立形象、基调及宗旨。使命通过阐明企业经营理念，明确企业的目标，界定如何促进企业成长，体现企业的差异化特点，宏观指导企业的经营实践。

（三）经营范围

企业的性质和任务是由企业的经营范围决定的。企业要发展首先要确定企业的经营范围，企业的经营范围涉及三方面内容：企业经营的业务，市场，采用的技术。也就是回答企业是什么、顾客是谁、顾客需求的价值是什么等问题。企业经营者应密切关注外界因素的变化和自身条件的变化，使企业的经营范围既适应社会需求的发展变化，又与企业自身发展阶段的能力特征和资源禀赋相契合。经营范围一般来说是稳定的，但是当外部环境发生变化，企业必须做出相应调整。因此，企业要重视对外部经济环境的调查研究，及时审视企业的经营范围，一旦环境发生巨变，能够适时修改调整经营范围。

（四）企业定位

从一定意义上讲，企业使命是企业对满足社会某种需要和如何满足这种需要的说明。社会对企业的需要是多方面的，且都是以满足消费者的需要为基础，社会生产、生活需要都直接表现为消费者的需要。企业如果不能满足消费者的需要，那么其他的需要也不可能得到满足。在确定企业使命时，要深入调查研究消费者的需要，以市场需求为导向来确定企业的使命，其中定位问题至关重要。尤其是在资源相对稀缺或绝对稀缺的情况下，定位就是要回答“满足社会某种需要”中的“某种”问题。企业在竞争中，要根据自己拥有的资源，尤其是技术资源，以及所提供产品和服务的市场，客观地评价自身优劣条件，进行准确定位，包括产业定位、市场定位、竞争定位等，这些是企业确定竞争原则和策略的前提。

（五）公众形象

在日益多元化发展的社会中，企业作为“社会中的人”，不管是从自身的生存与发展角度，还是从和周遭世界的关系角度，都应十分重视在公众中的形象。企业的公众形象是社会对企业的整体印象和评价，也是企业的表现与特征在公众心目中的反映，它反映了公众对企业的期望实现的程度和企业实现社会责任的程度。因此，企业要想在公众中树立起良好的企业形象，就应在使命中规定如何满足公众对企业的期望，如何尽到自己的社会责任。企业管理者应该努力满足公众期望，维护良好的企业形象，实现自身的社会责任。企业使命不仅要反映企业员工的长远憧憬，而且要反映利益相关者的共同追求，企业使命应能够唤起公众对企业的好感和热情，并提供支持与合作，从而使企业的发展处于一个良好的生态环境和生态群落。

---

① 马克思，恩格斯．马克思恩格斯全集：第 26 卷．北京：人民出版社，2014：500.

（六）利益群体

企业不仅要实现企业价值最大化，也就是股东财富最大化，还要顾及其利益相关者的诉求，企业管理者必须充分重视企业内外部利益相关者的合理要求，要内外兼顾，使其整体价值最大化。企业的利益相关者在企业内部有董事会、股东、管理者与员工，在企业外部有顾客、供应者、竞争者、政府机构和一般公众等。这些利益相关者希望企业能够按照他们满意的方式从事生产经营活动。企业管理者必须充分重视企业内外这些利益相关者的合理要求，在为他们尽职尽责提供利益的同时，提升企业的声誉，由此建立起更加稳定广泛的客户群体和利益价值链，这对企业的长远发展将十分有利。

第 5 节　使命驱动与战略导向

企业的核心价值观和使命，深刻地影响着企业的经营行为和经营效果，企业在经营中应建立使命驱动和战略导向的管理理念。

一、使命驱动

使命驱动旨在表明企业经营行为的根本动力和终极动力是使命。与资源驱动、资本驱动或知识驱动相比，使命驱动更内在，力量也更强大；与利润驱动和成就驱动相比，使命驱动效用更持久。

使命驱动的企业，目标远大，对远大目标的追求是企业的动力之源。使命驱动可以促进员工树立坚强的信念和高尚的情操，可以激发员工的积极性、能动性和创造性，形成行为的主动性、协同性和奉献性，可以激发员工发挥潜力和创造价值，促进员工更自觉地积累知识、技能和管理经验，从而提高企业的竞争能力，使企业形成持久的竞争优势。众所周知，竞争对手无法复制和难以模仿的核心竞争力更多地基于人力资本中的创新行为和能动性的发挥。因此，使命驱动的经营理念孕育着企业核心竞争力，是企业稳定发展的基础。

使命驱动下的企业，将企业的存在价值置于社会和利益相关者中，经营中采用符合社会道德、企业伦理的公平竞争行为，对社会资源的利用更加有效。使命驱动的决策行为能够有效避免经营的机会主义和利己主义，能为顾客提供具有更大价值的产品和服务。企业还可以在上下游协作者中形成良好的企业形象，为企业的发展创造更融洽的空间和生态，赢得更大的市场份额和顾客认同。企业在为社会和利益相关者创造价值的同时，也使自身的核心竞争力和竞争优势得到更好的提升。

二、战略导向

企业的发展经历了机会导向、利益导向、产品导向、绩效导向、资本导向、客户导向、竞争导向等诸多导向之后，逐渐朝战略导向演化。其实，前述的这些导向在企业发展的一定时期、一定阶段和某些领域都曾发挥重要的作用，有些还将继续发挥重要作用。然而，这些导向的偏颇性也毋庸讳言。

比如，以竞争导向为例，竞争导向的本质是过分关注对手而忘了为客户创造价值这一根本任务，偏离创造客户价值的正道，就会在与对手鏖战中丧失对客户需求和客户价值的注意力和想象力。在技术创新和由技术创新引发的新的市场需求不断出现的时代，产业边界日益模糊，竞争不再局限于同行。企业过去只需提防自己被同行吃掉，现在更需要提防的是所在产业会不会在一夜之间被另一个异军突起的产业吃掉。很可能的情形是，虽然企业在竞争中把所有的同行都赶尽杀绝、独占鳌头，却发现整个行业已被新的行业替代，自己只不过比被自己击败的竞争对手晚几天被击败而已。在电子手表、寻呼机、微波炉等领域出现的情况就是这方面鲜活的例子。

以客户为导向也有许多问题值得重视。比如，一些企业一味迎合客户的需求而忽略市场的发展变化趋势。营销学家布朗（S. Brown）曾在《哈佛商业评论》发表文章指出，客户其实都是短视的，他们甚至根本不知道自己究竟想要什么，客户的需求只有通过企业充分发挥创造性才能挖掘出来。企业不应对客户的需求亦步亦趋。管理学家哈梅尔和普拉哈拉德也认为，企业的未来系于客户没有表达出来的模糊需求上，特别是那些潜在客户的模糊需求上，只有探求这些客户需求并满足它们才能赢得市场。因此，企业实施客户导向时，必须在满足客户现实需求的同时，以非凡的远见发掘客户的隐性需求，率先推出超越客户现有期望的产品。此外，有些客户需求是企业难以满足的，或虽能满足但代价极高。不顾一切地追求客户份额，企业很可能疲于应付且得不偿失。

战略导向强调企业必须有明确的高屋建瓴的战略思想，企业在目标的制定、实施和反馈的过程中必须融入并体现战略思想，进而形成以战略管理为主的经营理念和发展策略；企业的经营活动必须在战略的指导下进行，企业的一切运作都必须和企业的发展战略保持一致。战略导向的企业相对于机会导向、利益导向、产品导向、绩效导向、资本导向、客户导向、竞争导向的企业而言，主观上有更高的追求，客观上也将获得更广阔的发展空间，使企业能够更健康、更均衡、更协调、更全面和可持续地发展。

战略导向的企业，能够充分考虑企业外部环境的威胁或机会，以及企业内部的优势或劣势，制订出能够改善企业自身条件、充分利用外部机会的战略方案，并且采用更系统、更合乎逻辑和理性的战略选择方法制定更好的战略。战略导向在保证企业发展方向的同时，可以使企业更主动而不是更被动地塑造自己的未来，它使企业勇于创新、领导潮流而不只是消极地对环境变化做出反应。战略导向的管理理念，可以引领企业决策者和管理者对企业外部环境的变化随时做出快速响应，在充分把握机会的同时，有效避免经营风险，增加企业在不确定的经营环境中的灵活性和战略柔性。

第 6 节　愿　景

一、愿景的含义

愿景（vision）是对企业未来可能的和人们所希望达到的状态、愿意看到的景象的一种设想，是对未来乐观而又充满希望的表述。企业愿景体现了企业的核心价值观，是企业为之奋斗的意愿，为企业的发展提供了动力。

企业愿景是组织渴望变成、渴望实现、渴望创造的东西，是需要经过明显的变革和发展才能达到的目标。例如，华为的愿景是“把数字世界带入每个人、每个家庭、每个组织，构建万物互联的智能世界”。一般地，愿景包括两个部分：一是10～30年内实现的大胆的、可达到的目标；二是对实现目标后美好景象的生动描述。因此，它是有形的、激动人心的、有针对性的，易于理解且无须任何解释。企业愿景的具体构成包括如下内容。

（一）企业方向

企业愿景的两个最基本的、不可或缺的部分是企业理想和使命。理想体现企业的诉求，是企业永远的追求。理想召唤企业并给企业以方向（direction）。使命说明企业存在和永续发展的根本理由，其效力相对持久且具有说服力，它给企业以动力。

（二）企业前景

前景（perspective）即企业的发展前途和未来的组织状态，企业领导必须运用各种手段使愿景深入人心，使其对每个员工产生足够的吸引力并能够让他们真正领会。前景应揭示企业面临的战略机会，可以具体一些，但不应该局限于具体的产品或具体的细分市场。

（三）企业优势

企业不仅需要在愿景描述中提出方向和机会，还需要提出沿着这一方向、利用这些机会实现其抱负的方式。企业需要一套健全的、卓尔不群的、为用户提供独特价值的、能够将企业推向成功的竞争优势（advantage）来支撑这个愿景。

总而言之，企业愿景给出了企业长期发展方向、目标、自我设定的社会责任和义务，明确界定公司在未来社会里是什么样子。其“愿望”的描述主要是从企业对社会的影响力、贡献力，企业在市场或行业中的排位，以及企业与利益相关者之间的经济关系来表述。企业愿景描绘了企业未来的一个基本面貌，在企业面临不确定性和突发情况时，愿景扮演“罗盘”的角色，指引方向，引导企业朝着既定的目标不断前进。

二、制定愿景的四要素

制定一个好的愿景，涉及最高管理层、文化、组织结构和员工管理过程四个要素，如图2-2所示。

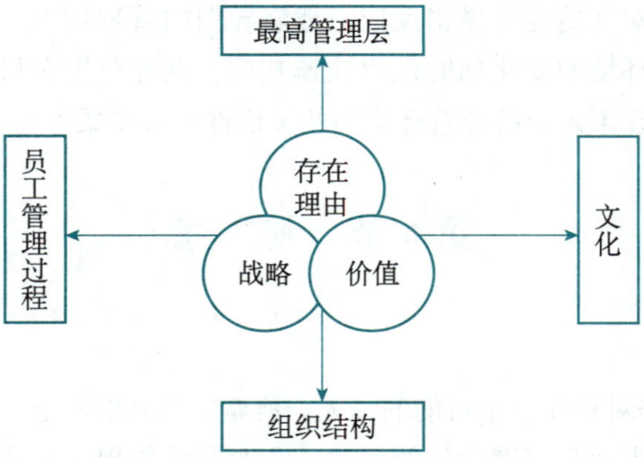

图2-2　愿景框架

（一）最高管理层

愿景的倡导者、支持者是企业的最高管理层（top management），他们承担着领导者的角色。从一定意义上讲，有什么样的领导者就有什么样的愿景。最高管理人员作为顶层设计者，不仅要高瞻远瞩、指点江山、描绘未来，而且是将愿景在组织内贯彻实施的关键，要力争使所有成员在战略选择的认识上达成一致。

（二）文化

文化（culture）对企业愿景的强化作用是外界无法模仿的。当独特的企业文化与其核心价值观以及愿景等其他要素相一致时，文化对企业发展的影响要远远大于任何正式的系统。企业最高管理层设定企业文化的方针，并负责保证企业文化与愿景相协调。

（三）组织结构

组织结构（organizational structure）既可以支持愿景，也可以侵蚀愿景。组织总面临着这样一对矛盾：在鼓励各种各样的集体尽可能保持其独特性以完成不同任务的同时，又要求这些集体尽可能地整合在一起，以实现不同集体之间的合作以及贯彻组织共同的愿景。

（四）员工管理过程

组织的人力资源管理部门要认识到员工管理的重要性。员工管理过程（process of personnel management）包括新员工如何招募、如何选择、如何使其适应企业环境、如何发展以及如何保留等，这些是能否实现企业愿景的决定性要素。愿景不仅仅是高层的意志，还要内化为员工共同的意愿。

三、愿景的作用

愿景有以下重要作用。

（一）凝聚

美好的愿景有简单率直的清晰理念，具有感召力量，有强大的凝聚力和向心力，促使企业员工聚集在一起，心往一处想，劲往一处使，同心同德，众志成城。同时，愿景中体现的企业发展共同目标，以及凝结在愿景中的企业经营理念和核心价值观，可以指导企业的战略实践，协调企业内存在的共享性资源和价值链活动，使企业的整个流程更好地连接，进一步加强经营运作的协同性。这就是愿景的凝聚（solidify）作用。

（二）导向

现在企业面临的环境的不确定性急剧增加，经营企业变得更加困难，模糊、混沌、迷茫成为不少企业描述经营状况和境遇的常用词。随着经济全球化和网络化的深度展开，以及整个社会的转型和产业的升级换代，机会和诱惑前所未有。不管是迷茫还是诱惑，都使得导向（orientation）的作用凸显出来。愿景作为企业奋斗的理想和目标，为企业在不断变化的市场从事经营活动指明了方向，昭示了未来。反之，没有愿景则如同行船在黑夜中看不到航标，只能随波逐流，危机重重。

（三）激励

愿景是对未来乐观又充满希望的表述，是对实现目标后美好景象的生动描述，是对企业未来可能的和人们所希望达到的状态、愿意看到的景象的一种设想。愿景能起到激励（inspirit）员工工作热情和团队协作的作用，使企业员工产生归属感、光荣感和自豪感，更加自觉地为实现企业愿景而努力工作。尤其是那些领先于企业发展的现状却又不过分拔高的愿景，既给员工以挑战的刺激，又不会让员工感到难以企及而灰心丧气，使员工始终保持高昂的热情，奋发有为。企业的愿景激发了员工建功立业的激情和梦想。

（四）竞争

一个好的愿景常常是独特的、别具一格的。如果一个企业努力在某件事上做到独一无二，或是在某个方面或某些领域做到最大、最优、最强或最好，这个企业将会非常成功，独特性是企业的立足之本。企业高瞻远瞩、深思熟虑，拥有一种占优的并异于竞争对手的愿景，就可以在竞争（competitiveness）的起跑线上通过定位和布局胜对手一筹，进而可以发挥企业的优势，利用对手的劣势，最终成就自身的胜势。愿景还有助于增强企业的文化力，增值企业的无形资产。

（五）合作

一个清晰、持久、独特的愿景不仅具有传播价值，而且是一种强有力的将企业与其利益相关者和合作伙伴联系起来的载体，也是企业与外部利益集团进行交流的最好形式之一。它使外部利益集团能了解企业的发展，知晓企业的设想和努力的方向，因而能以更实际和更恰当的方式配合企业的活动，通过合作（cooperation）与协同，实现双赢或多赢。同时，一个好愿景有利于提高企业的声誉，强化企业对顾客的吸引力，获得资源所有者的支持。

第7节　战略目标

一、目标管理

1954年管理学家彼得·德鲁克（Peter Drucker）在其名著《管理的实践》（*The Practice of Management*）中首先提出“目标管理”（management by objectives，MBO）。他认为不是有了工作才有目标，相反，是有了目标才能确定每个人的工作。因此，企业的使命和任务必须转化为目标，如果一个领域没有目标，这个领域的工作必然被忽视。管理者应该通过目标对下级进行管理。组织高层管理者确定了组织目标后，必须对其进行有效分解，转变成各个部门和各个人的分目标，管理者根据分目标的完成情况对下级进行考核、评价和奖惩。由此，把企业中每个个体的努力凝聚到企业的共同目标上来，确保组织战略目标的达成。

目标管理的概念甫一提出便在美国迅速传开。时值第二次世界大战后西方经济由恢复转向迅速发展时期，企业急需采用新的方法调动员工积极性以提高竞争力，目标管理应运而生，并很快为日本、西欧国家的企业所效仿，在全球管理界风生水起。目标管理的主要优点：一是以最终结果为导向，倒逼各级管理人员认真思考计划的效果，而不仅仅是考虑计划的活动；二是促使管理人员根据目标确定组织的任务和结构；三是强调任务承诺、责任明确，完成任务的责任由各级管理人员和工作人员承担，从而充分调动各层级人员的积极性和能动性；四是使控制活动更有效，有了一套可考核的目标指标体系，监督就有了依据，控制就有了准绳。

时至今日，目标管理因其简易、实用而被业界广泛采用，只不过在将组织总体目标自上而下层层分解为分目标、子目标的一些细节上，各企业（组织）会有一些差异。相应地，“目标管理”的称谓也不相同，比如在索尼，叫作 KPI（key performance indicator），即“关键绩效指标”；在谷歌，叫作 OKR（objectives and key results），即“目标与关键成果法”。大体而言，KPI 促使人铆足劲向前走（埋头拉车），而 OKR 确保方向正确（抬头看路）。实际上，目标管理是一种管理哲学，KPI、OKR 以及 BSC（balanced scorecard，即“平衡计分卡”）等方法，都是在绩效管理过程中基于目标管理的理念发展出来的工具。实践中，目标管理若与“360 度环评”配合使用，效果更好。“360 度环评”是指被考评者的上级、下属、同级以及周围的人都会给其打分，最后加权算出一个分数，通过这个分数来考核其绩效。

二、战略目标的概念与要求

（一）战略目标的概念

战略目标（strategic objectives）是企业愿景和使命的具体化和细化，是企业在一定时期内预期要达到的理想成果。从战略管理角度看，战略目标是企业跟踪公司业绩和进度的阶段性标尺，是企业战略的重要组成部分。它反映和体现企业的战略思想、愿景和使命，也是制订、选择战略方案和战略实施、控制的依据。

基于所涉及时间的长短，企业的战略目标可分为长期目标和短期目标；基于所涉及的范围不同，企业的战略目标可以分为总体战略目标和经营单位战略目标；基于所属层次的不同，企业的战略目标可分为公司层战略目标和业务层战略目标等。

明确的战略目标对企业有很多益处，它不仅使企业拥有明确的发展方向，而且使企业各方面、各层次有了明确的奋斗目标，使企业各方面的力量集中起来，形成推动企业不断前进的合力。“目标不是用来达到的而是用来超越的”，这句话说的就是战略目标所具有的推动力和号召力。战略目标还能把各种力量和资源统一协调起来，根据企业战略的要求去配置和整合资源，使资源综合效用最大化，促使企业凝结为一个有机统一的整体。此外，战略目标有助于明确重点、减少不确定性、减少冲突、激励员工、帮助评价，还有助于战略实施中的方案设计。

一般来讲，企业的战略目标由四个部分组成：

- 企业期望实现的目标；
- 企业实现目标的指标体系；
- 企业实现目标的指标水平；

- 企业实现目标的时间节点。

（二）战略目标的要求

为了使企业战略目标真正发挥应有的作用，战略目标应满足如下要求：

（1）可度量性。企业在制定战略目标时，必须明确具体地规定目标的内容及实现目标的时间期限。目标制定得越具体明确，越有利于执行、检查和考核。一般情况下，能量化的尽可能量化，进而形成“绩效导向，数字说话”的风气，要尽量避免含糊其词、大而无当的目标。当然，也有许多目标很难用数字表达。一般地，时间跨度越长、战略层次越高的目标，越具有模糊性，也就越难以量化。对于这样的目标，应当尽可能对要达到的程度做准确界定，要明确实现目标的时间，要说明目标的特征和要点。

（2）激励性。在制定企业战略目标时，必须从实际出发，在全面分析企业内外部环境的基础上，判断企业经过努力所能达到的程度。企业战略目标既不要高不可攀，又不要唾手可得，要在可行性和挑战性之间建立平衡，要将引领性和可行性有机结合。过高的目标让员工感到不切实际，难以接受，还会挫伤员工的积极性，使组织成员失去信心，甚至导致企业资源的浪费；相反，过低的目标会使组织滋生惰性，使企业的优势资源失去活性。若目标不具有挑战性，容易被员工忽视，非但起不到激励引领的作用，更严重的是可能导致市场机会尤其是重大战略机会的丧失。实践中，不同的个人或群体对目标是否具有挑战性以及挑战性的程度可能有不同的看法。企业要在战略目标体系的总体框架下根据不同群体设置不同的子目标，以便产生更好的激励效果。

（3）系统性。战略目标不是若干孤立零碎的杂乱无序的目标的集合，而是由企业总目标、分目标以及诸多子目标构成的一个网状的有序系统。这些分（子）目标之间以及分目标和总目标之间，应该具有内在的相关性，并形成一个多维度、多层次、多主体的战略目标体系（strategic objective system）。企业目标之间彼此关联、相互制约、协同配套，总目标（上级目标）指导并制约分目标和子目标，下级目标又反映、体现并服从上级目标。从时间上看，企业发展的不同阶段会有不同的战略目标。各个阶段的目标要能使企业不同阶段的生产经营活动前后衔接；从层次上看，企业不同的管理层、职能部门都有自己的目标，这些目标都应该围绕企业的总目标展开，使企业各方面、各个阶段的目标协调一致，确保目标的同步化和协调化。

（4）相对稳定性。战略目标不能因为企业内外部环境的变化和市场行情的波动而轻易改变，要保持相对稳定性。战略目标必须至少坚持三年以上，否则就不能称为战略目标。对战略目标的执着和坚定是很多基业长青的长寿型企业的成功秘诀之一；相反，奉行机会主义策略，对战略目标动摇、偏离甚至背离、放弃，则是众多企业难以做大做强、做活做久的症结所在。当然，这里强调战略目标的稳定性是指相对稳定性，根据时局的变化、资源禀赋的变化或主客观条件的变化，对战略目标做适当调整和修正是必要的，更不要说当企业内外部环境发生重大变化时，企业不得不对战略目标重新审视甚或彻底颠覆。需要注意的是，企业在调整战略目标时，为了避免或减少伴生的副作用，最好只改变目标实现的程度而不要轻易改变目标的性质。

三、战略目标构成

企业的战略目标是多元化的，既包括经济目标，又包括非经济目标；既包括定性目标，又包括定量目标；既包括总体目标，又包括具体目标。各个企业需要制定目标的领域和方面不尽相同，但大体相似。德鲁克在《管理的实践》一书中提出了八个关键领域的目标：

（1）市场方面的目标：应表明本公司希望达到的市场占有率或在竞争中达到的地位。

（2）技术改进和发展方面的目标：对改进和发展新产品，提供新服务内容的认知及措施。

（3）提高生产力方面的目标：有效地衡量原材料的利用，最大限度地提高产品的数量和质量。

（4）物质和金融资源方面的目标：获得物质和金融资源的渠道及其有效利用。

（5）利润方面的目标：用一个或几个经济目标表明希望达到的利润率。

（6）人力资源方面的目标：人力资源的获得、培训和发展，管理人员的培养及其个人才能的发挥。

（7）职工积极性发挥方面的目标：对职工的激励、报酬等措施。

（8）社会责任方面的目标：注意公司对社会产生的影响。

一般地，企业战略目标包括：获利能力、竞争地位、生产能力、财务状况、产品结构、技术水平、人力资源开发、企业形象、职工福利、社会责任等（见图2－3）。所有这些目标可以归结为五类：（1）经济目标；（2）能力目标；（3）社会目标；（4）环境目标；（5）地位目标。各类目标的具体内容见表2－1。

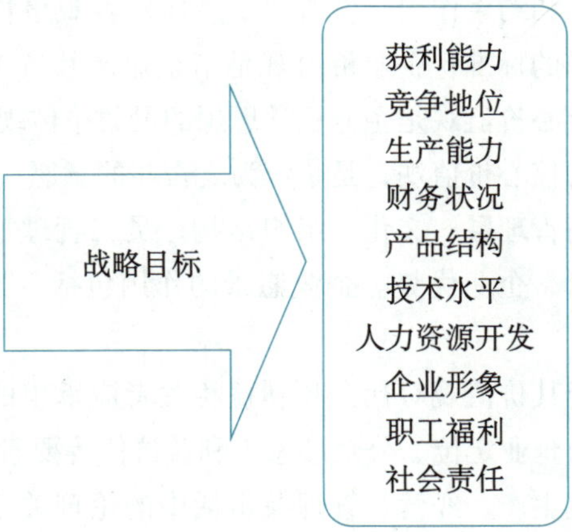

图2－3　战略目标体系

表2－1　企业战略目标体系

分类	目标项目	目标项目构成
经济目标	收益性	资本利润率，销售利润率，资本周转率
	成长性	销售额增长率，利润增长率
	稳定性	自有资本比率，附加价值增长率，盈亏平衡点

续表

分类	目标项目	目标项目构成
能力目标	综合能力	经营理念，战略决策能力，集团组织能力，企业文化，品牌商标，管理创新，知识管理，危机处理，跨文化领导力
	研发能力	新产品比率，技术创新能力，专利数量
	生产制造	生产能力，质量水平，合同执行率，成本降低率
	市场营销	推销能力，市场开发能力，服务水平
	人力资源	职工安定率，职务安排合理性，直接间接人员比率
	财务能力	资金筹集能力，资金运用效率，资本运作能力
	供应链整合	对供应商的谈判议价能力，对批发商、零售商的谈判议价能力
社会目标	客户	提高产品质量，降低产品价格，改善服务水平，提高客户忠诚度
	股东	分红率，股票价格，股票收益性
	员工	工资水平，职工福利，能力开发，士气，学习与成长
	社区	公害防治程度，利益返还率，就业机会，慈善捐赠，公益事业
环境目标	生态、能耗	循环经济，绿色GDP，节能减排
地位目标	影响力	在供应链、产业链中的地位，在各种重要排行榜上的位次，市场份额，企业形象，口碑声誉

/ 本章小结 /

经营理念是企业对经营活动的目标、目的、原则等的思考，是企业基本哲理、信念、价值观和抱负以及行动准则的集中体现，是评价现实及将来企业各种活动的基准体系，对企业的各种行为具有指导、控制和约束作用。价值观是主体对客观事物按照其对自身及社会的意义或重要性进行评价和选择的标准；企业价值观是指企业及其员工的价值取向，简言之，即对事物的判断标准，企业核心价值观是企业哲学思想的最集中体现。

企业愿景体现了企业的核心价值观，是企业为之奋斗的意愿，为企业的发展提供了动力。制定愿景的四要素是：最高管理层、文化、组织结构、员工管理过程。企业愿景的具体构成包括：企业方向、企业前景、企业优势。企业愿景的作用包括：凝聚、导向、激励、竞争与合作。

使命是组织或个体基于其价值观对社会和利益相关者应承担的责任。企业使命由企业目的、经营理念、经营范围、企业定位、公众形象、利益群体等要素构成。

商业伦理是蕴含在企业生产、经营、管理及生活中的伦理关系、伦理意识、伦理准则与伦理活动的总和；企业社会责任（CSR）是企业在创造利润、对股东利益负责的同时，还要承担对员工、对社会和对环境的社会责任，包括遵守商业道德、生产安全、职业健康、保护劳动者的合法权益、节约资源等，以获得在经济、社会、环境等多个领域的可持续发展能力。环境-社会-治理（ESG）现已成为一种关注企业环境、社会、治理绩效而非财务绩效的投资理念和企业评价标准。

企业战略目标是企业实现愿景、履行使命的具体途径、行为方法和预期结果。它为企业指明具体方向以及企业在一定时期内预期要达到的理想成果。战略目标构成一个多层次的完整体系，一般可以将战略目标分解为获利能力、竞争地位、生产能力、财务状况、产品结构、技术水平、人力资源开发、企业形象、职工福利、社会责任等方面。

战略导向是指企业的经营活动在战略的指导下进行，企业的一切经营管理活动都必须和企业的发展战略保持一致。使命驱动界定了企业经营行为的最初动机是企业肩负的使命。战略导向和使命驱动影响着企业经营的效果，是企业发展所遵循的经营理念和经营模式。

/ 常用术语 /

核心价值观（core values）　价值取向（value orientation）
愿景（vision）　使命（mission）
利益群体（stakeholder group）　利益相关者（stakeholder）
中国式现代化（Chinese modernization /Chinese path to modernization）
经营模式（business model）　公众形象（public image）
股东（stockholder）　利润（profit）
商业伦理（business ethics）　共同富裕（common prosperity）
企业社会责任（corporate social responsibility，CSR）
环境-社会-治理（environmental，social，governance，ESG）
战略目标（strategic goals）　战略导向（strategy oriented）
使命驱动（mission driven）　竞争（compete）
合作（cooperate）　和谐社会（harmonious society）
关键绩效指标（key performance indicator，KPI）
目标与关键成果法（objectives and key results，OKR）

/ 思考题 /

1. 企业构建核心价值观的意义何在?
2. 如何理解企业商业伦理？如何加强企业的伦理建设?
3. 什么是 CSR？ESG 的核心要义是什么？CSR 与 ESG 的联系与区别是什么?
4. 如何理解全体人民共同富裕是中国式现代化的一大特征?
5. 何谓企业愿景？何谓企业使命？在市场经济环境下，企业如何确定自己的愿景和使命?
6. 讨论企业愿景、使命与战略目标三者之间的相互关系。
7. 列举企业承担社会责任的案例，并分析企业在构建和谐社会中的作用。
8. 如何处理与利益相关者的关系，在商业实践中如何构建价值（利益）共同体?
9. 如何确定企业的总体战略目标并构建企业的战略目标体系？如何进行目标分解?

第 3 章 外部环境分析

时不至，不可强生；事不究，不可强成。

——春秋左丘明《国语》

能够生存者，不是那些最顽强的物种，也不是那些最有智慧的物种，而是那些能够对变化做出正确反应的物种。

——博物学家、进化论奠基人查尔斯·达尔文

▶ 本章要点

1. 了解外部环境分析的内容与层次。
2. 正确理解 PESTEL 分析的六个主要因素及其分析内容和分析指标。
3. 了解生成性人工智能的主要特点和功能。
4. 掌握情境分析的方法。
5. 熟练掌握行业环境的主要经济特性及分析方法。
6. 熟练使用波特的“五力模型”。
7. 掌握竞争者分析的内容、关键问题与竞合理念。
8. 熟练运用竞争态势矩阵进行分析。
9. 了解蓝海战略价值创新的基本思想。
10. 了解黑海战略的精髓和要义。
11. 深入理解波特的“钻石模型”。
12. 正确分析企业利益相关者的期望。

▶ 课程思政元素

“五位一体”总体布局；“三期叠加”；双循环发展格局；科学、理性、客观、严谨、辩证；未雨绸缪，忧患意识；“四个正确认识”（正确认识世界和中国发展大势，正确认识中国特色和国际比较，正确认识时代责任和历史使命，正确认识远大抱负和脚踏实地）；政治认同，国家意识；“四个自信”；供给侧结构性改革；有效市场、有为政府；良性竞争，利益共同体，命运共同体；共生共荣，共同富裕；新质生产力；科技强国，科教兴国；资源节约型、环境友好型社会，生态文明；绿水青山就是金山银山，全面绿

色低碳转型；碳达峰、碳中和，负责任大国。

引　例

“双减”政策与新东方转型

2021年7月，“双减”政策出台，教培行业遭遇了系统性冲击。“双减”政策明确针对校外教培机构在教学内容、教学时间以及收费标准等方面进行了严格限制，尤其是禁止了在法定节假日、休息日及寒暑假期进行学科类培训活动。

2021年，新东方在线K12业务营业收入为7.87亿元，占总营收的55.49%，与2020年相比增加了166.7%，是所有业务中占比最高、增长最快的，也是新东方在线营收、利润的主要来源。2021年7月23日，受教培行业监管新规消息的影响，新东方在线股价大跌28.07%。次日，“双减”政策落地，新东方在线股价下跌33.45%。“双减”政策出台后，新东方在线反应迅速，在两个月内就宣布全面终止K12业务并着手处理学生退费以及员工辞退事务。

“双减”政策冲击之初，新东方在线主要有两项举措：一是终止原有业务；二是对学生进行退费，辞退员工并补偿。2021年9月13日，新东方在线直播课平台“东方优播”宣布全面关闭K12业务。截至2022年5月31日，企业裁员至1 300名员工，其中有910名全职员工及390名兼职员工，裁员率达88.68%。核心业务的全面关停带来的退费以及大面积的裁员补偿，使新东方在线短时间现金大量流出，仅仅合约负债这一项数额就高达2.342亿元，其中绝大部分属于学生预缴学费。

K12教育关停后，新东方在线只剩下大学教育业务与机构客户业务，新东方在线将大学业务进行整合，分为四六级、考研、出国考试、职业教育四大业务板块，并对所有项目进行全面升级，探索各自最适合的行业平台型商业模式。2023年财报显示，2023上半财年付费学生数同比增加14.55%，环比增加16%，达到31.5万人，为“双减”政策以来的新高。新东方在线通过吸引更多学生以及提高正式课程的客单价等手段，使营业收入从2.5亿元提升至2.95亿元，增加了18%，大学教育业务获得较好发展。

2021年12月28日，新东方宣布成立“东方甄选”，拓展直播电商业务。直播电商作为公司的主营业务，2022财年营业收入为2 460万元，毛利率为37.8%。

资料来源：杨玉龙，陈杰．组织韧性如何帮助企业应对颠覆性危机?：基于“双减”政策下新东方在线的案例研究．中国管理会计，2024（3）：75－86.

思考题：新东方在线在面临外部环境剧烈变化时采取了哪些措施？这些措施的成效如何？能够帮助新东方在线维持自身竞争优势吗？

第1节　外部环境分析概述

一、环境分析的目的

身处瞬息万变的时代，企业管理者不得不时刻留意、思考、警惕的问题之一便是周遭环境的变化会对企业产生怎样的影响。应该系统地了解并掌握外部环境对企业影响的各种因素，扬长避短，趋利避害。

通常企业所处的外部环境具有两大特性：复杂性和不稳定性。复杂性是指对企业能产生影响的环境因素很多，且各因素之间有着千丝万缕的关联。环境的复杂性不仅表现在与之相关的环境因素数目的多寡上，还表现在其种类的多样性上。在进行环境分析时，应当充分考虑对企业产生影响的环境因素的综合水平。不稳定性是指企业难以仅仅根据过去的数据、知识、信息或经验就推测、识别、判断并处理经营过程中所出现的问题。通常在高度不稳定的环境里，企业对于环境的掌控和驾驭能力会相对较弱，企业所能了解的只是环境变化的信号而已，不可避免地将遭遇许多不能预见的突发事件。

一般来说，企业作为一个开放系统，它需要分析的外部环境因素会呈现越来越多样化的趋势，企业所面临的外部环境也会变得更加复杂。处于开放、动态和竞争环境中的企业，由于自身所处地位、诉求目标、发展阶段、资源禀赋以及看待问题的角度不同，对环境的认识和理解也不尽相同。对外部环境进行分析应该是一个与企业发展变化相适应的动态分析过程，不可能一蹴而就、一劳永逸。

外部环境分析的目的就是要明确“我们可做什么”。具体而言，就是通过对外部环境的分析，明确客观条件允许做什么，可以利用客观条件做什么。在制定和实施企业战略时，首先，需要充分考虑并了解企业所处的外部环境，对其做出正确的判断；其次，通过调整相关策略来适应外部环境的变化，并通过对外部环境加以利用来获取竞争优势。

二、环境分析的意义

外部环境具有不断变化的属性，这意味着任何企业都会处于一个变动不定的外部环境之中。例如，企业与同行竞争者地位的改变，法律义务和法规制约的改变，政府经济政策和金融政策的改变等，都将引起环境的变化。其中有些变化是可预测的、逻辑渐进的；有些变化则是突如其来、猝不及防的。企业的管理者需要不断全面客观地分析并预见环境的变化趋势，以此为基础来制定、修正、调整企业战略目标和战略举措，使企业战略和外部环境相匹配，以最大限度地利用环境带来的发展机遇。

外部环境作为企业的一种客观制约力量，基本属于企业不可控制的范畴。在当今社会，任何商业组织都无法脱离社会和市场环境而独立存在，环境始终是企业经营活动的背景和制约条件。在这样的条件下，企业首要的是适应环境和顺应环境。恰如达尔文在进化论中所指出的，不是最强者生存，也不是最有智慧者生存，而是最能适应环境者生存。外部环境分析的另一个重要意义是要揭示出外部环境对企业发展所构成的威胁，识别和评价超出企业控制能力的外部发展趋势与事件，以此作为制定战略目标和战略举措的出发点、依据和限制条件。

外部环境分析旨在通过对宏观环境的洞察，了解社会发展的趋势；通过对行业现状的判断，预测行业未来的发展态势；通过对产业结构的分析，掌握产业当前的竞争局势。企业管理者可以利用一系列的管理工具来分析外部环境，以把握和利用关键机会，回避或减轻重大威胁。

三、环境分析的内容

外部环境分析包括对所有影响企业发展的外部因素进行分析，按照影响因素作用范围的广度，可以将这些影响因素分为宏观因素、行业因素、竞争对象和利益相关者。由此，环境分析主要包括如下内容。

（一）宏观环境分析

无人驾驶的普及与应用，深刻变革了传统劳动力岗位。

战略实践 3-1　技术革新对出租车司机职业的冲击

企业外部环境中涉及范围最广的因素是宏观环境因素，如经济、技术、政治、法律、文化等。需要注意的是，在宏观环境各因素中，同一特定因素对不同组织所产生的影响，在范围、程度、作用上都可能不同，有时甚或大相径庭。例如，一项新出台的某一产业的政策，可能对某些组织发挥促进作用，或许催生一批新企业；对其他一些组织却可能构成威胁甚至是灭顶之灾。因此，在进行外部环境分析时，很重要的一点是要分析识别出这些至关重要的因素。

通常宏观环境分析涉及以下四个步骤：扫描（scanning）、监视（monitoring）、预测（forecasting）和评价（assessing），其中：

- 扫描——发现环境变化及其趋势的早期信号。
- 监视——通过对环境变化及其趋势的持续观察查明变化的意义。
- 预测——根据所监视到的变化预期未来发展结果。
- 评价——明确环境变化及其趋势对战略管理的重要性与时效性。

具体而言，扫描是对宏观环境中所有的细分因素进行关注，是一种全景式的环境审视。通过扫描，企业可以发现宏观环境正在发生和将要发生变化的早期信号。在进行扫描时，企业往往要面对并处理大量不完全、模糊、彼此缺乏关联的数据和资料。环境扫描对处于急剧变化环境中的企业尤为重要。监视是观察由扫描所发现的环境变化，看是否呈现出新的重要变化趋势。成功监视的关键在于使企业能够查明各种环境事件对企业经营的影响。

显然，扫描和监视主要关心的是某一时刻或某一时段已经发生的事件。与此相对应，预测则是对扫描和监视所发现情况的变化趋势和结果进行推测，即明了什么将会发生以及何时将会发生。评价的目的则在于明确环境变化及其趋势对企业战略管理的重要性和时效性。如果说扫描、监视和预测使企业能够充分了解宏观环境的话，评价则力图确定这些情况对企业的意义。离开了评价，企业所收集的各种外部信息不过是一堆素材，难以为战略管理提供有力的指导。

（二）行业环境分析

在对宏观环境分析有了初步的了解后，需要进一步认识比宏观环境更细分的一层，即行业环境。可以认为，宏观环境是企业的间接环境，而行业环境则是企业所处的直接环境，会对企业行为和绩效产生直接影响。众所周知，行业是生产相同产品或提供相同或相似服务的组织的集合。但需要指出的是，过去行业之间泾渭分明，现在却呈现出越来越多的交叉融合。因此，在进行行业环境分析时，应注意其历时性和动态性。

行业环境分析的基本目的就是要评价一个行业的总体经济吸引力。处于经济上极具吸引力行业（威胁程度低而机会程度高的行业）的企业，其平均绩效将优于处于经济上缺乏吸引力行业（威胁程度高而机会程度低的行业）的企业。当然，行业分析不应是对行业威胁和机会的简单罗列，这样的罗列既不全面也难以抓住关键因素。高质量的行业分析，要求分析人员具有扎实的理论功底和对行业的深刻理解，同时还需掌握系统的、行之有效的行业分析工具和方法。这些工具和方法将在本章后面几节详细介绍。

此外，企业所处行业前景的变化相对于社会宏观大势变化而言，具有变化更快、对企业盈利影响更大的特点，是企业在行业环境分析中应该重点分析的内容，它将直接影响企业战略方案的获利能力。因此，行业环境分析不仅要把握现状，而且要对行业前景进行预测，掌握行业未来发展态势。企业需要对所在行业的当前状况和未来格局进行综合剖析和研判，对行业当前所处的生命周期阶段、长期增长与盈利潜力和行业发展的先导性、关键性技术等进行细致探究，以抢占制高点并获取先发优势。

（三）竞争环境分析

竞争环境分析涉及与企业形成直接竞争关系的对象以及与此相关的竞争利益和竞争强度的分析。其中，竞争对象既包括企业的直接竞争者和潜在竞争者，也包括替代品生产商、上游供应商和下游批发商、零售商及最终消费者。本章第6节波特的“五力模型”将对企业的竞争对象作全面系统、直观明确的分析。在企业的五类竞争对象中，直接竞争对手对企业的影响最为关键，需要重点分析。

在竞争环境分析中，除了关注竞争对象及竞争因素（竞争利益、竞争强度等），还需要关注竞争对象之间可能形成的联盟状态和竞合局势。传统上，“商场如战场”，企业之间进行的是“零和博弈”，即我的“得”是以你的“失”为代价，我的“生”是以你的“死”为代价，我的“胜”是以你的“败”为代价，有我无你，势不两立，鱼死网破成为市场通行的竞争观念。如今，产业结构今非昔比，市场遵从的规则已由“零和型”转变为“双赢型”或“多赢型”。企业之间的竞争不再是你死我活，而是共生共荣；企业竞争的重点不再是在既定市场容量中争“相对”份额的多寡，而是共同开疆拓土，把市场容量做大，使每家企业在变大后的市场中获得的“绝对”利益都比先前多。因此，在竞争环境分析中，要秉承“合作中存竞争，竞争中亦合作”的理念，充分注意在多个产业中已经呈现的竞争合作局势。

（四）利益相关者分析

利益相关者（stakeholder）是指那些能够影响企业绩效或受企业绩效影响并对企业绩效有索取权的个人或团体。利益相关者往往为企业提供了某种资源，如资金、劳动、环境等，因此，他们关心这些资源的运用方式与运用结果，并具有取得利益的权利。由于这些资源可能对企业的生存、竞争和盈利产生至关重要的影响，因此，利益相关者的权利便可通过这些资源的撤回而生效。当企业绩效达到或超过利益相关者的期望时，他们通常就会选择继续支持该企业而获得利益。

由利益相关者的定义可知，利益相关者不仅指所有者和股东、银行和其他债权人等可能对公司的现金流量有要求权的人，还包括企业内部的雇员以及企业外部的供应商、广告商、购买者和顾客、工会、媒体、管制者等。尤其需要强调的是，随着社会的进步和人们教育水平的提高，自发的公众利益组织开始出现，如消费者协会、环境保护组织等。这些组织也成为利益相关者的一部分，其中某些团体组织可能对企业的行为有较大影响，甚至对企业的活动有很大的限制作用。

企业与其利益相关者存在依赖关系。一方面，企业在不同的时期对不同的利益相关者的依赖程度是不一样的；另一方面，每一利益相关者对企业的影响程度也不尽相同。利益相关者能够影响组织，他们的意见是企业决策时需要考虑的因素。但是，所有利益相关者不可能对所有问题保持一致意见，其中一些群体要比另一些群体的影响力更大，如何平衡各方利益成为制定战略时考虑的关键问题。利益相关者分析除了对战略制定产生影响外，也是评价战略的有力工具。

降温析怒、建立并约束回应、了解自己调动他人的力量、补充复原力是应对要点。

战略实践 3-2　企业如何应对愤怒的利益相关者

四、环境分析的层次

按照外部环境因素的作用范围和方向，外部环境分析的层次如图 3-1 所示，由外向内、由宏观到微观依次为：宏观环境、行业环境、竞争环境和利益相关者。

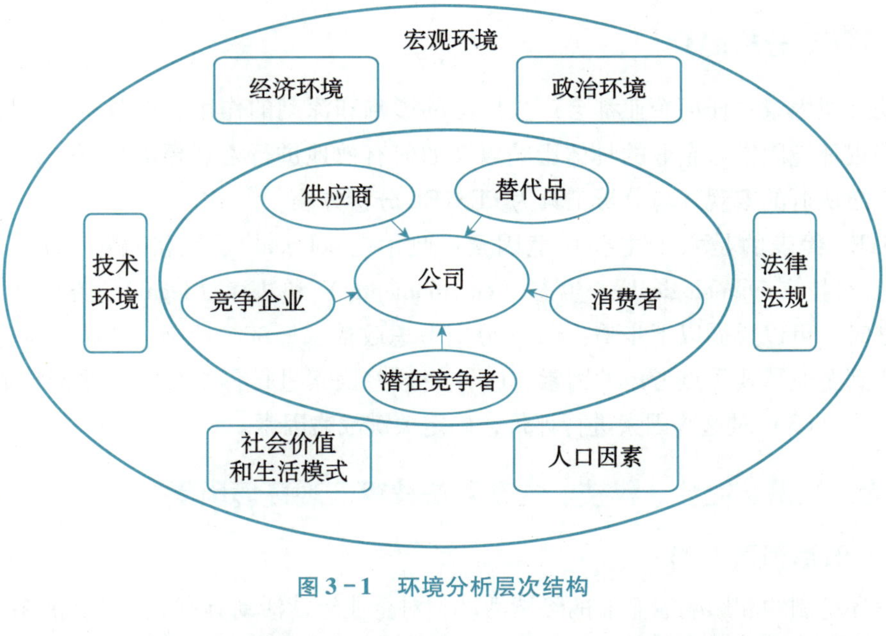

图 3-1　环境分析层次结构

如图 3-1 所示，宏观环境包括政治环境、法律法规、经济环境、技术环境、社会价值和生活模式、人口因素等。宏观环境的所有因素在特定行业的综合作用，表现为行业特有的经营环境即行业环境，它是宏观环境在特定行业的具体表现，对企业经营的影响比宏观环境更直接。竞争企业、供应商、替代品、消费者和潜在竞争者构成企业的竞争环境。企业的利益相关者与企业联系更紧密，属于外部环境分析最内层的内容。

在本章第2节至第9节中，我们按照外部环境分析的层次，依次详细介绍宏观环境分析、行业环境分析、竞争环境分析和利益相关者分析。其中，行业环境分析见第4节和第5节，竞争环境分析见第6节至第7节的波特“五力模型”、竞争者分析和竞争态势分析。本章外部环境分析的内容结构如图3-2所示。

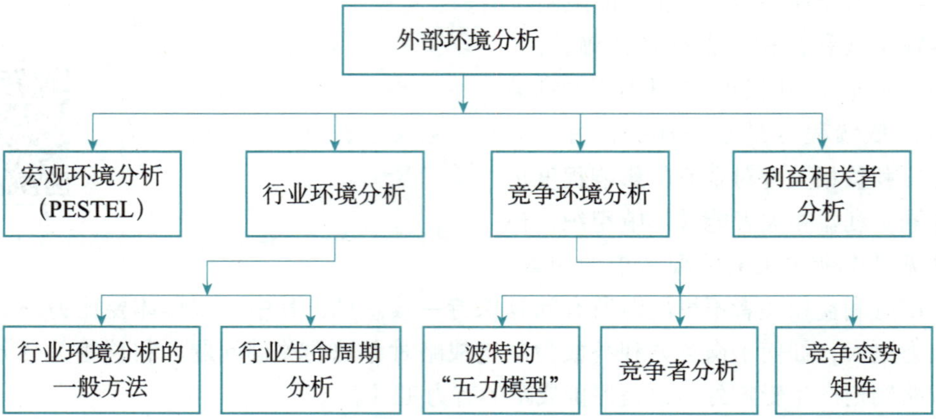

图3-2 外部环境分析内容结构

第2节 PESTEL分析

一、PESTEL分析简介

宏观环境因素对任何企业都会产生广泛的影响和深刻的作用。本节将更清晰、详细地介绍宏观环境因素对企业的具体影响以及如何有效地进行宏观环境分析。目前较为常用且被广泛认可的宏观环境分析工具为PESTEL分析方法。

PESTEL代表的是六个主要环境因素：政治（political）、经济（economic）、社会（social）、科技（technological）、生态（environmental）和法律（legal）。在使用PESTEL分析模型时，可以遵循以下步骤：（1）分别考虑政治、经济、社会、科技、生态和法律因素，找到企业需要重点考虑的因素；（2）对这些因素进行仔细分析，厘清它们对企业战略的影响；（3）对这些因素进行评价，确定关键战略因素。

二、政治、经济、社会、科技、生态和法律等宏观环境因素

（一）政治因素（P）

政治环境制约和影响着企业的经营活动，对企业经营活动具有直接的或潜在的作用。其内容涉及社会制度、政治结构、政府政策与倾向、政治团体和政治形势等因素。政治环境是保障企业正常生产经营活动的基本条件。企业只有在一个相对稳定的政治环境中，才能通过公平竞争获得长期、稳定和持续的发展。需要注意的是，政治因素对企业来说大都属于不可控因素，其约束力具有强制性。企业家必须增强政治意识，善于从政治上看问题，不断提升政治判断力和领悟力；企业的行为必须符合国家的政治路线和方针

政策。

政治因素分析包括对国家和企业所在地区的政局稳定状况、执政党和政府所要推行的基本政策以及这些政策的连续性和稳定性的分析。其中，基本政策包括产业政策、税收政策、政府订货及补贴政策等。就产业政策而言，国家确定的重点产业总是处于优先发展的地位，因此，处于重点行业的企业增长机会相对就多，发展空间会更大；那些非重点发展的行业，发展速度就会较缓慢，甚至停滞不前。就税收政策而言，政府的税收政策将影响企业的财务结构和投资决策。一般地，资本持有者总是愿意将资金投向那些具有较高需求且税率较低的产业部门。

（二）经济因素（E）

经济环境是指影响企业生存和发展的社会经济状况及国家经济政策，包括一个国家的经济制度、经济结构、产业布局、资源状况、经济发展水平以及未来的经济走势等，涉及国家、社会、市场及企业等多个层次和领域。国家经济政策是国家履行经济管理职能、调控宏观经济水平和结构、实施经济发展战略的指导方针，对企业经济环境有着重要影响。一般说来，在宏观经济景气的情况下，市场扩大，需求增加，交易活跃，产销两旺，企业发展空间大、机会多；相反，在宏观经济低迷、停滞甚或衰退的情况下，市场需求增长很小甚至不增长，企业发展机会也就随之减少。反映宏观经济总体状况的关键指标是国内生产总值（GDP）的增长率。近年来，我国更加注重经济增长的质量，因此 GDP 增速相对放缓，中速增长成为新常态。

经济环境是一个多元动态系统，企业受其影响的水平和强度不尽相同。例如，石化业、钢铁业、汽车业和装备工业、房地产业与经济景气与否密切相关；婴儿食品和电影业受经济环境的影响则相对较小。因此，企业管理者在进行经济环境因素分析时，需要结合企业自身的实际情况，着重考虑对企业影响甚大的关键经济环境因素。

构成经济环境的关键因素包括利率水平的高低、汇率的升降、通货膨胀率的变化趋势、失业率、可支配收入和国民生产总值（GNP）的变化趋势等。利率的变化直接影响对企业产品和服务的需求，存款利率的提高使流通中的货币量减少，居民购买力降低；贷款利率的提高会使企业成本提高，以致降低企业产品的竞争力。汇率上升，进口商品的价格相对降低，国际贷款成本较低，企业生产成本因而降低，但会使出口商品的价格升高，降低产品的出口能力。汇率下降，则产生相反的影响。经济增长率和国民收入增长率将影响消费者的可支配收入和购买力，因而改变市场容量和企业生产规模。通货膨胀率反映了国家物价总水平的提高程度，通货膨胀水平将影响政府的货币政策和利率，因而会改变经济增长率。与通货膨胀相反的是通货紧缩，如果一国的物价水平持续趋低，将对经济发展产生负面影响。现实生活中，通货紧缩的治理难度不亚于通货膨胀，因此，对通货紧缩绝不可等闲视之。

对于从事跨国经营的企业来说，必须考虑的经济因素还包括关税种类及水平、国际贸易的支付方式、东道国政府对利润的控制及税收制度等。外国政府有时限制外方企业从该国提走的利润额，有时还要对外方企业所占有的股份比例加以限制。

在经济环境分析中，还需注意的一个经济因素是是否存在产业集群，产业集群对于一个地区的竞争力具有重要影响。所谓产业集群，是指在特定领域中同时具有竞争与合作关系，且在地理上集中，有交互关联性的企业、专业化供应商、服务供应商、相关产业的厂商以及相关机构（如大学、制定标准的机构、产业工会等）的集聚现象。产业集群为一个区域带来的竞争性主要表现在三个方面：外部经济效应、空间交易成本节约效应及学习与创新效应。表3－1列出了一些需要监视的重要经济变量，供参考。

表3－1　需要监视的重要经济变量

世界经济向服务型经济的转变	生产性服务业状况
贷款的易得性	股票市场趋势
可支配收入水平	外国经济状况
居民的消费倾向	进出口因素
利率	对不同类别产品与服务需求的转变
通货膨胀率	不同地区和消费群体间的收入差别
消费者物价指数（CPI）	汇率
规模经济	价格波动
货币市场利率	中国的劳动力及资本输出
政府预算	货币政策
国民生产总值变化趋势	财政政策
消费模式	税率
上游基础性原材料价格	产业集群现象
失业趋势	欧洲经济共同体政策
劳动生产率水平	石油输出国组织（OPEC）的政策
国际市场上的美元价值	欠发达国家（LDC）联合体的政策

近年来，中国大力推进新型工业化，发展数字经济，促进数字经济与实体经济的深度融合。加强新领域新赛道制度供给，完善推动新一代信息技术、人工智能、航空航天、新能源、新材料、高端装备、生物医药、量子科技等战略性产业发展政策和治理体系，引导新兴产业健康有序发展，着力打造生物制造、商业航天、低空经济等若干战略性新兴产业。建立未来产业投入增长机制，开辟元宇宙、脑机接口、量子信息、人形机器人、AIGC、生命科学等未来产业新赛道。广泛应用数智技术、绿色技术，加快传统产业转型升级。同时，健全相关规则和政策，加快形成同新质生产力更相适应的生产关系，促进各类先进生产要素向发展新质生产力集聚，大幅提升全要素生产率。鼓励和规范发展天使投资、风险投资、私募股权投资，更好发挥政府投资基金作用，发展耐心资本。

（三）社会因素（S）

社会环境是指企业所处的社会结构、社会风俗、宗教信仰、价值观念、行为规范、生活方式、文化传统、消费偏好、人口规模与地理分布等因素的形成与变动状况，其对企业生产经营活动所产生的影响是不言而喻的。社会因素的变化影响着社会对企业产品或服务的需求，也制约着企业的战略选择和经营实践。

随着时代的演进，公众的价值观念也在发生深刻的变化，具体表现在人们对于恋爱、婚姻、家庭、工作、事业、社交、休闲、退休、道德、正义、理性、性别角色、公正、教育等诸多方面的态度和意见上。这些价值观念同人们的工作态度一起，对企业的工作安排、作业组织、管理流程以及报酬与激励制度等产生很大影响。譬如，当今劳动者视索取与自己劳动价值相等的报酬为天经地义，与之相对应，物质回报或已成为激励职工的首要手段。又如，现在年轻人的消费习惯与他们的父辈有很大的不同，而且他们已逐渐成为消费的生力军和市场驱动的中坚力量。

人口因素是社会环境中的另一重要因素，包括人口数量、人口密度、年龄结构、地区分布、民族构成、职业构成、宗教信仰构成、家庭规模、家庭的构成及发展趋势、收入水平、受教育程度等，是决定市场规模的重要因素。据 2020 年第七次全国人口普查结果，中国总人口为 141 178 万。统计数据表明，中国人口 10 年来继续保持低速增长态势，《2023 年度国家老龄事业发展公报》数据显示，截至 2023 年末，我国 60 周岁及以上人口已超 2. 96 亿，占总人口的 21. 1%，人口老龄化程度进一步加深，未来一段时期将持续面临人口长期均衡发展的压力。中国的人口状况具有两面性。一方面，这意味着中国是全球最大的单一市场。中国已悄然超越美国成为全球最大的消费市场。我国庞大的人口数量及蓬勃发展的经济形成了令世人瞩目的大市场，这是众多国际化企业纷纷进入中国市场的主要原因之一，也是中国发挥规模市场优势和内需潜力、构建国内国际双循环相互促进新发展格局的重要条件。另一方面，人口老龄化加深不容小觑，“少子化”问题日益凸显，老龄化和“少子化”叠加将会严重影响企业劳动力的供给。

在此，有必要提及“人口红利”（demographic dividend）概念。人口学和经济学中经常提及的人口红利是指当一个社会的生育率下降时，人口抚养比（非工作人口与工作人口之比）随之下降，在照顾儿童和教育青少年等方面的开支便相应缩减，节省下来的资源可用于推动经济发展，提高人民生活水平。一般地，人口红利所带来的发展机遇只能持续约 40 年，因为当这一代的工作人口进入退休年龄，而年轻一代进入工作年龄后，人口抚养比将骤然上升，使社会在照顾老年人方面的开支迅速增加，形成沉重负担。随着现代医学的高度发达和生物医疗技术的日益精进，人类的预期寿命显著增加，世界将加速“变老”。更严峻的是，基因编辑、干细胞疗法等生命科学技术和人工智能技术的迅猛发展，使这一趋势深度延续，世界将直面前所未有的人口老龄化危机，中国的人口红利也行将终结，并成为全球第一大老年国。

人类还将面对“少子化”、生育低谷等带来的人口失衡危机。近年来，横贯农业时代和工业时代前期的高生育率似乎戛然而止，从新生代转变婚育观念，到房价、教育等生育抚养压力，全球生育率显著下降。欧洲各国深陷低生育率陷阱，亚洲生育率持续走低。21 世纪末，日本等 23 个国家的人口或将减半。世界多国使出浑身解数，多措并举鼓励生育，效果却并不明显。近十年来中国生育政策几经调整，并出台将婚嫁、生育、养育、教育一体考虑等配套支持措施，以应对低生育和“少子化”的挑战。

（四）科技因素（T）

当前，新一轮科技革命和产业变革深入发展。科学研究向极宏观拓展、向极微观深入、向极端条件迈进、向极综合交叉发力，不断突破人类认知边界；技术创新进入前所未有的密集活跃期，人工智能、量子技术、生物技术等前沿技术集中涌现，引发链式变革。

一般地，科技环境是指企业所处的社会环境中的科技要素及与该要素直接相关的各种社会现象的集合，包括目前社会科技总水平及变化趋势，科技突破、技术变迁对企业的影响，以及科技与政治、经济、社会环境之间的相互作用的表现等。科技不但指那些对人类产生深远而广泛影响的划时代的发明创造，如18世纪的蒸汽机、19世纪的电气技术、20世纪的数字技术，以及以信息技术、智能制造、人工智能、航空航天、生物技术（含基因技术、脑科学等）、新能源、量子通信、光电芯片、纳米机器人、量子计算、深（太）空探测等为代表的高科技、深科技、硬科技和黑科技，还包括与企业生产有关的实用新型技术、新工艺、新流程和新材料。企业的科技环境大体包括四个基本要素：社会科技水平、社会科技力量、国家科技体制、国家科技政策与科技立法。

科技革命和技术变革是一把双刃剑，在为企业提供创新发展的新引擎、新动力和新机遇的同时，也对企业构成威胁。科技革新为企业创造的机遇表现为：第一，新科技或将催生全新的行业，从而为企业带来全新的机会；第二，新科技的出现使得社会和新兴行业增加对本行业产品的需求，从而使企业得以开辟新市场和新经营范围；第三，科技进步使企业利用新的生产方法、新的生产工艺过程或新材料等，生产出高质量、高性能的产品，同时使产品成本大大降低。

科技变革给企业造成的挑战也十分明显。近年来，一些革命性、动力性技术的广泛应用，让诸多传统行业不断被解构和重塑，这些技术包括（但不限于）：以人工智能、量子信息、移动通信、物联网、区块链为代表的信息技术，以合成生物学、基因编辑、脑科学、再生医学等为代表的生物技术，以分布式能源、风能、太阳能、核能、地热能、生物质能、氢能等为代表的清洁能源开发利用技术，以及以二氧化碳捕集利用与封存（CCUS）技术为代表的碳减排技术等。这些技术很可能彻底颠覆原来的行业认知，使某些行业在被迫接受“再格式化”的同时，不得不谋求转型和“变轨”；或者对一些传统产业构成威胁甚至造成灭顶之灾乃至“清场”。此外，竞争对手率先使用新技术可能使本企业的产品或服务落伍，也可能使本企业的产品在价格上不再具备比较优势而失去竞争力。在国际贸易中，某个国家在产品生产中采用先进技术，或降低成本，或提高性能，就会导致另一个国家的同类产品相形见绌，无人问津。

技术的变革与进步深刻地影响着企业的生存与发展，特别是在进入21世纪的今天，技术进步日新月异，技术的生命周期日益缩短，以技术进步为特征的市场竞争日益激烈，技术进步与创新不仅影响企业的市场份额、产品的生命周期和企业的竞争优势，而且对企业的内部流程和工作方式产生较大影响。那些率先拥有专精特新技术或专利的企业，将拥有市场主导权和话语权，例如，未来掌握关键（碳）减排技术的企业，堪比今天掌握芯片核心技术的企业。

在国家层面上，中国大力加强基础研究、应用基础研究、前沿研究和关键核心技术攻关，加强关键共性技术、前沿引领技术、现代工程技术、颠覆性技术创新。以国家实验室为抓手，汇聚大学、科研机构、企业等科研力量来组成攻关团队，形成国家战略科技力量体系。以科技创新引领新质生产力发展，建设现代化产业体系。以科技创新推动产业创新，特别是以颠覆性技术和前沿技术催生新产业、新模式、新动能。超前布局重大科技项目，开展新技术新产品新场景大规模应用示范行动。强化企业科技创新主体地位，支持企业用数智技术、绿色技术改造提升传统产业。

（五）生态因素（E）

生态因素主要指“绿色低碳环保”问题。生态环境因素对企业的影响主要体现在：对成本的影响，企业公众形象和厂区选址问题。生态因素会通过外部效应对企业的成本产生影响，有利的环境会给企业带来正生产外部效应，如建在苹果园旁边的养蜂者，也有可能会给企业带来负生产外部效应，如建在一条严重污染的河流旁边的渔场。生态因素对企业的公众形象会产生影响，一家重视环保的企业会得到公众的尊重和政府的支持，从而间接促进企业的长期发展，而一家以污染环境为代价换取短期经济效益的企业会引起公众的不满，引来政府管制和环境保护组织的抗议。生态因素对厂址的选择也至关重要，对一些对周围环境有严格要求的企业来说尤其如此，如酒厂、芯片生产厂。

随着全球化、工业化、城镇化和市场化进程的加快推进，全球生态环境形势愈发严峻，实际上，地球的生态赤字在 2010 年已达 50%，当前环境恶化的趋势尚未得到有效遏制，生态赤字仍在扩大，其主要表现为：全球气候变暖、冰川融化、水土流失严重、沙漠化迅速发展、草原退化加剧、森林资源锐减、生物物种加速灭绝、地下水位下降、湖泊面积缩小、水体污染明显加重、大气污染严重、废渣存放量过大、垃圾包围城市、环境污染向农村蔓延等。众所周知，环境是一种特殊资产，生态破坏和环境污染不仅本身构成经济损失和财富流失，而且生态指标恶化直接且明显地影响现期经济指标和预期经济趋势，这一问题必须得到高度重视并切实加以解决。

2020 年第 75 届联合国大会上，中国向世界承诺力争在 2030 年前实现碳达峰，在 2060 年前实现碳中和。中国坚持不懈推动绿色低碳发展，统筹污染治理、生态保护，应对气候变化，促进经济社会发展全面绿色转型。当前，碳中和对各行各业的“格式化”已然无可避免，必将对企业利润结构、行业发展产生深远影响，钢铁、电力、建材、有色金属、石化、民航等行业因高耗能将首先受到影响。企业要秉持环保理念，崇尚低碳、循环、绿色经济，切实节能减排，特别地，迎接碳中和带来的机遇与挑战。

（六）法律因素（L）

法律环境分析主要包括对与企业相关的社会法制系统及其运行状态所作的分析，法律环境包括多种因素，主要有国家和地方的法律规范、国家司法、行政执法机关等。与企业关系较为密切的行政执法机关或部门有：市场监管、税务、专利、环境保护管理、政府审计等。法律法规，特别是和企业经营密切相关的经济法律法规，如我国的公司法、民法典、知识产权法、外商投资法等，以及国际法律环境和目标国的国内法律环境，如国际条约、两国或多国之间的相关协定或协议等，都规范、制约并引导着企业，要求企业的一切生产、经营、管理、分配、交换、改组、合并、扩充或破产行为都必须合法合规，有利于公平竞争。法律法规不仅有制约和限制的一面，而且有保护和获益的一面。例如，众所周知，专利权是受国家法律保护的，对于侵权行为，企业可以采取民事诉讼手段，提出禁止要求、赔偿损失要求、归还非法收入要求以及恢复名誉要求等。

三、情境分析

情境分析（scenario analysis）又称剧本描述或脚本呈现，是 20 世纪 70 年代兴起的对可变因素较多的宏观环境进行风险预判的一种直观定性分析方法。“情境”一词最早出现在20世纪60年代初由兰德公司专家卡恩（H. Kahn）和控制论大师维纳（N. Wiener）合著的《2000年》一书中。该书对情境的定义是：“用以着重研究偶发事件及决策要点的一系列假设事件。”情境分析法把研究对象分为主题和环境，通过分析描述影响经营发展方向和发展路径的多重情境，帮助决策者采取相应的措施，以防患于未然。

当前，由于企业所处商业环境高度复杂多变，企业外部环境因素对企业战略的影响呈现越来越高的不确定性，因此，企业采用情境分析研判外部环境，识别和处理未来的不确定性因素，可以避免思维的封闭性和局限性，能够更好地提高企业的预警能力、战略柔性和应变弹性。同时，企业持续进行情境分析，还可以获得大量的市场环境参数，而这些参数又可以帮助企业发现自身的机会、威胁、优势和劣势等。情境分析的重点在于考量将来的变化，而不在于预测哪种可能情形优于其他情形，一般也不指出各种可能情况发生的相应概率，因为预测会让管理者的思维局限于可能的情况，概率则会造成精确的假象。

情境分析一般分为四个步骤：

（1）定义主题，界定范围。确定所要研究的主题、目的和范围，这里的范围是指情境分析的主体和时间跨度。例如，情境分析可以针对全球行业，也可以针对某一地区市场；时间可以是10年左右，也可以是未来3～5年。

（2）辨识主要影响因素，构造趋势组合。可以使用PESTEL模型分析可能对行业、地区或者市场有重要影响的因素。将挑选出的主要影响因素进行排列组合，初步形成虚拟现实的情境“故事”。

（3）选择并阐明环境情境。从多个组合中选择3～5个组合作为备选情境（通常选3个，即最好的、最糟的和最可能的），邀请企业管理人员进入描述的情境，针对每一种情境，给出应对的策略。

（4）识别影响。识别情境带给组织的潜在影响，是情境分析的最后一个关键步骤。对每种情境进行稳健性检验（robustness checks），检测对发展和趋势的影响，制定相应的应急预案和权变战略，建立早期预警系统。

情境分析法不受条件的限制，应用灵活，且能充分调动预测人员的想象力和洞察力，因此在制定公司战略等方面有很好的应用。它特别适用于资金密集、产品/技术开发的前导期长、战略调整投入大、风险高的产业，如石油业、钢铁业等，还适用于不确定因素太多、难以进行准确预测的情况，如制药业、金融业以及相关的股市等。

四、外部因素评价（EFE）矩阵

（一）EFE矩阵概要

外部因素评价矩阵（external factor evaluation matrix，EFE矩阵）是对企业的关键外部因素进行分析和评价常用的方法，它的主要元素有：机会因素、威胁因素、权重、评分以及在此基础上得到的加权分数和总分数。最终得到的总分可以使企业知晓自身对外部环境和竞争所做出的反应是积极、卓有成效还是较差。当然，由此做出的判断具有相当的主观性，其评价可能会因专家的不同而存在差异，因为各种因素的重要程度及企业的有效反应的指标具有相对性并且是动态变化的。

（二）EFE 矩阵分析程序

（1）列出关键因素。关键因素分为机会与威胁两大类，因素总数控制在 10 ～ 20 个。首先列举机会，然后列举威胁，尽量具体，可能时采用百分比、比率和对比数字等。

（2）赋予每个因素 j 以权重 λ_j，满足 $0 \leqslant \lambda_j \leqslant 1$，$\sum_j \lambda_j = 1$。权重反映每个因素对于企业在产业中取得成功的影响大小，机会的权重往往比威胁的权重高，但当威胁特别严重时也可得到高权重。确定权重时，主要以产业为基准，同时要注意将各个具体机会或威胁因素对行业的整体影响与对企业的具体影响结合起来考虑。

（3）按照企业现行战略对关键因素的有效反应程度为各关键因素进行评分。分值范围为 1 ～ 5。其中，1 分表示很差，2 分表示较差，3 分表示一般，4 分表示反应较好，5 分表示反应很好。评分反映了企业现行战略的有效性，它是以企业为基准的（而步骤（2）中的权重主要是以产业为基准的）。

（4）计算每个因素的加权分数。用每个因素的权重乘以它的评分，即得到每个因素的加权分数。

（5）计算加权后总分。将所有因素的加权分数相加，得到综合得分。

需要指出的是，无论 EFE 矩阵包含多少因素，总加权分数的范围都是从最低的 1 分到最高的 5 分，平均分为 3。高于 3 则说明企业对外部影响因素能做出积极的、有效的反应。

第 3 节　生成性人工智能

一、通用人工智能（AGI）

通用人工智能（artificial general intelligence，AGI）是一种具备广泛认知能力的人工智能系统，能够理解、学习并执行各种认知任务，旨在模拟人类智能的全面性，使机器具备与人类相似的思考、学习、理解、创造等能力。AGI 的目标是实现跨领域任务的处理，能够自如地应对从语言翻译到图像识别、从逻辑推理到情感分析等多种复杂任务。

AGI 具有通用性、生成性和涌现性三大特点：

（1）通用性。AGI 通用于各种自然语言，能够执行各种任务，具有广泛的应用范围，超越了单一领域的任务处理。

（2）生成性。AGI 通过自我学习从经验中提升自身的能力，不仅能处理数据、语义理解，还能进行逻辑推理、情感分析和创造性思维并生成新内容——这原本是只有（自然）人的思维才具有的能力，且在自然语言的理解和对话中才能得到最充分展示的能力。AGI 能够在新的情境中展现智能表现，适应不同的任务需求。。

（3）涌现性。突然爆发性地出现一种以前未设定过的能力，表现为：

- 知识嵌入：从大量训练文本抽象知识，包括事实、概念、观点等，并在需要时候将这些知识嵌入到生成的文本中。
- 上下文适应：生成与上下文高度一致的回应。

- 多样性生成：各种不同的主题、风格、情感。
- 创新思维：模仿人类，生成新观点表达方式。
- 复杂对话：理解和回应用户问题、评论、反馈。
- 语义深化：理解和生成深度语义文本，如复杂的论述论证。
- 倾向性调控：生成具有某种倾向性的文本。
- 自我监控：避免生成不适当或有害的信息。

二、生成式人工智能（GAI）

生成式人工智能（generative artificial intelligence，GAI）是人工智能的一个子集，专注于通过学习大量数据的底层模式和结构，生成新的文本、图像、音频或其他形式的数据。GAI 通过生成模型（如生成对抗网络（generative adversarial networks，GAN）、变分自编码器（variational auto-encoder，VAE）等）来创建新内容。国外的 ChatGPT、Claude、Gemini、LLaMA、Midjourney、Stable Diffusion、Runway、Suno、NotionAI，国内的 DeepSeek、豆包、Kimi、讯飞星火、文小言（文心一言）、通义千问、腾讯混元、紫东太初、SenseChat、360 安全大模型、百川大模型、ABAB 大模型、天工 AI 等都属于 GAI。GAI 以生成文本、图像、音频、视频、数据等为目标，强调生成，以区别于之前执行特定任务的决策型人工智能。

GAI 具有如下特点：

（1）内容生成。GAI 的核心功能是根据提示生成全新的内容，如文本、图片、音频等。

（2）创意性。能够生成具有原创性和创造性的输出，尤其在艺术创作、设计等领域表现突出。

（3）深度学习与生成模型。GAI 依赖于深度学习和生成对抗网络等技术，进行数据生成。

三、人工智能生产内容（AIGC）

人工智能生产内容（artificial intelligence generated content，AIGC）是指利用人工智能生成的各种类型的内容，如文本、图像、音频、视频等。AIGC 通过机器学习（尤其是深度学习）模型，如 GAN 或大规模语言模型（如 GPT 系列），创建新的富有创意的内容。

AIGC 的特点主要包括：

（1）自动化内容创作。AIGC 利用生成模型（如 GAN、GPT 系列等）自动生成内容，减少人工创作的成本和时间。

（2）多模态生成。除了文本，还能够生成图像、音频、视频等多种形式的内容。

（3）创意产业应用。广泛应用于媒体、广告、娱乐等创意产业，支持内容的快速生产和定制化。

此外，AIGC 技术可以分为基于规则和基于机器学习的两大类。基于规则的 AIGC 技术利用专家系统和知识库，通过编写一系列的规则来实现对内容的生成，这种技术生成的内容比较准确但成本较高，需要充足的人力和时间编写规则。基于机器学习的 AIGC 技术则利用机器学习和深度学习算法，通过对大量的语言数据进行学习和模拟，实现人工智能创造新的理解和内容，这种技术生成的内容比较自然、流畅，但需要大量的语料和计算资源。

AIGC 技术虽然具有很多优势，但也存在一些挑战和风险，如数据隐私、内容质量、版权等问题需要解决。因此，在使用 AIGC 技术时，需要综合考虑其优劣势，并采取相应的措施来保障其合法合规和可持续发展。

人工智能生成内容（AIGC）已成为中美企业新一轮竞争的核心领域。

战略实践 3-3 中美 AIGC 领先企业技术创新布局比较研究

AGI、GAI、AIGC 的比较如表 3-2 所示。

表 3-2 AGI、GAI、AIGC 比较

	AGI（人工通用智能）	GAI（生成式人工智能）	AIGC（人工智能生成内容）
定义	一种能够模拟和扩展人类智能的全面人工智能系统，具备广泛的认知和学习能力，能够执行多种任务	基于已有数据生成新的文本、图像、音频等内容的人工智能技术	利用 AI 技术自动生成文本、图像、音频等内容的过程，强调内容创作
核心目标	模拟人类的智能，具备跨领域任务处理能力	通过生成模型产生新内容，如文本、图像、音乐等	自动化生成具有创意和实用价值的内容
应用领域	复杂的决策、推理任务，跨领域问题解决	内容创作、艺术设计、广告、游戏等	营销、广告、新闻、社交媒体等行业内容创作
技术基础	高度复杂的多层次认知架构和自我学习机制	生成模型（如 GAN、VAE、Transformers 等）	生成式 AI 模型，主要依赖于语言和视觉模型
自我学习能力	强，能根据环境变化进行自我调整和学习	较弱，主要依赖于数据训练和预设的生成规则	较弱，主要依赖于用户提供的输入来生成内容
灵活性	非常高，能应对不同领域和任务的挑战	相对有限，主要用于内容生成任务	有限，通常用于特定的内容生成应用（如文本、图像）
发展阶段	尚处于理论研究和实验阶段，未实现全面商用	已广泛应用，但仍在不断发展中	已商用并在多个领域获得广泛应用

第 4 节 行业环境分析

一、行业环境分析的内容

行业（industry）是指一组生产相近产品或提供类似服务且可以相互替代的企业的集合。与之前介绍的宏观环境分析相对应，行业环境分析属于外部环境分析中的中观层次，它的内容主要涉及某个行业内所有企业共同面临的外部环境因素，这些因素往往是宏观环境诸多因素在特定行业的综合作用结果，同时对企业竞争优势和超额利润的影响更为直接和显著。行业分析中需要重点把握和分析的内容有：行业的经济特性、竞争的激烈

程度、行业变革的驱动因素、行业未来的利润前景等。

行业的经济特性将在本节第二部分详细讨论，此处仅指出行业经济特性的变化取决于行业总容量和市场成长率、技术变革的速度、市场的地理边界、买者及卖者的数量及规模、卖者的产品是统一的还是高度差别化的、规模经济对成本的影响程度、到达买者的分销渠道的类型等诸多因素。行业的经济特性往往还体现在对价格、产品质量、性能特色、服务、广告和促销、新产品的革新等各因素的重视程度上。

行业竞争环境的差异主要表现在竞争方式和竞争强度上。有的行业以传统竞争方法为主，比如价格战；在另一些行业中，白热化的市场竞争迫使企业同供应商、客户甚至一些关键的竞争对手进行合作，以促进下一轮新产品的诞生，并由此创造出全新的市场机会。在这种情形下，竞争的格局已由单个企业与单个企业之间的“点”竞争，演化为企业所在的业务链、价值链、供应链乃至产业链同其他对应的业务链、价值链、供应链和产业链之间的“链”竞争，甚至演化为企业群落与企业群落之间的“群”竞争。

行业变革的驱动因素很多，如行业长期增长率的变化、产品买主以及买主的产品使用方式的变化、技术变革与技术进步、技术诀窍的扩散、主要厂商的进入或退出、行业日益全球化的态势、消费者偏好的变化、管理当局的影响力和政府政策的调整、社会关注点和生活方式的变化等。此外，许许多多的各种显在或潜在因素都有可能成为行业变革的驱动因素。

行业盈利的差异对企业的影响至关重要，以至于毫无吸引力的行业中最好的公司也很难获取可观的利润，而具有吸引力行业中的弱小公司也可以取得良好的经营业绩。通常行业未来的利润前景是低下、一般还是出众，由行业的经济特性、竞争强度以及它们的变化趋势共同决定。

二、行业环境主要经济特性

行业环境分析的一个重要内容是从整体上把握行业中最主要的经济特性。由于行业是由一些公司构成的群体，它们的产品有着众多相同或相似的属性，因此，概括某一行业的经济特性时，要考虑的因素基本上是一致的，主要的因素有：

• 市场规模；

• 竞争角逐的范围（当地性、区域性、全国性、国际性、全球性）；

• 市场增长速度以及行业在成长周期中目前所处的阶段（初期发展阶段、快速成长或起飞阶段、早期成熟阶段、饱和或停滞阶段、下降阶段）；

• 行业集中度，即竞争厂商的数量及其相对规模——行业是被众多小公司细分，还是被几家大公司垄断；

• 消费者的数量及其相对规模；

• 垂直一体化（前向一体化、后向一体化）的普遍程度；

• 分销渠道的丰富性；

• 产品生产工艺革新及推出的新产品技术变革的速度；

• 竞争对手的产品或服务是强差别化的、弱差别化的，还是同质的；

• 行业中的公司能否实现采购、制造、运输、营销或广告等方面的规模经济；

- 行业中的某些活动是否有学习曲线或经验曲线方面的特色；
- 必要的资源以及进入和退出的壁垒；
- 行业的盈利水平；
- 行业目前的技术水平被新技术替代的可能性，技术替代大规模发生的时间；
- 行业主要产品原材料的来源、价格变动，以及主要原材料被新材料替代的机会和可能发生的时间；
- 行业新产品的发展方向和顾客需求的发现、“萃取”与创造。

行业经济特性对企业发展战略的制定具有直接影响。表 3－3 列举了行业关键经济特性的战略重要性。

表 3－3　行业关键经济特性的战略重要性

行业关键经济特性	战略重要性
市场规模	小市场一般吸引不了大的或新的竞争者；大市场常常能引起公司的兴趣，因为它们希望并购在有吸引力的市场中已建立稳固地位的竞争者
市场增长率	迅速增长的市场鼓励公司进入该市场；增长缓慢的市场中竞争激烈，弱小的竞争厂商出局
生产能力过剩或紧缺	过剩往往会降低价格和利润率；紧缺则会提高价格和利润率
行业盈利水平	高盈利行业吸引新进入者；行业环境萧条往往会增加退出
进入/退出壁垒	壁垒高往往可以保护现有公司的地位和利润；壁垒低则使得该行业易被新进入者突破障碍
对购买者来说，产品是一个高价位商品	追寻低价的购买者将增加
产品是标准化的	购买者的权力将增加，因为他们可以轻易地转换卖者
技术变革迅速	增加了风险因素；投资的技术设施或设备往往在尚未破损之前就已经过时
资本条件	资本需求往往使投资决策成为一个关键因素；时间框架成为一个重要因素，成为进入和退出的障碍
垂直一体化	提高资本需求；在全线整合、部分整合和非整合企业之间往往会产生竞争差异及成本差异
规模经济	具有成本竞争力所必需的产量和市场份额提高
产品革新迅速	缩短产品生命周期；因为存在交替“执牛耳”的机会，所以风险会增加

资料来源：汤姆森·斯迪克兰德．战略管理：概念与案例：第 10 版．北京：北京大学出版社，2000.

三、行业环境分析中的预测方法与技术

（一）定量技术

行业环境分析中常用的定量预测方法与技术（quantitative techniques）包括：回归分析、趋势外推法、动态模型法及商业分析法等，现分别说明如下。

1. 回归分析

回归分析（regression analysis）是一种从事物因果关系出发进行预测的方法，该方法简易有效，使用广泛。其主要思想是，在所要预测的环境变量与用来预测该环境变量的

独立变量之间找出一种关系式，这种关系式称作回归方程。实践中，根据统计资料可求得因果关系的相关系数，相关系数越大，因果关系越密切。有了相关系数，管理人员就可根据因变量与自变量的历史资料确定回归方程。根据该方程，便可依据未来自变量的数值预测未来因变量（环境变量）的数值。如果未来状态可用过去状态的延伸加以表征的话，则由回归方程可以预测今后事物的发展趋势，且预测的结果一般比较准确。通常求一个变量对另一个变量的因果关系，为一元回归分析，求多个变量之间的因果关系，为多元回归分析。

2. 趋势外推法

趋势外推法（trend extrapolation）也是利用已有的历史资料，运用时间序列分析（time series analysis）方法来估计未来的趋势。时间序列分析基于随机过程理论和数理统计学方法，研究随机数据序列所遵从的统计规律，以解决实际问题。简言之，时间序列是按时间排序的一组数字序列，时间序列分析就是利用这组数列，在承认事物发展延续性的前提下，应用数理统计方法对过去的数据加以处理，以预测事物今后的发展状况。例如，若已经记录了某地区第1个月，第2个月，…，第N个月的降雨量，利用时间序列分析方法，就可以对未来各月的降雨量进行预测。常见的时间序列分析方法包括指数平滑法与线性预测法。如果资料充足，时间序列分析方法往往可以很有效地预测趋势。

趋势外推法和回归分析的最大不同之处在于：趋势外推法是利用环境变量本身的历史资料来估计；回归分析不但利用环境变量本身的历史资料，也利用和环境变量相关的预测变量的历史资料。当环境发生本质变化而使整个趋势朝新的方向发展时，就不能根据过去和当前的规律或态势作简单的外推，换言之，此时趋势外推法会失灵。一般地，趋势外推法多用于短期预测。

3. 动态模型法

动态模型法（dynamic modeling）是战略管理人员根据对整个环境的透彻了解，通过系统分析寻求事物发展的因果关系与相互作用机理。在明确因果关系和相关逻辑的基础上，找出各个环境变量与其他变量间的联系并建立数学模型，然后通过计算机模拟预测系统的各种行为。实践中，常用一组数学方程来描述整个环境系统，而各个数学方程中的系数则利用统计方法来估计求得。建立数学模型后，还需对该模型进行验证，若验证结果表明建立的模型是正确的（可接受），则可用于预测，即通过计算模型中的各数学方程来预估环境变量的变化。通常一个完整的模型可能包括上百个甚至上千个数学方程，相当复杂，涉及海量运算，好在现代计算机功能强大，使以前难以求解的问题变得可解，尤其难能可贵的是，获得数值解的速度较快而且解的精度不差。

4. 商业分析法

商业分析法（business analytics，BA）以及与之密切相关的商业智能（business intelligence，BI）是将数据转换为洞察力以改进业务决策的过程，主要包括数据管理、数据可视化、预测建模、数据挖掘、预测模拟和优化等。在当今竞争日益激烈的市场环境中，企业如何从浩如烟海的商务数据以及其他相关的数据和信息中发现商机，并将这些数据和信息合理有效地应用于商业管理和决策，提升企业的管理水平和效益，已经成为每个企业不得不面对的问题。面对爆炸式增长的各类信息和数据，只有那些能够合理利用先进的信息技术成功地收集、分析、处理、理解信息，利用高深的技术、模型和算法进行数据挖掘和商业分析，并依据信息进行科学决策的企业才能获得竞争优势，才会成为市场的赢家。

商业世界拥有海量丰富的数据，这里所谈的数据包括企业前端、后端和历史产生的数据，业务系统的订单、库存、交易账目、客户和供应商数据，企业所处行业和竞争对手的数据，以及其他外部环境中的各种数据，并与现在的互联网及大数据相联系。BA 和 BI 能将所有这些多维数据进行高效挖掘和整合，快速准确智慧地形成业务经营决策建议。这里的业务经营决策既可以是操作层的，也可以是战术层和战略层的。随着数据日益成为企业的核心资产和深度学习模式的突破，BA 和 BI 已开始渗入企业管理的方方面面，并且发挥着越来越重要的作用。

（二）定性技术

定性技术（qualitative techniques）是指预测者依靠熟悉业务知识、具有丰富经验和综合分析能力的人员与专家，根据掌握的历史资料和直观材料，运用个人的经验直觉和分析判断能力，着重对事物发展的趋势、方向和重大转折点进行预测，即对事物未来发展做出性质和程度上的判断，然后通过一定形式综合各方面的意见，作为预测未来的主要依据。

定性技术一般适用于对预测对象的数据资料（包括历史的和现实的）掌握不充分，或影响因素复杂难以用数字描述，或对主要影响因素难以进行定量分析等场合。常用的定性技术包括销售人员预测法、德尔菲法、头脑风暴法以及关键事件分析法等。

（1）销售人员预测法。销售人员预测法就是将不同销售人员的估计值综合汇总，作为预测结果值。销售人员接近市场，也常和顾客、销售渠道成员以及竞争厂商的销售人员接触，对购买者意向有较全面深刻的了解，对受技术发展变化影响较大的产品很可能比其他人有更充分的知识和更敏锐的洞察力，因此，对某些环境变量的了解及预测通常较为准确。此外，采用这种方法还可以获得按产品、区域、顾客或销售人员划分的各种销售预测。

销售人员预测法是一种相当迅速且花费不高的预测方法。但必须注意，销售人员的判断难免有偏差，对经济发展的形势或企业的总体规划或许不甚了解，对于长期趋势预测的有效性十分有限。同时，销售人员可能会故意压低其预测数字，因而出现极端的预测值。

（2）德尔菲法（Delphi method）。德尔菲法是一种匿名群体预测方法。该法由美国兰德公司研究员赫尔姆和达尔克（O. Helm and N. Dalke）在 20 世纪 40 年代首创，后经戈尔登（T. J. Gordon）和兰德公司进一步发展而成。德尔菲本是供奉太阳神阿波罗的神殿的名称，传说中阿波罗具有预见未来的能力，由此将这种预测方法命名为德尔菲法。由于在群体决策中，往往会存在成员间的不当影响，如顾及情面、世俗声誉以及参与者的人际关系等，参与群体决策的成员无法自由表达其看法。为了得到真正的意见，德尔菲法不让参与预测的成员碰面，而是匿名单独表达看法，对所预测事物的未来发展趋势独立提出自己的估计和假设，由预测机构或人员与各个专家单独联系，征询对预测问题的答案，并把各专家的答案进行汇总整理，再反馈给专家征询意见。这时，专家们根据综合的预测结果，参考他人意见修改自己的预测，即开始下一轮估计。如此多次反复，最后由预测组织者综合专家意见，得出预测结论。

德尔菲法的主要优点是：首先，预测过程迅速，成本较低；其次，在预测过程中，由于采用匿名或背靠背的方式，各种不同的观点都可以表达并加以调和；再次，由于选取了多个专家共同预测，可充分利用和吸收各个专家的经验、学识和智慧；最后，如果缺乏一些基本的数据，则可以运用这种方法加以弥补。其不足之处在于：专家意见未必能反映客观现实，经验判断有其固有的局限性；由于估计值的权重相同，决策责任也较为分散。

（3）头脑风暴法（brain storming）。头脑风暴法作为一种智力激励方法，在各种直观型预测方法中占有重要地位。该法集思广益、群策群力，通过参与者之间的信息交流和脑力激荡，激活潜意识，引起思维共振，产生连锁反应，诱发大量创造性想法，形成思维的“风暴”效应。它借助创意激发的程序，在创意过程中尽量鼓励产生不同意见，禁止任何对提案的批评。进行头脑风暴时，鼓励大家天马行空、见仁见智，甚至剑走偏锋，不论参与者提出的方案或构想听起来多么奇特荒诞，所有与会成员都不能进行批评，因为害怕被批评是阻碍创造力的一个重要因素。

进行头脑风暴应掌握几项重要原则，如严格限制拟讨论问题的范围，对问题的界定要具体明确；秉承“你可以不同意他人的观点，却应誓死捍卫他人发表不同意见的权利”的理念，营造自由发表意见的气氛，激发参加者贡献想法的积极性，解除其思想顾虑并确保每位与会者发言的机会；将每个人的意见和设想都记录在案，不评论、不怀疑、不批评，更不简单地加以否定；不放弃和中止讨论任何一个设想，不管这种设想是否适当和可行；鼓励参加者对已经提出的设想进行补充和完善，为准备修改自己设想的人提供优先发言权；发言要言简意赅、简明扼要，不需详细论述；不允许参加者宣读事先准备好的发言稿。

（4）关键事件分析法（critical incident technique）。由于总体环境是多要素的复杂系统，变量多且内容广泛，因此在整个环境的监控上，所需的专业知识极多，同时监控的面也很大。然而，战略管理人员不可能面面俱到，同时驾驭和处理这些量大面广的变量或事件实在是强人所难，也没有必要。在许多实际问题中，多个变量（事件）之间往往具有一定相关关系，一种自然而然的思路是，在研究各个变量（事件）之间相关关系的基础上，用较少的几个关键事件的分析来把握环境的整体面貌，进而推断事物未来的趋势和走向，这一想法正是关键事件分析法的基本目的。如此，战略管理人员可以用有限的资源对总体环境做最有效的监控和预测。从数学角度来看，关键事件分析法是一种降维处理技术，类似于主成分分析法。

第5节　行业生命周期分析

一、生命周期理论的演化

行业通常指生产同类产品的企业集合。行业生命周期（industry life cycle）是指行业从出现到完全退出社会经济活动所经历的时间。行业生命周期理论旨在揭示行业从产生到衰亡所具有的阶段性特征，以及类似于任何有机体一样所呈现出的生命周期的一些共同规律性。该理论是现代行业组织学的重要分支之一，其发展经历了从20世纪70年代艾伯纳西和厄特巴克（W. J. Abernathy and J. M. Utterback）提出的A-U模型，到80年代由戈特和克莱珀（Gort and Klepper）提出的G-K行业生命周期理论，再到90年代克莱珀和格雷迪（Klepper and Graddy）提出的K-G行业生命周期理论，以及阿格沃尔和拉吉什瑞（Agarwal and Rajshree）等提出的A-R行业生命周期理论。在实证研究的基础上，行业生命周期理论正在逐步从各个分支的纷争和融合中走向成熟。

行业生命周期理论表明，不同的行业从产生到衰落所经历的阶段尽管有所差别，但具有共同规律，即基本上都要经历四个阶段：导入期（初创期）、成长期、成熟期和衰退期，如图3－3所示。这一结论通常用一条位于以行业销售收入为纵轴、以时间为横轴的坐标中的S形曲线表示。

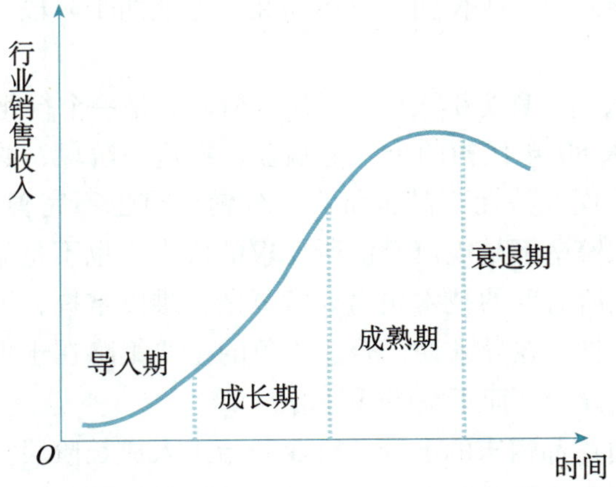

图3－3 行业生命周期

行业生命周期理论作为产业经济学中产业演化理论的重要内容，其中心任务是研究行业的不同阶段与行业结构、行为和绩效之间的因果关系。研究的重点主要包括：（1）实证行业生命周期曲线的存在性；（2）对行业生命周期某个特定阶段的具体分析；（3）不同阶段的进入、退出及其壁垒、市场集中度等变化规律；（4）行业生命周期与创新的关系；（5）行业生命周期不同阶段的企业战略规划；（6）行业生命周期的动力机制。

二、行业生命周期的阶段与特点

基本上，行业生命周期分析是行业生命周期理论在行业范围内的具体化，该分析与企业发展具有直接而明确的关系。

（一）行业范围的界定

界定行业范围的重要性和必要性在于：它可以帮助战略管理人员明确竞争的领域，从而能将注意力聚焦在主要竞争者身上；行业范围界定还是行业生命周期分析的前提。然而，对行业范围进行界定并非易事，因为行业的发展会产生许多新的机会和威胁，并且随着行业的发展和技术的进步会衍生出很多新兴行业，导致行业的范围和边界模糊。

在界定行业范围时需要思考以下问题：

- 哪个行业比较符合企业的使命与目标？
- 在此行业中，主要的成功因素是什么？
- 企业是否具有在这个行业中竞争所需的技能？如果没有，能否建立？
- 这些技能能否让企业掌握新机会，化解新威胁？
- 考虑到将来随着行业的发展，经营范围也需要进行必要的调整，对行业范围的定义是否需要考虑一定的弹性从而为将来的发展留有余地？

在实际操作中，借用行业生命周期理论分析并综合利用其他管理分析工具，企业管理者可以更好地了解行业目前的态势以及未来趋势，从而帮助企业进行有效、清晰、准确的定位。

（二）行业生命周期的阶段与特征

按照行业发展过程中的技术状况、竞争状态、市场需求和盈利模式的特点，行业的发展过程可以划分为导入期、成长期、成熟期和衰退期四个阶段，行业在每一阶段都具有不同的特征。

（1）导入期。导入期又称为引入期，或萌芽阶段，是一个行业刚刚形成的初级阶段，就像20世纪70年代末80年代初的个人电脑业。在这一阶段，购买者不熟悉行业的产品，企业因无法实现规模经济而产品售价高，分销渠道也不完善，整个行业成长较慢。在此阶段，行业的进入壁垒不是规模经济所要求的成本，也不是品牌忠诚，而是掌握技术诀窍。如果进入行业所需要的技术诀窍非常复杂，难以掌握，则进入壁垒相当高，现有的企业也因此受到保护。在导入期，企业竞争的主要策略在于更有效地引导顾客，打开分销渠道，完善产品设计，而不是降低价格。

（2）成长期。随着产品需求的上升，行业开始进入成长阶段。在这一阶段，由于大量新顾客的涌入，消费需求增长迅速，顾客对产品逐渐熟悉，经验曲线和规模经济的效应使价格下降，分销渠道也变得成熟起来。一般来说，当行业进入成长期后，技术知识作为壁垒的重要性已经消失。但由于几乎没有一家企业实现了规模经济或建立了品牌忠诚，行业进入壁垒也不是很高，因此，在此阶段来自潜在竞争者的威胁最大。然而，高成长意味着新进入者可以很容易地被行业吸收而不至于加剧行业内部的竞争，因此，行业内的竞争强度相对不大。同时，需求的迅速增长使公司比较容易实现收入和利润的增长，而不必从别的公司那里争夺市场份额。

（3）成熟期。行业发展在经历了成长期之后，开始进入成熟期。当市场充分成熟，需求完全来自产品更新，需求增长缓慢或者没有增长，增长仅仅来自人口增加为市场带来新的顾客或更新需求的增长。在成熟阶段，进入壁垒开始提高，潜在竞争者的进入威胁减小。随着需求增长的减缓或停止，企业不可能仅凭现有的市场份额实现过去那样的增长，此时，争夺市场份额的竞争开始了，这会导致价格下降，利润率降低，结果常常是价格战。航空业和个人计算机业就是如此。为了生存，企业专注于成本最小化以实现低成本运营，并着力建立品牌忠诚。在成熟期，由于上述因素构成了重要的进入壁垒，潜在竞争者进入的可能性大大降低。在这种情况下，行业结构主要表现为合并型或寡头型。

（4）衰退期。最后，绝大多数行业都会进入衰退阶段，此时需求出现负增长。其可能的原因是技术替代、社会变革、人口因素或国际竞争等。在衰退期，需求下降，产能过剩，现有企业间的竞争加剧。为了利用产能，企业开始降价，陷入价格战，美国的钢铁业就是如此，同样的情形亦出现在 1990—1992 年和 2001—2003 年的美国航空业。通常退出障碍是影响产能过剩的因素之一：退出障碍越大，公司越不愿意削减产能，价格竞争的威胁也越大。

行业生命周期各阶段特征的对照分析如表 3 - 4 所示。

表 3 - 4　行业生命周期各阶段的特征

	导入期	成长期	成熟期	衰退期
产品系列的拓展性	产品品种单一	产品系列迅速扩展	扩展缓慢或停止	品种减少
技术的作用	技术是重要角色	前期：产品技术重要；后期：生产技术重要	生产工艺和材料替换是重点	技术完全成熟、稳定，易于掌握
产品技术	高度产品创新	主导性产品设计出现	渐进性创新，修修补补	产品很少有改变
生产技术	柔性制造，工艺不固定	生产工艺专门化	强调效率，自动化	很少或没有工艺改变
定价模式	价格高且易变	价格急剧下降	平稳	价格低且稳定
促销	促销对象是“革新者”和“尝鲜者”	侧重建立品牌形象	调整策略以适应不同的细分市场	主要依靠惯性维持市场
竞争者的数量	较少	越来越多，但后期行业开始集中	行业进一步集中	新进入者很少，竞争者继续减少
市场份额的分布	不稳定	稳定性增加	稳定	高度集中
竞争的性质	有限竞争	市场迅速增长而掩盖了竞争	为了生存，竞争达到顶峰	竞争者倾向于低度竞争
进入的难度	容易，无控制者	一般	困难	很少有新进入者
投资需求	逐渐地投资以支持新产品	为支持增长，资金需求量大	为保持生存能力仍需再投资	很少投资，甚至变卖部分资产以变现
财务	没有利润，负的现金流	盈利，但现金流仍然是负的	盈利下降，但有正的现金流	利润很低，现金流很少

第 6 节　波特的“五力模型”

一、波特的五要素竞争力模型

哈佛大学教授迈克尔·波特创立的五要素竞争力模型（five forces framework）（简称“五力模型”）为识别和分析企业竞争因素的来源提供了一个很好的分析框架，是管理界公认并广泛使用的竞争环境分析模型。波特是哈佛大学最年轻的终身教授，十年内完成的三部著作《竞争战略》（*Competitive Strategy: Techniques for Analyzing Industries and Competitors*）、《竞争优势》（*Competitive Advantage: Creating and Sustaining Superior Performance*）、《国家竞争优势》（*The Competitive Advantage of Nations*），不仅奠定了行业竞争战略思考的基石，也奠定了他在战略研究领域的大师地位。

根据波特的观点，决定企业竞争格局的五种力量分别为：（1）潜在进入者的威胁；（2）行业内现有企业的竞争强度；（3）购买者的议价能力；（4）供应商的议价能力；（5）替代品的相似度。这五种竞争力量对企业的作用关系如图 3－4 所示。

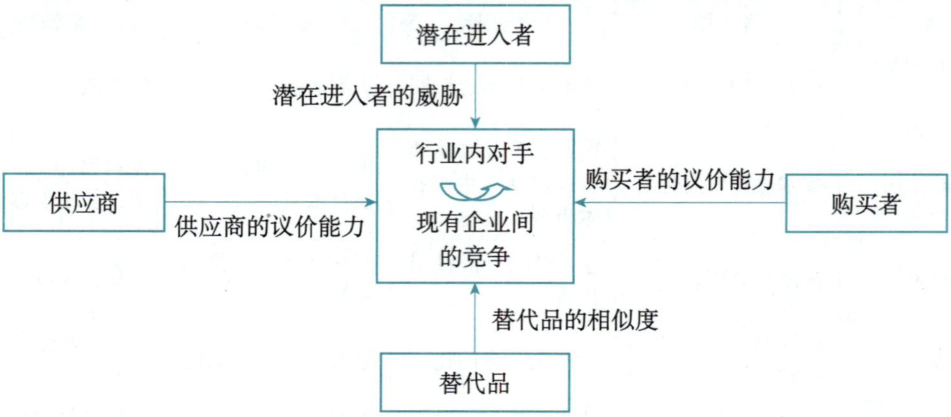

图 3－4　波特的“五力模型”

这五种基本竞争力量的状况及其综合强度，决定着企业面临的竞争激烈程度和企业利润潜力。波特指出，其中任何一种力量越强，则现有企业就越难以提价和盈利。在波特的分析框架中，竞争力量强被视为威胁，因为它挤压利润；而竞争力量弱则被视为机会，因为企业可以获得更多的盈利。五种竞争力量的强弱，可能会随时间和产业状况的变化而变化，管理者的任务是，认清五种竞争力量的变化如何带来新的机会和威胁，并做出适当的战略反应。此外，一家企业有可能通过自己的战略选择，将一种或数种竞争力量转变为自己的优势。

波特的“五力模型”的主要思想是，行业的结构引致企业采用的战略，而这种战略则塑造了企业发展的路径。企业的发展要受产业环境，尤其是行业组织环境的制约，企业必须清醒地认识到这些制约并进行相应的正确定位，这样才能获得发展。

根据波特的“五力模型”，企业与模型中五种竞争因素以及其他外部合作者可能发生的战略关系包括以下几种：（1）与顾客的关系：服务与被服务、买与卖、选择与被选择。（2）与供应商的关系：服务与被服务、买与卖、选择与被选择。（3）与竞争者的关系：相互争夺、控制与反控制。（4）与合作者的关系：优势互补、互利互惠、相互竞争。

二、五种竞争力量的影响因素

（一）行业内现有企业的竞争强度

就行业内部而言，每一个企业都想从其他企业夺取一些顾客，不可避免的竞争行为将在企业间经常发生。但同时，行业内的企业在对抗潜在进入者和替代品的威胁时，又往往表现出合作的行为。因此，行业内的企业间既有竞争的一面也有合作的一面。行业内企业的竞争程度取决于以下因素：

（1）行业内企业的数量和力量对比。行业内企业的规模越接近、数量越多，则内部的对抗与竞争就越激烈。

（2）行业市场的增长程度。在行业增长缓慢的情况下，企业为了寻求发展，会将力量放在争夺现有市场上，从而使现有企业的竞争激化。在行业快速增长的情况下，行业内各企业可以与行业同步增长，企业可以在增长的过程中充分利用自己的资金和资源，竞争相对缓和。

（3）行业内企业的差别化程度。当产品缺乏差异时，购买者的选择是价格和服务，企业将在价格和服务上展开竞争，现有企业之间的竞争激化。同样，因为转换成本低，购买者选择的余地大，也会使企业竞争激化。

（4）退出壁垒。所谓退出壁垒，是指企业退出某个行业时要付出的代价，包括：1）未用资产。当企业退出行业时，可能会因资产的闲置、废弃和难以以现值转让而蒙受重大损失。2）退出费用。如人员安置、库存物品的处理等费用。3）企业形象受到一定损害。4）心理因素。经理人员不愿做出退出行业的决策等。如果退出壁垒高，即使企业经营困难，也不愿轻易退出，这将使行业竞争加剧。

（5）固定成本/附加价值。若行业具有非常高的固定成本或库存成本，企业为降低单位产品的固定成本，势必采用增加产量的措施，结果往往导致价格迅速下跌。

（6）产品差异/商标专有。不同企业产品之间的差异性越少，或顾客在变换供应商时的转换成本越少，则行业内部的对抗和竞争就越激烈。

（7）转换成本。如果用户从购买一个企业的产品转为购买另一个企业的产品时成本较低，竞争就比较激烈；相反，若转换成本高，竞争就会相对减弱。

（8）竞争者的多样性。如果行业内各企业的产品各有特色，各企业亦有各自不同的用户，则竞争不会太激烈。

（二）购买者的议价能力

关于购买者和供应商各自的议价能力，其实可以合并起来考虑。因为二者紧密相连，所有的组织都必须获取（输入）资源，同时提供（输出）产品或服务，而且买方和卖方在约束组织战略、影响组织盈利等方面起着类似的作用，对组织亦有类似的影响。

所谓供应商与购买者的议价能力，是指讨价还价的能力。当企业作为买方时，希望以低廉的价格购买到质量上乘的物品；而当企业作为卖方时，则往往希望通过提高价格或降低质量及服务来获取更多利润。可见，企业不论作为供方还是需方，其议价能力都与企业利润正相关。

决定购买者议价能力的因素主要有：

（1）购买者的集中程度。如果购买者相对集中并且大量购买，即购买者集中程度高，如由几家大公司控制，则购买者处于强势地位。

（2）购买数量。如果购买的产品占购买者全部费用或全部购买量的比重大（购买数量大），这时购买者讨价还价的能力就大；相反，如果只占购买者全部费用的一小部分，那么购买者通常对价格不很敏感，无须讨价还价。

（3）购买者转换成本相对于企业转换成本。如果购买者的购买转换成本高，购买者将固定于特定的销售者；相反，如果转换成本低，购买者的讨价还价能力就大。

（4）购买者信息。当购买者掌握供应商的信息充分时，购买者便会在交易中享有优惠价格，而且在受到供应商威胁时可进行有力的反击。

（5）后向整合能力。购买者有采用后向一体化对销售者构成威胁的倾向，它们就宁愿自己生产而不去购买。

（6）替代品。从该行业购买的产品属标准化或无差别的产品，购买者在这种情况下确信自己总能找到可挑选的销售者，从而使销售者之间互相倾轧。

（7）价格敏感性。如果购买者的利润很低，它们会千方百计地压低购买成本，要求降低购买价格。高盈利的购买者通常对价格不太敏感，它们还可能从长计议，考虑维护与供应商的关系和长期利益。

（三）供应商的议价能力

决定供应商议价能力的因素主要有：

（1）供应商对本行业的竞争压力。表现在要求提高原材料或其他供应品的价格，减少紧俏资源的供应或降低供应品的质量等。

（2）替代品投入的现状。若存在合适的替代品，即使供应商强大，它们的竞争能力也会受到牵制。

（3）供应商的集中程度。如果供应商集中程度较高，即原材料的供应由少数几家公司控制，而本行业集中程度却较差，出现少数几家公司供给行业中众多分散企业的局面，则供应商通常会在价格、质量和供应条件上对购买者施加较大压力。

（4）批量对供应商的重要性。若供应商要达到经济规模的产量必须很大，供应商便面临增加产量的压力，供应商的议价能力就相对较小。

（5）供应商的成本占最终产品全部成本的百分比。供应商的产品（原材料）成本占企业最终产品成本的百分比很高时，企业会对该产品的价格相对敏感，因此会向供应商施加压力以寻求降价的可能，或者转而寻求其他供应来源，由此会使供应商的议价能力变小。

（6）前向整合/后向整合的能力。如果供应商有可能前向一体化，这样就增强了它们对本行业的竞争压力，使自身议价谈判的筹码更重；制造商越有能力向后整合，则供应商的议价力量就越小。

（四）替代品的威胁

替代品是指在功能上部分或全部替代某一种产品的产品。随着科学技术的发展，替代品将越来越多，某一行业的所有企业都将面临与生产替代品的其他行业的企业竞争。（潜在）替代品的威胁是企业不容忽视的，它的存在为产品的价格设置了上限。当产品价格高于上限时，替代品就成为用户的首选。替代品对于企业间的竞争虽是潜在的，但有时异常激烈。如果替代产品的价格较低，它投入市场后就会使本行业产品的价格上限只能处在较低的水平，从而限制本行业的收益。替代产品的价格越有吸引力，这种限制作用就越显著和牢固，对本行业的冲击和压力也就越大。

决定替代品威胁的主要因素有：

（1）替代品性能-价格表现。如果新产品的性价比高于老产品，新产品对老产品的替代就有必然性。如果新产品的性价比低于老产品，那么新产品还不具备足够的实力与老产品竞争。

（2）转换成本。顾客使用替代品所需付出的转换成本的高低，会影响替代品的威胁大小。客户对替代品的使用倾向越小，对现有产品偏好越高，则替代品威胁越小。

（3）替代程度。产品替代有两种类型。一种是直接替代，即某一种产品直接取代另一种产品，例如苹果计算机取代 IBM 计算机。通常关于产业定义中的替代品指的就是直接替代。还有一种是间接替代，即由能起到相同作用的产品非直接地取代另外一些产品。例如，E-learning 对传统教学/培训的替代，E-mail 对邮政的替代等。当然，对某些产品来说，直接替代品与间接替代品的界限并不十分清晰，直接替代品与间接替代品的划分不是绝对的。

（五）潜在进入者的威胁

当某一行业前景乐观、有利可图时，会引来新的竞争者加入，使该行业增加新的生产能力，并要求重新瓜分市场份额和主要资源，形成新的市场竞争格局和利益版图。另外，某些实行多元化经营的大型企业，还经常利用其综合实力和资源优势从一个行业侵入另一个行业。潜在进入者是否会真的采取行动入侵行业，取决于入侵者对行业壁垒的认识。行业壁垒包括进入壁垒和退出壁垒。

决定潜在进入者威胁的主要因素有：

（1）进入壁垒。进入壁垒指企业为进入一个新行业所要克服的困难（或风险）。对于行业内的现有企业而言，潜在竞争对手能否成为现实的竞争对手，关键看进入该行业的难易程度，即进入壁垒。

（2）规模经济性。规模经济是由于大规模生产经营而形成的成本优势，表现为在一定时期内产品的单位成本随总产量的增加而降低。规模经济效益表现在多方面，如生产、供应、销售、研发和人员等。

（3）学习效应。随着重复做某件事情（某项活动）的次数增加，人们可以找到（学到）更有效率的做事方法，从而降低成本。

（4）资金需求。在某些行业，如航空、融资租赁、石化等，资金需求所形成的进入壁垒是指，在行业中经营不仅需要大量资金而且风险很大。进入者要有足够的资金实力，还要承担巨大风险才能进入。形成大量资金需求的原因是多方面的，如购买成套设备、引进生产流水线、支付高额专利费、建立营销网络、提供用户信贷等。

（5）技术。如果进入一个行业需要掌握很复杂的技术，或者一个行业的竞争是以高技术为核心，则说明进入这个行业的技术壁垒高。在许多情况下，专利技术、知识产权或技术诀窍都能成为一个行业的进入门槛。

（6）在位优势。这是指原有企业相对于新进入者而言所具有的综合优势。如原有企业拥有某种专利，从而可以限制他人生产相关产品；原有企业拥有一批熟练的工人和管理人员，从而具有劳动成本优势等。

（7）产品差别。不同企业提供的产品并不完全同质，必然存在某种程度的差别。产品差别是多方面的，如原料配方、生产工艺、产品设计、包装、价格、对用户的服务、标准、质量等。产品差别与用户的忠诚度和稳定性有关。

（8）顾客转换成本。顾客转换成本是指购买者从一个供应商的产品转到另一个供应商的产品所支付的一次性成本。它既包括既有系统的部分废弃或闲置所造成的损失，也包括流程的重新调整、人员的培训、新添置配套的外围设备和辅助设施以及产品的再设计等成本。如果这些转换成本较高，新进入者就必须为购买者在成本或服务上做出重大改进，使购买者可以接受。

（9）绝对成本优势。指与规模经济无关的成本优势。原有的企业除具有规模经济带来的成本优势，往往还有其他成本优势，如专利产品技术、得天独厚的资源市场地位、政府补贴或特许经营、学习曲线效应等。

（10）预想的报复。新进入者会对现有企业的竞争地位和盈利水平造成损害，现有企业势必做出反应，捍卫自己的既得利益。如果现有企业会容忍新进入者，或者只进行消极抵抗，将会鼓励进入；如果现有企业很可能会迅速采取报复手段，如降价、加大广告力度、推出新产品或改善服务等，则潜在进入者会三思而行，慎重考虑进入与否。

（11）进入分销渠道的难易程度。一个行业的正常销售渠道已经为原有企业所占有，新进入者不管是自己建立新渠道还是借助既有渠道，都会发生不菲的费用，这样就会减少新进入者的利润。产品的销售渠道越有限，它与现有企业的联系就越密切，新进入者要进入该行业就越困难。

（12）政府的管制政策和法律约束。政府行为能影响竞争活动。如在我国处于受保护状态的邮政、电信和医药等行业，过去一直是垄断经营，但随着我国加入世界贸易组织，对外开放朝纵深方向推进，政府管制削弱，这些行业将逐步面临外国同行的进入威胁。

通过五力分析，了解快递行业的竞争环境和平均盈利空间，以进一步抢占市场份额。

战略实践 3－4　顺丰速运：波特五力分析案例研究

除以上因素，还有一些因素可以抵消新进入者的威胁，如潜在的市场饱和及地理位置的状况等。

三、“五力模型”的局限

“五力模型”作为一种战略分析工具，其重要性无论在理论上还是在实践中都毋庸置疑。然而需要指出的是，恰如任何一种强大的管理分析工具都难免存在一定的缺陷一样，“五力模型”的局限也是明显的。“五力模型”虽然逻辑缜密，结构严谨，解释力和概括力强，但它更多的是一种理论思考框架，实践中的可操作性并不理想。实际上，“五力模型”隐含三个重要的假设：（1）假设战略制定者可以了解包括所有潜在进入者和替代品在内的整个行业的全部信息；（2）假定与同行企业只有竞争关系，没有合作关系；（3）假定一个产业的容量是固定的，一家企业要占有更大的资源和市场，只有通过夺取对手的份额来实现。显然，这三个（潜在的）假设与现实世界的实际情况差异很大。

诚如波特本人所说：“我把自己看成是经济学家（而不是管理学家）……经济学研

究中有这么一种倾向，就是进行简化并做一些重要的假设。这对某些研究，如宏观经济政策的研究是适用的，但是当深入到产业竞争中时，我们发现根据这些简化的模型提出的建议对企业的参考价值不大。”本质上，波特的“五力模型”反映的是一种静态的、基于经济学假设的比较研究思路，暗含的是一种被动的环境决定论，即企业不能改变环境，只能服从和适应环境。波特的“五力模型”也未能突破把企业视为“黑箱”的局限，以产业作为研究对象，没有很好地站在企业成长的角度探究企业的竞争机理。此外，“五力模型”也缺乏预测性，很难用来分析变化迅速或前景高度不确定的行业。

第 7 节　竞争者分析

在波特的“五力模型”中，企业最主要、最激烈的竞争来自企业的同行。它们与企业提供相同或相似的产品或服务，在同一个市场中争夺顾客，在技术开发和应用上进行最直接的竞争，企业与竞争对手的相对实力决定了企业的盈利水平与发展空间。因此，外部环境分析的一项重要任务是，在充分收集信息和竞争情报的基础上，重点界定、跟踪、监视竞争对手的动态，对其进行全面且有针对性的评估，有的放矢地制定企业自身的竞争策略。

一、竞争者的界定

在竞争者分析中，界定企业的主要竞争对手是一个十分重要的步骤。当谈及竞争对手时，并不是说行业内所有的其他厂商都是竞争对手，也不是只有行业内的龙头老大才是竞争对手。确切地讲，竞争对手主要是指目前或将来有可能与企业战略定位相同或类似的那些对手，即对企业自身战略能产生重大冲击或影响的对手。企业界定的主要竞争对手不同，最终决定采取的主导战略就会有所不同。在第 8 章战略分析与选择将看到，企业究竟是选用以牙还牙的相扑战略，还是选择以柔克刚的柔道战略，抑或选择其他战略，很大程度上取决于竞争对手的类型和状况。

从所处竞争地位的角度看，竞争者可分为四类。

（1）引领者（leader）：在某一行业的产品或服务市场上占有最大市场份额的一家和为数不多的前几家（通常前五位）企业。这些企业在标准制定、产品开发、价格设定、营销渠道、供应链整合、品牌号召力等方面处于主导甚至主宰地位。如英特尔、高通、英伟达、三星、台积电是全球芯片和半导体市场的引领者，它们处于该行业第一集团的第一方阵；IBM、甲骨文、微软、埃森哲、SAP 是软件与信息服务业的领导者；发那科（Fanuc）、安川（Yaskawa）、ABB、库卡（KUKA）是全球工业机器人的引领者；美国的亚马逊、谷歌、脸书以及中国的百度、阿里巴巴、腾讯是互联网产业的引领者；中车、川崎、阿尔斯通、西门子是世界高铁和轨道交通的引领者；罗氏、诺华、艾伯维、强生、百时美施贵宝是医药和生物技术领域的领导者；埃克森美孚、壳牌、英国石油（BP）、中国石油、道达尔是石油和天然气产业的引领者；特斯拉、比亚迪、丰田、日产、宝马是世界新能源汽车的引领者；苹果、三星、华为、小米、OPPO 是全球手机市场的引领者；联邦快递（FedEx）、联合包裹（UPS）、敦豪（DHL）、天递（TNT）是国际快递行业的引领者；欧莱雅、宝洁、雅诗兰黛、资生堂是化妆品产业的引领者；雀巢、联合利华是食品、酒类及烟草业的引领者；华为是全球5G行业的引领者，波音是航空领域的引领者，巴斯夫是化工领域的引领者，沃尔玛是零售业的引领者，迪士尼是娱乐和传媒行业的引领者，可口可乐是饮料行业的引领者，雅马哈则是世界乐器行业的引领者。

（2）挑战者（challenger）：在行业中处于次要地位（仅次于行业引领者）的若干企业。如欧洲空客、中国商飞是航空业市场的挑战者，海思、联发科技、博通、AMD、得州仪器是芯片业的挑战者，电子商务巨头亚马逊是零售市场的挑战者，等等。作为挑战者，通用汽车为了在外接充电式混合动力汽车领域战胜老对手丰田，在新型锂电池的开发上可谓倾尽全力；同样，百事勇于挑战，永不言败，向可口可乐这个早已独霸整个软饮料市场的霸主发起攻击，以力争夺取更多的市场份额。一般地，市场挑战者往往试图采用颠覆性的新技术，或创造新的商业范式和盈利模式，或通过并购、战略联盟等手段，或仅仅通过市场渗透等方式，不断蚕食引领者的市场份额，甚或创造全新的市场需求，由此脱颖而出，取而代之，成为新的引领者。

（3）追随者（follower）：在行业中居于并安于中间地位，在战略上采用追随策略的那些企业。这类企业数量众多，它们的自身定位很明确：不去做风光无限的引领者，不去做耻为人后、舍我其谁的挑战者，也不愿做开拓者或冒险者，担心勇士不成反成烈士，而是甘于做追随者、跟进者，它们不会为争取超额利润而拼搏，而是致力于获取行业的平均利润。在技术方面，它们不会在投入高、风险大、周期长的原创性技术上花工夫，也不会将新产品率先推向市场；在营销方面，它们不会充当铺路石去做早期的市场培育和布道工作，而是从众、搭便车。追随者通过观察、模仿、学习、借鉴和改进，一方面追随市场和行业的节拍和律动，避免落伍、掉队；另一方面在学习和借鉴中提升，使自身的实力不断发展壮大。

（4）补缺者（nichers）：多是行业中相对弱小的一些中小企业，它们专注于市场上被大企业忽略的某些细分市场，成为拾遗补缺者，在大企业的夹缝中求生存和发展。细分市场又称利基市场（niche market）。利基（niche）一词源自法语，后被用来形容大市场中的微小市场，旨在传递这样的意味：市场虽小，几成缝隙，但同样可以淘金，值得深耕细作。实际上，在这些微小的市场上，补缺者通过生产和提供某种具有特色的产品和服务，通过聚焦战略和专业化经营来获取最大的收益，以此赢得利润空间和发展空间。

二、竞争态势矩阵（CPM）

在竞争者分析中，竞争态势矩阵（competitive profile matrix，CPM）是广泛使用的工具之一。CPM主要用于确认企业的主要竞争对手相对于本企业的战略地位，以及主要竞争对手的特定优势与弱点。在CPM中，可以将竞争者的评分和总加权分数与本企业的相应指标相比较，这一比较分析可提供重要的内部战略信息。

（一）建立CPM的步骤

1. 确定行业的关键成功因素

关键成功因素可能随不同行业和不同行业发展的阶段而有所不同。在之前的章节中，已经提过常见的关键成功因素。一般而言，管理人员首先要对所在行业有深入了解，然后由内部高层管理人员和专家组通过讨论来确定关键成功因素，之后，从中选出 5 ～ 10 项最重要的关键成功因素，以供分析之用。

2. 给出各关键成功因素的权数

对于所选定的每一项关键成功因素都赋予一个权数，以表示该因素对于在该行业中获得成功的相对重要性。权数的决定是主观的，主要基于管理者对于行业的了解和经验。不过，管理者也可以对照行业中成功企业与失败企业之间的差异来决定各关键成功因素的权数，以此获得较为客观的权数。权数的分布在 1 ～ 10，其中“1”代表极不重要，“10”代表极重要。另外一种分配权数的方法是采用总权数分配，即设定权数总分数为 1，然后依据相对重要性将权数分配给各关键成功因素，使各因素的权数总和为 1。

3. 评估竞争者与企业在各关键成功因素上的表现

针对每个关键成功因素，管理者需要通过评分的方式来评估企业与主要竞争者的表现。尽管评分不可避免地具有主观性，但管理者还是应该尽量依据客观信息。类似于上述赋予权数的方法，在 1（代表极弱）到 10（代表极强）中选取一个数字，用以代表竞争者在关键成功因素上的强弱表现。当然，也可用别的约定数字来代表竞争者在各因素上的表现。

4. 计算每个关键成功因素的加权分数

针对每个关键成功因素，将竞争者的强弱评分乘上其权数，即得出竞争者的加权分数。由此表现各竞争者在该关键成功因素上的相对强弱程度。

5. 计算加权后总分

将竞争者在各关键成功因素上的加权分数加总后，即可得到竞争者的加权后总分。总分反映出企业与其他竞争者间的整体相对强弱表现。由此可以了解，哪个竞争者相对最强，哪个竞争者相对最弱。

（二）示例

根据各关键成功因素的加权分数，战略管理人员可以得知竞争者在各关键成功因素上的强弱。竞争者的优势与劣势，在某种程度上可转化为企业的威胁与机会。以下是一个简化的 CPM 示例。从表 3 - 5 可以看出，竞争对手 2 的综合实力要高于被分析的公司，而竞争对手 1 的综合实力与被分析公司基本相同。从具体竞争因素看，竞争对手 2 的财务状况要好得多，竞争对手 1 的价格竞争力最好，而被分析公司的相对优势是产品质量和市场份额。

表 3 - 5　CPM 示例

关键成功因素	权重	被分析的公司		竞争对手 1		竞争对手 2	
		评分	加权分数	评分	加权分数	评分	加权分数
市场份额	0.2	3	0.6	2	0.4	2	0.4
价格竞争力	0.2	1	0.2	4	0.8	1	0.2
财务状况	0.4	2	0.8	1	0.4	4	1.6
产品质量	0.1	4	0.4	3	0.3	3	0.3
用户忠诚度	0.1	3	0.3	3	0.3	3	0.3
总计	1.0		2.3		2.2		2.8

评分值含义：1 = 弱，2 = 次弱，3 = 次强，4 = 强。

（三）CPM 与 EFE 矩阵的异同

CPM 与 EFE 矩阵的权重和总加权分数的含义相同，编制矩阵的程序和方法也一样。但是，CPM 与 EFE 之间存在的区别也是明显的：首先，CPM 涉及多家企业，即企业自身及企业的若干竞争对手，而 EFE 只涉及企业自身；其次，CPM 中的关键成功因素更为宏观、笼统，不包括具体的或实际的数据，而且可能集中于内部问题；最后，CPM 中的因素包括外部和内部两个方面，而 EFE 将因素划分为机会与威胁两大类。

三、蓝海战略与黑海战略

（一）蓝海战略

若把整个市场想象成海洋，则这个海洋可视为由红海和蓝海组成。红海代表现今存在的所有产业，即已知的市场空间；蓝海代表现今尚不存在的产业，也就是未知的市场空间。蓝海和红海的概念最早由钱·金和勒妮·莫博涅（W. Chan Kim and Renée Mauborgne）提出，他们在2005年出版了《蓝海战略》（*Blue Ocean Strategy*）一书。“蓝海”与“红海”相对，红海指称竞争激烈的行业，蓝海表示竞争最小的新市场。蓝海唤起了对广袤疆域的无限向往，红海则常与血淋淋的竞争和赤字（财务亏空）相联系。

在现实商业社会中竞争始终存在，因而红海几成常态。在市场容量既定的红海里，企业间的竞争势必为“零和博弈”，任何新加入者的进入或企业谋求更大的市场份额，都是对其他企业利益的蚕食。对既得利益的捍卫和想超过对手获得更多利益的企图，使红海市场的竞争白热化。同时，红海中的产品和服务同质化严重，商品通常只是常规性的，价格战在所难免。此起彼伏、刺刀见红的价格搏杀，最后演化为割喉式的恶性竞争，导致红海变得更加血腥惨烈。随着越来越多的行业供大于求，全行业的利润增长前景黯淡，企业为微利苦苦挣扎，甚或陷入无利可图的窘境。

为了获得增长机遇和新的利润空间，企业需要超越现有竞争，开创蓝海。蓝海几乎无关竞争，因为竞争者尚未到来，游戏规则还有待建立。在不同的语境中蓝海有不同的含义，蓝海既表示充满诱惑没有恶性竞争的新兴市场，又意指尚未开垦的市场空间、新创造的客户需求以及利润高速增长的发展机会。尽管有些蓝海在远离红海处开创出来，但绝大多数蓝海是由拓展现有产业边界形成的。

企业要基业长青，实现可持续发展，明智的选择是实施蓝海战略。蓝海战略是指通过改造现有的体系，从成本、消费群体、消费方式转变、产品服务升级等诸多方面实现创新，从红海竞争中解脱出来，发现和开创蓝海。这里的创新，可能是开辟新市场甚至全新行业的颠覆性创新，也可能是在旧市场或细分市场中的改良性创新；既可以是技术创新、产品创新，也可以是经营管理创新、营销创新乃至商业范式创新。其中，价值创新（value innovation）是蓝海战略的基石。价值创新挑战了基于竞争的传统教条，即价值和成本的权衡取舍关系，让企业将创新与效用、价格与成本有机整合，旨在再造旧产业，创造新产业。实施蓝海战略的两大核心法则：一是挖掘传统市场边界之外的潜在需求；二是创造差异化兼具低成本的有效供给，即同时追求差异化和低成本，在降低成本的同时为客户创造价值，从而获得企业价值和客户价值的同步提升。

蓝海战略认为，聚焦于红海等于接受了商战的限制性因素，即在给定结构下做定位选择，忽视了改变市场结构和开创新市场的可能。蓝海战略将视线从超越竞争对手移向改变产业格局，从聚焦现有客户拓宽到面向潜在客户，从同质竞争转向异质竞争。蓝海战略最鲜明的口号是，不要做红海中的“第一”，而要做蓝海中的“唯一”。蓝海战略不是对标现有产业最佳实践去赶超对手，而是重构产业并重新设定游戏规则；不是瞄准现有市场高端或中低端顾客，而是挖掘有潜在需求的买方大众；不是囿于既定边界内的市场渗透，而是超越现有竞争边界的市场开发，从而从根本上实现差异化竞争。需要指出的是，产业发展是持续演进的，市场竞争不可能一劳永逸，开拓蓝海也绝非毕其功于一役，新开辟的蓝海中很快就会有跟进者，又会变成红海。蓝海存在的时间窗口期不长，企业必须不断超越自己，不断创建新的蓝海，才能保持领先，立于不败之地。

触达核心人群、洞察本质需求、打造长效品牌、回归人本经营。

战略实践 3－5　突破内卷困局，中小商家如何开辟新蓝海？

（二）黑海战略

在红海中，企业各方竞争激烈，生存艰难；蓝海的竞争激烈程度相对红海较小，但仍然无法摆脱被模仿、超越甚或破产倒闭的宿命，典型的例子是太阳马戏团从红海到蓝海再到“死海”的历程。传统上，马戏团的主要目标人群是儿童，动物表演秀、表演明星和多台表演使传统马戏团的成本居高不下。在这种“收费不高支出却甚高”的商业市场中，各马戏团在竞争激烈的红海里勉力经营，举步维艰。太阳马戏团却一反常规，开辟蓝海新市场，将成年人和商务人士确定为核心顾客，剔除部分高成本元素，减少一些刺激和危险的表演项目，打破马戏和戏剧的边界，将二者与既时尚又典雅的音乐、舞蹈有机融合，创造极具震撼力的舞台表演。同时，增加独特的表演场地，提供惬意的沉浸式观看环境，这使得人们愿意花费高于传统马戏表演门票几倍的价钱，获得前所未有的视听享受和娱乐观感。由此，太阳马戏团开辟了一片利润丰厚的蓝海市场，创造了一种崭新的对传统马戏表演颠覆性的现场娱乐形式，一箭双雕地做到差异化和低成本，实现了价值创新，创造了马戏市场的辉煌。然而，2020 年 6 月 29 日其母公司太阳马戏团娱乐集团申请破产保护。什么使“加拿大国宝”且入选《蓝海战略》一书开篇案例的太阳马戏团盛极而衰？直接原因是，全球流行的新冠疫情导致其所有演出被迫停止，收入归零。更大的问题是，太阳马戏团由于在过去几年过度“负重扩张”，先后斥巨资收购了多家演艺企业、演出制作企业等，导致负债累累，负债额达到近 10 亿美元。

类似太阳马戏团的组织在新冠疫情中遭遇困境时如何破局？2020 年同处疫情下的华为、小米、苹果等，这些数字化移动终端企业，以及诸如亚马逊、淘宝、京东这样的电商企业，不仅成功抵御了疫情危机带来的影响，还逆势获得非常大的增长。同样地，迪士尼虽因疫情导致其遍布全球各地的迪士尼乐园关门停业，但财报显示，疫情的负面影响并不大，2020 年的营业收入仍达到 653.88 亿美元，只同比下降了约 6%。背后的深层原因是，迪士尼在多年前就布局了数字媒体新业务 Disney +，正是由于 Disney + 的强劲增长，才弥补了线下乐园业绩下滑带来的损失。上述提及的这些企业之所以能有力抗击危机并实现有效增长，可归结为它们使用了一种共同的“黑海战略”。之所以用“黑海”这种称谓，旨在说明身处当今时代，众多企业面对 VUCA 环境犹如在“黑海”中不见光（两眼一抹黑），传统的组织模式和行为范式已被打乱、颠覆、解构，很多不可预知的危险时刻都可能给企业带来灭顶之灾。企业在不确定的环境里找不到方向，茫然不知所措，只有跳出“黑海”才有希望。跳出黑海之正途（黑海战略）是，将思维、视界和行为从囿于现实的物理世界（physical space）中解放出来，拓展并融入数字世界（digital world）生态，实现早在20多年前麻省理工学院教授尼古拉斯·尼葛洛庞帝（Nicholas Negroponte）就洞见的“数字化生存”。概言之，未来的企业只有两种，一种是数字化颠覆企业，另一种是数字化转型企业。

黑海战略这个概念最早由海尔集团董事局主席张瑞敏先生提出。在他看来，“在数字化（物联网）时代，企业不应再是有围墙的花园，而应该是一片热带雨林。热带雨林不会死亡，因为它是一个生态系统，自己能够繁衍出新的物种而生生不息”。他认为数字化会重新定义企业的边界和成长模式，构建或者融入商业（数字化）生态系统是所有企业战略转型的必然趋势。黑海战略的要义是将传统业务深度嵌入数字化系统，通过数字化（进而“数智化”）转型和核心技术解决方案，在平台化和生态化的新场景中实现价值共创和企业“重生”。黑海战略的精髓是“数字（智）化”以及相关的“平台化”和“生态化”，前提是突破物理边界，拥抱数字世界，实现数智化转型。在数字化时代，企业最佳的策略是选择“蓝海战略＋黑海战略”的协同模式，利用蓝海战略，在产品上取得创新，找到新的市场，提高产品价值；利用黑海战略，通过平台赋能，构建商业生态系统，为用户提供全场景的解决方案和全生命周期的价值。两种战略模式的协同发展，会推动企业从产品型企业转型为平台型企业，甚至生态型企业。关于黑海战略更深入的讨论，见第8章第5节。

第8节　波特的“钻石模型”

迈克尔·波特提出的“钻石模型”（diamond model）用于分析一个国家的某种产业为什么会在国际上有较强的竞争力。来自海外的竞争者进入市场一般都会有相对劣势，因为现有本国企业有优越的本土市场知识，与当地客户已建立良好的合作关系，其供应链也很强大，外国竞争者必须有显著的竞争优势才能克服上述劣势。波特认为，决定一个国家某种产业竞争力的因素有四种，即生产要素，需求条件，相关支撑产业，以及企业战略、产业结构和同业竞争，这四个要素具有双向作用，形成钻石体系（如图3－5所示）。

一、生产要素

国家层面的生产要素条件优势可以转化为国内企业在国际市场上的竞争优势。例如，北美丰富的矿产资源对北美铝工业的发展功不可没。波特把生产要素分为初

新基建重点领域/关键环节实现跨越式发展，融合基础设施建设赋能千行百业，创新基础设施助力关键突破。

战略实践 3－6　我国新型基础设施建设驶入快车道

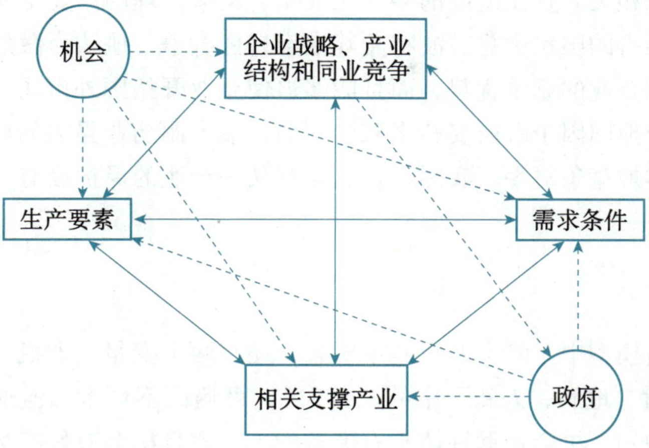

图3-5 波特的钻石模型

级生产要素和高级生产要素。初级生产要素是指企业所处国家和地区的地理位置、天然资源、人口、气候以及非技术工人等，通过被动继承或简单投资就可获得；高级生产要素包括训练有素的中高级人才、科研院所、高等教育体系、现代通信基础设施等，这些需要前期在人力和资本上大量投资才能获得。波特认为，在现代社会中初级生产要素的重要性已经越来越小，必要时可以通过国际采购来弥补，高级生产要素扮演着日益重要的角色。

二、需求条件

国内消费者的需求也是一种竞争优势资源，内需市场是产业发展的动力。平静的湖面永远锻炼不出好的水手，严格挑剔的用户造成的压力，可以从外部推动企业生产出高品质的产品，催化企业的创新能力。企业能够满足国内挑剔而内行的客户，处理好复杂苛刻的顾客需求，可以帮助企业成长为一家跨国集团。例如，日本消费者对电子产品的高要求，使日本企业成长为全球电子行业的引领者；法国和意大利消费者对精致的追求，也使这两国的时尚品牌一直处于世界领先地位。

三、相关支撑产业

国内的相关支撑产业同样是竞争优势的一项重要来源。离开相关产业的支撑，单独的一个企业、单独的一个产业很难保持竞争优势。通常产业以地域为基础，成为紧密联系的产业集群。例如，在意大利北部，皮鞋、皮革生产商和设计公司形成产业联盟，共同获益。美国加州硅谷已形成集硬件、软件、科研和发明以及风险投资于一体的良性循环的高科技产业园区。一般地，上下游产业会相互促进，对本产业创新提供外部动力，形成提升效应。

四、企业战略、产业结构和同业竞争

波特认为，企业的战略、组织结构和管理者对待竞争的态度，往往同国家的产业结构和同业竞争状态相关。企业适度的多元化战略、国家合理的产业结构和行业良性的同业竞争，是一种难得的国家优势。波特尤其推崇自由竞争，他认为激烈的国内自由竞争不仅能够提高本国企业的竞争优势，而且能够迫使企业开拓国外市场。日本汽车公司的长期成功，可部分地归因于政府支持多家生产商；瑞士制药业强大的原因是，每家公司都有若干强大的本地竞争对手。实际上，政府对某一产业的保护极有可能导致本土产业竞争力的丧失。

五、机会和政府

在波特的钻石模型中，除了四个基本要素，还有两个变量，即机会和政府。机会相当于常说的“天时、地利、人和”中的“天时”，可遇而不可求，但这并不意味着企业可以消极无为。须知，机会永远钟情于有准备的人，而且机会有好有坏，企业要做的就是切实把握好机会，从容应对坏机会；要把机会用到最足，把不利降到最低。一般情况下，可能的机会包括：重大科技发明、石油价格大幅波动、全球股市或汇市重大变化、区域市场需求剧烈波动、国家产业政策重大调整、各种突发的自然灾害等。

政府是最后一个变量。波特认为，政府并不能直接创造有竞争力的产业，只能在钻石模型其他要素的基础上加以引导才能做到。政府的角色是为产业和企业的发展提供良好的环境，如制定有关政策，鼓励企业公平竞争，促进国内企业技术创新；政府还可以提高安全环保标准和能耗标准，促进本国产业升级和转型发展。随着社会发展，政府的作用越来越重要。同时，如何处理好“市场无形之手”和“政府有形之手”的关系，也是对政府的一大考验。

波特的钻石模型建立在对发达国家经济学分析的基础上，对于发展中国家，尤其是正在起飞的新兴经济体，这个模型也具有很大的参考借鉴和启发意义。

第9节　利益相关者分析

一、利益相关者分析的必要性

在第2章中，利益相关者这个词已多次出现。众所周知，利益相关者概念的演变与深化是与企业发展进程同步的。该术语最初是股东、企业的投资者或所有者等的一个统一代名词，随着企业组织形式的发展，这一概念的范围扩大，其内涵也越来越细致、翔实和丰富。

现在，利益相关者指那些对组织投资或者对组织的经营有各种期望和要求，能够影响企业绩效或受企业绩效影响的团体或个人，包括雇员、管理人员、股东、供应商、顾客及众多的社团等。可以在组织的正式结构中确认这些利益相关者，因为他们承担共同的任务（如职能部门）。但是，利益相关者也可以产生于特定的事件，从而超越组织的正式机构。利益相关者可以通过其对于企业的利益，影响组织的战略、行动、决策、政策或做法。企业与利益相关者之间是互动和交叉影响的关系。

在进行外部环境分析时，利益相关者的期望分析已越来越不可或缺，因为在今天这个经济一体化、经营全球化、生产社会化、利益多元化、关联网络化、商务电子化、资本国际化的时代，企业与其利益相关者之间的依存度变得更高，从一定意义上讲，企业和利益相关者已成为利益共同体和命运共同体。企业高管人员应对利益相关者的期望和合理合法合情的利益诉求有清晰的了解，并尽可能以适当方式予以满足。

二、企业的主要利益相关者及其期望

在企业的利益相关者中，最明显的是股东、雇员和顾客。在高度多元化的社会中，除了这三类群体，竞争者、供应商、社区、特殊利益群体、媒体乃至整个社会或全体公众也是利益相关者。企业在不同时期对不同利益相关者的依赖程度不一样，相应地，每个利益相关者对企业的影响程度也不尽相同。利益相关者的参与对企业越关键、越有价值，企业对其依赖性就越大，该利益相关者对企业经营目标、战略决策和组织行动的影响力就越大。下面将从内部和外部两种角度，分别介绍有关的利益相关者及其对企业的期望。

（一）内部利益相关者及其期望

企业内部利益相关者及其期望如下。

新视角

共同富裕

共同富裕是人类古老而长久的向往。早在春秋战国时期的儒家经典《礼记·礼运》就有过“大道之行也，天下为公”的“大同”设想，并将大同世界分为小康社会与大同社会两个阶段。几千年来，大同一直是历代哲人与千千万万劳苦大众的期盼。然而，从两千多年前的孔夫子到近现代的孙中山，无数先贤圣哲和仁人志士虽描述了关于未来世界的美好蓝图，也筚路蓝缕孜孜以求，却未寻得实现大同的正道。

共同富裕是中国共产党人始终如一的根本价值取向。毛泽东同志首倡“共同富裕”，带领全国人民走上社会主义的大同之路；邓小平同志提出“贫穷不是社会主义”，共同富裕是社会主义的本质特征，鼓励一部分地区一部分人先富起来，先富带动、帮助后富，最终达到共同富裕；江泽民同志强调“兼顾效率与公平”，在社会主义现代化建设的每一个阶段都必须让广大人民群众共享改革发展成果和发展红利；胡锦涛同志突出“以人为本”“科学发展”，有关重要论述更加注重社会公平；习近平总书记深刻指出“消除贫困、改善民生、逐步实现共同富裕，是社会主义的本质要求，是我们党的重要使命”，他亲自推动的中国“精准扶贫”，力度之大、规模之广、成效之好、影响之深，举世罕见。

习近平总书记强调指出：“现在，我们正在向第二个百年奋斗目标迈进。适应我国社会主要矛盾的变化，更好满足人民日益增长的美好生活需要，必须把促进全体人民共同富裕作为为人民谋幸福的着力点，不断夯实党长期执政基础。”“我们要实现 14 亿人共同富裕，必须脚踏实地、久久为功。”

资料来源：徐飞．共同富裕的理念演进、实践推动与基础性制度安排．学术前沿，2021（11）：96－104.

（1）投资企业的利益相关者，包括股东与机构投资者。投资者向企业提供资本，资本不仅有机器设备、厂房建筑、原料动力以及土地资源等物质形态，还包括一些无形资产。由于股息、红利是以企业利润为基础，按股权进行分配，因此投资者对企业的主要期望就是利润最大化。

（2）管理层。管理层一般是指负责企业经营、运作的中高层管理者。他们向企业提供的是管理知识和技能。由于现代企业制度中所有权与经营权分离，管理层可以利用信息不对称控制企业。大多数经济理论都假定企业有追求预期利润最大化的行为，然而，在现实的企业组织中，经理们的目标与所有者的目标不尽相同，他们除了想获得一份不菲的报酬外，更看重职业生涯的声誉和在经理人市场上的身价。因此，管理层对企业的主要利益期望之一是企业规模最大化，或差不多等价地，销售额最大化。因为这样既可以使经理们获得高报酬的可能性变得更大，又可以由于企业规模的扩大而满足他们的权力欲，使他们获得成就感，甚或为他们带来更大更广阔的职业发展空间，尽管企业规模的增长未必与股东利益、企业利润最大化的预期目标相一致。

（3）企业员工。企业员工在企业中属于数量很大的一个群体，一般包括企业基本劳动操作者、专业技术人员、基层管理人员以及基层职员。企业员工对企业的利益期望是多方面的，但通常来说最主要的追求是个人收入和职业稳定性的极大化。

（二）外部利益相关者及其期望

企业外部利益相关者及其期望如下。

（1）政府。政府从多方面向企业提供帮助，如提供安全安定的经营环境，制定各种政策法规，协调国内外各种关系，提供道路、通信、教育等公共设施及服务，这些因素都是企业生产经营必不可少的外部条件。相应地，政府对企业也有诸多期望，例如，政府要求企业在上缴利税、提供就业、促进经济增长、履行法律责任、节能减排、维持国际收支平衡、公益事业、福利事业和慈善事业等多个方面承担义务，其中，最直接、最重要的利益期望是上缴利税和提供就业。

（2）购买者和供应者。购买者包括消费者和推销商，他们是企业产品（或服务）的直接承受者，是企业产品实现价值的基本条件，是企业的衣食父母。购买者是否喜欢企业的产品，对企业是否忠诚，以及对企业是否满意等，都会直接影响企业的成败。供应者为企业提供必需的生产要素，良好的要素输入、及时稳定的资源供给、公允的交易价格是企业生产经营的重要保障。购买者与供应者对企业的期望是增加更多的价值。

（3）贷款人。贷款人与投资者一道向企业提供资金，不同的是，投资者获得的是股权，贷款人获得的是债权，企业以偿付贷款本金和利息的方式回报贷款人。因此，贷款人期望企业有理想的经营业绩和稳定持续的现金流，以及有较高的偿付本金和利息的能力。

（4）社会公众。企业是社会的细胞，是社会经济生活的有机组成部分，其行为会给社会公众带来各种影响。社会公众期望企业能够承担一系列的社会责任，包括拒绝腐败和贿赂，净化社会风气，救助灾害、救济贫困、扶助残疾人等有困难的社会群体和个人，保护自然环境等，成为有责任感的企业公民。值得一提的是，对于上市公司来说，社会公众中还有相当一批企业的股民，这是企业内部利益相关者与外部利益相关者的交集部分。这些股民对企业的期望除了利润最大化，还要求企业对广大股民负责，遵循正确的会计制度，提供公司财务绩效的适当信息，制止包括内幕交易、非法操纵股票和隐瞒财务数据等在内的不道德行为。

（5）社区。任何企业都生存在社区中，企业无法脱离社区，它们必须和社区内的邻居有所联系。当企业对社区有所贡献时，社区会欢迎企业并提供协助，相反，若企业对社区有所伤害（例如污染或噪声），则社区会抵制企业（例如抗争或围厂）。社区对企业的期望是，企业应成为一位良好的社区居民，并尽可能从事力所能及的社区服务性工作。

（6）营销中间机构。营销中间机构是指协助企业进行推广、销售和将产品送达最终购买者的渠道成员或其他辅助性机构。包括中间商、实体配送机构、服务机构以及财务中间机构。中间商指帮助企业寻找顾客或协助销售商品的机构，大致分为批发商与零售商两种。由于中间商会比制造商更有效率地执行某种功能，能够更有效地掌握某些下游的顾客，渠道成员的配合是否默契将极大地影响企业的业绩与营运。

实体配送机构是协助企业储存与运送产品的机构。实体配送机构可分为仓储与运输两大块。仓储机构在产品运往各个目的地之前提供储存服务。运输机构则负责将产品由一个地点运送到另一个地点。这些机构的延误或缺乏效率都会影响产品的品质、安全、销售与成本，也会间接影响企业的绩效。

服务机构是指协助企业更有效率地执行其相关活动的机构。典型的服务机构包括营销服务机构、法律服务机构、专利服务机构、技术服务机构、人力资源服务机构以及财务服务机构。从营销服务机构来看，其下又包括广告公司、营销调研公司和产品研发或设计公司等。由于这些服务机构的创意、品质、服务与价格有相当大的差异，选择不当的服务机构往往会影响企业的营运。财务服务机构通常指那些有助于产品交易的相关财务事宜或降低其风险的机构，大部分的买卖双方都有赖于财务机构帮助交易的达成。以上所有这些中间机构的期望是得其应得。

（7）竞争者。每个企业都必须面临形形色色的竞争者，企业不能疏忽竞争者这一角色。由于竞争者往往是和企业竞争同样的客户，竞争者的一举一动无不影响企业的营运。企业要树立共生共荣的意识，注重竞争中的合作。竞争者的期望是公平竞争。

（8）特殊利益团体。特殊利益团体为争取某一特殊群体的利益而存在。例如环境保护团体、土著团体、妇女权益联盟及其他有关团体。当企业营销活动或企业行为与这些特殊利益团体所追求的目标相抵触时，这些特殊利益团体便会采取各种形式的抗争行动，这些行动往往会影响企业的营运绩效。因此，在利益相关者中我们不能忽视这些特殊利益团体的影响力。特殊利益团体的期望是，企业要更多地承担伦理责任、生态责任和环境责任。

/ 本章小结 /

外部环境分析包括宏观环境分析、行业环境分析、竞争环境分析和利益相关者分析。宏观环境是企业的间接环境；相应地，行业环境对企业行为和绩效会产生直接的影响，是企业所处的直接环境；竞争环境由与企业直接构成竞争关系的外部企业形成；利益相关者是能够影响企业绩效或受企业绩效影响，并对企业绩效有索取权的个人或团体。

宏观环境分析的主要方法是 PESTEL 分析。PESTEL 代表的是六个主要环境因素：政治（political）、经济（economic）、社会（social）、技术（technological）、生态（environmental）和法律（legal）。

行业环境分析的基本目的是评价一个行业的总体经济吸引力，需要对行业前景进行预测，掌握行业未来态势。这里涉及的主要内容有企业经营所在行业的当前与未来状况，如当前所处的生命周期阶段、长期增长与盈利潜力、行业发展推动力等。企业所处行业前景的变化相对于社会宏观大势的变化，具有变化更快、对企业盈利影响更大的特点。

企业竞争环境的主要分析工具是波特的“五力模型”，它描述了企业面临的五种竞争力量，分别是：潜在进入者的威胁、行业内现有企业的竞争强度、供应商的议价能力、购买者的议价能力和替代品的相似度。其中尤以当前直接竞争者对本企业的影响最大。

对竞争者的分析主要是确认竞争公司的优势、弱点、能力、面临的机会与威胁、经营目标和战略；与竞争者的关系由传统的“零和博弈”竞争发展为以共赢为目的的合作；对竞争者相对于本企业竞争能力的量化评价方法是竞争态势矩阵。

利益相关者是指那些对组织投资或者对组织的经营有各种期望和要求，能够影响企业绩效或受企业绩效影响的团体或个人，包括雇员、管理人员、股东、供应商、顾客和众多的社团等。不同的利益相关者对企业的期望不同，企业与其利益相关者存在依赖关系。利益相关者管理要解决的问题就是力图使主要利益相关者实现其目标，并合乎伦理地对待其他利益相关者，使他们感到满意。

/ 常用术语 /

PESTEL 分析（PESTEL analysis）
新质生产力（new quality productivity）
战略性新兴产业（strategic emerging industries）
未来产业（industries of the future）
治理体系（governance system）
实体经济（real economy）
虚拟经济（fictitious economy）
通用人工智能（artificial general intelligence，AGI）
生成式人工智能（generative artificial intelligence，GAI）
人工智能生产内容（artificial intelligence generated content，AIGC）
情境分析（scenario analysis）
行业环境（industry environment）
机会（opportunity）
威胁（threat）
行业生命周期（industry life circle）
竞争环境（competitive environment）
五力模型（5-force model）
细分市场（market segments）
利基市场（niche market）
人工智能（artificial intelligence，AI）
大数据（big data）
物联网（Internet of things，IoT）
区块链（block chain）
量子计算（quantum computing）
元宇宙（metaverse）
进入壁垒（entry barrier）
退出壁垒（retreat barrier）
规模经济性（scale economy）
学习曲线（learning curve）
渠道（channel）
特许经营（license management）
知识产权（intellectual property）
竞争者分析（competitor analysis）
蓝海战略（blue ocean strategy）
战略集团（strategic group）
外部因素评价矩阵（EFE matrix）

黑海战略（black sea strategy）
利益相关者（stakeholder）
权重（weighting）
钻石模型（diamond model）
商业分析法（business analytics，BA）
商业智能（business intelligence，BI）
竞争态势矩阵（competitive profile matrix，CPM）
外部环境分析（external environment analysis）

/ 思考题 /

1. 简述外部环境分析的内容与层次。
2. 简述 PESTEL 分析的主要内容以及相应重点关注的宏观指标。
3. 三种生成性人工智能的主要特点和功能分别是什么？
4. 行业环境的主要经济特性有哪些？行业经济特性给企业带来的战略机会或威胁如何？
5. 试述行业生命周期阶段以及各阶段不同的经济特性。
6. 简述波特“五力模型”的内容。五种竞争力量的关键影响因素有哪些？
7. 竞争者分析的内容有哪些？试列出 15 个分析的关键问题。
8. 结合实际情况，用竞争态势矩阵分析一个企业与竞争对手的相对实力。
9. 蓝海战略是诺亚方舟吗？实施蓝海战略的主要挑战是什么？
10. 黑海战略的要义是什么？
11. 简述波特“钻石模型”的内容。如何处理好“市场无形之手”和“政府有形之手”的关系？如何平衡好“有效市场”和“有为政府”？
12. 企业的利益相关者主要包括哪些？他们各自对企业的期望如何？满足利益相关者期望的关键因素是什么？

第 4 章

内部环境分析

知人者智，自知者明；胜人者有力，自胜者强。

——老子《道德经》

管理工作是使利用资源的收益最优。

——管理学家彼得·德鲁克

▶ 本章要点

1. 理解价值创造、价值链与竞争优势之间的关系。
2. 明确价值、价值链、资源、能力、核心能力等概念及其对竞争优势的作用。
3. 熟练掌握雷达图的分析方法。
4. 理解数据成为战略资源的必然性和重要性，以及数字经济的核心要义。
5. 了解核心能力的基本特点。
6. 掌握核心能力的培育途径。
7. 学习运用资源、能力和核心能力分析方法来进行企业内部环境分析。
8. 深刻理解新质生产力的内涵以及培育新质生产力的策略与路径。
9. 熟练掌握价值链分析和内部因素评价矩阵分析方法。

▶ 课程思政元素

自我认知，内省；知己知彼，百战不殆；科学技术是第一生产力，人力资源是第一资源，创新是第一动力；高质量发展；新发展理念；国情与民生，责任与担当；自力更生，艰苦奋斗，自强不息；劳动光荣，创造伟大；科学精神，科学家精神，劳模精神；工匠精神，专业主义；科技创新，“撒手锏”技术，制造强国；新质生产力；技不如人则受制于人，自主可控；核心竞争力；深化改革，开拓创新；拓展产业边界，拥抱数字经济；可持续发展；国际最佳实践。

引　例

美的集团：加快发展新质生产力 以科技创新推动产业升级

作为家电行业龙头，美的集团的业绩备受市场关注。2024 年上半年，美的集团营收同比增长 10.3% 至 2 172.74 亿元，归母净利润同比增长 14.11% 至 208 亿元。家用空调、干衣机等 9 个品类的市场份额位居行业第一，以暖通楼宇、工业核心零部件、工业机器人等为代表的 To B 业务取得瞩目进展；在全球拥有超 400 家子公司、33 个研发中心和 43 个主要生产基地，员工超过 19 万人，业务遍及 200 多个国家和地区。

据美的集团介绍，公司坚持将"科技领先"作为核心战略，不断加大研发投入。过去五年，美的集团研发投入接近 600 亿元，呈持续增长趋势。其中，2024 年上半年研发投入 76.6 亿元，同比增长 15.91%。2024 年上半年，美的商业及工业解决方案收入同比增长 6%，其中，新能源及工业技术收入为 171 亿元，智能建筑科技收入为 157 亿元，机器人与自动化收入为 139 亿元。机器人与自动化业务进一步强化本土化发展。美的集团旗下的库卡推动产品创新及服务提升，推出融合激光 SLAM 和二维码导航技术的全向重载 AMR 机器人，发布结合增强现实（AR）技术的新版软件，积极探索 AI 在工业中的应用。

此外，美的集团积极拓展并布局下一代制冷、净味、储能等重大项目，全面构建全球领先的研发能力。截至目前，美的集团拥有 16 个国家级科创平台，累计获得 4 项国家科技奖、470 余项省部级科技奖和 340 多项国际领先/先进成果鉴定。专利方面，美的集团 2024 年上半年新增授权专利超 5 000 件，累计专利授权维持量超 8 万件。标准方面，美的集团进一步推动实施"创新专利化、专利标准化、标准国际化、美的标准走出去"的"3 + 1"标准化战略，把创新成果转化为先进技术标准。

资料来源：董添．美的集团：加快发展新质生产力 以科技推动产业升级．中国证券报，2024 - 09 - 21.

思考题：美的集团是如何将科技创新作为发展新质生产力的核心要素，进而构建自身核心战略体系的？在数字化时代，对其他企业有何启发？

第 1 节　价值链分析

战略是为了创造未来而设置的成长路径，是在现状的基础上描述未来方向的总体构想。企业战略的选择和制定不但要"知彼"，即客观地分析企业的外部环境，而且要"知己"，即对企业自身的内部资源和能力有清晰的认识。实际上，为正确制定企业战略，有三件事情至关重要：第一，必须对环境变化的趋势进行分析；第二，必须对自身的核心竞争力进行评估；第三，必须明确企业的愿景和在产业中的定位。这"三个必须"分别对应企业"可做什么""能做什么""想做什么"。弄清楚这三个问题，"该做什么"即企业战略就昭然若揭。第 2 章和第 3 章已经分别就"想做什么"和"可做什么"作了详细讨论，本章讨论企业"能做什么"。

在本节，首先介绍企业内部环境分析的重要工具——价值链分析。早期的价值链思想由美国麦肯锡咨询公司提出，后由迈克尔·波特加以发挥，成为分析和构建企业竞争优势的重要思想和工具。价值链分析从企业内部条件出发，把企业经营活动的价值创造、成本构成同企业自身的竞争能力相结合，经与竞争对手的经营活动相比较，发现企业显在的和潜在的优势及劣势。国内外理论界和企业界普遍认为，波特的价值链分析不仅是企业内部环境分析的一个有用工具，也是指导企业选择和制定战略的有力工具。事实上，价值链理论已成为学术界公认的波特对战略管理的三大理论创见（“五力模型”、一般竞争战略、价值链理论）之一。

一、作业链与价值链

（一）作业链

“作业链”或“业务链”由企业经营从开始到结束的一系列活动自然形成。波特在对企业各项作业进行审查、分析和分类的基础上，从创造顾客价值和管理操作的角度，将企业的所有经营管理活动分为基本活动和辅助活动两大部分。基本活动包括内部物流、生产作业（运营）、外部物流、市场营销和销售、服务等；辅助活动则包括企业基础设施、人力资源管理、技术开发、采购等。典型的企业经营管理活动如图4－1所示。

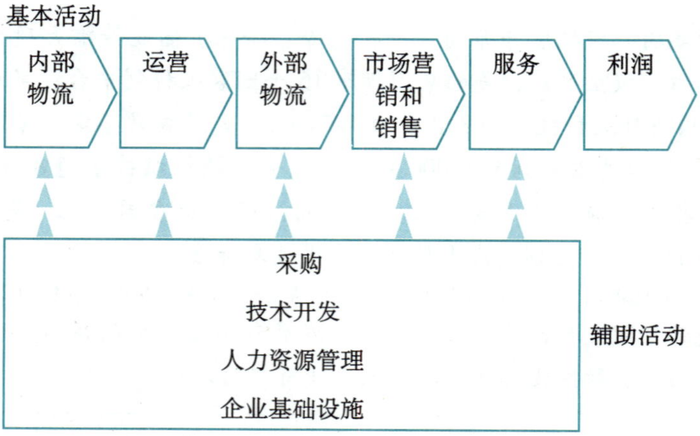

图4－1　典型的企业经营管理活动

1. 基本活动

基本活动是涉及产品的物质创造及其销售、转移给买方和售后服务的各种活动。在任何企业中，基本活动都可以划分为五种基本类型，即：

• 内部物流（internal logistics）。它是指与接收、储存和配置相关联的各种活动，如原材料搬运、仓储、库存控制、车辆调度和向供应商退货等。

• 运营（operation）。它是指将生产要素投入转化为最终产品或服务的各种活动，如机械加工、生产、制造、包装、组装、设备维护、检测、印刷和各种设施管理等。

• 外部物流（outer logistics）。它是指集结、储存和将产品发送给买方的各种活动，如产成品库存管理、原材料搬运、送货、车辆调度、订单处理和生产进度安排等。

• 市场营销和销售（marketing and sales）。它是指产品市场定位、给出销售产品的方式及引导顾客进行购买的各种活动，如市场调研、产品策划、广告、促销、销售队伍、报价、渠道选择、渠道关系和定价等。

• 服务（services）。商务支持和顾客服务，指在售后提供与加强产品价值有关的各种活动，如安装、维修、培训、零部件供应和产品调整等。

2. 辅助活动

辅助活动是辅助基本活动的活动，一般包括：

• 企业基础设施（firm infrastructure）。企业基础设施由大量活动组成，包括一般管理、计划、财务、会计、法律、信息系统等活动。

• 人力资源管理（human resource management）。包括组织各级员工的招聘、培训、开发和激励等活动。

• 技术开发（technology development）。包括基础研究、产品设计、媒介研究、工艺与装备设计等活动。

• 采购（procurement）。指购买各种投入品的活动，包括原材料采购，以及诸如机器、设备、建筑设施等直接用于生产过程的投入品采购等活动。

（二）价值链

上述这些互不相同但又相互关联的生产经营活动共同构成了一个创造价值的动态过程。当从价值创造的角度审视企业的经营活动时，作业链就是价值链（value chain）。换言之，企业的价值创造是通过一系列为生产最终产品或服务所经过的增加价值（value added）的活动来实现的，包括设计、生产、营销、交货等在内的一连串活动，同对产品起辅助作用的各种活动一起，共同构成企业的价值链。相应地，各种经营活动成为价值活动。企业基本价值链的构成如图 4－2 所示。

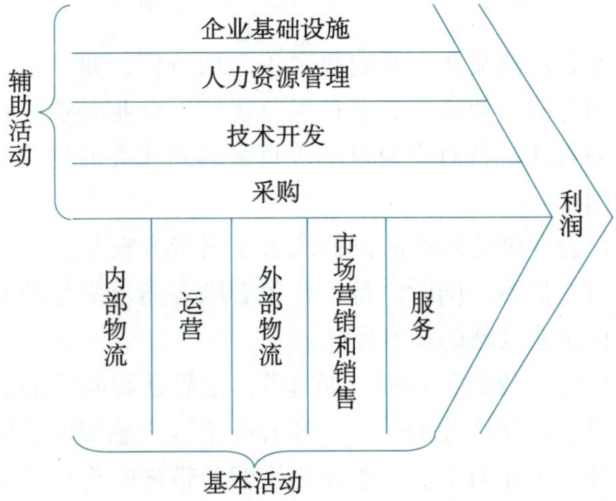

图 4－2　基本价值链的构成

为了把握价值的内涵，需要厘清消费者剩余、（消费者）可察觉收益、利润、成本、售价等几个有关概念。

消费者剩余（consumer surplus）又称为消费者的净收益，这一概念由著名经济学家阿尔弗雷德·马歇尔（Alfred Marshall，1842—1924）在他 1890 年出版的《经济学原理》一书中首先提出，意指买者（消费者）可察觉收益减去买者的实际支付量后的差额。其中，消费者可察觉收益是消费者对企业产品认可的价值，是对产品价值的一种评价，从货币的角度讲，是消费者愿意为购买产品所支付的价格；从厂商的角度看，“买者的实际支付量”就是产品的售价。显然，消费者在购买产品时，付出的货币价格必须低于他的可察觉收益，只有这样，他才觉得合算，这种合算程度就是消费者剩余。消费者剩余衡量了买者感觉到所获得的额外利益。图4-3给出了消费者剩余、消费者可察觉收益、利润、成本、售价这五个概念之间的关系，即：

消费者剩余=消费者可察觉收益-售价

利润=售价-成本

企业创造的价值=消费者剩余+利润

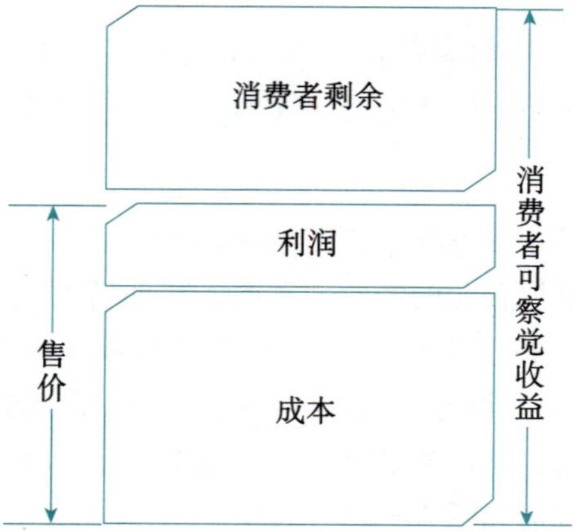

图4-3　消费者剩余、消费者可察觉收益、利润、成本、售价之间的关系

对企业来讲，其存在的意义在于要创造“正”的价值，即“消费者剩余+利润”必须大于零。为了超过同行的一般水平，获得竞争优势，企业必须比对手提供更多的消费者剩余来赢得消费者的青睐。若对手通过降价重新达到相等的消费者剩余，则企业就会比对手赚得更高的利润。

从竞争的角度看，企业创造的产品价值取决于消费者在与相互竞争的同类产品的比较中乐意为该产品支付的价格。同时，价值代表着顾客需求满足的实现。为消费者创造超过成本的价值是任何企业战略的基本目标。

价值链分析之所以用“价值”而非“成本”，主要是看问题的视角。实际上，价值链分析把看问题的着眼点放在企业的外部，即着眼于客户感知的价值，而不是企业内部生产产品的成本。此外，企业为了获取差异化经营所带来的价格溢价，常常有意识地抬高成本。若采用成本进行分析，将缺乏客观性，也有失公允。

（三）价值系统

从上述价值活动的分类可以看出，企业的价值链不是孤立存在的，它不是一些彼此独立的若干价值活动的集合，而是由相互依存的活动构成的一个有机系统。在这个系统中，不仅基本活动之间、基本活动与辅助活动之间，以及辅助活动之间相互关联，而且企业内部与外部环境之间相互依存、相互作用，上下游企业的价值链对企业自身有很大影响。

按照波特的说法，价值系统是包含企业价值链的范围更广的一连串活动。由于在大多数产业中，很少有企业能单独完成产品设计开发、生产加工、市场销售、售后服务的全过程，因此，一个企业的价值链往往是产业价值链的一部分，它同供应商价值链、分销商价值链、客户价值链一起构成了价值系统，如图 4－4 所示。企业的价值链体现在这个更广泛的价值系统中，系统中的相关价值链都影响企业的价值链。

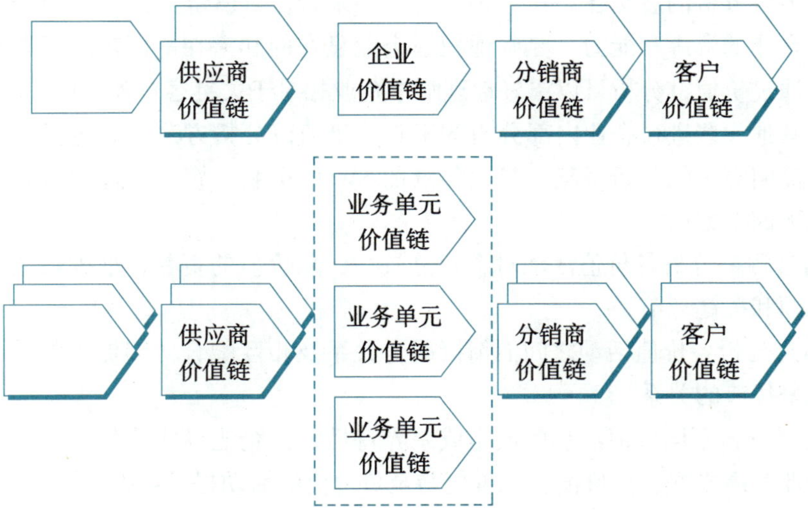

图 4－4　价值系统

资料来源：迈克尔·波特．竞争优势．北京：华夏出版社，2005：34.

实际上，企业的经营管理活动需要两个市场，一是内部市场，二是外部市场。在内部市场上，典型的公司价值链由“主链”和“辅链”组成。主链包括原料采购和内部分配、加工制造和经营运作、分销及出厂管理、销售与市场营销、货币回笼与售后服务等；辅链主要包括后台支持活动，如产品研发、人力资源管理及一般管理等。

在外部市场上，典型的公司价值链实际上是由“横链”和“纵链”组成。在横链上企业要与横向的提供类似产品或服务的同行展开竞争；在纵链上企业要与纵向的上游供货商和下游分销商、零售商或客户进行博弈。企业在价值链的各个环节展开竞争，力图使自己在价值链中创造的总价值最大。

二、价值链分析

（一）价值链分析的意义

常言道，知人知面难知心，指的是对他人的认知是一件很困难的事。其实，对自我的认知丝毫不比对他人的认知来得容易。于是，才有了苏格拉底的千古名言：认识你自己！这里的“自己”，既包括作为自然人的“我”，当然也包括作为法人的“企业”。通常，当把企业作为一个整体来考察时，由于很难具体深入，对企业的认知和剖析将十分有限，对企业深层危机的警示和对竞争优势的识别也很可能流于浅表。因此，一个自然的思路是，将企业的经营活动进行分解，通过分别考察这些活动本身及其相互之间的关系，即通过对价值链的分析来揭示企业的优劣势，进而确定企业的竞争策略。这一思路正是价值链分析法的内涵所在。

实际上，迈克尔·波特提出的价值链分析方法，就是要通过对企业价值链上各环节的逐一检视和条分缕析，帮助企业认清在整条价值链上的优劣环节。在此基础上，通过调整价值链结构和价值链再造，补强薄弱环节，保持原有的强项，以创造新的竞争优势，并最终实现企业创造的价值（消费者剩余+利润）最大化。

进行价值链分析的意义在于：从企业的观点来看，价值链分析可以使企业管理人员更好地理解企业的资源和能力，更好地把握企业显在的和潜在的困难或问题。从行业的角度来看，通过价值链分析可以更好地理解本企业相对于关键客户和供应商的竞争位置。

相对于其他一些进行企业内部分析的工具，价值链分析方法能以更详细精致的方式来提供一个简明清晰的分析框架，扩大传统的SWOT分析、资源和能力分析的好处。具体表现在如下四个方面：

（1）通过逐一分析各价值活动对企业总效益、总价值的贡献，准确抓住形成竞争优势的关键问题和关键环节。

（2）通过分析各价值活动之间的衔接耦合关系及相互配合协同促进的程度，评价资源配置与竞争优势的关系。

（3）通过分析不同价值活动的成本或差异特性，为企业寻找革新性的途径来改造业务活动中的那些高成本、低价值、无价值乃至负价值的活动提供依据。

（4）通过分析价值系统，了解与企业外的相关价值链（供应商价值链、渠道价值链、买方价值链等）的配合状况，为竞争战略方案的选择提供依据。

（二）微笑曲线

微笑曲线是由宏碁创始人施振荣在1992年首次提出的。从图4-5可以看出，微笑曲线就是微笑嘴型的一条形象曲线，两端朝上。通过价值链分析不难发现，一般而言，在产业链中高附加值更多体现在两端，分别是研发和销售，而处在中间环节的制造附加值较低。

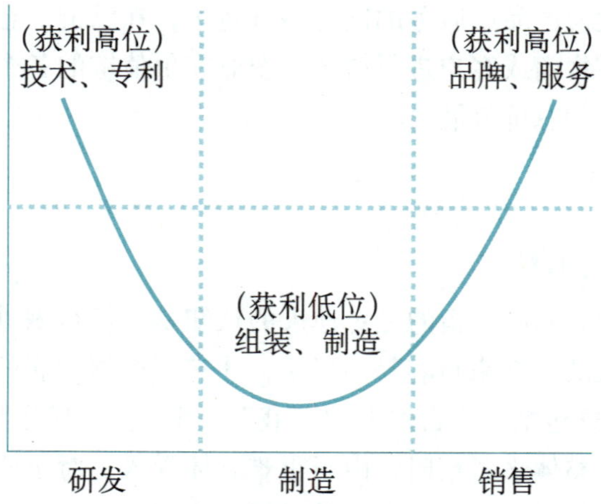

图4-5 微笑曲线

微笑曲线表明，从事产品研发、市场销售和售后服务的企业，特别是那些拥有核心技术或专利、拥有品牌等无形资产的企业能够获得较高利润，而从事一般制造或组装的企业利润水平则较低。因此，企业应加快产业升级和转型，尽量让自身在（全球）产业链分工的微笑曲线中占据有利位置。

（三）长尾价值

对产品的全生命周期作进一步的价值链分析，可以揭示出微笑曲线右端的显在（或潜在）价值，即长尾价值，见图 4-6 中的圆圈内包含的部分。产品销售后的价值活动包括：备品备件、故障维修、维护、监控、培训、咨询、改进、金融服务、二手设备出售、回收等，这些活动不但形成一条“长尾”，而且利润丰厚（见图 4-6），占据产业价值链高端。这既是当下供给侧的制造业与服务业深度融合使然，更是需求侧对全过程、全方位、全链条、全生命周期诉求的精准化、个性化、超值化、本地化、快捷性、便利性服务的必然结果。特别地，未来通过物联网（IoT）实现万物互联，产品（尤其是智能硬件）的售出只是起点，后续服务才是主角，才是利润主来源。因此，企业应自觉将传统的售后“三包”（包修、包换、包退）服务深度延伸至企业的全价值链和产品的全生命周期，深耕细作长尾价值这个金矿，为用户提供便捷而精准的服务。

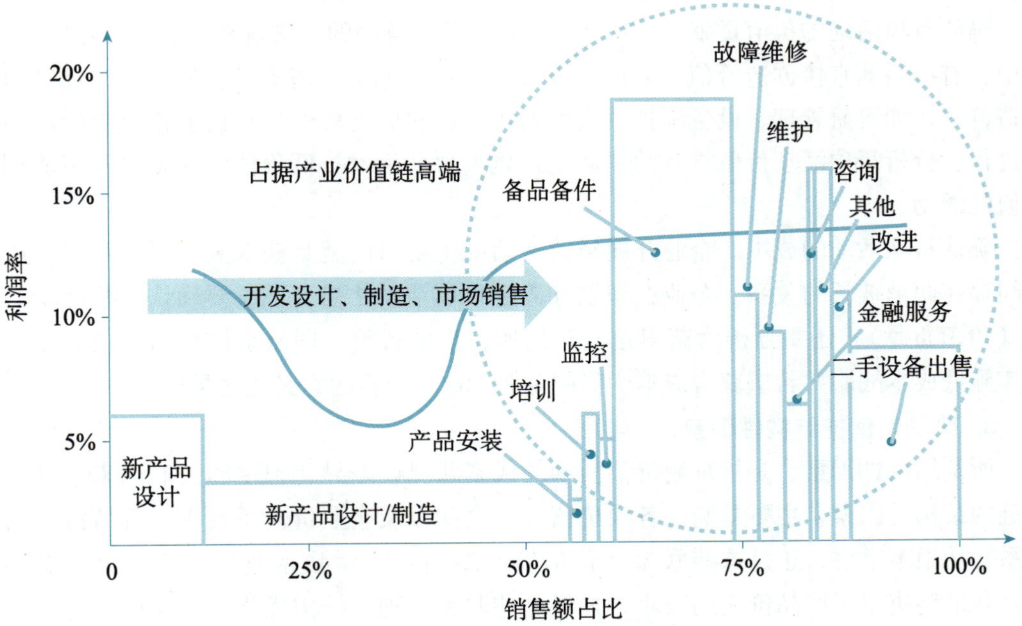

图 4-6　某产品的长尾价值

三、价值链分析的过程

价值链分析主要包括三个基本内容，即认识和界定价值活动，确认每项活动的价值贡献和成本，确认价值链结构性因素。

1. 认识和界定价值活动

图 4-4 给出的只是对制造业企业价值链的一个简单分解，为了清晰地认识竞争优势的来源和增强优势的有效途径，往往需要对创造价值的过程进行细化分解，比如把销售活动分解为促销、广告、销售队伍管理、货品管理等活动。众所周知，不同产业有不同的价值链，同一产业不同企业的价值链也不同，即使同一企业，在不同的时期其价值链

亦不相同。价值链的不同反映了企业的历史、战略以及实施战略的途径等方面的不同，同时也代表着企业竞争优势的一种潜在来源。需要指出的是，价值链的异质性不仅是指企业价值链的构成不同，还意味着每一类价值活动的重要性也不相同。因此，在识别和界定价值活动时，要注意区分、分离不同属性的活动，选取主要环节，在分解过程中做到详略得当。具体而言，应特别注意以下活动：

• 对产品价值有重要贡献或对确立企业竞争优势有关键价值的活动。这些活动的改进在整个战略中占有特殊位置，是关注和改造的重点。

• 占成本比重较大或费用正在迅速增加的活动。如何控制、降低乃至从源头上去除这类活动的成本，也是整个战略管理中的一项重要内容。

• 具有不同结构性驱动因素的活动。通过确认这类活动，可以在结构性驱动因素和活动之间建立清晰的对应关系，有利于认清对哪些结构性因素进行调整可以改变哪些活动，从而使战略方案更具可操作性。

2. 确认每项活动的价值贡献和成本

确认每项活动的价值贡献。一项活动存在于价值链中的意义就在于它能够创造价值。其中，有些活动直接创造价值，如产品设计、零部件加工、销售等；另一些活动则间接创造价值，如科研管理、设备维护、进度安排等，它们支持保障直接创造价值的活动持续进行。分析每项活动价值贡献的目的是识别重要的活动、低价值的活动以及不能创造价值的活动。

确认每项活动的成本。企业开展经营活动的主要目的就是获取利润，而利润与成本之间存在此消彼长的关系。企业在识别和界定价值活动之后，不仅要确认这些活动的产出（价值贡献），还要分析为获得这些产出所付出的代价，即从事该项活动的成本。对于实施低成本战略并希望获得成本优势的企业，这项分析的意义尤为重要。

3. 确认价值链结构性因素

所谓结构性因素，是指影响价值活动的成本状况或差异化程度的关联因素。确认价值链的结构性因素，主要是确认各项价值活动之间以及企业价值系统中各价值链之间的联系。从根本上讲，正是这些联系（价值链的结构）为增强企业的竞争优势提供了机会，并最终决定了产品价值的大小。如果这些联系合理、结构优化，不仅可以为企业提供独特的成本优势，还可以将企业的产品或服务与其竞争者区分开来，即实现差异化。通常竞争者可以模仿甚至照搬先进企业的某项活动或某种做法，却很难抄袭价值链各环节之间的微妙联系和精致结构。

第2节　资源与能力

一、有形资源、无形资源和人力资源

资源是指组织在向顾客提供产品或服务的过程中，所拥有或控制的能够实现战略目标的各种生产要素的集合。资源可以分为有形资源、无形资源和人力资源三类，如表4－1所示。

表 4－1　资源分类

资源类型		主要内容
有形资源	物质性资源	厂房、土地、机器设备等固定资产
	金融性资源	现有资金和可融通的资金
无形资源	组织资源	企业的内部组织结构与采购、销售网络
	技术资源	技术储备，如专利、商标、版权、交易秘密、成功所必需的知识，革新所需要的资源，如技术人员、研究条件
	企业形象	在顾客和社会公众等利益相关者心目中的形象、口碑、商誉、责任感
	企业文化	宗旨、理念、哲学、愿景、使命、核心价值观、各种规章制度、企业形象识别系统（CIS）等
人力资源	素质	企业管理者与员工的教育、培训、经验、知识、毅力、勤勉、合作性、职业操守、敬业精神、忠诚等
	能力	适应力、洞察力、直觉力、学习力和创造力等

（一）有形资源

有形资源是看得见、摸得着、可以量化的资源，包括物质性资源和金融性资源两类。物质性资源是企业从事生产的基础，包括企业所拥有的土地、厂房、机器设备、生产流水线、运输工具、办公设施，还有企业的原材料、产品、库存商品等。作为实物形态的资源，物质性资源一般可以通过企业的财务报表反映出来。

当考虑一项物质资源的战略价值时，不仅要看到其会计科目上的数目，还要看到其产生竞争优势的潜力。物质资源的战略价值不仅与其账面价值有关，而且取决于企业的商誉、组织能力、地理位置、设备的先进程度等因素。

金融性资源即财务资源，指企业生产经营所需的各类资金，包括资本金、未分配利润、借入资金等，是构成企业最基本的资源之一。评估财务资源主要包括以下几个方面：

（1）资产。资产包括固定资产、流动资产和无形资产。

（2）负债和所有者权益。包括流动负债、长期负债、资本金、公积金、未分配利润。

（3）利润。包括利润的总额及其比例关系。

（4）销售收入。涉及各年销售收入的构成、波动等。

（5）总成本。包括生产成本、销售费用、财务费用等。

（6）公司盈利。包括公司各年的利润总和及其变动趋势。

（7）现金流量。企业现金和现金等价物的流入和流出。

（8）融资渠道。企业融资渠道的多少及其有效性反映了企业的实力，筹措资金的能力是衡量经营者能力的一个重要标志。

（二）无形资源

无形资源主要包括信誉、口碑、组织模式、技术诀窍（know-how）和专利、商标、版权等知识产权，以及网络、企业形象、品牌、企业文化等，它们通常并不在（或不能在）账面上反映出来。无形资源虽是一种不以任何实物形式存在的资产，却能在流通中与有形资源相互作用产生增值效用。

由于无形资源的不可见性和隐蔽性，其价值常常被忽视，但是对大部分公司来说，无形资源比有形资源对企业总资产价值的贡献更大。虽难以量化，却很可能是无价之宝。因为无形资源很难被竞争对手系统了解或简单模仿，是企业能力和核心能力的基础。企业一旦拥有了某种专利、版权和商业秘密，就可以凭借它们去建立自己的竞争优势。

无形资源价值的高低取决于它的内在品质。以技术这种无形资源为例，企业所拥有的技术能否成为重要的无形资产，显然与该技术的先进性、独创性和独占性密切相关，不仅如此，还与其是否易于转移或扩散有密切关系。若某项技术易于模仿，或竞争对手很快就能学习掌握，或可以通过交易从市场获得，或该技术虽然具有尖端性、前沿性和独特性，但知识产权或专利不归企业法人所有，而主要由某个自然人掌握，此人对企业的忠诚度又很成问题，那么这项技术的价值就会大打折扣；反之，其战略价值就高得多。

（三）人力资源

人力资源是一切经济资源中最重要的资源，并因其极端重要性而被称为第一资源。人力资源介于有形资源和无形资源之间，是一种特殊资源。作为生物学意义上的人，有血有肉，有筋有骨，显然有形；但人作为生产力中最活跃、最关键的因素，其素质和能力却是无形的。人的素质不仅包括身体素质、心理素质、外在素质、文化素质、专业素质和技能习惯素质等方面，在管理实践中，企业管理者与员工的教育、培训、经验、知识、毅力、勤勉、合作性、职业操守、敬业精神、忠诚等亦受到特别重视。人的能力主要指适应力、洞察力、直觉力、学习力和创造力。

须知，这里的人力资源与人力资本有明显区别。人力资源是管理学上的概念，强调人力作为一种经济资源的稀有性和有用性。人力资本是经济学上的概念，侧重人的价值研究，强调以某种代价所获得的能力和技能的价值。

二、资源基础理论（RBV）

在战略管理中，以资源为基础的战略观点可追溯到经济学家彭罗斯（Edith Penrose）的贡献，早在1959年她在其经典著作《企业成长理论》（*The Theory of the Growth of the Firm*）中认为："企业不仅仅是一个行政管理单位，企业更重要的存在形式是生产资源的集合。行政单位的角色和作用是通过其行政决策来决定这些资源在不同使用者、不同时间的配置。当我们从这个角度来审视私人公司和判断其规模时，最好的标准是它们所操控的生产资源。"她进一步指出，一个企业能否获得高于平均收益水平的投资收益率，很大程度上取决于企业的资源状况。从20世纪80年代开始，以资源为基础的战略分析思维模式逐渐占据主导地位，1984年伯格·沃纳菲尔特（Birger Wernerfelt）的《企业资源基础观》（A Resource-Based View of the Firm）一文的发表，标志着企业竞争优势理论中资源学派的诞生。1991年巴尼（J. Barney）发表《企业资源与可持续竞争优势》（Firm Resources and Sustained Competitive Advantage），多数学者认为，巴尼是"现代企业资源基础理论（resource-based view，RBV）之父"，他将企业资源基础观发展成为理论。他深刻指出，在公司之间可能存在着一种异质或差异，正是这些差异使得一部分公司保持着竞争优势。因此，RBV强调战略选择，认为公司管理的战略任务就是找出、发展和配置这一部分与众不同的关键资源，以谋求最大化经营回报。

传统经济理论认为，在常规情况下，如果市场完善的话，获得超额的经济租金将会因为新竞争者的不断加入和竞争加剧而变得不可能。RBV 则认为，如果企业拥有超常资源，并能通过一定形式的隔离机制防止资源稀释，企业就有可能持续赚取超常回报。巴尼明确指出，超常的租金在一定程度上可以通过“VRIN”资源来获得。这里，VRIN 的含义为：

Valuable，即有价值的资源，它是公司构想和执行企业战略、提高效率和效能的基础。

Rare，即稀缺的资源，资源即便再有价值，一旦为大部分公司所拥有，它也不能带来竞争优势或者可持续的竞争优势。

Imperfectly Imitable，即无法仿制的资源，一般需要同时具备三点特征：历史条件独特、起因模糊以及具有社会负责性。

Non-Substitutable，即难以替代的资源，不存在一种既可复制又不稀缺的替代品。

概言之，资源基础理论要点有三：一是企业是各种资源的集合体，由于众多原因，企业拥有的资源各不相同（具有异质性），正是这种异质性决定了企业竞争力的差异。因此，企业应致力于培育、获取能带来竞争优势的特殊资源，这为企业的长远发展指明了方向。二是竞争优势的持续性，源于资源的不可模仿性。模仿要点的模糊性、路径依赖性、模仿成本等因素，阻碍了企业之间的互相模仿。三是获取与管理特殊资源的方法，主要包括组织学习、知识管理以及建立外部网络等。资源基础理论的不足之处是，过分强调企业内部而对企业外部重视不够，由此产生的企业战略难以适应市场环境的变化。此外，“VRIN”资源的确定过于模糊，识别和操作不易，况且难以复制的资源往往不可持续，甚或最终成为企业发展的绊脚石和枷锁。

三、雷达图

企业的资源和能力状况最终归结于其财务表现。雷达图（radar diagram）是从企业的收益性、安全性、流动性、成长性和生产性这五个方面，对企业财务和经营现状进行多变量综合对比分析和评价的一种简明方法。该方法的图形形似导航雷达图，具有指引经营航向的作用，故而得名。

雷达图分析法一般可从静态和动态两个方面进行。静态分析是将企业的各种财务比率与竞争对手或整个行业的财务比率作横向比较；动态分析是把企业现时的财务比率与先前的财务比率作纵向比较，以发现企业财务及经营情况的发展变化趋势。

（一）五类指标的基本构成

（1）收益性指标。对收益性指标进行分析的目的在于观察企业一定时期内的收益及获利能力。收益性指标主要包括资产报酬率、所有者权益报酬率、普通股权益报酬率、销售利税率、成本费用率、普通股每股收益额、股利发放率、市盈率、毛利率和净利润等。

（2）安全性指标。对安全性指标进行分析的目的在于观察企业在一定时期内的偿债能力。安全性是指企业经营的安全程度，也可以说是资金调度的安全性。安全性指标主要包括流动比率、速动比率、资产负债率、所有者权益比率和利息保障倍数等。

（3）流动性指标。对流动性指标进行分析的目的在于观察企业在一定时期内的资金周转状况，掌握企业资金的运用效率。流动性指标主要包括总资产周转率、应收账款周转率、存货周转率、固定资产周转率、流动资产周转率等。

（4）成长性指标。分析成长性指标是为了观察企业在一定时期内经营能力的发展变化趋势，如果收益性指标很高，但成长性指标并不好，则表明未来盈利能力会下降。因此，用发展动态的眼光分析企业的财务状况，对战略制定特别重要。成长性指标主要包括销售收入增长率、产值增长率、税前利润增长率、固定资产增长率和人员增长率等。

（5）生产性指标。分析生产性指标的目的在于观察企业在一定时期内的生产经营能力、水平和成果分配。生产性指标主要包括人均工资、人均销售收入、人均资产总额和人均净利润等。

（二）雷达图的绘制及分析步骤

在确定分析指标和收集数据的基础上，将上述反映企业财务能力的收益性、安全性、流动性、成长性及生产性五类指标在雷达图上表示出来，就能形象地反映出企业的综合财务状况，如图4－7所示。雷达图的具体绘制方法是：

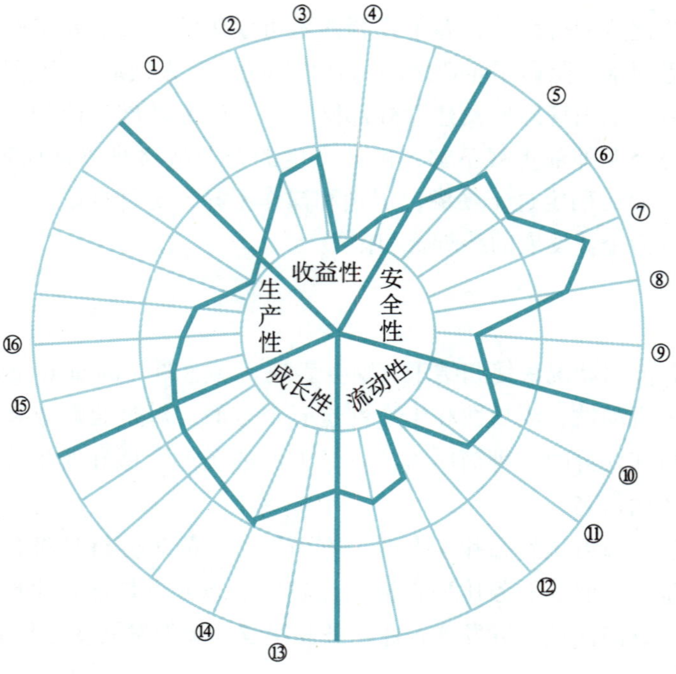

图4－7 雷达图

注：收益性：①资产报酬率；②所有者权益报酬率；③销售利税率；④成本费用率。
安全性：⑤流动比率；⑥速动比率；⑦资产负债率；⑧所有者权益比率；⑨利息保障倍数。
流动性：⑩总资产周转率；⑪应收账款周转率；⑫存货周转率。
成长性：⑬销售收入增长率；⑭产值增长率。
生产性：⑮人均工资；⑯人均销售收入。

第一步：画出3个同心圆，同心圆的最小圆圈代表同行业平均水平的1/2值或最低水平，中间圆圈代表同行业平均水平，又称标准线，最大圆圈代表同行业先进水平或平均水平的 1.5 倍。

第二步：把这 3 个圆圈平均分成 5 个扇形区，每个扇形区分别代表收益性、安全性、流动性、成长性和生产性的指标区域。

第三步：从 5 个扇形区的圆心开始，以放射线的形式分别画出相应的财务指标线，并标明指标名称及标度，财务指标线的比例尺及同心圆的大小，由该经营比率的量纲与同行业的水平来决定。

第四步：把企业同期的相应指标值用点标在图上，然后用线段依次连接相邻点，围成的不规则多边形折线闭环就代表了企业现时财务状况的整体分布和优劣态势。

第五步：观察绘制的雷达图，对经营单位的财务指标进行分析，大体分为三种情况：

- 当指标处于标准线以内时，说明该指标低于同行业平均水平，需要改进。
- 若接近最小圆圈或处于其内，说明该指标处于极差状态，是经营单位的危险标志。
- 若处于标准线外侧，说明该指标处于较理想状态，是经营单位的优势所在。

当然，并不是所有指标都处于标准线外侧就是最好，还需要具体指标具体分析。

（三）雷达图分析法的优缺点

雷达图既可用于同时对多个指标对比分析，也可对同一个指标在不同时期的变化进行分析。这样，不仅能够为找出影响企业的关键因素提供简明直观的依据，还能综合分析和评价企业的财务经营状况，找到企业的优势和劣势。此外，在日常管理中，经理们还可以用雷达图来分析所在部门的工作业绩处于什么水平，以鼓励自发地追求高标准和高质量。

雷达图作为一种有效的分析和评价方法，具有简洁、快速、直观、形象的优点，易于操作和推广。其缺点是，当评价的对象较多时，很难给出综合评价的排序结果。近年来专家们对雷达图直观综合评价方法进行量化，构建了一种图形和数量相结合的评价方法。

第 3 节　数字经济

一、数据成为第五大生产要素

在数字经济时代，数据已成为与土地、劳动力、资本、技术并列的第五大生产要素，成为最重要的战略资源之一。

在经济学中，生产要素是指进行社会生产经营活动所需的各种基本资源。这些生产要素可以进行市场交换，形成各种生产要素价格与体系，并由此形成要素市场。在不同时代不同的生产力条件下，生产要素的构成有很大不同。在农业社会中，生产的投入主要是土地和劳动力，经济发展的决定因素也是土地和劳动力，这两者就是最重要的生产要素，威廉·配第说“土地是财富之母，劳动是财富之父”就是这个道理。随着第一次、第二次工业革命的发生和资本主义的发展，资金、机器、设备等资本在经济发展中的作用日益凸显，以亚当·斯密为代表的古典经济学家主张将资本纳入生产要素范畴。第三次工业革命以来，伴随生产力的提高和生产方式的改变，技术成为推动长期经济增长的关键要素，进而成为与土地、劳动力、资本并列的第四大生产要素。

虽然数据一开始并未成为生产要素，但从远古时代的结绳记事，到文字发明后的“文以载道”，再到近现代科学的“数据建模”可以看出，数据一直伴随着人类社会的发展变迁。据报告预测，全球数据量在2024年达到159.2ZB（Zettabyte，即十万亿亿字节），并在接下来的几年内持续增长，预计到2028年将增至384.6ZB，年复合增长率高达24.4%。数据量从未如此巨大，数据从未如此重要。这些年来，数字技术发展迅速，以计算机为代表的现代信息技术为数据处理提供方法和手段。特别是互联网商用之后，人类掌握数据、处理数据的能力有了质的跃升，数字技术从助力经济发展的工具转变为引领经济发展的核心，数字经济应运而生，数据也水到渠成、顺理成章地成为生产要素。

近年来，以人工智能、大数据、云计算等数字技术为代表的通用技术（general-purpose technologies，GPT）的应用，表现出显著的数据偏向性技术进步特征，从长期趋势来看，数据要素必将大规模渗透进生产、分配、交换和消费的各个环节，提升全要素生产率，助力更好地组织和规划生产经营，更有效地进行判断和预测，推动全球经济新一轮的持续增长。2020年4月，《中共中央 国务院关于构建更加完善的要素市场化配置体制机制的意见》发布，明确数据是一种生产要素，并指出土地、劳动力、资本、技术、数据五大生产要素的改革方向和相关体制机制的建设要求。之后在深入推进实施国家大数据战略中，特别是在数字产业化、产业数字化的大趋势下，更是明确提出要构建以数据为关键要素的数字经济，进一步肯定数据在发展数字经济中所起的关键作用。

与数据密切相关的是数据中心和“算力”——可以简单地理解为计算能力。2022年2月，国家发展改革委等部门联合印发文件，同意在京津冀、长三角、粤港澳大湾区、成渝、内蒙古、贵州、甘肃、宁夏启动建设国家算力枢纽节点，并规划了10个国家数据中心集群。截至2024年6月，中国在用算力中心标准机架数超过830万架，算力总规模达到246EFLOPS（FP32）。

数据要素如何创造价值？简言之，聚合、裂变。数据本身并不创造价值，但是数据一旦跟企业经验叠加融合，跟基于商业实践的算法、模型聚合，通过基于“数据+算力+算法”对物理世界进行定量描述、原因分析、结果预测、科学决策，重构人类对客观世界的理解、预测和控制，就能产生核裂变式巨大的商业力量。数据要素创造价值的本质在于用数据驱动的决策替代经验决策，“无数据不管理，无数据不决策”已然成为现实。数据和算法、模型聚合起来创造价值主要有三种方式。

（1）价值倍增。数据要素能够提高单一要素的生产效率，数据融入土地、劳动力、资本、技术等每个单一生产要素，都会使各要素的价值产生乘数效应或倍增效应。特别地，数据自身具有很强的互补性，大规模、高维度、及时性的数据聚合在一起形成的大数据能有效放大规模经济和范围经济（关于范围经济，见第6章第3节）的作用。

（2）提升全要素生产率。数据要素不仅能带来倍增效应，更重要的是数据要素还可以充分激活其他要素并发生非常多的“化学反应”，重塑生产力，从而提高传统要素土地、劳动力和现当代要素资本、技术等要素之间的配置效率，推动生产要素产生革命性聚变与裂变，激发个体及组织的创新活力，全面提升资源使用效率，大力提高全要素生产率（total factor productivity，TFP），即系统中各个生产要素的综合生产率（以区别于要素生产率，如技术生产率），进而改进管理和治理方式，变革优化生产、生活和消费模式。

（3）投入替代。数据要素可以用更少的物质资源创造更多的物质产品和服务，用更少的投入创造更高的价值，对传统的生产要素产生替代效应。比如，电子商务减少了传统商业基础设施大规模投入，电子政务“一网通办”减少了人力和资源消耗，实现数据多跑路，群众少跑腿。

数据权属不明，则纷争难免、耗费陡增。如欲止争，莫过于定分。

战略实践 4－1　数据确权：必要性、复杂性与实现路径

二、数字经济

数字经济是一个内涵比较宽泛的概念，凡是直接或间接利用数据来引导资源发挥作用、推动生产力发展的经济形态都可以纳入其范畴。数字经济作为一种新的经济形态，以云计算、大数据、人工智能、物联网、区块链、移动互联网等信息通信技术为载体，基于信息通信技术的创新与融合来驱动社会生产方式的改变和生产效率的提升。

数字经济是继农业经济、工业经济之后的主要经济形态，是以数据资源为关键要素、以现代信息网络为主要载体、以信息通信技术融合应用与全要素数字化转型为重要推动力、促进公平与效率更加统一的新经济形态。实际上，不同经济的资源形态不一样，生产要素不一样，相应的驱动力量也不一样。长达两三千年的农业经济是自然经济、劳动密集型经济，由体力驱动；近两三百年的工业经济是能源经济、资本密集型经济，由蒸汽和电力驱动；现在的数字经济是智力经济、知识密集型经济，由比特（bit）和数字驱动。换个说法，农业经济和工业经济是“硬驱”，即由有形资源驱动，有形资源具体表现为土地、水、气候、森林、石油、煤炭、矿产、生物等自然资源以及资金、厂房、设备等资本要素。与此相对照，数字经济是“软驱”，即由数据、信息以及知识、理念、科技、能力、素质、机制、管理、创新等无形资源和人力资源驱动。数字经济发展速度快、辐射范围广、影响程度深，正推动生产方式、生活方式和治理方式的深刻变革，成为重组全球要素资源、重塑全球经济结构、改变全球竞争格局的关键力量。

作为经济学概念的数字经济，是人类通过大数据（数字化的知识与信息）的识别—选择—过滤—存储—使用、引导并实现资源的快速优化配置与再生、实现经济高质量发展的经济形态。数字经济的通俗说法是“数字产业化”＋“产业数字化”。其中，数字政府、数字社会、数字治理体系建设构成了数字经济发展的环境，数字基础设施的建设以及传统的物理基础设施的数字化构成了数字经济发展的基础平台。但是不能简单地在数字经济和互联网经济、虚拟经济之间画上等号，它们只是数字经济的一部分。发展数字经济最主要的目的之一，是实现产业智能化。

数字经济也称智能经济，是工业 4.0 或后工业经济的本质特征，是信息经济—知识经济—智慧经济的核心要素。正是得益于数字经济提供的历史机遇，中国在许多领域实现超越性发展。中国重点推进建设的 5G 网络、数据中心、工业互联网等新型基础设施，本质上就是围绕科技新产业的数字经济基础设施。数字经济已成为驱动中国经济实现又好又快增长的新引擎，数字经济所催生出的各种新业态，也将成为中国经济新的重要增长点。

数字经济并不是独立于传统产业而存在，它更加强调融合与共赢，在与传统产业的融合中实现价值增量。数字经济对传统产业的融合主要体现在生产方式融合、产品融合、服务融合、竞争规则融合以及产业融合。数字经济与各行各业的融合渗透发展将带动新型经济范式加速构建，改变实体经济结构和提升生产效率。数字经济既属于新兴产业，也属于未来产业。当前，中国加快发展数字经济，促进数字经济与实体经济深度融合，致力打造具有国际竞争力的数字产业集群。

数字经济受到如下三大定律支配，并具有快捷性、高渗透性、自膨胀性、边际效益递增性、外部经济性、可持续性和直接性等基本特征。

定律一，梅特卡夫法则（Metcalfe's Law）：网络的价值等于其节点数的平方。

此定律表明网络上联网的计算机越多，每台电脑的价值就越大，“增值”以指数关系不断变大。

定律二，摩尔定律（Moore's Law）：计算机硅芯片的处理能力每18个月就翻一番，而价格以减半下降。

定律三，达维多定律（Davidow's Law）：进入市场的第一代产品能够自动获得50%的市场份额。

实际上，达维多定律体现的是网络经济中的马太效应。

第4节　核心能力

一、核心能力的内涵

核心能力又称核心竞争力，这一概念由美国密歇根大学商学院普拉哈拉德教授和伦敦商学院哈梅尔教授于1990年在《哈佛商业评论》上发表的划时代文章《企业核心能力》（The Core Competence of the Corporation）中首次提出。在该文中，核心能力被界定为“使得商业个体能够迅速适应变化着的环境的技术和生产技能”，是“组织中的累积性学识，特别是运用企业资源的独特能力”。值得一提的是，该文的发表极大地助推了RBV理论在企业管理者中的流行。

在普拉哈拉德和哈梅尔之后，核心能力成为欧美企业界和管理学界的讨论热点。近年来，关于核心能力最广泛的说法来自迈克尔·希特和杜安·爱尔兰的定义：核心能力是能为企业带来相对于竞争对手的竞争优势的能力或资源。借助前面讨论的“竞争力”概念，本书将核心能力定义为竞争力，即核心能力就是那些能够为企业带来比较优势进而能形成竞争优势的能力或资源。

新视角　企业数字化转型中的定位调整与核心能力“扬弃”

显然，企业资源、能力、核心能力与竞争优势是一组密切关联的概念，它们之间的关系如图4-8所示。其中，核心能力具有根本性和长期性，能使企业获得稳定持续的竞争力和超额利润。核心能力通常表现在企业业务链、价值链中某些特定的节点上，也可能表现为一种系统能力，不管哪种形态都对竞争优势起决定性作用。

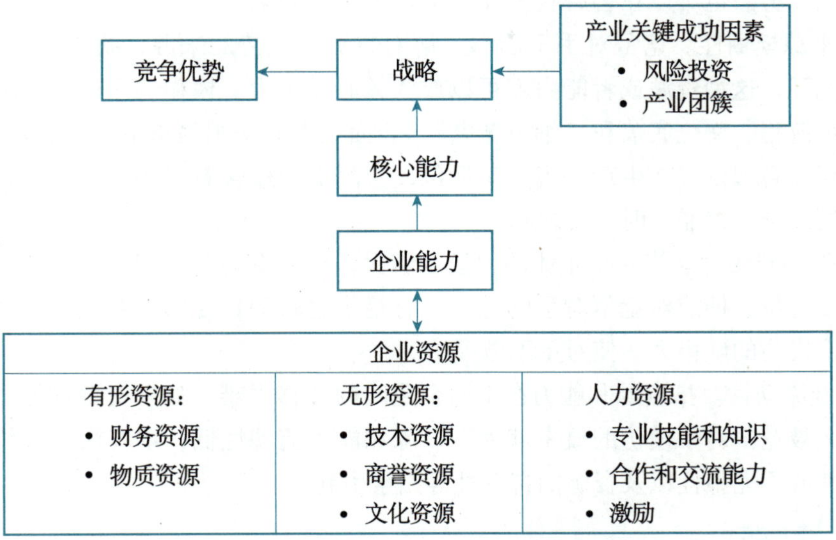

图 4-8 企业资源、能力、核心能力与竞争优势之间的关系

二、核心能力的基本特点

尽管上述有关核心能力的定义还远不能解释企业千差万别的实际情况，而且概念上比较模糊和交叉，但是经过十几年的努力，人们还是在一些重要方面取得了共识，逐步提炼出识别核心能力的若干标准。具体而言，要判断一种能力是核心能力还是一般能力，可从以下五个方面加以审视。

（一）价值性

核心能力必须对用户看重的价值起重要作用，能为用户提供根本性的好处和“消费者剩余”。从一定意义上讲，用户是企业的某种资源与能力是不是核心能力的最终决定者。此外，这里的价值性还有另一层意思，那就是这种资源或能力必须最终能够使企业获利。那些对企业来说不能获益或获益很小的资源或能力，自然不能成为企业的核心能力。

（二）难以模仿性

这种资源或能力很难复制吗？如果企业核心能力很容易被竞争对手模仿，或通过努力可以很快建立，那么这种资源或能力就可以很快在竞争企业中传播开来，很难给企业提供持久的竞争优势。能力能否被模仿会受到多方面因素的限制，这些限制因素类似于进入壁垒。只有具有如下一条或者几条性质时，难以模仿性才能够成立：

（1）持久性。这是指资源和能力能在较长时期内维持其价值不变的特性。不同的资源和能力的持久性是存在差异的。比如，与许多高技术设备相比，企业的声誉和知名度更具有持久性。一些成功企业的声誉和知名度为它们带来了竞争对手难以获得的市场机会和难以企及的持续竞争优势。

（2）路径锁定性。企业开创了一种战略途径，而企业竞争对手很难再通过这种途径建立竞争优势。一个典型的例子就是海尔集团，当它优质的售后服务深入人心之后，模仿者无论怎样努力也难以在售后服务方面建立起竞争优势。

（3）来源模糊性。竞争对手不能够了解对方竞争优势的来源，找不到模仿的途径，在这种情况下，这种资源或者能力就可以成为核心竞争力。模糊的东西，往往涉及许多复杂的组织流程、文化底蕴和“细节魔鬼”，表面上看起来很简单的事情，却知易行难。例如，麦当劳看似仅仅在生产、售卖汉堡包，实际上却蕴含着多年的经验，这些经验是长期积累的产物，绝非一时一日之功。

（4）强势威慑性。当一个企业的力量足够大，即具有显著的规模经济性，或者具有强大的市场地位，抑或对竞争对手的进入具有绝不手软的报复倾向和能力，就会形成阻止竞争对手模仿的威慑力，使对手不敢模仿。

（5）低流动性。指资源和能力在不同企业间的转移很难。如果资源和能力的流动性较高，那么被竞争对手模仿的概率就大。资源和能力流动性低，主要由地理位置和信息的非对称性或不完整性以及资源的特有性等因素引起。

（三）独特性

这种资源或能力是同质的还是异质的？是独一无二的还是大家共有的？如果竞争者也广泛拥有这种资源或能力，那么这种资源或能力就不是核心能力。一种资源或一项能力要成为核心能力，必须是独特的、稀缺的，即没有被当前和潜在的竞争对手拥有而为某企业独有。例如，企业拥有得天独厚的地理位置，或独占某种稀有性的自然资源，或拥有独树一帜、别具一格的某种技术。核心能力的独特性决定了企业之间的异质性和效率差异性。独特性往往建立在企业的专有技术、自身的学习积累之上，是竞争对手难以逾越的进入障碍。

（四）难以替代性

这种资源或能力是可以用其他资源和能力代替的吗？如果是，企业的这种资源或能力就不能称为核心能力。在科学技术高速发展的今天，新技术替代老技术或新资源替代老资源的可能性越来越大，因此，那些以技术取得竞争优势的企业应时刻警惕被新技术或新资源取代。一个最好的策略是不断提高技术创新能力，实施技术或资源上的自我替代，以避免战略性等价物出现在竞争者一边。

（五）可延展性

从公司总体来看，核心竞争能力必须是整个公司业务的基础，能够不断推出一系列其他产品和服务，能够在创新和多元化战略下实现范围经济。核心能力应为企业打开多种产品市场提供支持，对企业的一系列产品或服务的竞争力起促进作用。有的能力在某一业务部门看来可能算得上核心能力，但是，如果由该项能力不能衍生出一系列新产品或新服务，那么从企业的角度看，该能力就算不上核心能力。

核心能力犹如一个能力源，通过其溢出、扩散、辐射和渗透作用，将能力不断扩展到最终产品上，从而为消费者源源不断地提供创新产品。字节跳动依靠其在信息分发算法方面的核心能力，成功打造了一系列的产品矩阵，包括今日头条、抖音、西瓜视频等产品；大疆公司利用其在飞控系统和云台稳定系统上的核心能力，成功进入了影视传媒、能源巡检、遥感测绘、农业服务、基建工程、前沿应用等多个领域；3M 公司利用其在聚合物化学相关能力上的领先地位，成功进入了投影仪、软盘、光盘、收录机、绝缘胶带、遮蔽胶带、砂纸等多个领域。

三、核心能力树

普拉哈拉德和哈梅尔形象地把核心能力、核心产品和终端产品之间的关系比喻为树根、树干和花果，企业核心能力、核心产品及终端产品的关系如图 4－9 所示。他们认为追求长期发展的企业，应当集中资源发展自己的核心能力，并利用核心能力生产出与众不同的核心产品。核心产品是核心能力的有形体现，核心能力和核心产品存在有机联系，可用于多种终端产品。企业最终产品的市场份额优势，不能代表企业拥有核心能力，只有核心产品的份额才是核心能力的标志。

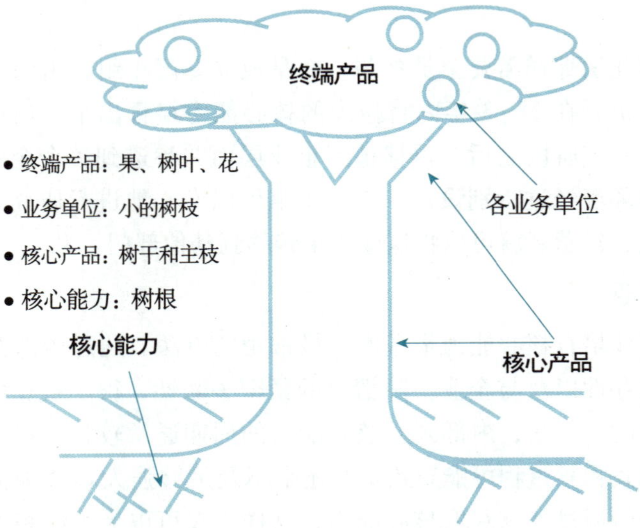

图 4－9　核心能力树

由图 4－9 可以看出，企业就像一棵大树，核心能力相当于树根，核心产品相当于树干和主枝，树叶、花和果相当于终端产品。以可口可乐公司为例，其可口可乐的配方是企业核心能力之一，可口可乐的浓缩液是其核心产品。把可口可乐浓缩液运送到世界各地的装瓶厂，最终制成的可口可乐就是该公司的终端产品。

第 5 节　核心能力的培育

核心能力是企业竞争优势的根源，核心能力空洞化是企业发展的大敌。本节介绍企业核心能力的培育途径和培育阶段。

一、核心能力的培育途径

企业要培育自己的核心能力，必须找到正确的方法和途径，简单照搬别人经验的做法已经被实践证明成效有限。企业必须从实际出发，不断探索适合自身发展的新途径。总体而言，企业培育核心能力的途径可以分为内部开发和外部获取。

（一）内部开发

内部开发是指企业自主创建核心能力。企业通过制定的战略规划来引导、培育进而形成核心能力，这一过程是通过特殊的自我创造积累来完成的。企业在进行内部开发时，应先确定企业拟培育的潜在核心能力，然后通过对企业资源的合理配置，强化和完善企业的基础能力，使潜在核心能力显在化。

若进一步细分，内部开发主要包括演化法和孕育法两种。

演化法是指经营者选定一个目标，由全体员工在原有工作岗位一起努力，通过组织结构、人才、技术和制度的有机整合，设法在合理期限内建立企业特定的核心能力。演化法可能涉及企业内部的大变革，需要全体成员齐心协力，共同参与。演化法一旦成功，效果会非常显著。

孕育法不像演化法那样需要全员参与，而是成立专门小组，由该小组针对企业选定的目标全力开发，负责在2～3年内将拟定的核心能力培育出来。当这种核心能力在小组层面发展成熟到一定阶段之后，再移植到企业层面并渗透到整个企业组织中。孕育法的优点在于孕育的环境经过特别设计，工作小组可以专心地进行研究开发。一旦工作小组有了不错的进展，经营者就可以将这些成果转移到其他部门。

（二）外部获取

内部开发是企业培育核心能力最基本、最常用的方法。通过内部开发得到的核心能力由于具有历史依存性以及与企业实际情况的紧密关联性，很难被竞争对手模仿，因而其好处是不言而喻的。但是，内部开发核心能力的周期通常较长，在当今这个日新月异的时代，漫长的自我积累过程可能导致企业还来不及足够强大就“被扼杀在摇篮之中”。因此，不少企业纷纷通过外部获取核心能力，这样不仅可以大大缩短企业培育核心能力的时间，而且可能比内部开发的方式来得更经济。

外部获取可以是直接的，也可以是间接的，大致包括并购和联合开发两种方式。

并购是企业获取核心能力的捷径。企业先挑选心目中的理想能力，然后寻找拥有这一能力的公司，通过并购获得心仪的核心能力。从理论上说，核心能力是不能移植的，但是通过并购机制，企业把外部的拥有关键技术（或资源）的企业并入本企业，使被并购企业的技术专长变成本企业的新能力，从而成为本企业的专长和核心能力。

企业在使用并购法建立核心能力时，需要明确以下几个问题：

- 企业要拥有的核心能力是什么？目标企业是否真的具备？
- 这种核心能力通过企业自我培育能不能获得？如果能，需要多长时间？资金、人员投入是多少？与并购相比，自我培育的比较优势和比较劣势是什么？
- 企业打算在并购后对目标企业进行重组吗？何时开始？重组包括哪些方面？

联合开发旨在通过战略联盟的途径来获取核心能力。建立战略联盟，不仅可以获得互补性资源，分担研发的成本与风险，增强企业对市场的适应性，而且可以借助联盟取长补短、优势叠加，取得联盟协作的溢出效应，使企业能够通过学习、交流、消化、吸收来获得并利用联盟伙伴的知识技能，加速自身核心能力的培养，开发新产品，掌握新技术，获得新的增长点。

联合开发的联合对象，既可以是与企业自身能力具有互补性的其他企业，也可以是科研院所。一般地，高等院校与科研机构拥有先进知识、专利技术和优秀科研人才，与它们积极联合，可获得最新科技成果。在联合开发中，企业应自觉与高等院校、科研机构保持密切的联系。

需要指出的是，无论采用内部开发还是外部获取，都要结合企业的实际情况，根据企业发展的阶段性特征，采用不同的途径对企业的核心能力进行动态培育。

（三）持续学习、深度学习是培育核心能力最有效的途径

由上可知，核心能力的培育途径不止一种，最根本、最有效的途径是持续学习。学习是企业得以扩展、创造未来的能量。美国《财富》杂志指出：未来最成功的公司将是那些学习型组织。壳牌石油的企划主任曾说，当今世界最大的甚至唯一的竞争优势，就是有能力比你的竞争对手学习得更快。不管企业过去多么辉煌，只要停止了学习，知识就会老化，能力就会退化，导致企业地位的边缘化。不管企业是通过自主开发或联合开发的方式获得关键技术和技能，还是在技术市场、人才市场或知识产权市场通过交易获取那些可形成总的核心能力的单项技能或技术，抑或是将可能形成核心竞争能力的各种技术、技能和专长等隐性知识整合成核心能力，持续学习、深度学习都在其中扮演了极为重要的角色。

（四）人工智能“赋能”

人工智能（artificial intelligence，AI）由麦卡赛、明斯基、罗切斯特和申农等科学家于 1956 年首次提出，是研究、开发并用于模拟、延伸和扩展人的智能的理论、方法、技术及应用系统的一门新的技术科学。在新一轮科技革命浪潮中，人工智能、量子科技、生物技术、新能源、新材料等科技创新进入密集活跃期集中涌现，引发链式变革。特别是人工智能，以前所未有的方式重塑生产方式、产品形态和服务模式，催生出全新的生产力质态。换言之，整个或多个产业都基于人工智能，人工智能业已成为当前我国推动高质量发展和国家综合竞争力提升的关键内容。

近年来，人工智能的发展如火如荼，被称为科技革命和产业变革的下一个风口、最强有力的创新加速器和驱动未来的动力，互联网大数据、强大的运算能力以及深度学习模式的突破，成为人工智能赖以突破的三大要素，数据驱动的智能时代即将到来，原有的产业结构、产品、价值链、商业模式及企业经营理念等不断被颠覆，万物智能、万物智联正在催生全新的营商形态。

当前，人工智能迎来了黄金发展期，从更加实用的层面进入了发展快车道。随着人工智能、云计算、大数据等各项技术的日趋成熟，未来“人工智能 +”行动对高质量发展的拉动作用将越来越明显，成为商业变革的重要助推力。高盛集团预

通过技术、数据、营销、组织、服务等多途径赋能企业数智化转型升级。

战略实践 4－2　新一代人工智能赋能企业数智化转型升级——以百度为例

测，到 2025 年人工智能在零售业每年将节省 540 亿美元成本，创造 410 亿美元新收入。如何充分认知、学习和利用人工智能，通过人工智能赋能个人和组织，更好地将人工智能与行业及商业逻辑相结合，快速精准地实现商业价值，已成为企业培育和构建核心竞争力的题中之义。

二、核心能力的培育阶段

企业核心能力的培育主要有四个阶段，如图 4－10 所示。

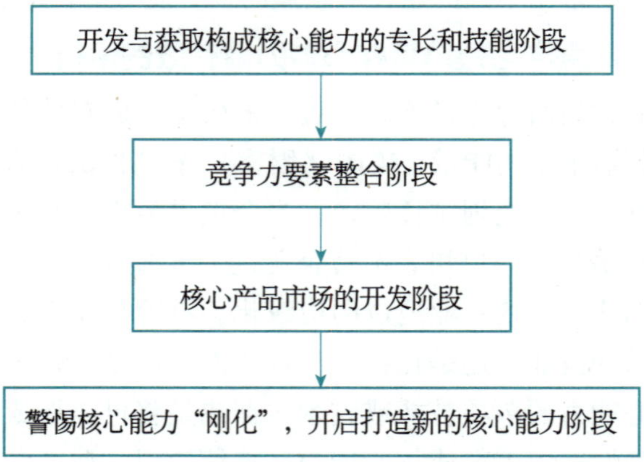

图 4－10　核心能力培育的四个阶段

1. 开发与获取构成核心能力的专长和技能阶段

核心能力通常由一系列专长和技能共同构成。企业在建设和发展核心能力的过程中，会面临程度不同的要素匮乏或专长不足等问题。因此，通过各种方式获取建立核心能力所必需的专长和技能，成为培育核心能力的首要问题和首要阶段。

在这一阶段主要有两方面的竞争：其一来自竞争力要素积累方面，一般发生在技术、人才等要素市场。其二是时间竞争。核心能力的建设是一个漫长的过程，只有那些最早或在最短的时间内完成这项工作的企业，才能赢得先手之利（fast mover advantage），获得有利的市场地位。

2. 竞争力要素整合阶段

企业的核心能力是企业技术水平、研发能力、设计、生产能力、管理能力和经济实力的综合体现，是企业长期积累形成的、能够给企业带来长期竞争优势的一个复杂系统。企业单个的、分散的技能、专长和竞争力要素都不能成为核心能力，它们必须和企业其他要素、技能、能力相互协调整合，联结协同成为有机的整体。因此，企业通过各种手段得到建立核心能力所需的专长和技能等要素后，如何有效整合这些要素，成为培育核心能力的关键。

3. 核心产品市场的开发阶段

核心产品（core product）不是最终产品，而是发端于核心能力且派生出最终产品的中间性产品，核心产品不仅发端于核心能力，而且体现核心能力。核心产品又称实质产品，是顾客真正要购买的利益，是购买者所追求的中心内容，即产品的使用价值。从企业的角度看，核心产品是企业能够提供给购买者的基本效用或益处，如卖冰箱不是卖立方体这个容器，而是卖“制冷”这种基本效用。企业拥有了核心产品，就拥有了在上下游业务链和供应链上的话语权和主导权，相反，若不能开发出核心产品，则难免受制于人。与最终产品的市场份额相比，企业核心产品的市场份额更有意义。开发核心产品而不是直接生产最终产品，不仅可以使企业回避产品市场的激烈竞争，还可以回避在最终产品市场上可能遭遇的法律制约和渠道限制。

4. 警惕核心能力“刚化”，开启打造新的核心能力阶段

企业在不断强化现有核心能力的同时，要警惕出现核心能力的“刚化”（rigidities of a firm score competence/capability）。企业可能在这一代技术上遥遥领先，殊不知却被革命性的下一代技术彻底抛弃。为什么最成功的企业对外界环境变化的反应往往最迟钝？或许是成功使得企业的核心能力不断强化进而出现“刚性”，以至于在日新月异的新技术浪潮来临时难以调适和转型，最终被边缘化乃至淘汰出局。因此，需要未雨绸缪不断打造新的核心能力。

第 6 节　持续竞争优势

一、持续竞争优势的内涵

迈克尔·戴尔说过：“没有任何竞争优势和成功是永久的。赢家是那些不断进步的人，在商业中唯一不变的就是变化。”竞争优势的创造和维持，或持续竞争优势的获取，一直是理论界和产业界普遍关注的问题，而且已经成为战略管理学研究的中心议题。

众所周知，竞争优势是指企业在有效的可竞争性市场上向消费者提供具有某种价值的产品或服务的过程中所表现出来的超越竞争对手，并且能够在一定时期内创造超额利润或盈利高于所在产业平均水平的属性或能力。企业不仅希望能够在短期内或在某个时点上获得竞争优势，更希望能够长期抵御竞争者的侵蚀并守住已有的竞争优势，不断创造新的竞争优势。换言之，企业渴望取得持续的竞争优势。与竞争优势相比，持续竞争优势是一种在快速多变、复杂动态的环境下，仍能保持的卓尔不群的经营优势，是一种当产业中的竞争对手以及潜在进入者尽力模仿或激烈挑战时，仍能长期战胜竞争对手的差别优势。这种始终拥有的持续的竞争优势，才是真正的竞争优势。

对持续竞争优势中的“持续”二字的理解需要当心。巴尼在其 1991 年发表的论文《企业资源与持续竞争优势》中指出，持续性不是一个日历时间概念，竞争优势的持续性也并不意味着优势将永远存在，它只是暗示由于企业拥有持续的竞争优势，不至于因为其他企业的复制而被淘汰出局。之所以不把“持续”解读为“永远”，是因为产业中竞争结构的不可预期变化常常使企业持续竞争优势的源泉不再有价值。

那么，何种条件才能促使竞争优势可持续呢？巴尼认为，持续竞争优势的源泉应该满足四个条件，即有价值、稀缺性、不完全模仿（如独特的历史条件、原因不明、社会复杂性）和不可替代性。不难发现，这四个条件与核心能力的五个基本特点几近一致。

由于竞争优势可能瓦解或消失，企业要想真正拥有持续竞争优势，不只是风光一时

而要风光一世，就应该经受住环境剧变和激烈竞争的考验，并能在这个过程中创造新的竞争优势，即企业应该在现有竞争优势衰退之前，就获得新的竞争优势。企业构建相互联结的竞争优势“连续流”，形成连续的波浪式前进轨迹，如图 4－11 所示。企业通过竞争优势的不断转换和升级换代，从现在顺利地过渡到未来，从而获得持续竞争优势。

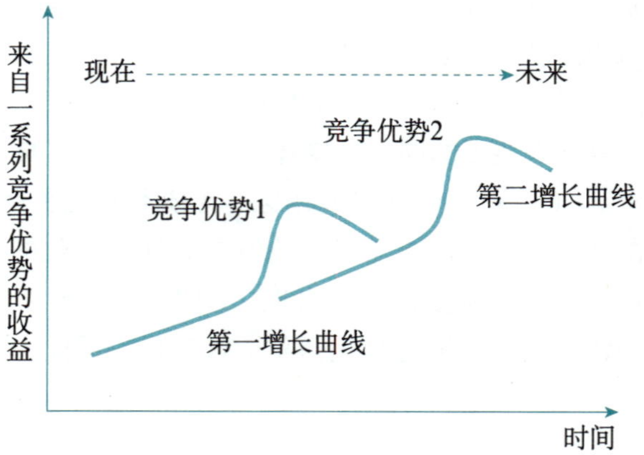

图 4－11　企业竞争优势连续流

持续竞争优势的持续性表明，持续竞争优势贯穿企业的整个发展历程，而非企业发展过程的某一阶段，即持续竞争优势是长程优势而非阶段优势。这就要求企业在各种市场环境下，包括相对稳定的环境和急剧变动的环境，都要能够适时实施相应的创造市场价值的战略，与此同时，其他任何现有和潜在的竞争者都难以成功地模仿或复制。需要指出的是，当今科技向善（tech for social good）让企业的科技和产品竞争进入新赛道，即社会价值成为企业竞争的新维度，社会价值创造成为企业获取持续竞争优势的重要来源。

企业家的管理理念和经营思想，成为伊利构建持续竞争优势的战略资源。

战略实践 4－3　登高望远，乘势而上：伊利持续竞争优势构建的适应性管理之道

二、核心能力与持续竞争优势

在本章第 4 节中，核心能力被界定为“能够为企业带来比较优势进而能形成竞争优势的能力或资源”。由此定义可知，核心能力与竞争优势的关系是：竞争优势以核心能力为支撑，核心能力以赢得竞争优势为目的。理解二者的关系，尤其是把握核心能力对企业竞争优势的作用机制，有助于进一步探讨企业如何获取持续竞争优势。

企业核心能力创造持续竞争优势的机制是：企业在既定的产业环境中发现市场机会和顾客需求，然后依据所拥有或控制的战略资源构筑核心能力，通过整合核心能力创建核心产品，在核心产品基础上生产出最终产品并出售，由此创造并体现企业的持续竞争优势（如图 4－12 所示）。

普拉哈拉德和哈梅尔把市场竞争归纳为四个层次，即开发和获取构成能力的技能和技术之争、整合核心能力之争、扩大核心产品份额之争和扩大最终产品份额之争，亦即

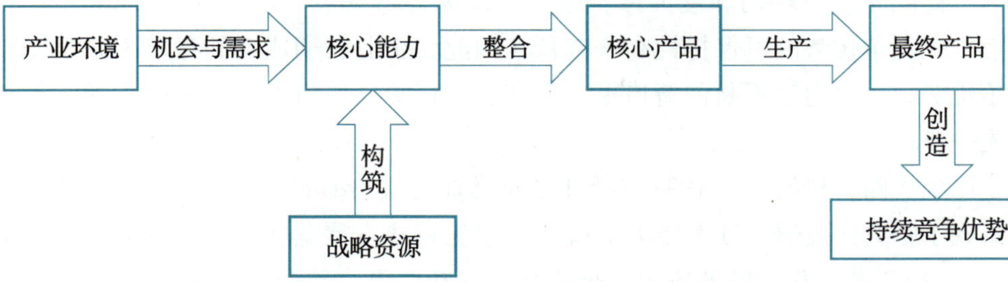

图 4-12　核心能力创造企业持续竞争优势的机制

战略资源之争、核心能力之争、核心产品之争和最终产品之争。战略资源仅是企业竞争的基础，核心能力才是企业竞争的根本。企业核心能力不只局限于个别产品的生产，它对一系列产品或服务的竞争力均有促进作用。

普拉哈拉德和哈梅尔通过研究发现，成功的企业无一例外都着力开拓核心能力。当一个企业拥有强大的核心能力，并且能有效地把它转化为核心产品时，这个企业就可以控制最终产品的开发和升级，进而长久占据市场龙头地位，获得持续竞争优势。然而，由于企业核心能力总是与一定时期的产业动态、管理模式以及企业资源等变量高度相关，当这些变量发生变化时，企业核心能力不会一成不变，其动态演化必然发生，过去的核心能力可能会演变成基本能力。

此外，企业曾经拥有的竞争优势，例如成本优势、技术优势，可能很快会随时间的推移、竞争对手的成长、产品的成熟或竞争战略的趋同而丧失。因此，积累、保持和增强核心能力是企业维持持续竞争优势的关键。企业要想获得持久的竞争优势，就必须准确把握未来市场的发展趋势和技术发展的方向，在建立、强化和发展核心能力方面不懈努力。核心能力的建立不可能“毕其功于一役”，需要持续改进和积累，始终起引领和支撑作用。

在看待企业竞争优势时，一定要注意外在与内在、表层与深层、无形与有形、现在与未来之分。这些区分都可以归结为核心能力与外在竞争力之分。基于价格的竞争（如价格战）和仰仗外在资源优势的竞争是伪竞争，通常以透支未来和慢性自杀为代价。真正的竞争是基于内在核心能力的竞争，是“为了未来的竞争”（competing for the future）。能力是企业持续发展和长寿的基因。所有企业都追逐利润，但利润只是影子，能力才是太阳。

吉利将数字化贯彻到研发、生产、营销、销售、供应链管理全环节，并使数字生态成为最强护城河。

战略实践 4-4　企业数字化能力如何获得持续竞争优势

三、动态能力理论

（一）动态能力理论的提出

企业如何在动荡的环境中获得持久的竞争优势是当代战略管理研究的重点之一。在动荡的外部环境中，竞争优势的重要来源（资源和能力）以逐渐加快的速度被积累和创造出来，与此同时也被耗用和侵蚀掉，这种现象称为超竞争（hyper competition）。在超竞争环境中，竞争优势的可保持性越来越低，因此，企业长期成功的道路不是试图维持长期竞争优势，而是通过不断创新追求一系列暂时优势，使得企业比产业中的其他企业总是领先一步。

基于以上思路，提斯等于 1992 年提出了动态能力（dynamic capabilities）理论，其理论随之得到了很大的发展。动态能力是指“企业保持或发展其作为竞争优势基础能力的能力”。为适应不断变化的外部环境，企业必须不断取得、整合内外部的行政组织技术、资源和功能性能力。动态能力可以使企业在给定的路径依赖和市场位势条件下，不断获得新的竞争优势；可以通过学习获取和使用外部能力（市场中及其他企业的公共资源和部分战略资源），更好地保持企业竞争优势，进一步增强对市场环境反应的敏锐性。

提斯认为，让企业的生产要素与专有资源有机地结合起来的组织与管理能力，是企业在长期生产经营过程中积累形成的一种无形资源。正是企业的这种能力大幅度地降低了交易费用，而且该能力是企业竞争优势的主要来源。动态能力理论秉承了熊彼特的“创造性毁灭”的思想，认为企业只有通过动态能力的不断创新，才能获得持久的竞争优势。针对当今高新科技产业的飞速发展和瞬息万变的市场环境，该理论特别强调组织与管理能力和创新能力，开拓创新以克服能力中的惯性和刚性，是动态能力理论的灵魂和特征。企业必须具有创新能力，创新能力是企业发展最为关键的能力。

（二）动态能力理论的基本点

1. 动态能力理论的逻辑思维

动态能力理论的逻辑思维是：通过外部环境分析，发现新机遇，制定因应战略，然后，尽可能选择合作伙伴来完成特定战略，以尽快取得新竞争优势，当战略目的达成后解散合作，再回到起点去寻找新机遇，如此循环往复，生生不息。通过不断创新来保持企业在超竞争环境下的持续发展。

2. 企业动态能力是一种开拓性的能力

企业动态能力能够使企业的资源和能力在有限的边界和相对短的时间内，重新集聚、产生或得到增值性开发，以补充能力所受的侵蚀，从而增强企业的竞争力。在复杂动荡的环境中，动态能力崇尚建立开拓性学习能力。

3. 动态能力理论的战略目标是不断创造新优势

在瞬息万变、难以预测的环境下，所有的竞争优势都是短暂的。若因循守旧，固守原有的优势，必将导致竞争优势的最终丧失。只有不断地打破现有平衡，快速响应机会，重构企业内外资源，形成一系列暂时的新优势，才能保证企业持续的竞争优势。因此，动态能力理论的实质是不断创新理论。

4. 动态能力具有开放性特征

动态能力一方面强调建立从外部吸纳知识的特殊能力，另一方面强调企业将自身的能力与外部可利用的能力结合在一起的能力。于是，能力的范围便扩展到企业与企业之间的关系上来。企业可以运用网络组织、虚拟组织、无边界组织、战略联盟和企业集群等多种形式，形成一个开放、灵活、双向的学习模式。

5. 动态能力处于一种动态的非均衡状态

在一个变化无常的超竞争环境中，能力被持续不断地培养、开发、运用、维护和扬弃，这正是动态能力的本质所在——通过不断创新来获得一连串短暂的竞争优势，从而从整体上体现出企业的持续竞争优势。

6. 动态能力关注与竞争对手间的战略互动

在超竞争环境下，竞争对手之间的互动明显加快，竞争互动已成为制定战略的决定因素。只有及时正确地预测竞争对手的战略动态，才能保证自己正确地把握时机，不囿于原有优势，着力创造新优势。为此，企业高管人员需要转变思维模式，由过去的实体思维转变为博弈思维，要跳出以自我为中心的狭隘空间，在多因素、多主体、共时、互动的格局中运筹帷幄。

（三）动态能力理论：战略管理的新视角

传统战略管理理论将战略视为“行动之前的概念”，注重企业的内部现有因素和外部环境当前状况，其战略焦点在于企业自身力量和外部机会的匹配。传统理论对企业优势和劣势的分析虽然也涉及企业资源和能力，但分析方法是静态的，其注意力集中在考察企业现有的情形和局势，未能关注未来的趋势，尤其是忽视主动地培育企业参与未来竞争和发展所需要的专长。

当下，传统战略理论之所以难以满足企业的需要，难以有效地指导企业的经营实践，主要原因是环境变化多端、不可预测。在复杂动态环境下，唯一确定的就是不确定，企业必须有一种动态的方法使战略形成、实施、评价和控制平行进行，于是，动态能力理论应运而生。动态能力理论强调战略的动态性，把战略视为企业与其环境的相互作用过程。面对变动不定、繁复纷争的商业世界，只有那些能够对变化做出快速准确的反应、随机应变的企业，即拥有动态能力驾驭复杂局面的企业，才能真正成功，这一切都有赖于动态机制的构建。

高度模块化的“中台”架构，使小米在复杂业务场景中实现快速响应和高效创新。

战略实践 4－5　动态能力：企业如何获得持续优势

第 7 节　新质生产力

一、新质生产力的内涵

新质生产力是创新起主导作用，摆脱传统经济增长方式、生产力发展路径，具有高科技、高效能、高质量特征，符合新发展理念的先进生产力质态。它由技术革命性突破、生产要素创新性配置、产业深度转型升级而催生。以劳动者、劳动资料、劳动对象及其优化组合的跃升为基本内涵，以全要素生产率大幅提升为核心标志，特点是创新，关键在质优，本质是先进生产力。

新质生产力是生产力现代化的具体体现，即新的高水平现代化生产力（新类型、新结构、高技术水平、高质量、高效率、可持续的生产力），是以前没有的新的生产力种类和结构，相比于传统生产力，其技术水平更高、质量更好、效率更高、更可持续。与传统生产力主要依赖于土地、劳动力、资本等生产要素不同，新质生产力更加注重知识、技术、数据、制度、创新等新兴要素的融合与应用。

从本质上讲，新质生产力体现了生产力发展的新阶段和新趋势，其核心在于通过创新驱动，实现生产效率的大幅提升、产品和服务质量的显著改善，以及产业结构的优化升级。它不仅仅是技术层面的进步，更是涉及生产方式、组织模式、商业模式等全方位的变革。例如，随着人工智能、大数据、物联网等新兴技术的广泛应用，企业能够更加精准地把握市场需求，实现个性化生产和服务，从而提高客户满意度和市场竞争力。

新质生产力的内涵还包括对资源的高效利用和可持续发展的追求。在传统生产力模式下，资源的利用效率往往较低，且容易对环境造成破坏。而新质生产力强调通过科技创新，实现资源的循环利用、能源的高效转换，以及生产过程的绿色环保，从而推动经济社会的低碳、循环和绿色化。概言之，企业一方面应以科技创新引领新质生产力发展；另一方面，应积极运用数字技术、绿色技术改造提升传统产业，并致力于可持续发展。

新质生产力疏通产业链阻滞点，促进产业链高级化，增强产业链自控力，提升产业链附加值。

战略实践 4-6　新质生产力推进产业链现代化

二、新质生产力的主要特征

（一）科技创新驱动

（1）前沿技术融合创新。新质生产力的核心驱动力是科技创新，尤其是多种前沿技术的深度融合。例如，人工智能、大数据、物联网、区块链等技术相互交织，形成了一个复杂而强大的技术生态系统。在智能制造领域，物联网技术实现了设备之间的互联互通，实时采集生产数据；大数据分析技术则对这些海量数据进行处理和挖掘，为生产决策提供精准依据；人工智能算法用于优化生产流程、预测设备故障和进行质量控制；区块链技术确保了数据的安全性和可追溯性。这种融合创新使得企业能够实现生产过程的智能化、高效化和精准化，大幅提升生产效率和产品质量。

（2）创新速度快、迭代周期短。科技创新的快速发展是新质生产力的显著特征之一。技术创新的速度不断加快，产品和技术的迭代周期大幅缩短。以智能手机行业为例，每年都会有新的技术和功能推出，从屏幕显示技术的改进到芯片性能的提升，从拍照功能的优化到操作系统的更新，企业必须紧跟技术创新的步伐，不断投入研发资源，快速推出新产品和新服务，才能在激烈的市场竞争中保持领先地位。这种快速的创新速度和迭代周期要求企业具备高度的创新敏捷性和适应性，能够及时响应市场需求和技术变化。

（二）生产要素的优化配置

（1）知识与数据成为核心要素。在新质生产力下，知识和数据已成为与传统生产要素（如土地、劳动力、资本）同等重要甚至更为关键的核心要素。企业通过对知识的创造、传播和应用，以及对数据的收集、分析和利用，实现价值创造和竞争优势提升。例如，互联网企业凭借其掌握的海量用户数据，运用数据分析技术挖掘用户需求和行为模式，从而精准推送广告、优化产品推荐和服务内容，提高用户黏性和商业转化率。同时，企业内部的知识管理也变得至关重要，员工的专业知识、经验和创新思维通过知识共享平台得以传播和传承，促进企业整体创新能力的提升。

（2）人力资源素质提升与结构优化。新质生产力对人力资源素质提出了更高的要求，需要具备跨学科知识、创新能力和数字化技能的复合型人才。企业不仅要吸引和留住高素质人才，还要注重人才结构的优化，打造多元化的人才团队。例如，在金融科技领域，既需要懂金融业务的专业人才，又需要具备计算机编程、数据分析、人工智能算法等技术能力的人才。企业通过内部培训、外部引进、校企合作等方式，提升员工的综合素质和技能水平，构建适应新质生产力发展需求的人才队伍，以推动企业在技术研发、业务创新和管理变革等方面取得突破。

（三）可持续发展导向

（1）绿色生产与资源循环利用。新质生产力强调可持续发展，注重绿色生产和资源的循环利用。企业在生产过程中更加关注环境保护和资源节约，采用环保材料、节能设备和清洁生产技术，减少对环境的负面影响。例如，在建筑行业，绿色建筑技术的应用日益广泛，包括使用可再生建筑材料、优化建筑设计以提高能源效率、实施雨水收集和污水处理系统等，实现建筑的全生命周期绿色化。同时，企业积极探索资源循环利用模式，如废旧电子产品的回收再利用、工业废水的循环处理等，降低生产成本，提高资源利用效率，实现经济发展与环境保护的良性互动。

（2）注重社会责任与长期价值创造。新质生产力下的企业将社会责任纳入战略考量，追求长期价值创造而非短期利益最大化。企业应认识到，积极履行社会责任，如关注员工福利、参与公益事业、推动社会公平等，不仅有助于提升企业的社会形象和声誉，还能增强员工的归属感和忠诚度，吸引更多消费者和投资者的支持。具体而言，企业应致力于改善员工的工作环境和福利待遇，提供培训和发展机会，促进员工的个人成长和职业发展；同时，积极参与社区建设、教育扶贫、环保公益等活动，为社会做出贡献。这种以社会责任为导向的发展模式有助于企业建立良好的品牌形象，培育长期稳定的客户群体和合作伙伴关系，实现可持续的商业成功。

三、企业培育新质生产力的策略与路径

（一）强化技术创新能力

（1）加大研发投入与创新平台建设。持续增加研发投入是企业培育新质生产力的基础。企业应将一定比例的营业收入投入到研发活动中，用于新技术、新产品的研究与开发。同时，要积极建设创新平台，包括内部研发中心、实验室以及与外部科研机构共建的联合研发平台等。例如，一些大型企业设立了专门的研究院，汇聚了一批顶尖的科研人才，开展前沿技术研究；中小企业可以通过加入产业技术创新联盟或与高校、科研院所合作，共享研发资源，降低研发成本，提升创新能力。

（2）鼓励创新文化，完善激励机制。营造创新文化氛围对于激发员工的创新积极性

至关重要。企业要倡导勇于创新、宽容失败的文化价值观，鼓励员工提出新想法、尝试新方法。建立完善的创新激励机制，包括物质激励和精神激励。物质激励方面，设立创新奖金、股权激励等，对取得创新成果的团队和个人给予丰厚奖励；精神激励方面，表彰创新先进个人和团队，提供晋升机会和职业发展空间，增强员工的成就感和归属感。例如，谷歌公司以其宽松的创新文化和优厚的创新激励措施而闻名，员工可以利用“20% 自由时间”开展创新项目，许多成功的产品如 Gmail 等就源自员工的业余创新探索。

（二）推动数字化转型与智能化升级

（1）生产流程数字化与智能化改造。企业要运用数字技术对生产流程进行全面改造，实现生产设备的数字化连接、生产数据的实时采集与分析以及生产过程的智能化控制。通过安装传感器、智能控制系统等设备，将传统生产设备升级为智能设备，实现设备之间的互联互通和协同工作。利用大数据分析和人工智能算法优化生产计划、调度和质量控制，提高生产效率和产品质量。例如，汽车制造企业采用工业互联网技术，实现了生产线的自动化运行和实时监控，通过数据分析优化了生产工艺参数，降低了废品率，提高了生产效率。

（2）数字化营销与客户服务创新。在营销和客户服务领域，企业要借助数字技术实现创新突破。利用社交媒体、搜索引擎优化（SEO）、内容营销等数字化营销手段，精准定位目标客户，提高品牌知名度和市场影响力。通过建立客户数据平台，整合客户信息，实现客户画像的精准绘制，为客户提供个性化的营销信息和服务体验。例如，企业可以利用社交媒体平台开展互动营销活动，吸引用户参与和分享；利用人工智能客服机器人提供 24 ×7 在线服务，快速响应客户咨询和解决问题，提高客户满意度。

（三）加强人才培养与引进

企业应制订系统的人才培养计划，针对不同层次和岗位的员工，提供多样化的培训课程和学习机会，包括技术培训、管理培训、创新思维培训等，培养员工的专业技能、综合素质和创新能力。采用内部培训师制度、在线学习平台、导师制等多种培训方式，提高培训效果和员工参与度。例如，华为建立了完善的员工培训体系，包括新员工入职培训、岗位技能培训、管理培训等多个层级，通过内部培训和实践锻炼，培养了大量具有国际视野和专业能力的人才。

为了弥补企业内部人才的不足，积极引进外部高端创新人才是关键。企业可以通过提供有竞争力的薪酬待遇、良好的职业发展机会和优越的工作环境吸引国内外顶尖人才。建立人才招聘渠道，与高校、科研机构、行业协会等保持密切联系，及时获取人才信息。例如，一些城市为了吸引高端人才，出台了一系列优惠政策，如住房补贴、子女教育优惠等；企业可以利用这些政策优势，加大高端人才的引进力度，为企业发展注入新的活力。

（四）促进产业协同与生态合作

（1）产业上下游协同创新。企业要加强与产业上下游企业的协同创新，形成产业链创新合力。通过与供应商、合作伙伴共同开展技术研发、标准制定、产品设计等活动，实现资源共享、优势互补，提高整个产业链的竞争力。例如，在电子信息产业，芯片制造商、手机制造商、软件开发商等上下游企业紧密合作，共同推动 5G 技术的应用和智能手机产品的创新升级，提高产业整体的技术水平和市场份额。

（2）构建创新生态系统。积极参与和构建创新生态系统，与高校、科研机构、政府部门、金融机构、创业企业等各类创新主体建立广泛的合作关系。高校和科研机构提供前沿技术研发支持和创新人才培养；政府部门提供政策支持和公共服务；金融机构提供资金支持和风险管理；创业企业带来创新活力和新的商业模式。通过各方的协同合作，实现创新要素的高效流动和优化配置，促进新质生产力的培育和发展。例如，一些科技园区通过整合各方资源，打造了创新创业生态系统，吸引了众多企业和创新机构入驻，形成了良好的创新氛围和产业集群效应。

第 8 节　内部因素评价（IFE）矩阵

一、IFE 矩阵概要

确定企业竞争地位的一个有效途径是用量化的方法来评估企业在每一个关键成功因素和每一个重要的竞争优势指标上相对于竞争对手的优势和劣势。评价竞争优势和劣势的大部分信息来自对企业内部的资源和能力、竞争优势和核心能力的分析（见图 4-13）。企业可以运用内部因素评价矩阵（internal factor evaluation matrix，IFE 矩阵）对企业内部各个职能领域的主要优势和劣势进行综合评价，以帮助企业决策者制定有效的战略。

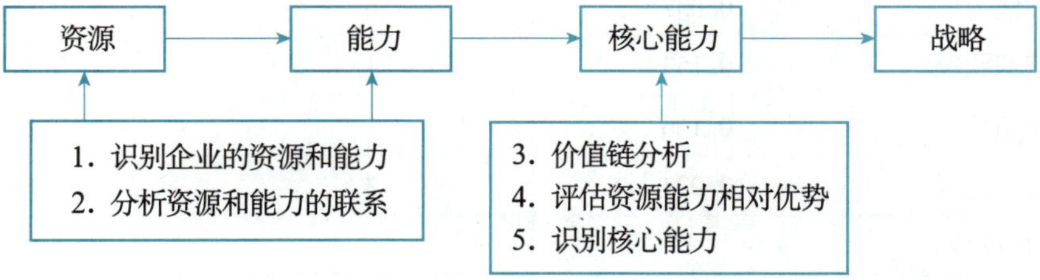

图 4-13　内部环境分析框架

IFE 矩阵可以较好地总结和评价企业在各职能领域的主要优势与劣势，同时，还可以为识别和评价各个职能领域之间的关系奠定基础。在建立 IFE 矩阵的过程中，对矩阵包含的各个因素的透彻理解往往比其中的数字更为重要，因此，企业应将数据分析和直觉判断进行适当结合。

二、建立 IFE 矩阵的步骤

建立 IFE 矩阵的具体步骤如下：

（1）列出通过内部分析确定的关键因素。通常列出 10～20 个为宜，包括优势和劣势两方面的因素。

（2）为每个关键因素指定一个权重，以表明该要素对企业战略的相对重要程度。权重取值范围从 0（表示不重要）到 1（表示非常重要），但各要素权重值之和必须为 1。

（3）对各因素给出1～4分的评分。评分1，2，3，4分别代表相应要素对于企业战略而言是主要劣势、一般劣势、一般优势、主要优势。

（4）将每一要素的权重与相应的评分相乘，即得到该要素的加权评分数。

（5）将每一要素的加权评分数加总，就可求得企业内部条件的优势与劣势情况的综合评分数。

无论一个IFE矩阵包含多少个因素，总加权分数都在1.0～4.0，平均值为2.5。总加权分数大大低于2.5的企业，内部条件处于劣势地位，而总加权分数大大超过2.5的企业，内部条件处于优势地位。企业的总加权分数越高，企业的竞争地位越强。

表4-2为某企业内部因素评价矩阵分析情况。从中可以看出，该企业的主要优势为研发能力，评分为4，劣势则为组织结构和人力资源状况，评分均为1；从加权评分方面看，财务状况为0.530，设计水平为0.375，这两个关键因素对企业战略的影响较大。该企业的综合加权评分为1.988，说明该企业内部条件处于行业平均水平（2.5）之下，形势比较严峻，应引起高度重视。

表4-2 某企业内部因素评价矩阵

关键因素	权重	评分	加权评分
财务状况	0.265	2	0.530
设计水平	0.125	3	0.375
营销能力	0.146	2	0.292
质量状况	0.074	3	0.222
研发能力	0.037	4	0.148
人力资源状况	0.153	1	0.153
组织结构	0.166	1	0.166
设备状况	0.034	3	0.102
总加权评分			1.988

/ 本章小结 /

本章将关注重点从企业的外部环境转为内部环境。企业的内部环境包含的内容很多，但是从战略分析角度出发，关键的问题是企业能做什么。企业的外部环境分析帮助企业发掘未来发展的机会和威胁，解决了企业可做什么的问题，但是企业能否抓住机会、避开威胁，则取决于企业自身的实力。因此，对企业的资源和能力进行深入分析，解决企业能做什么的问题，那么企业该做什么（竞争战略）也就清晰了。

资源、能力和核心能力组成了企业的内部环境。对企业内部环境进行深入的分析，就是要识别企业内部那些有潜力建立竞争优势和持续竞争优势的资源和能力，尤其要识别知识和数据资源及其相关能力。在数字经济时代，数据不仅成为与土地、劳动力、资本、技术并列的第五大生产要素，更是数字经济最重要的战略资源，业已成为企业竞争的主要武器和竞争的根本优势。

资源基础理论（RBV）要点有三：一是企业资源的异质性决定了企业竞争力的差异；二

是竞争优势的持续性源于资源的不可模仿性；三是获取与管理特殊资源的方法，主要包括组织学习、知识管理以及建立外部网络等。RBV 理论的不足之处是，过分强调企业内部而对外部环境重视不够，由此产生的企业战略难以适应市场环境的变化。企业资源和能力的系统评估为企业制定战略提供基础，企业可以利用价值链分析来识别和评估资源与能力的竞争潜力，从而研究和分析出企业如何发挥优势并制订与外部机会契合的战略方案，同时避开企业自身的劣势和外部的威胁，这样企业就能获得战略竞争优势和超额回报。

任何竞争优势都不可能永远持续。因为在一定时间内，竞争对手会运用其独特的资源、能力和核心能力形成不同但有效的创造价值的能力，这个时候企业的竞争优势就会被削弱。因此，由于竞争优势不具有绝对的持久性，有效地对企业的核心能力进行培育和管理就显得十分重要。

新质生产力是创新起主导作用，摆脱传统经济增长方式、生产力发展路径，具有高科技、高效能、高质量特征，符合新发展理念的先进生产力质态。它由技术革命性突破、生产要素创新性配置、产业深度转型升级而催生。以劳动者、劳动资料、劳动对象及其优化组合的跃升为基本内涵，以全要素生产率大幅提升为核心标志，特点是创新，关键在质优，本质是先进生产力。企业一方面应以科技创新引领新质生产力发展；另一方面，应积极运用数字技术、绿色技术改造提升传统产业，并致力于可持续发展。

对企业内部环境进行分析，还需要确定和评价企业内部因素，从而发现企业的优势和劣势，进而确定企业的战略地位。内部因素评价矩阵为我们提供了有效的定量分析的工具。

/ 常用术语 /

价值（value）
价值链（value chain）
数据（data）
资源（resource）
有形资源（tangible resource）
无形资源（intangible resource）
人力资源（human resource）
能力（capability）
算法（algorithm）
算力（computational power）
生产要素（production factors）
生产函数（production function）
知识资源（knowledge resource）
物质资源（material resource）
雷达图（radar diagram）
核心能力（core competence）
超竞争（hyper competition）
动态能力（dynamic capabilities）
内部因素评价矩阵（IFE matrix）
关键因素（key factor）
权重（weighing）
赋能（enable）
微笑曲线（smile curve）
长尾价值（long tail value）
规模经济（scale economy）
范围经济（scope economy）
数字经济（digital economy）
通用技术（general-purpose technologies，GPT）
数字产业化（digital industrialization）
产业数字化（industrial digitalization）
新质生产力（new quality productivity）
全要素生产率（total factor productivity，TFP）
内部环境分析（internal environment analysis）
资源基础理论（resource-based view，RBV）
梅特卡夫法则（Metcalfe's Law）
摩尔定律（Moore's Law）
达维多定律（Davidow's Law）
企业战略能力（corporate strategic capability）

持续竞争优势（continuous competitive advantage）

人工智能（artificial intelligence，AI）

/ 思考题 /

1. 为什么对于企业来说研究和了解内部环境非常重要？
2. 什么是价值？什么是消费者剩余？创造价值对企业为什么重要？企业怎样创造价值？
3. 什么是价值链分析？价值链分析与企业竞争优势有什么关系？
4. 如何绘制雷达图？
5. 有形资源和无形资源有什么区别？有形资源与无形资源在企业赢得竞争优势方面哪个更重要？为什么？
6. 资源基础理论（RBV）的核心观点是什么？和动态能力理论的主要差异是什么？
7. 强调“数据成为第五大生产要素”的重大意义何在？
8. 为何要大力发展新质生产力和数字经济？
9. 什么是企业能力、竞争力和核心能力？它们之间的关系是什么？核心能力的判别标准有哪些？怎样防止企业核心能力空洞化和刚化？
10. 企业的资源、能力、核心能力与竞争优势有什么关系？企业怎样获得持续竞争优势？
11. 如何通过人工智能赋能个人和组织？

第 5 章 战略分类与基本战略

战略的核心在于以快于竞争对手模仿的速度，为自己建造明天的竞争优势。

——管理学家哈梅尔和普拉哈拉德

战略就是把复杂的问题简单化，混乱的事情规划化。

——通用电气公司前总裁杰克·韦尔奇

▶ 本章要点

1. 认识顾客价值的内涵。
2. 理解企业三个层次的战略以及三者之间的相互关系。
3. 深刻理解波特三大基本战略的含义和重要性。
4. 掌握低成本战略的动因、条件、优势以及构建低成本优势的手段。
5. 透彻理解差异化战略的条件、优势及其实施要点。
6. 熟练掌握聚焦战略的条件、类型、优势及其实施要点。
7. 理解战略钟的两个核心概念，辨析战略钟和波特基本战略的异同。

▶ 课程思政元素

系统观、全局观、整体观；顾客主义，用户至上；利他主义，价值共生；抓主要矛盾和矛盾的主要方面，大道至简；上兵伐谋，不战而屈人之兵；追求卓越，品牌意识；精诚所至，金石为开；量入为出，开源节流；勤俭节约，物尽其用；创新，专精特新，卓尔不群；越是民族的，越是世界的；术有专攻，有所不为，才能有所为；职业操守，专业才能；长期主义，工匠精神；忧患意识，底线思维。

引 例

吉利汽车：从低成本到高价值

造老百姓买得起的好车

20 世纪 90 年代，汽车是奢侈品，价格居高不下，但高价刚好给了吉利创始人李书福市场机会。没钱没技术的吉利，只能制造经济型汽车，并把“造老百姓买得起的好车”作为公司的第一使命。当时李书福推出的“美日”量产车市场售价为每辆 65 800 元人民币，这个价格远低于当时中外合资汽车的平均价格。随着“美日”量产车的热销，李书福成为中国最富有的民营企业家之一，他不仅被称为中国汽车工业的“搅局者”，还被外媒赞誉为向大众市场提供廉价汽车的中国的亨利·福特。

从低成本竞争迈向价值竞争

想要立足汽车产业，吉利就必须发展自己的核心技术。2005年，吉利自由舰（CK）的推出标志着吉利作为一家拥有现代化设施和自主发展创新能力的新型民营车企的崛起。

2007年，李书福发表了他的《宁波宣言》，概述了吉利今后主要的发展方向将不再是产品价格战，而是在技术、质量、品牌、售后服务以及企业社会责任方面向用户和社会做出新的战略承诺。2010年3月28日，吉利正式收购沃尔沃，沃尔沃当初报价40亿美元，最终被罗斯柴尔德并购团队疯狂砍价到18亿美元成交。2017年吉利收购了马来西亚的宝腾汽车和英国的豪华跑车品牌路特斯。

面向未来进行科技生态布局

吉利在移动出行板块进行了四个层次的商业模式创新。第一个层次是从汽车生产向出行即服务的扩展。曹操出行等至少四个网约车品牌成为吉利汽车生态的自然延伸，让吉利汽车形成了从生产到服务的闭环。第二个层次是商业生态的拓展，构建自己的商业闭环。第三个层次是智能手机的开发和低轨卫星。未来出行的更高形态是自动驾驶，而实现自动驾驶的精准导航的重要技术路径之一是智能手机、低轨卫星数据传输、高精地图等技术的结合。第四个层次是各种前瞻性的出行解决方案。吉利正在从一家汽车制造商向移动技术集团转型，投资和潜心开发下一代技术。

资料来源：王华，张文献，凌建平．吉利汽车：从低成本到高价值的典范．商业评论，2024（7）.

思考题：吉利采取了哪些基本战略？这些战略成效如何？未来发展方向是什么？

第1节　顾客价值

一、顾客价值的含义

现代商业体系中，企业、竞争对手、顾客构成了市场的关键要素。企业为顾客提供产品与服务，两者之间存在交换关系；企业与其竞争者生存在同一市场中，此消彼长，两者之间属于竞争关系。竞争战略的实质就是企业如何给予顾客相比竞争者更多的价值。顾客价值既是企业关注的焦点，也是一切竞争战略的基石。

自20世纪90年代开始，顾客价值成为西方市场营销学者和企业经理人关注的重点。顾客价值作为衡量企业为顾客带来利益的指标，可以从经济学分析、顾客让渡价值、顾客认知价值三个角度进行界定。

（一）顾客价值的经济学分析

从经济学的角度分析顾客价值，其内涵就是消费者剩余。在实际购买商品的过程中，顾客追求效用最大化，就是追求消费者剩余最大化。在第4章第1节价值链分析部分已经介绍了马歇尔的观点并给出了消费者剩余的概念。与马歇尔的观点一脉相承，戴维·

贝赞可（David Besanko）等学者亦认为，消费每单位产品的可感知收益——每单位产品对消费者而言的价值，减去产品的货币价格即为消费者剩余。若考虑顾客在实际购买商品过程中发生的交易费用，消费者剩余可更精确地表达为：消费者剩余 = 可感知收益 - 商品价格 - 交易费用。此处，交易费用包括用于搜寻、谈判、签约及履行合同等活动的支出。

（二）顾客让渡价值

营销理论中用另外的术语表示消费者剩余，常见的是顾客让渡价值（delivered value）。顾客让渡价值是指顾客得到的总价值与顾客耗费的总成本之间的差额部分。其中，顾客总价值是顾客从企业提供产品或服务中获得的全部利益，由产品价值、服务价值和体验价值三个方面构成。顾客总成本除了顾客为购买某一产品或服务所支付的货币成本，还包括顾客所付出的时间、体力与精神成本等。

（三）顾客认知价值

顾客价值与顾客认知价值、顾客付出的代价有关。顾客认知价值是指顾客可以识别的各种效用，具体包括产品的功能、质量、服务、包装、企业形象等，它是一种带有主观认知色彩的概念，是顾客在使用产品或接受服务中获得的实在感受。顾客付出的代价则是顾客为得到企业的产品或服务所付出的有形和无形的成本。顾客价值在数值上等于顾客认知价值与顾客付出的代价之比，即

$$\text{顾客价值} = \frac{\text{顾客认知价值}}{\text{顾客付出的代价}}$$

当顾客价值 >1，物超所值，顾客高兴；当顾客价值 =1，物有所值，顾客满意；当顾客价值 <1，物有不值，顾客失望。

（四）环比公式

国际权威研究机构经过深入调查研究得出了这样一些结论：“把客户的满意度提高 5 个百分点，其结果是企业的利润增加一倍”“一个非常满意的客户的购买意愿比一个满意客户高出 6 倍”。还有一个著名的“环比公式”，即善待顾客的好处和冷淡顾客的后果用数字表达就是 25:8:1，其内涵是：全心全意服务好一位顾客，就可以影响 25 个潜在的顾客，会诱导 8 个顾客产生购买欲望，或许其中 1 个顾客会实施购买行动。上述这些结论告诉我们，应从顾客的角度、用顾客的观点而不是企业自身的利益和观点来分析与考虑顾客的需求。

新视角

当国潮艺术遇见新质生产力

“新质生产力”与“国潮”均成为 2024 年全国两会的焦点之一，为文化和旅游行业开辟了新的增长空间。随着文旅经济的回暖、文化艺术消费受重视，文化 IP 的开发在促进文旅融合和城市创新推广中发挥着关键作用。数据显示，2022 年中国文化娱乐 IP 市场总规模达到 4 656.2 亿元，其中 IP 授权行业的市场份额逐年上升。“忒 PANDA”等国潮艺术 IP 正成为发展新质生产力的强大力量。

中国文化传媒集团于2022年12月正式推出“文旅中国元宇宙”项目；2023年10月文旅中国元宇宙第二届生态大会召开，“文旅中国元宇宙”正式发布。2024年3月，“文旅中国元宇宙”发布了第二款PFP（社交头像）数字文化版权商品“忒PANDA·国风”。该款藏品基于“忒PANDA”形象，融合了传统文化元素，通过传统服装、配饰、纹路以及非遗元素，展现了传统文化的魅力。藏品在中国文化传媒新文创藏品平台限量发售1 800份，很快售罄。

数字藏品作为文化产业的新业态，体现了新质生产力在文化领域的全新应用场景。作为中国文化传媒集团的直属子公司，《时尚》杂志社有限责任公司响应集团元宇宙战略，聚焦数字内容IP孵化与营销，打造“忒PANDA”系列数字文化版权品，推动潮流艺术IP进入链上领域，加快培育新质生产力。

在IP赋能非遗方面，“忒PANDA·国风”数字藏品的衣服、帽子等融入了诸多非遗元素，如油纸伞、团扇、苏绣、国画等，展现了非遗技艺及文化的独特魅力。在景区方面，“忒PANDA”的大型雕像出现在一些城市的标志性地点，成了当地的网红打卡点。今年“忒PANDA”还计划与更多景区合作，推出联名产品或文创、线上动画等内容，并融入PFP数字文化藏品项目中。

资料来源：王伟杰．当国潮艺术遇见新质生产力．中国文化报，2024-04-24.

二、体验经济

顾客总价值由产品价值、服务价值和体验价值构成。与体验价值密切相关的是当下崛起的“体验经济”。其实，体验经济并不是一个全新事物，文娱和奢侈品产业一直热衷于制造时尚和体验。苹果公司获得巨大成功，并不只是因为产品在功能和性能上胜出，关键是客户体验。目前，体验经济在更大范围崛起席卷更多行业。一方面，产品生产制造的自动化、标准化和丰富化，使得功能性、价格、品牌不再是竞争力的核心，消费体验日渐成为客户买单和获取高溢价的重要因素。同时，注重体验成为新零售的核心出发点和诉求。比如，汽车作为交通工具的功能被降低，其酷炫、精致、视觉冲击、力量、动感等品位和体验的属性被拉到空前的高度，这种现象投射到汽车消费领域最显性的变化就是重构机械、出行、时尚、运动等汽车概念的多维链接。

另一方面，体验经济的崛起还得益于新生代逐渐成为消费的生力军和市场驱动的中坚力量。以“95后”“00后”为代表的“后浪”，也就是所谓的“Z世代”群体，是移动互联网的原住民，他们在社交媒体上有相当大的话语权，能带动整体产生消费行为。相对于产品/服务的功能价值，年轻人更追求产品/服务的价值内涵，更在意消费体验。

三、情绪价值

情绪价值一词，最初来源于经济学和营销领域。2001年美国爱达荷大学商学院的杰弗里·贝利（Jeffrey J. Bailey）教授从顾客与企业之间的关系营销视角出发，将情绪价值定义为：顾客感知的情绪收益和情绪成本之间的差值。情绪收益为顾客的积极情绪体验，情绪成本则为负面情绪体验。研究和实证均表明，顾客固然重视产品和服务的质量、实用性等“硬”品质，但也非常重视消费体验的情绪价值，在体验经济大行其道的当下尤其如此。情绪价值能够具象化产品/服务带给消费者的情感体验，是一种非物质性的附加价值。

很多学者发现，功能价值是消费者对产品的基本诉求，在功能满足之后增加再多的额外功能也难以激发消费者的购买欲望，这时便轮到情绪价值出场，即谁更懂消费者，谁能提供更好的情绪价值，触发消费者的情感共鸣，谁便能赢得消费者的芳心。从社会心理学角度看，情绪价值本身是一种对人的关注的回归，它是继经济价值、社会价值、文化价值之外的另一种体验价值。可以说，只有使顾客在与企业的交往中获得情绪价值，企业才能建立核心竞争优势。

当前，情绪价值成为公众舆论普遍关注的一个流行概念，有关情绪价值的各种讨论与解读，以短视频、微电影等形式在社交媒体上广为传播。情绪价值的流行具有强烈的时代特征，表明人们的消费需求逐渐从物质方面转向精神方面，反映出现代社会人们对美好生活更高层次的心理需求。实际上，当物质需求已经被发展起来的社会生产逐步满足时，满足人民日益增长的美好生活需要就成为当务之急。在此意义上加强具有情绪价值的产品和服务供给，将有助于解决我国现阶段社会的主要矛盾，从而推动新时代社会事业不断向前发展。

情绪价值涉及消费者对产品或服务的情感反应和心理满足，可以影响消费者的购买决策和支付意愿，大量的消费者尤其是年轻人愿意为那些能够提供疗愈身心的消费品买单。情绪价值可以通过多种方式体现。例如，品牌忠诚度、顾客满意度、产品的情感联系等。服务行业从业人员通过调节个人情绪，呈现出与角色相符合的情绪表达，能够提高顾客满意度。在某些情况下，情绪价值甚至可能超过商品的实际使用价值，成为消费者支付溢价的主要原因。

让顾客发现热门创意、提供情绪出口、分享财富，是乐高的赚钱之道。

战略实践 5-1　乐高：从顾客创意中赚钱

第 2 节　总体战略

一、企业战略分类

从实施战略的主体角度看，企业战略包括三个层次：

（1）总体战略，亦称公司层战略或集团战略。作为企业最高层次的战略，总体战略决定了企业竞争战略和职能战略。

（2）竞争战略，亦称业务层战略或业务单元战略，是企业或者集团下属的子公司、事业部所采用的战略，它决定了企业的职能战略。

（3）职能战略，亦称职能层战略，是研发、采购、营销、财务、人事等各职能部门所采用的战略，由企业总体战略和竞争战略决定。

三者之间的关系如图5-1所示。本节讨论公司层战略，后两节讨论其他两个层次的战略。

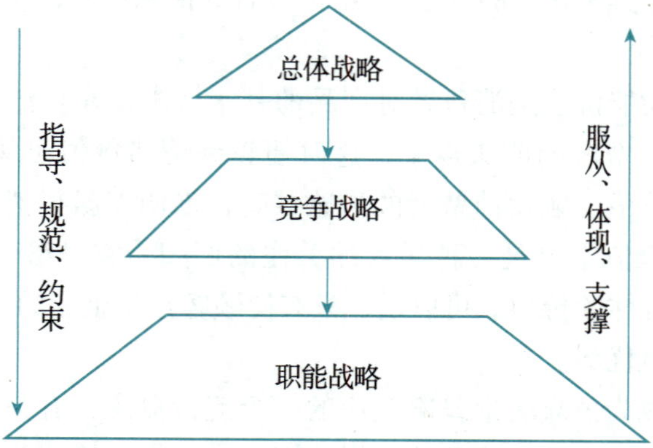

图5-1 不同层次战略关系图

二、总体战略概述

总体战略由公司最高管理层制定，旨在通过建立和经营行业组合实现投资收益的最大化。若公司拥有多个子公司，则总体战略又称总公司战略或集团战略。总体战略涉及全局性、长远性、方向性、整体性、基础性和协同性，体现企业哲学和核心价值观。

总体战略是一家业务多元化公司整体上的管理策略规划。总体战略涉及整个公司，覆盖公司所有的业务，它不仅包括公司为在其涉足的各个不同行业确立其业务地位而采取的用来吸引客户、满足其需求和抵御市场压力、加强市场地位的谋划，还包括公司用来管理其多元化业务群的方法和途径，也包括为应对关键竞争对手的行动而采取的进攻性或防御性行动，为提高公司的长期竞争能力和市场地位而采取的资源调度行为，以及对当前的市场环境做出反应而采取的各种策略。总体战略常常涉及整个企业的财务结构和组织结构等方面的问题。

一般来说，制定总体战略的主体有：董事会成员、企业总经理和其他高级执行经理。有时一些关键业务单元的负责人对总体战略的制定也具有影响力，尤其是当所做的战略决策影响到负责人所领导的业务单元时。总体战略既可以由公司高层管理人员高屋建瓴、审时度势地制定出来，也可以从公司各层管理者所提出的各种方案之中选择产生。通常重要的战略决策由公司董事会评审，并由他们批准后实施。

集团公司是总体战略决策的核心。集团公司负责整个公司的战略决策，确定企业的宗旨和目标，确定公司的价值观与态度，负责公司的组织架构，划定主要经营领域，配置资源给各经营领域，决定预算，以及制定各业务层战略；在受到敌意收购和公司大股东对公司不满时，采取应对措施也是集团公司应承担的责任。

集团公司除了扮演投资中心、决策中心这两种角色，还应该扮演管理中心的角色，发挥“父母作用”。许多企业集团之所以“集而不团”，就是因为没有真正尽到企业集团应尽的管理职责。一旦确立了各子公司在既定行业中的市场位置，集团公司就应帮助子公司充分利用各业务单元之间相关的技术、相似的经营特色以及相同或相近的分销渠道或客户，力图使它们分享彼此的专门技能或设施，共享品牌所带来的优势，提高各业务单元或子公司的竞争能力、盈利能力，降低整体成本，进而提高集团公司的总体盈利能力和长期竞争地位。

三、总体战略决策的关键问题

总体战略的主要目标是，确保当前业务及未来新业务或新产业能保持、提高企业的竞争优势和盈利能力。为了实现长期盈利能力最大化，总体战略主要关心的问题是：（1）企业应当经营哪些业务，在哪些产业中竞争；（2）在这些业务中企业应当完成的价值创造活动有哪些；（3）如何进入或退出业务或产业。在制定总体战略时，管理者必须高瞻远瞩，充分考虑产业、产品、技术、顾客和竞争的变革方式，以及这些变革对企业当前商业模式和未来战略的可能影响。

对业务多元化的公司而言，制定总体战略涉及多项决策与管理。

（1）总体战略的一个关键问题是，公司应该把资源投入哪一个行业以及投资的优先顺序。多元化经营的公司，其下面的不同业务通常并不具有同等的吸引力，决策的准则之一就是要将公司的资源投向最有吸引力的业务单元。投资决策是一种长期承诺，一旦做出很难更改，需谋定而后动，三思而后行。一次错误的投资可能使集团公司损失惨重，甚至遭受灭顶之灾。

（2）公司应该选择什么样的多元化。是实行水平多元化还是同心多元化？前者的优点是，在同一专业范围内开展多品种经营，便于通过原有销售网络推销新产品，其协同效应比较明显；后者能充分利用某种核心技术专长，开发生产工艺相近但用途不同的新产品，并不断向外扩散以满足社会的不同需要。是实行垂直多元化还是联合多元化？前者的特点是在主业生产过程中前向或后向拓展经营；后者的特点是公司进入的各行业的产品或服务没有任何共同线索和统一核心。是独资、控股、联盟、合资，还是并购该行业的一家公司？更进一步，是并购地位稳定的市场领导者，一家该行业中前途光明的公司，一家能够和现有业务形成互补的公司，还是一家有转化潜力的困境公司？

（3）战略协同。公司需建立相关业务之间的协同关系，将这种协同作用转化成公司的竞争优势。对于单一化企业来说，战略的重点比较清楚，因为单一化企业的产业关键因素在一定条件下是明确的。然而，对于多样化和多元化企业来说，由于产品结构的多产业特点，不可能以单一产业的关键因素来代替整个企业的战略重点。实际上，多元化企业的战略管理的范围和内容都与单一化企业完全不同。由于多元化企业涉及多个战略业务单元（SBU），各 SBU 之间必须战略协同，唯如此，方能发挥多元化企业资源共享的协同优势。

（4）有所不为。公司管理层为提高整个公司业绩，一方面要制定高速增长战略，保持其核心业务健康发展；另一方面对有潜力的低业绩业务实施转变战略，剥离那些不再有吸引力的业务和不符合公司长期计划的业务。业务剥离实际上腾出了没有效益的投资，使之能够投向那些有前途的业务，或者为兼并其他业务或公司提供资金。

四、常用的总体战略

常用的总体战略主要有以下几种。

（一）一体化战略

一体化战略包括前向一体化、后向一体化和横向一体化。前向一体化是获得分销商或零售商的所有权或对其加强控制；后向一体化是获得供方公司（原材料或零部件厂商）的所有权或对其加强控制。前向一体化和后向一体化统称垂直一体化。横向一体化又称水平一体化，通常是把性质相同或生产同类型产品的企业合并起来，以获得这些企业（同行竞争者）的所有权或加强控制。

（二）多元化战略

多元化战略又称多角化战略，是指企业同时经营两种以上基本经济用途不同的产品或服务的一种发展战略。多元化战略是相对企业专业化经营而言的。多元化战略包括集中多元经营、混合多元经营和横向多元经营等多种形式。集中多元经营是增加新的但与原业务相关的产品或服务；混合多元经营是增加新的与原业务不相关的产品或服务；横向多元经营则是对现有用户增加新的不相关的产品或服务。

（三）加强型战略

加强型战略包括市场渗透、市场开发和产品开发。市场渗透是通过更大的营销努力去蚕食竞争企业的势力范围，以提高本企业现有产品或服务的市场份额；市场开发是将现有产品或服务打入新的地区市场，这样，不仅使整体的市场容量得以扩大，而且企业自身也从中获益；产品开发是通过改造现有产品或服务，或者开发新产品或服务而增加销售。

（四）防御型战略

防御型战略包括收缩、剥离和清算。收缩是指通过减少成本与资产等对企业进行重组，以扭转销售额或盈利下降的态势；剥离是将公司或组织的一部分资产变卖出售；清算是通过法定程序，处理剩余财产，终结现存的法律关系。其中，破产清算是指企业的全部财产不足以清偿其债务，或无力清偿其到期债务的情况下，依法将企业的全部财产对债权人进行公平清偿。剥离和清算的重要目的是止损。

（五）战略外包

战略外包是指企业从战略的角度出发，将一些非核心的或者成本处于劣势的业务转移到企业之外，将有限的资源用在那些期望取得长期成功、能够创造出独特价值，或者能使企业成为行业领先者的核心业务领域。企业将价值链活动中的一项或几项任务，或者是企业的某些职能，交由具备比较优势的专业企业来完成，不仅可以使企业聚焦关键环节和重点事项，着力培育核心能力，而且可以引进和利用外部力量，借此放大企业自身的资源和能力。

（六）并购战略

并购战略是指一个企业购买另一个企业的全部或部分资产或产权，从而影响、控制被并购的企业，以增强企业的竞争优势、实现企业经营目标的行为。并购的动机主要有企业发展的需要、发挥协同效应、加强对市场的控制能力、获取价值被低估的公司，或者避税等。

（七）战略联盟

战略联盟（strategic alliance）是两个或两个以上的企业为了达到共同的战略目标而采取的相互合作、共担风险、共享利益的联合行动，旨在实现分工协作、优势互补。企业间战略联盟的形式具有多样性，既可以表现为正式的合资企业（两家或两家以上的企业共同出资并且享有企业的股东权益）或相互持股，也可以表现为短期的契约性协议或松散的网络化联盟，如分销协议、特许经营、定牌生产、联合技术开发、合作生产与物流供应等。

第 3 节　竞争战略

一、竞争战略的含义

竞争战略是公司的二级战略，亦称业务层战略或业务单元战略，是指公司某项业务的管理策略规划。竞争战略充分体现在管理层为取得某一特定业务领域的经营成功而制定的行动方案和经营模式中，旨在通过集中于某个具体的行业或者特定的产品/市场，实现利润和市场占有率的最大化。对于一家单业务公司来说，竞争战略就是总体战略，二者并无分别。总体战略和竞争战略的区分，仅对业务多元化的公司有意义。

竞争战略的制定者是各事业部、战略业务单元或子公司的经理。竞争战略着眼于某一事业部或子公司具体产品和市场的局部性战略问题，在一定程度上影响总体战略的实现。竞争战略的实质是经营单位采取恰当的行动，开发和建立各种能力和资源优势，以获取超越平均水平的盈利。其核心是建立和加强公司在选定行业或市场中的竞争优势，并最终将这种优势体现为市场上的竞争地位。这也是将业务层战略或业务单元战略称为竞争战略的缘由。

竞争战略主要包括如下内容。

（一）权变

权变指对业务所在行业、宏观经济、政治形势以及其他相关领域中的变化做出积极反应。战略部分是谋划出来的，更多的情形是对外部环境的响应和权衡变通。好的战略同外部环境有着恰当的匹配关系，当外部环境发生明显变化时，公司的竞争战略必须随之调整。外部环境包括市场上的各种力量和因素，如社会基础结构和行业结构、市场集中度、经济格局和趋势、购买者的需求及其人口特性、新的法律规定和管理条例等。现在整个社会经济都处于转型变革期，不确定性越来越大，变数越来越多，行业内和行业间“洗牌”越来越频繁。对企业而言，不仅应敏锐地意识到已经出现的变化和尚未展开的变化，并通过积极的方式适应变化、驾驭变化、利用变化，力图趋利避害，而且要更进一步，以我为主，主动地制造变化，睿智地引领变化，以在下一轮竞争中脱颖而出。

（二）运筹

运筹指制定恰当的竞争行动方案和市场经营战略，以获取持久的竞争优势。公司需要攻守平衡的竞争战略，即战略中的有些行动直接挑战竞争对手的市场地位，是积极的、进攻性的，而有些行动则是为了解除或缓解竞争，具有防御性。运筹还包括预见，要求对本业务领域中可能偏离计划轨道的一些环节以及未来可能的战略变动做出预判，例如，是否增加生产能力，是否更换陈旧的生产工厂，是否增加研发费用以开发有前途的技术等。

（三）铸能

铸能指建立、铸造有竞争价值的核心能力。公司如果没有核心能力，就有被强大的竞争对手击败之虞，就有陷入业绩平庸之忧。核心能力不仅能使企业赢得竞争优势，更重要的是它能使企业保持长期优势。核心能力通常与下列因素有关：研究与开发、技术与工艺、加工与生产、营销与销售、网络与终端、流程与服务、财务与资本，以及设计、制造及销售公司产品中任何一种对市场竞争具有重要意义的东西。核心能力可以通过技术创新、价值创新、组织创新和管理创新等多种途径获得。

（四）协同

协同指协调和统一各职能部门的战略行动。竞争战略必须将本业务领域中各个职能范围内所采取的所有行动协调统一起来，使价值链的各个环节环环相扣、彼此支持，确保它们相互之间协调一致。协同还包括资源、能力与业务之间的动态匹配、企业内部与外部的调和，以及企业与竞争者之间的竞合等。

二、五种主要的竞争战略

迈克尔·波特在《竞争战略》一书中提出了三种基本战略，它们是：

（1）总成本领先战略。通过比竞争对手更有效地开展内部价值链管理或改造企业的价值链，省略或跨越一些高成本的价值链活动，成为行业中总成本领先的生产商，进而获取低成本竞争优势。

（2）差异化战略。在设计、质量、性能、服务、款式、研发、超值服务等诸多方面建立差别化，形成超越竞争对手的独特优势。

（3）聚焦战略。聚焦于某一狭窄的小块市场，通过服务某一特定（“小众”而非“大众”）客户群赢得比较优势。

在三种基本战略的基础上，可进一步得到更为细致的五种竞争战略。

（一）低成本战略

低成本战略是指通过规模化生产，或利用专业化程度很高的生产设施，或依靠独特的生产工艺，形成成本上的领先进而获得价格上的竞争优势。春秋航空是我国首家采用低成本战略的航空公司。一方面，春秋航空利用其固定的春秋国旅的消费群体和对价格敏感的散客资源来保持高客座率和高飞机利用率，同时，春秋航空还利用互联网等实现了较低的销售成本和较低的管理成本。另一方面，春秋航空通过保持机型的单一和舱位的单一大幅降低了运营和维护成本，在增加每架航班的销售收入的同时降低了单位座位的成本。此外，春秋航空还通过多种方式来降低公司的可控成本和日常管理费用。通过多种手段降低成本，春秋航空获得了持久的行业竞争力。

（二）差异化战略

差异化战略是企业通过提供有别于竞争对手的产品，做到“人无我有，人有我新，人新我精，人精我廉，人廉我转”；或采取与同类厂家迥异的营销策略，充分塑造和展现独特魅力，以差异化形成排他性和独占性，进而吸引广泛的顾客。成功的差异化战略能够使企业以更高的价格出售产品，并通过使客户高度依赖产品的差异化特征而获得客户的忠诚。可在以下方面实现差异化：工艺设计、技术功能、产品性能、零配件、质量、寿命、能耗、服务和品牌及使用的方便性等。

（三）最优成本供应商战略

通过综合低成本和差异化二者的优势，为顾客提供更多的价值，其目的在于使产品相对于竞争对手拥有最优/最低的成本和价格。换言之，就是以较低的价格提供和竞争对手质量相当的产品。物美价廉是对最优成本供应商战略的最通俗的诠释，它往往是行业过度竞争的产物。

（四）低成本的聚焦战略

低成本的聚焦战略是以某个特定的购买群体为焦点，通过为这个细分市场的购买者提供比竞争对手成本更低的产品或服务来战胜竞争对手。采用低成本的聚焦战略，企业有能力在成本方面并不处于劣势的细分市场上同成本领导者竞争。通过面向某些新的细分市场或用更高明的办法（如引进新技术），采用低成本的聚焦战略的企业可能成为大型成本领导者的威胁。例如，柔性制造技术为采用这种战略的企业带来了许多新的机会，小批量也能做到低成本。在大型企业缺乏成本优势的细分市场中，越来越多的小型专业化企业彰显出它们的竞争力。

（五）差异化的聚焦战略

差异化的聚焦战略是以某个特定的购买者群体为焦点，通过为这个细分市场的购买者提供比竞争对手更能满足其需求的定制产品或服务来战胜竞争对手。联邦快递就是采用这种战略的典范。传统快递公司的普遍做法是，收集各种运输包裹，通过航空运输机和商业航空公司将包裹运至指定地点。与此经营方式不同，联邦快递的业务仅限于小型包裹和文件的隔夜递送，公司利用自己的飞机、货车以及在孟菲斯国际机场设立的中枢，将邮包准确及时（最多隔夜）地送到收件人手中。同时，联邦快递通过优化成本结构，可以保证将小件包裹隔夜递送到美国的任何地方，而只收 13 美元。

五种竞争战略的特点如表 5－1 所示。

表 5－1　五种不同竞争战略的特点

	低成本	差异化	最优成本供应商	低成本聚焦	差异化聚焦
特点	成本领先 规模经济	产品差别化	低成本 差异化	低成本 聚焦细分市场	差异化产品 聚焦细分市场

根据波特的理论，不同的企业应采取不同的组织安排、控制程序和激励制度。大公司一般以低成本或差异化进行竞争，小公司则往往聚焦专一经营进行竞争。

第4节　职能战略

职能战略是指管理者为特定的职能活动、业务流程或业务领域内的重要（职能）部门所制定的策略规划。职能战略描述了在执行总体战略和竞争战略的过程中，企业职能部门的责任和要求以及所应采用的方法和手段，旨在将企业的总体战略和竞争战略转化为职能部门的具体行动计划。根据这些计划，职能部门的管理人员可以更清楚地认识到本部门应该发挥什么作用和如何发挥这些作用。企业的各项职能战略不仅决定着企业的执行能力和效率，也是保证企业战略目标得以实现的关键。因此，制定一个完善高效的职能战略体系，对于企业的发展至关重要。

对于研发、采购、生产、营销、财务、人事、公关等企业的主要职能部门，相应的职能战略分别为研发战略、采购战略、生产运营战略、营销战略、财务投资战略、人力资源战略和公关战略等。职能战略的内容丰富而具体，各职能部门的主要任务也不同，难以归纳出通用、普适的职能战略。此外，各职能部门的关键变量亦不相同，即使在同一部门里，关键变量的重要性也会因为经营条件的变化而改变，因此，职能部门的战略必须分别加以制定。

企业总体战略、竞争战略和职能战略的关系是：总体战略和竞争战略指导、规范、约束职能战略，职能战略服从、体现、支撑总体战略和竞争战略。实际上，职能战略是企业总体战略、竞争战略与实际达成预期战略目标之间的一座桥梁，总体战略和竞争战略若不能最终在职能层级上加以体现和贯彻，战略目标的实现就会落空。制定和实施职能战略的目的就是要充分发挥各职能部门的作用，最大限度地挖掘各部门的潜能，最有效地利用企业的资源，使总体战略和竞争战略落到实处。

从战略管理的角度看，职能战略的侧重点在于：

（1）如何贯彻总体战略和竞争战略的整体目标和一致性；

（2）职能目标的细分；

（3）确定职能战略的战略重点、战略阶段和主要战略措施；

（4）职能部门之间的合作与协调；

（5）职能战略实施中的风险分析和应变能力分析。

持续研发投入、战略采购、自制外包并重、贴近客户销售“四措”并举，成就华为商业版图。

战略实践5-2　华为：经营战略

第5节　低成本战略

一、低成本战略概述

低成本战略亦称成本领先战略（overall cost leadership），是指企业通过在内部加强成本控制，在较长时间内保持企业产品成本处于同行业的领先水平，并以低成本作为向价格敏感的客户提供产品和服务的主要竞争手段，使自己在激烈的市场竞争中保持优势，获取高于平均水平利润的战略。

从最简单的意义上讲，利润（A）为售价（P）与成本（C）的差，即 A = P – C。为使利润（A）最大化，在售价（P）不变的情况下，就必须使成本（C）尽可能低，这是低成本战略最朴素的动因。具体而言，实施低成本战略的主要动因包括：（1）形成进入障碍；（2）增强讨价还价能力；（3）降低替代品的威胁；（4）保持领先的竞争地位。概言之，采用低成本战略可以使企业有效地面对行业中的五种竞争力量，以低成本优势来赢得竞争优势。

对低成本战略的理解要注意以下几个方面。

一是该战略有两层含义。第一，企业通过在内部加强成本控制，在研发、生产、销售、服务和广告等领域把成本降到最低限度，成为行业中的成本领先者。第二，强调以低价格向价格敏感型的顾客提供标准化产品，企业凭借成本优势，可以在激烈的市场竞争中获得有利的竞争优势。在企业所在的市场上，如果购买者对价格敏感，那么奋力成为行业中总成本最低的供应商就是一个明智的选择，否则，成本再低也未必有意义。

二是低成本战略的目标是达到比竞争对手相对低的成本，而不是绝对的低成本。在寻求成本领先地位时，公司的管理者必须认真考虑那些购买者认为至关重要的特色产品和服务。

三是低成本战略一般要求企业成为整个行业内的（唯一）成本领先者，而不仅是争夺这个位置的众多企业中的一员。如果在实行该战略时未能认识到这一点，那么在战略上将会铸成大错。渴望成本领先的企业绝不止一家，一旦几个企业同时拥有这样的地位，竞争将会更激烈，因为每一个百分点的市场占有率都被企业认为是至关重要的。

四是小幅度的、一时的成本领先很难使成本领先战略成为企业的主要竞争战略，真正的成本领先应是持续的、竞争对手难以复制的。

五是成本领先与产品特色的取舍。如果企业的产品在顾客面前需表现为具有特色的产品，那么在实行成本领先战略时，就必须充分考虑这一点。在某些时候，成本的降低可能会以牺牲产品的某些特色为代价。是降低成本还是强调产品特色，需要谨慎权衡，深思熟虑。

六是成本领先者获取很好的利润有两种选择：第一种选择是利用低成本优势定出比竞争对手低的产品或服务的价格，大量吸引对价格敏感的购买者，通过薄利多销提高总利润；第二种选择是售价与竞争对手相同，维持现有的市场份额，利用低成本优势提高单位产品的利润率，从而提高公司的总利润和总投资回报率。

二、传统成本管理与现代成本控制

成本是本节最重要的概念之一，它看似简单清晰，实则不然。众所周知，传统的成本管理是适应大工业革命的出现而产生和发展的，其中的标准成本法、变动成本法等方法已得到了广泛的应用。但是，随着经济的发展，产品品种多样化、需求个性化、生产过程柔性化以及技术周期缩短加速化的趋势越来越明显。在这种背景下，现代的成本控制系统无论是在观念还是在运用的手段方面，都与传统的成本控制系统有着显著的差异。

（一）成本的内涵更加丰富，外延更加宽泛

传统的产品成本一般只是指产品的制造成本。然而，现在的企业面临前所未有的竞争压力，只考察产品的制造成本会造成企业投资、生产决策的严重失误。企业在重视降低生产成本的同时，需认真审视产品的整个成本链，用广义成本取代传统的产品成本概念。广义成本不仅包括产品的制造成本（中游）、产品的开发设计成本（上游），而且包括使用成本、维护保养成本和废弃物回收处理成本（下游）等一系列与产品有关的企业资源的耗费。相应地，对于成本控制，就要控制这三个环节所发生的所有成本。

（二）从成本节省到成本避免

传统的成本降低基本是通过成本的节省来实现的，但这种成本的降低属治标不治本。实际上，真正的节省是从根本上去除一切不必要的成本，在产品的开发、设计阶段，坚决避免不必要的部分，从源头避免成本的发生。纽柯钢铁公司是美国最盈利的钢材制造商，它通过采用较为便宜的电弧熔炉和持续锻造工艺，彻底重组了钢材生产的价值链，使用电弧熔炉融化回收的废钢材消除了传统钢铁公司所采用的许多步骤，从而赢得了巨大的成本优势。又如，现代的准时生产系统（JIT）以“零库存”的形式避免了几乎所有的存货成本；全面质量控制（TQC）以“零缺陷”的形式避免了几乎所有的维修成本和由产品不合格带来的其他成本。

（三）时间成本和机会成本

在提及产品成本概念时，不仅要看凝结在产品中的物质形态和知识形态的成本，而且应该看耗费的时间成本、机会成本乃至沉没成本，以及推出这种产品的先后和快慢。在价值链的各个阶段，时间都是一个非常重要的因素。在竞争激烈的市场上，速度就是优势，时间就是金钱。在成本相同的情况下，抢先一步往往能夺取更多的市场份额，快速反应能获得更高的顾客满意度。

（四）规模化定制

规模经济是低成本战略的基石，为了降低成本，需要大量生产。然而为了满足客户日益个性化的要求，又需要量身定制。“规模化”和“定制”这对在以前不可调和的矛盾，在当今得以消弭。借助信息技术和互联网，通过电子商务和菜单方式，企业能够快捷、高效、方便、经济地采集世界各地消费者个性化的需求（以李维斯公司的牛仔裤为例，消费者不仅要求得到更合身的裤子，还希望与别人有不一样的颜色，或不一样的裤边裁剪方式等），然后将这些需求信息分门别类加以归整，将同类信息集合起来，以便组织规模生产。这样，既满足了客户的个性化要求，又实现了低成本的规模化批量生产。

实施两单、两高和两低经营模式，最大限度利用资产。

战略实践 5-3　春秋航空低成本战略应用

三、实施低成本战略的条件

在实践中，实施低成本战略要想取得好的效果，需要具备相应条件，如图 5-2 所示。

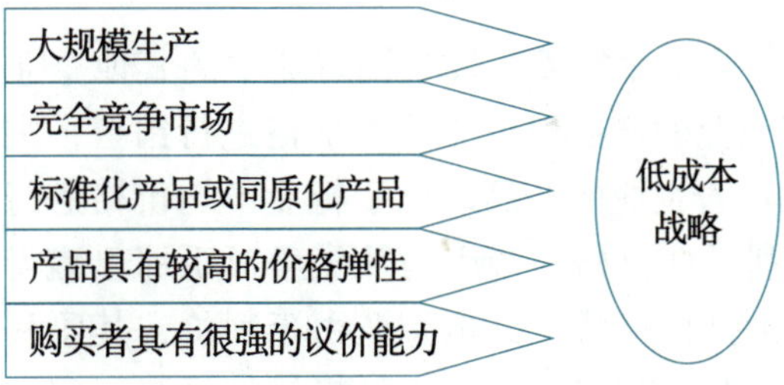

图 5－2　实施低成本战略的条件

（一）大规模生产

低成本总是与大规模联系在一起的。大规模生产能够在采购、管理成本分担、专业化的生产设施、生产能力充分利用方面具备优势，这些都体现在成本降低上；与大规模生产相对应，低成本战略要求组织高度集权化、规范化和专业化。此外，如果企业掌握一些独特的工艺秘诀，能够在成本控制过程中领先对手，也将构成低成本战略极好的基础。

（二）完全竞争市场

完全竞争市场意味着所在行业有众多企业，卖方企业之间的价格竞争异常激烈。这种情况下，产品成本领先的企业有降价空间，可以通过降低产品的价格赢得较大的市场份额，市场份额的增加又可以促进生产规模的扩大，生产规模的扩大又为更大力度的降价提供了可能，于是，一个良性循环建立起来。

（三）标准化产品或同质化产品

当市场的产品基本上是标准化产品或者同质化产品时，购买者很容易从众多卖方企业那里获得，购买者从一个卖方企业转向另一个卖方企业所承担的转换成本很低。在这种条件下，低销售价格就成为决定购买者选择产品的主要因素，购买者自然愿意转向那些低价格、同质量的企业。

（四）产品具有较高的价格弹性

当品牌之间的差别化对购买者来说并不重要时，购买者对价格的差异非常敏感。一般而言，购买者对价格越敏感，就越倾向于购买价格最优的企业的产品，低成本战略就越有吸引力。这种情况下，低成本能够使价格低于竞争者，从而提高市场份额和销售额，甚至将一些竞争者彻底逐出市场。

（五）购买者具有很强的议价能力

这种情况下，低成本战略形成的成本优势可以确保交易价格谈判的让利余地。可降价的空间，一方面使得企业通过妥协来满足顾客的需要，不至于造成顾客流失；另一方面使企业有能力保持盈利，不至于出现负利润。

四、低成本战略的优势

低成本战略是企业最普遍、最通用的竞争战略之一。实行这种战略的优势是显而易见的。

首先，就竞争而言，若企业的成本优于同行业中的其他企业，下面两种情形对低成本企业就有利。(1) 若企业的产品以行业平均价格进行销售，则企业取得的利润就高于同行业的平均水平。(2) 若企业的产品以低于行业平均价格进行销售，则无形中能够增强产品的竞争力，可以利用低价格的吸引力从竞争对手那里赢得销售额和市场份额。如果行业内的企业竞相降价打价格战，其他企业由于削价，其盈利必然降低甚至接近零或负，而低成本的企业仍存在盈利空间，成为价格战的最终赢家。概言之，低成本企业可以在价格竞争激烈的市场中，凭借更高的边际利润或者更大的销售量，获得超出平均水平的利润。

其次，就客户而言，一方面，低成本产生的低价格是积极争取顾客、扩大销售量和市场占有率的有力手段，低价格使原来没有使用该产品的顾客开始使用，使已经使用该产品的顾客更多地使用，还使从前使用竞争对手同类产品的顾客转向使用本企业的产品；另一方面，相对于其他企业而言，低价格使得企业存在较大的边际利润，因而容易同顾客达成双方都比较满意的价格协议，达到巩固和维护现有市场占有率和企业市场地位的目的。

最后，就供应商而言，由于企业的成本低，相对于竞争对手具有较大的对原材料、零部件价格上涨的承受能力，能够在较大边际利润范围内承受各种不稳定的经济因素所带来的负面影响。此外，伴随高效率的低价格，对供应商的需求量较大，为获得廉价的原材料或零部件提供了可能性，同时也便于同供应商达成长期稳定的协作关系。

五、低成本战略的陷阱

企业在采用低成本战略时，应充分意识到该战略的一些弱点以及由此产生的陷阱。

（一）技术变革

产业技术上的突破或竞争对手开发出更低成本的生产方法，都可能使低成本战略失效。例如，竞争对手利用新的技术或更低的人工成本，形成新的低成本优势，使得企业原有的优势不复存在。低成本战略下的规模化经营会妨碍产品的及时更新换代，技术上的重大变化会把过去的投资和经验积累一笔勾销，技术上的突破可能为竞争对手打开降低成本的天地，使得一个低成本领导者过去获得的在投资和效率方面的利益顷刻之间化为乌有，公司易受到新技术的伤害，为降低成本而投入的大量资本也使公司陷入两难境地。

（二）竞争对手模仿

当企业的产品或服务具有竞争优势时，竞争对手往往会采取模仿的办法，形成与企业相似的产品和成本，这会压低整个产业的盈利水平，给企业造成困境。成本优势的价值取决于它的持久性，如果竞争对手发现模仿领导者的低成本方法相对来说并不难，或并不需要付出太大的代价，那么低成本领导者的成本优势要在长时间里维持就会很难，也难以产生有价值的优势。

（三）顾客偏好的改变

顾客的兴趣可能会转移到价格以外的其他产品特征上。比如，顾客对附加的特色和服务兴趣增加，对价格的敏感性降低，一些新的时尚变化可能改变顾客使用产品的方式，或者顾客以“一分钱一分货”来衡量产品，对产品质量更为看重。如果顾客转向高质量、创造性的性能特色、更快的服务以及其他一些差别性的特色，那么对低成本的热忱就有消失的危险。

（四）过分追求低成本

如果企业过分追求低成本，将导致产品粗制滥造、品质下降以及服务水准明显降低，会使产品或服务太“简单”、太“干瘪”而吸引不了顾客。低成本供应商的产品，必须包含足够的属性以吸引预期的购买者。过度削减成本可能导致公司忽视顾客需求或对有关问题的担心。一味强调削减成本采取低成本战略的企业，通常难以洞察顾客需求的重大变化，以及竞争对手在本来无差异的产品上所做的差异化努力。

（五）把成本领先看成简单的价格竞争

企业选择低成本战略，在实现低成本运营时，其成本优势必然体现在价格竞争优势上。然而，成本优势并不等同于价格优势。若把成本优势简单地看成价格竞争的筹码，把低价销售作为竞争的利器，很可能导致企业死守低价、不思改革、舍本逐末，最终得不偿失。诚然，低价策略若使用得当，将有助于企业抢占市场、扩大销售、加速资金周转、树立物美价廉的良好形象。

然而，若一味追求低价销售，削价至远低于竞争者的价格水平，将抵消其成本低廉带来的薄利多销的收益，造成企业盈利过低。过度削价使利润非升反降，是低成本战略的最大陷阱。企业只有在削价幅度低于成本优势的幅度，或产品销量的增加足以使在降低单位产品利润率的同时仍增加总利润的情况下，才有可能获得低成本优势。再者，过低价格带来的过低毛利率会抑制企业的扩张行为，当企业发展速度落后于客户消费水平的增长速度时，最终受害的仍是消费者。此外，企业若太热衷于低价销售，发动价格战，将树敌过多，不仅会引起竞争对手的反击，造成经营的被动，更严重的是会恶化企业生存和发展的市场环境。

六、如何开发成本优势

成本优势的来源因产业结构不同而异。无论是实施简化产品型成本领先战略，改进设计型成本领先战略，材料节约型成本领先战略，人工费用降低型成本领先战略，还是生产创新及自动化型成本领先战略，都要强调不遗余力地从一切来源中获得规模经济的成本优势或绝对成本优势。

实施低成本战略需要在保持产品价格和消费者剩余不变的条件下，通过降低企业经营成本来提高企业利润，低成本战略的理论基础是规模效应和经验曲线效应（experience curve effect）。一方面，企业应最大限度地获取规模经济，不仅要着眼于企业内部规模的调整，还要依托产业集群，通过灵活而经济地收缩纵向规模，扩张横向规模，获得集群的外部规模经济效应。另一方面，经验曲线效应表明，一项任务（可以是任何产品或服务）越是经常执行，代价（包括制造、营销、分销、管理等的费用）越小。换言之，随着企业生产某种产品或者从事某项服务的数量的增加，经验不断积累，其生产成本将不断下降，在通常情况下，企业某项业务的市场份额越高，体现在这项业务上的经验曲线效应就越显著。根据波士顿咨询公司的经验，如果一个企业某项业务的市场份额是竞争者的两倍，那么较之竞争者该企业在此项业务上就具有20%～30%的成本优势。

对于成本优势，一个简单的判据是：公司价值链上的累积成本必须低于竞争对手的累积成本。以下是实现企业成本领先战略的九个重要途径，值得充分关注并在实践中大力推行。

（1）规模经济。规模经济将使扩大生产规模的投资费用相对节约和成本下降。产量的增加使固定费用可以分摊到更多的产品中去，从而导致成本降低。

（2）资源共享。在公司内部各组织单元或业务单元之间应最大限度地共享资源，分享机会。通常一个公司内的不同产品线或不同业务单元会共同使用同一个订单处理和客户账单处理系统，使用相同的销售力量，使用相同的仓储和分销设施，依靠相同的客户服务和技术支持队伍，通过资源共享，节省成本和额外开支。

（3）标准化、专业化和自动化。过程、零件、产品的标准化、专业化和自动化，可以使生产效率大幅度提高，流水线作业就是明证。特别是计算机集成制造、企业资源计划（ERP）、精益生产方式等自动化、智能化和集成化技术的广泛应用，极大地提高了作业效率，显著地降低了成本。此外，产量的大幅增加也为专业化、标准化和自动化提供了可能。

（4）协作协同。如果一项活动的成本受到另一项活动的影响，那么确保相关活动以一种协调合作的方式开展，可以降低成本。为此，企业不仅要提高内部管理水平，加强内部价值链活动，更好地协调价值链活动的各个因素，而且要加强与行业价值链中其他活动尤其是那些高成本价值链活动的联系，以提高协作协同度。

（5）学习型组织。随着时间的推移，企业会在生产、技术和管理等方面逐步积累丰富的经验和知识。通过创建学习型组织，企业员工之间可以充分分享这些宝贵的知识和经验，将从某个产品上学到的技能用于其他产品，以提高企业总体的效率和效能。相互学习切磋的结果是，员工不仅能在技能上更快找到捷径和掌握诀窍，心智上也变得更为自信，还降低了犹豫、探寻、试错的时间和失误的概率。

（6）生产能力利用率。生产能力利用率是价值链的一个很大的成本驱动因素，对诸如航空公司这样具有高额固定成本的企业来讲尤其如此。对那些承担折旧和其他固定费用的贵重生产设备，尽量避免能力闲置，使其满负荷运转，从而降低单位固定成本。美国西南航空公司深谙此理，笃信“飞机只有在天上飞才能挣钱”的硬道理，想方设法把飞机的运能用足，尽量减少飞机在地面停留的时间。

（7）关键资源成本。开展价值链活动的成本在相当程度上取决于公司为购买关键资源所支付的成本，采购是成本降低过程中最重要的环节之一。为此，企业需要充分调查和收集市场信息，选择信誉佳的供应商，建立长期合作伙伴关系，同时，还要注意掌握市场供求情况和价格变动规律，把握采购时机，并通过选择恰当的付款条款等手段降低采购关键资源的成本。

（8）先手效应。有时候市场上首先行动者、第一个品牌的创立者，往往能够比后来者以更低的成本建立和维持其品牌名声，而且先行者在经济上更划算。实际上，今天的经济已演化为速度经济，市场奉行的游戏规则已由“力量型”变为“速度型”，由从前的“大吃小、强吃弱”变为今天的“快吃慢、先吃后”。时机胜过天机，谁能率先把新产品推向市场，谁就能捷足先登，获得先手之利。实证研究表明，在相当多的领域后来者要获得与先行者同样的市场份额，往往要付出 3～5 倍的代价。

（9）垂直一体化。采取前向一体化、后向一体化的主要目的在于获取成本领先的收益。部分或全部一体化进入供应商或前向渠道联盟，可以使公司绕开有强势谈判地位的供应商或购买者，获得降低成本的优势。

在现实的经营实践中，以上数种成本因素交织在一起，综合影响着低成本战略的相对吸引力。企业需要通盘考虑规模经济状况、生产能力利用率、与供应商和销售商的关系及学习和经验曲线效应等诸多因素，并系统地加以解决。

第 6 节　差异化战略

一、差异化战略概述

差异化战略（differentiation strategy），又称差别化战略，是指企业为了使产品有别于竞争对手形成差异而突出一种或数种特征，借此胜过竞争对手的一种战略，其核心是取得某种对顾客有价值的独特性。实现差异化的方式不拘一格，在产品设计或品牌形象、技术特点、外观特点、客户服务、经销网络等多个方面均可展示独特性。最理想的情况是企业在几个方面都实现差异化。

根据前述公式 A = P – C，为使 A（利润）最大化，要么 C（成本）最小化，要么 P（售价）最大化。前者意味着企业应该实施低成本战略，后者则意味着企业应该实施差异化战略。因为，若企业的产品与竞争者同质，凭什么卖高价？

企业的经营实践告诉我们，低成本战略的道路十分艰辛。有些成本具有刚性，不是想降就能降得下来。再说，低成本也有底线和尽头。因此，企业要从根本上获得竞争优势，不能一味地压缩成本空间，而应通过实施差异化战略，让自己的产品或服务与众不同，具有异质性，在广阔（理论上无限大）的创新空间大展宏图。

在同质产品市场上，企业只能诉诸价格战，结果红海一片。要开创蓝海，企业就应该通过价值创新，实施差异化战略。正是从这种意义上，我们说差异化这个概念是以迈克尔·波特教授为中坚分子的定位学派竞争战略理论的最精妙之处，是精华和精要之所在。

明茨伯格指出，波特的低成本战略，其实质与差异化战略如出一辙。低成本只是手段，低价格才是真正目的，通过降低成本而调低售价来吸引顾客才是企业最关心的事情。低成本其实是一种特殊的差异化，即价格差异化。同理，聚焦战略也是一种差异化战略，即范围或区域上的差异化。因此，波特的三大基本战略本质上就是一

在产品品类、品牌势能、营销渠道、生产模式四个维度实现差异化。

战略实践 5 - 4　洽洽食品的差异化战略

种战略，即差异化战略。

二、差异化战略与低成本战略的关系

直觉上，差异化战略与低成本战略似乎水火不容。粗略地看，为了能较好地满足不同消费者的需要而进行的差异化，不得不进行多品种、小批量生产，势必增加生产成本和销售费用，不仅与低成本的诉求背道而驰，而且牺牲市场份额在所难免。现实经验亦表明，差异化几乎总是与高成本形影相随。

若进一步做学理上的分析，则更强化了这种认知。实际上，战略大师波特就认为，在总成本领先战略和差异化战略之间，存在明显的互相排斥。两种战略的定位各不相同，低成本战略主攻的是市场份额，而差异化战略欲收获的则是利润率。在竞争性市场上，市场份额和利润率互为代价。

波特指出，低成本战略与差异化战略是一个两难选择，鱼和熊掌不可兼得。既追求低成本带来的市场份额之“势”，又渴望差异化带来的可观之“利”，必然遭遇骑墙的尴尬。一旦骑墙，必将导致模糊不清的企业文化、冲突的组织安排和相互抵消的激励系统。同时，两种战略要求的资源禀赋大相径庭，业务流程、组织安排、营销手段、管理风格也迥然有别。企业若在二者之间游离摇摆，就会陷入市场泥潭。

然而，“势”和“利”的关系并非尖锐冲突、不可调和。既求“势”又求“利”，拥有“势利”，是人（不管是个人还是法人）之常情，也是最自然的想法。竞争博弈恰如下围棋，单纯求外围之势或捞实地之利均不可取，需要在“势”和“利”之间求得动态平衡。在低成本和差异化之间同样可以走出第三条道路。企业完全可以通过不同的价值链组合，兼顾低成本与差异化，实现二者的兼容。现实中，的确也涌现出一大批依靠“低成本＋差异化”获胜的企业。实际上，在本章第5节已经谈到的“规模化定制”，就是对低成本和差异化兼顾融合的最好诠释。其中，规模化代表低成本，定制代表差异化。

三、实施差异化战略的精要

实施差异化战略，可以培养顾客对品牌的忠诚，降低其对价格的敏感性，即使价格高于同类产品，顾客也会产生偏爱。此外，企业采用这种战略，可以很好地防御行业中的五种竞争力量，使企业获得高于同行业平均水平的利润。差异化最终体现在公司的产品和服务上，但差异化来源于企业的价值链。事实上，价值链的每一项活动都存在创造差异化的可能性。实施差异化战略必须做好以下几方面工作。

（一）研究客户

差异化的逻辑起点是客户需求和客户的价值主张，最终依归为客户愿意为企业提供的独特效用而付出高昂价格。为此，企业首先应该仔细研究客户的需求和偏好，了解他们认为重要的、有价值的和愿意支付的属性。然后，确保产品或服务包含客户想要得到的属性，或者开发某种独特的能力来满足客户的需求，力争客户利益最大化。客户对差异化的喜好程度越高，他们同企业的联系就越紧密，企业所获得的竞争优势也就越大。成功的差异化战略能够使企业以更高的价格出售其产品，并通过使客户高度依赖产品的某些特征而得到他们对企业的忠诚。

（二）研究竞争对手

要获得持续性的竞争优势，企业应密切关注竞争对手的一举一动和产业中的各种变化，努力把自身产品的属性与竞争对手的明显区分开来。由于差别是相对于竞争对手而言，对对手情况知之甚少无异于无的放矢，差异也就无从谈起。如果在同一产业中，所有竞争者都努力实施自以为差异、实则“撞车”的竞争战略，结果将是谁也不能取得相对优势，因为同等的活动会互相抵消，不能凸显各自的独特之处。企业应尽量将自己的产品与竞争对手做详尽对比，在此基础上寻求差异化和比较优势的途径。

（三）清晰直白地向客户传递产品的价值和特色

现在的市场不再是卖方市场而是买方市场，供过于求普遍存在，加之广告资讯泛滥，消费者的注意力越来越稀缺。皇帝的女儿也愁嫁，好酒也怕巷子深，已成为企业不得不面对的严峻事实。企业的产品若宣传不力，将导致客户不能切实感受到其独特价值，也很难获得客户的青睐。因此，企业不仅要通过技术进步、产品创新等手段创造与竞争对手异质的、有内在差异化的产品属性，而且要通过多渠道、多途径的营销手段，清晰直白地向客户传递产品的特色，强调（有时以巧妙暗示的方式）自己的产品与竞争对手相比的优越之处，大张旗鼓地宣传自身产品差异化的价值。即便是在同质市场，为了避免价格竞争，企业也可以采用不同的外观设计、包装或者附加某些讨巧的小功能来彰显自己，实现外在差异化。

（四）不要过度差异化

出售产品所带来的总收入和生产该产品发生的总支出之间的关系，是判断是否过度差异化的重要依据。在任何时候都要确保产品收益超过为获得差异化而花费的总成本，使差异化的产品有利可图。过度差异化可能导致成本过高，成本过高又将导致大多数购买者难以承受产品的价格，企业难以盈利。价格的差别越大，购买者转向低价格的竞争对手的可能性就越大。若竞争对手的产品价格较低，企业即使控制其成本水平，客户对差异化产品价值的认同也不足以使其接受该产品的高价格。过度差异化对企业经营造成的负面影响，不仅是收益的损失，还是宝贵的人、财、物资源的损失，使企业在关键环节的努力不够，造成竞争能力下降。

（五）集中稀缺资源于关键性的经营职能

一般来说，在不同的产业领域中，成功要素维系于竞争者如何发挥最具决定性的经营职能。这些职能可能是采购、设计、研发和生产制造，也可能是市场营销、物流、分销及客服等。经营职能差异是差异化战略的核心方面。一家企业，即使其人力物力与竞争对手相差无几，只要实现经营职能差异也可获得竞争优势，办法就是事先确定提高市场占有率及盈利能力最成功、最关键的因素，然后明智地将资源重新调配，重点布局，把关键职能做深做透，形成主推力量，以实现纲举目张。比如，若企业认为生产制造是关键职能，就应该在生产设备、流水线和生产工艺与流程上加大投入，全力降低产品缺陷，延长产品寿命，提高产品质量，改善产品外观。日本汽车制造商所享有的质量优势就部分来自它们在开展装配线活动方面的卓越努力。

（六）创新思维

差异化其实就是取得某种独特性。为此，企业往往需要利用独具匠心的构思，卓尔不群的技术和工艺，新奇奥妙的原料配方，别具一格的服务形式，为客户提供独特价值。有时即使产品本身并无稀奇之处，也可以通过包装、广告达到差异化的效果。本质上，差异化就是创新，在创新中创新思维至关重要。创新思维不是逻辑化、结构化和程式化的推理，而常常需要借助类比关联和奇思妙想，从看似杂乱无章、相去甚远的事物中得到启示，它常常呈现出解构性、跳跃式、一触即发和顿悟的特点。

然而，灵光一现仅是创新思维的表象，创新思维是多种因素长时间互相作用的结果，是潜心思考、充分准备、持续探究的结果。悟性、灵性、直觉、洞察力，甚或潜意识和第六感，固然在创新思维中发挥重要作用，但基础和本质是经验、常识、知性和理性以及好奇心、求知欲和思辨力。创新思维形式有多种，头脑风暴就是一种简易可行的方式，逆向思维也是其中一种。在实践中，不要把一些人们普遍接受的产品设计及生产运作概念视为当然，要敢于、善于和惯于从问题的反方向思考，追问“为什么不”，从而打破常规，别出心裁，推陈出新。

（七）持续差异化

持续差异化有两层含义：一是通过多次、不断的差异化，使自身的产品始终与众不同，从而获得持续的竞争优势；二是提高一次性差异化的模仿难度，使差异化的成果能在相当长的时间内得以保留。容易被复制的差异化不能产生长久的竞争优势，快速的模仿意味着没有获得真正的差异化，因为每次企业采取新的行动使企业的产品同竞争对手的产品区分开来时，竞争对手都能够有类似的变化。为了通过差异化建立竞争优势，企业必须找出独特的成就源泉，从而使竞争对手模仿起来十分困难。

竞争者可能会设法迅速模仿产品的差异化特征。竞争对手推出相似的产品，降低产品差异化的特色，或推出更具差异化的产品，使得企业产品的原有购买者转向竞争对手的产品。企业必须长久地保持产品的独特性，使竞争者不能迅速而廉价地模仿这一独特性。如果竞争对手能够很快地复制所有或绝大部分有吸引力的产品属性，那么企业为差异化所做的努力就会大打折扣。

（八）加强组织工作和环境建设

成功的差异化战略对一般组织工作的要求包括：建立提升员工创造性的激励机制和管理体制，提供能够吸引科学家和创造性人才的宜人环境和工作氛围；加强研究开发和市场营销功能的协调，构建与差异化战略相匹配的组织结构，再造企业的业务流程和管理方式；高度重视企业文化建设，对高技术企业而言，格外需要良好的创造性文化，要大力倡导勇于创新、宽容失败的理念，鼓励技术人员大胆创新。

第7节　聚焦战略

一、聚焦战略概述

聚焦战略，又称重点集中战略、集中化战略、专一经营战略或小市场战略，是指企业在详细分析外部环境和内部条件的基础上，把自己的生产和经营活动集中在某一特定的购买者集团、产品线的某一部分或某一地域市场的战略。聚焦战略并非单指专门生产某一产品，而是对某一类型的顾客或某一地区性市场做密集性经营，其核心是瞄准某个特定的用户群体、某个细分的产品线或某个细分市场。

《孙子兵法·虚实篇》曰："我专为一，敌分为十，是以十攻其一也，则我众而敌寡；能以众击寡者，则吾之所与战者约矣。"专，即集中兵力；分，即分散兵力。在军事上，"集中兵力打歼灭战"是一条重要原则。毛泽东在总结红军十年战争经验时说："中国红军以弱小者的姿态出现于内战的战场，其迭挫强敌震惊世界的战绩，依赖于兵力集中使用者甚大。"① 鉴于中国革命战争中敌我力量长期悬殊的情况，毛泽东深刻指出："我们的战略是'以一当十'，我们的战术是'以十当一'，这是我们制胜敌人的根本法则之一。"②

军事如此，商战亦然。在日益激烈的市场竞争中，企业应该聚焦核心，重点突破。聚焦对实力不够强大的中小企业尤其重要，通过实施聚焦战略，企业能够划分并控制一定的产品市场份额，在此范围内其他竞争者不易与其竞争，所以市场占有率比较稳定。通过目标细分市场的战略优化，企业围绕一个特定的目标进行密集性的生产经营活动，可以更好地了解市场和顾客，能够比竞争对手提供更好的产品和服务，旨在获得以整体市场为经营目标的企业所不具备的竞争优势。

迈克尔·波特非常重视聚焦战略，加里·哈梅尔、汤姆·彼得斯等也十分推崇聚焦战略。他们认为，企业只有围绕自己的核心竞争力，专注于自己的优势，才能得到持续发展。诚然，众多专业化公司都烙上了鲜明的个性化标识。提起大众、奔驰、宝马，大家都知道它们是汽车制造厂商，巴斯夫是化工企业，拜尔是生物和制药公司，宝武是钢铁集团，万科是房地产商，海底捞是火锅店，如此等等，就连产品种类和数量繁多的西门子也有一个鲜明的标识标签：电器设备。

聚焦战略的优势是显而易见的。首先，集中和聚焦使"小而精""小而专""小而强""小而大""小而特"成为可能，因而，可以使企业在本行业获得高于一般水平的收益。聚焦战略不是在整个行业范围内进行活动，而是集中于整体市场的一个狭窄的部分，即细分后的目标市场。目标细分市场既可按地域的独特性来界定，也可按使用产品的专业化要求来界定，还可按产品的属性来界定，其终极目的是比竞争对手更好地服务目标细分市场的购买者。这方面的典型例子很多，如吉列公司凭一把剃须刀、麦当劳公司凭一份汉堡包加薯条、可口可乐公司凭一瓶饮料，进入世界500强行列。这些企业几十年来坚持聚焦战略，一以贯之，精心耕耘，不仅利润丰厚，而且发展成世界级的大企业。

其次，采取聚焦战略的公司，拥有服务于目标小市场的专业能力，其防御五种竞争力量的基础更加坚实。相对于实行聚焦战略的企业而言，定位于多个细分市场的竞争企业很难透彻理解目标客户的期望，也很难拥有服务细分目标小市场的独特能力。此外，竞争者进入聚焦企业的目标细分市场越来越困难，而这种赶上聚焦企业的能力所遇到的障碍，可以有效地阻止潜在的新进入者。聚焦企业服务于小市场的能力也是替代产品生

---

①② 毛泽东选集：第一卷．北京：人民出版社，1991：225．

产商必须克服的一个障碍。对具有谈判优势的客户来说，会因为他们不愿意转向那些不能如此满足自己期望的企业而在某种程度上削弱他们的谈判优势。

除上述优势外，聚焦战略还有一些突出的优势：便于集中使用整个企业的力量和资源，更好地服务于某一特定的目标；更好地调查研究与产品有关的技术、市场、顾客以及竞争对手等各方面的情况，做到“知彼”；经济效果易于评价，战略管理过程容易控制，从而带来管理上的简便；更快地响应市场变化；可以针对竞争对手最薄弱的环节使用聚焦战略采取行动。

二、聚焦战略的适用条件

在下列情况下，聚焦战略往往能够取得最好的效果：

（1）具有完全不同的客户群。购买群体在需求上存在差异，客户有独特的偏好或需求。

（2）在相同的细分市场中，其他竞争对手不打算实行聚集战略。定位于多个细分市场的竞争对手，很难满足目标小市场的专业化或特殊需求，或者如果要满足这个市场的专业化需求，其代价高昂。

（3）企业的资源不允许追求广泛的细分市场。整个行业有很多小市场和细分市场，本企业资源实力有限，没有足够的资源和能力进入整个市场中更多的细分市场，从而选择与自己的能力相符的有吸引力的目标小市场。

（4）没有竞争对手在相同的目标细分市场上进行专业化经营。竞争对手尚未打算在企业的目标市场上采用聚焦战略。

（5）行业中各细分市场在市场容量、成长速度、获利能力、竞争强度等方面存在很大差异，致使某些细分市场比其他市场更有吸引力。

（6）小市场具有很好的成长潜力，目标小市场足够大，可以盈利。

（7）拥有有效服务目标细分市场的资源和能力。

（8）采取聚焦战略的公司，凭借其建立起来的商誉和能力，可以有效地防御行业中的挑战者，其产品和服务有较高的客户忠诚度。

（9）服务小市场的成本比竞争对手的成本低，能够给小市场的购买者提供他们认为更好的东西。

一些小型酿酒厂，当地面包厂，只提供住宿和早餐的小旅馆，当地业主管理的零售时装店，专门从事加油及简单汽车维修业务的营业点，以及专门从事交通不太便利地区的短程航空飞行业务的公司，都是很好的实施聚焦战略的例子，它们的经营规模只限于很窄的顾客群或者仅为当地顾客提供服务。联邦快递公司和 MIC 通信公司是采取聚焦战略的著名公司。

现在赫赫有名的沃尔玛，当初之所以成功起步，很大程度上也得益于聚焦战略。当时它将精力集中于整体市场中最狭窄也是最具挑战性的乡村市场，而乡村市场不是同行业中主要竞争对手重点关注的对象，甚至被它们忽视。正是这一在同行看来无利可图、不屑一顾的市场却给沃尔玛带来了生存和扩展的机会。在后来的十几年间，沃尔玛乘势而上，继续开拓小城镇这个被其他零售商店遗忘的细分市场，逐渐形成星火燎原之势，避开了激烈的竞争，悄无声息地占领了全美的零售市场，直至成为全球零售业巨人。

三、聚焦战略的风险

企业在实施聚焦战略时可能面临以下风险：

（1）由于技术进步、替代品的出现、价值观念的更新、顾客偏好转向市场中的大路货商品等多方面的原因，目标市场与总体市场之间产品或服务的需求差别变小，企业原来赖以形成聚焦战略的基础丧失，企业容易受到冲击。

（2）以较宽的市场为目标的竞争者也采用聚焦战略，或者竞争对手从企业的目标市场中找到了可以再细分的市场，并以此为目标实施更聚焦的战略，从而使原来采用聚焦战略的企业失去优势。

（3）产品销量可能变小，产品要求不断更新，造成生产费用增加，削弱成本优势。聚焦战略有时需要企业付出很高的代价，抵消企业为目标市场服务的成本优势，或抵消通过聚焦战略而取得的产品差异化优势，导致企业聚焦战略失效。

（4）众多的竞争者可能会认识到聚焦战略的有效性，可能使聚焦企业所聚焦的细分市场非常具有吸引力，以至于各个竞争企业蜂拥而入，模仿这一战略，并且找到可与聚焦企业匹敌的有效途径来服务目标小市场，瓜分细分市场的利润。

（5）细分市场之间差异的减小会降低进入壁垒，会为竞争对手争取聚焦企业的客户打开一扇方便之门。

（6）实施聚焦战略的企业，通常使用的是非标准的专用设备，一旦市场发生变化，其退出成本和代价往往很高。

（7）任何行业都有生命周期。企业聚焦的（单一）业务，哪怕是数代苦心经营且具有核心竞争力的业务，也很可能在新技术、新范式、新模式面前“一吹即倒”（参见第 4 章第 5 节提出的核心能力“刚化”），而企业又无其他业务，导致一输全输，满盘皆输。

四、实施聚焦战略的要点

实施聚焦战略需要把握好以下几方面的问题。

（1）选好聚焦的战略目标和途径。企业实施聚焦战略的关键是选好战略目标和途径。选择聚焦战略目标的一般原则是，要尽可能选择那些竞争对手最薄弱的目标和最不易受替代产品冲击的目标。

大体上，按聚焦的焦点可分为产品线聚焦、顾客聚焦和地区聚焦三大类。聚焦战略的途径通常有低成本聚焦和差异化聚焦两种。低成本聚焦是以某个狭窄的购买者群体为焦点，通过为这个小市场上的购买者提供比竞争对手价格更低的产品或服务来战胜竞争对手。差异化聚焦则是以某个狭窄的购买者群体为焦点，通过为这个小市场上的购买者提供比竞争对手更能满足其需求的定制产品或服务来战胜竞争对手。这两种聚焦战略的途径都有赖于目标市场与行业中其他细分市场之间的差异性。目标细分市场必须有特定需求的消费群体，或者有与其他细分市场相区别的产品。

（2）聚焦战略的成功实施，要求所经营的产业部门有足够的规模，有良好的增长潜力，而且对其他主要竞争者的成功来说并不是至关重要的。如果细分市场与总体市场之间产品或服务的需求差别变小，产品销量萎缩，细分空间受到挤压，则企业原来赖以形成聚焦战略的基础不复存在，造成生产费用增加，聚焦代价高昂，进而抵消企业为细分目标市场服务的成本优势。

（3）实施聚焦战略，尽管能在目标市场上保持一定的竞争优势，获得较高的市场份额，但由于目标市场本身相对狭小，聚焦企业的市场份额的总体水平还是较低。因此，企业选择聚焦战略时，应该在产品获利能力和销售量之间权衡取舍，有时还要在产品差异化和成本状况间进行权衡。还需警惕的情形是，众多的竞争者可能会认识到聚焦战略的有效性，加之聚焦企业所聚焦的细分市场非常具有吸引力，使各个竞争企业蜂拥而入，瓜分细分市场的利润。此外，实施聚焦战略的企业，通常使用的是非标准的专用设备，一旦市场发生变化，其退出成本和代价往往很高。

（4）对小型企业而言，采用聚焦战略的企业要想实现成本领先，可以在专用品或复杂产品上建立自己的成本优势，因为这类产品难以进行标准化生产，也就不容易形成生产上的规模经济效益。采用聚焦战略的小型企业想要实现差异化，则可以运用所有差异化的方法达到预期的目的。低成本聚焦方法可以防御行业中的各种竞争力量，使企业在本行业中保持高于一般水平的收益，这尤其有利于中小企业利用较小的市场空隙谋求生存和发展。企业还可以通过差异化聚焦，在选定的目标市场上确立自己的特色优势。

（5）对中型和大型企业而言，要想有效地采取聚焦战略，必须将聚集战略与差异化战略或成本领先战略结合起来使用。差异化意味着以广泛的市场为目标的竞争者在该细分市场中缺乏竞争性。因此，采用聚焦战略的企业可赢得独有的竞争优势。企业一旦选择了目标市场，便可以通过产品差异化或成本领先的方法形成聚焦战略。换言之，采用聚焦战略的企业，基本上就是特殊的差异化或特殊的成本领先企业。如果一家公司能够将其能力和资源集中在一个界定清晰的细分市场上而明显地降低成本，在专用产品或复杂产品上建立自己的成本优势，那么通过聚焦来取得竞争优势就可以取得成功。

第8节　战略钟

一、战略钟概述

1996年，鲍曼（C. Bowman）和福克纳（D. Faulkner）提出了战略钟（strategic clock）的思想。战略钟以波特的三大基本竞争战略为基础，将基于三大基本竞争战略的八种战略选择在一个钟形图上表示出来，从而提供了一种实施基本战略的方式，是制定竞争战略的依据。

战略钟主要涉及两个核心概念：一是价格；二是感知附加值（perceived added value）。其假设如下：若不同企业的产品或服务的适用性基本类似，则顾客选择购买其中一家企业的产品或服务可能有两个原因：（1）该企业产品和服务的价格比其他企业低；（2）顾客估计该企业的产品和服务具有更高的附加值（感知附加值）。

战略钟图（见图5-3）是战略钟的直观表达。横坐标为价格，纵坐标为感知附加值。在此坐标系中，用平分360度圆的8条射线表示8种战略选择，其中射线4与8是价格高低的分界线，射线 2 与 6 是感知附加值高低的分界线。

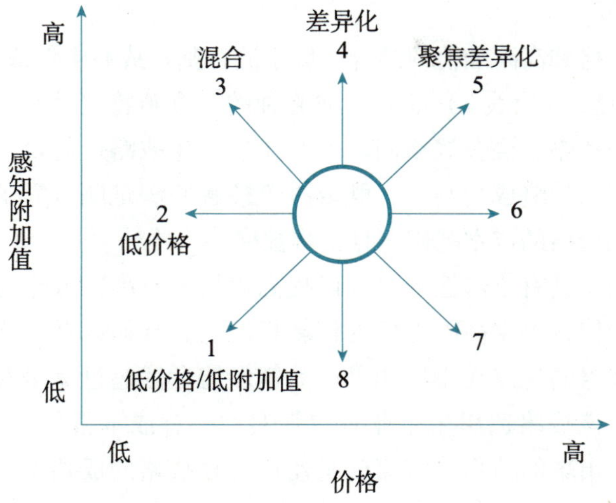

图 5－3　战略钟图

二、战略钟的路径选择

战略钟综合考虑企业产品或服务的价格与感知附加值（以下简称“附加值”），认为企业实际上沿着八条路径中的一条来完成经营行为。其中，一些路径可能使企业成功，而另外一些路径则可能导致企业失败。

战略钟将基于市场的一般战略分为五类。

（一）低价格战略

低价格战略可以归为波特所提出的低成本战略。此类战略包括两种路径。

路径 1：企业结合低价格和低附加值，是“便宜非好货”的无修饰（no frills）战略，可用图 5－3 中的路径 1（射线 1）表示。该战略属于波特所提出的低成本战略与聚焦战略的组合，为聚焦的低成本战略。表面上看，实施路径 1 的战略好像吸引力不大，但实际上确有企业实施该路径，锦江酒店旗下的 7 天酒店就使用了这种战略，通过在选址、装修、客用品和服务等各个环节上节约成本，为顾客提供经济型酒店。截至 2022 年，其分店已遍及全国 370 个城市，规模超过 3 000 家。究其原因，主要是存在对价格敏感的低收入细分市场，顾客明知产品或服务质量较低，但不愿买或买不起更高质量的产品。

路径 2：企业保持低价格的同时提供合理附加值（与竞争对手持平），以赢得市场占有率，可用图 5－3 中的路径 2（射线 2）表示。该战略可归为波特提出的低成本战略，是企业建立竞争优势的典型途径。

（二）差异化战略

差异化战略即以相同或略高于竞争对手的价格，向顾客提供高附加值，其目的是通过提供更好的产品或服务获得更多的市场份额，或者通过稍高的价格提高收入，可用图 5－3 中的路径 4（射线 4）表示。该战略可归为波特提出的差异化战略，该战略适用于顾客对产品或服务差异化需求较高的情形。

（三）混合战略

混合战略是低价格和高附加值的结合，属于波特基本战略中低成本和差异化的综合，可用图5-3中的路径3（射线3）表示。战略钟的一个独特之处是，它允许在低价格和差异化之间存在混合战略，混合战略同时涉及比差异化战略低的价格和比低价格战略高的附加值。企业采取该战略成功与否，既取决于理解并满足顾客需求的能力，又取决于企业是否具有保持低价格的成本基础，且很难被模仿。

通常混合战略用于具有攻击性的目标以提高市场占有率，可作为进入海外市场等新市场的有效手段。即使在提供高附加值的创新情况下，起初以低价格获得经验曲线效应也值得考虑。混合战略的优点在于：如果产品销量能远远超过竞争对手，则由于成本很低，收入仍然可观。该战略适用于企业有较强实力，总成本很低但可以维持一定收入，且必须进入竞争对手市场的情形。宜家就是使用混合战略的成功例子，该公司利用其规模优势，结合相对低廉的价格，再辅以瑞典设计的差异化。

（四）聚焦差异化战略

聚焦差异化战略是高价格和高附加值的结合，可用图5-3中的路径5（射线5）表示。采用该战略意味着企业只在特定的利基市场或细分市场中参与竞争，属于波特基本战略中聚焦战略和差异化战略的结合。显然，企业选择该战略必然面临在跨市场的差异化和聚焦经营这两类战略之间做抉择。该战略适用于企业处于有特殊需求的细分市场及暂无其他竞争对手进入且企业本身经营实力一般的情形。

（五）失败战略

失败战略是市场和顾客难以接受的一类战略，它包括三种战略（见图5-4中的路径6～8）：

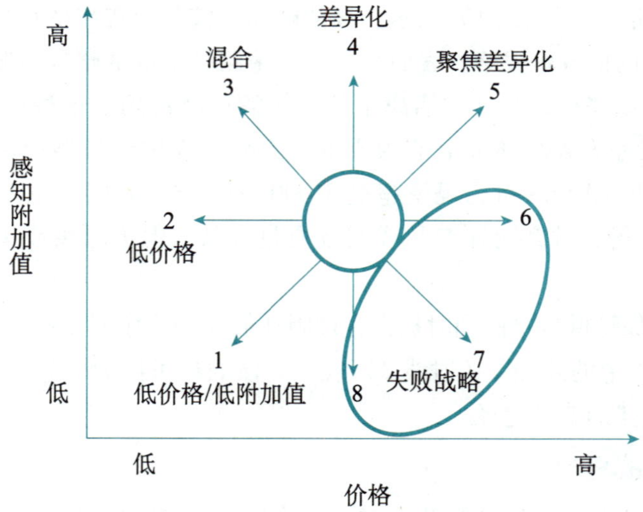

图5-4 战略钟图中的失败战略

路径 6：企业仅提高价格却不相应地增加客户附加值。显然，在买方市场条件下该战略很难实行；即使在卖方市场条件下实行，也不具有可持续性，除非企业受到法律保护，或者有很强的经济壁垒阻止新竞争对手进入。

路径 7：此为高价格和低附加值的组合，这与波特提出的低成本战略或差异化战略都背道而驰，客户当然会拒绝这种战略。相比较而言，该战略比路径 6 更危险，将导致企业走向失败。

路径 8：企业在保持价格的同时降低附加值。显然，这种战略是企业一厢情愿的危险战略，市场和客户很难认同，除非市场中没有竞争对手提供类似的产品或服务，否则，竞争对手很容易夺得市场份额，并很快削弱采用这一战略企业的地位。

三、战略钟与波特的三大基本竞争战略

与波特的三大基本竞争战略相比，战略钟主要有两点不同。

第一，它基于价格而非成本。显然，对于企业而言，比较市场上竞争对手的价格，要比比较其内部成本容易。

第二，恰如本章第 6 节中指出的那样，波特认为企业管理者需要在低成本战略、差异化战略和聚焦战略这三大基本战略中做出明确选择，模棱两可的战略选择对于企业而言非常不明智。波特的忠告是，最好选定一个基本竞争战略，然后严格地按照该战略行动，否则，有可能“夹在中间”，哪个战略都执行不好。相比于必须在波特的三大基本战略间做出非此即彼的选择，战略钟的环形设计提供了更多选项。如图 5－3 所示，在低价格/低附加值战略的路径 1 和聚焦差异化战略的路径 5 之间，有一系列的微调选项可供选择。

/ 本章小结 /

本章讨论了顾客价值、企业三个层次的战略、三大基本战略以及战略钟。

按照战略的实施主体不同，企业战略可分为三个层次。公司层/总公司/集团战略，是拥有多个子公司的母公司的战略，主要目标是通过建立和经营行业组合实现投资收益的最大化。业务层/竞争战略是企业或者集团下属的子公司、事业部或战略业务单元所采用的战略，目的是通过集中于某个具体的行业或者特定的产品/市场，实现利润和市场占有率的最大化。职能战略是指管理者为特定的职能活动、业务流程或业务领域内的重要部门所制定的策略规划。对营销、财务、研发、生产、人事等企业主要职能部门而言，相应的职能战略为市场营销战略、财务投资战略、研发战略、生产运营战略以及人力资源开发战略等。

三个层次的战略相互依存、相互影响。其中总体战略决定竞争战略，竞争战略决定职能战略，职能战略则服从、体现和支撑总体战略和竞争战略，三者共同构成了企业的战略体系。

三大基本战略是可应用于任何性质、任何规模的企业的涵盖面甚广的企业竞争战略。低成本战略是企业通过在内部加强成本控制，在较长时间内保持企业产品成本处于同行业的领先水平，并以低成本作为向价格敏感的客户提供产品和服务的主要竞争手段。差异化战略是企业为了使产品有别于竞争对手而突出一种或数种特征（形成差异化），借此胜过竞争对手的一种战略，其核心是取得某种对顾客有价值的独特性。聚焦战略是企业在详细分析外部环境和内部条件的基础上，把自己的生产和经营活动集中于某一特定的购买者集团、产品线的某一部分或某一地域市场的战略。聚焦战略并非指专门生产某一种产品，而是对某一类型的

顾客或某一地区性市场做密集性经营，其核心是瞄准某个特定的用户群体、某个细分的产品线或某个细分市场。

战略钟以波特的三大基本竞争战略为基础，将八种类型的战略选择在一个钟形图上表示出来，从而提供了另一种实施基本战略的方式，是制定竞争战略的依据。战略钟和波特的基本竞争战略相比主要有两点不同：第一，战略钟基于价格而非成本；第二，企业不必在三大基本战略间做出非此即彼的选择，因为战略钟的环形设计提供了一系列选项。

/ 常用术语 /

顾客价值（customer value）
体验经济（experience economy）
情绪价值（emotional value/support）
总体战略（overall strategy）
前向一体化（forward integration）
横向一体化（horizontal integration）
战略联盟（strategic alliance）
业务层战略（business-level strategy）
竞争战略（competitive strategy）
机会成本（opportunity cost）
差异化战略（differentiation strategy）
规模化定制（mass customization）
协同（synergy）
无修饰战略（no frills strategy）
顾客认知价值（customer-recognized value）
消费体验（consumption experience）
Z世代（Generation Z）
一体化战略（integration strategy）
后向一体化（backward integration）
多元化战略（diversification strategy）
公司层战略（corporate-level strategy）
职能层战略（functional-level strategy）
低成本战略（low cost strategy）
沉没成本（sunk cost）
聚焦战略（focus strategy）
战略钟（strategic clock）
感知附加值（perceived added value）
顾客让渡价值（customer delivered value）

/ 思考题 /

1. 解释顾客价值的内涵。
2. 体验经济的主要特征是什么？
3. 情绪价值成为公众舆论普遍关注的一个流行概念，原因何在？
4. 描述企业战略按照实施主体不同划分的层次，并简述不同层次战略之间的关系。
5. 试述总体战略的主要决策内容，列举常见的总体战略。
6. 简述竞争战略和职能战略的要义，列举常见的竞争战略和职能战略。
7. 有哪三种基本战略？简述三种基本战略的要义。
8. 试分析低成本战略的实施条件和实现的主要途径。
9. 采用差异化战略应注意哪些问题？如何更好地实现企业的差异化战略？
10. 分析企业聚焦战略的适用条件。如何避免实施聚焦战略的风险？
11. 战略钟和波特的三大基本竞争战略相比，主要差异是什么？

第 6 章 扩张战略

企业所采用的战略，应能够打破正常的产业发展进程并创造不利于竞争者的新的产业条件。

——管理学家伊恩·麦克米伦

不谋万世者，不足谋一时；不谋全局者，不足谋一域。

——清代陈澹然《寤言二·迁都建藩议》

▶ 本章要点

1. 了解并购战略及其动因。
2. 深入理解实施并购战略的要点。
3. 掌握一体化战略的类型和主要途径。
4. 掌握多元化战略的主要类型。
5. 了解安索夫矩阵的内涵。
6. 正确运用实施多元化战略的方法，把握其成功的关键因素。
7. 厘清有关多元化经营战略的种种似是而非的看法。
8. 理解全球化战略的动因，掌握实施全球化战略的要点。
9. 明晰全球化经营的挑战与风险。

▶ 课程思政元素

地缘政治；机遇意识，战略机遇期，奋发有为；乘势而为，顺势而上；道路自信，文化自信；开拓创新，求真务实；高质量发展；市场化、法治化、国际化；共建“一带一路”；各展其长，各得其所；各美其美，美人之美，美美与共；尊重、包容、宽厚，互利互惠；文明对话，跨文化领导力；全球视野、本土功夫；风险意识，底线思维，稳中求进；利益共同体、命运共同体，负责任大国；海纳百川，追求卓越，开明睿智，大气谦和；开放、包容、普惠、平衡、共赢；共商、共建、共担、共享、共生、共荣；公正、诚信、责任；亲清政商关系；反贪婪，反垄断，反无序扩张，反野蛮生长。

引 例

“专精特新”企业并购与高质量发展

“专精特新”是国家落实创新驱动发展战略的关键载体，成为提高产业链供应链稳定性和竞争力的坚实保障。2011年9月，工业和信息化部发布《“十二五”中小企业成长规划》，首次将“专精特新”作为促进中小企业成长和培育的重要方向。2018年，工业和信息化部正式开启专精特新“小巨人”企业认定培育工作，越来越多的行业“小巨人”从“手工作坊”到智能制造工厂，从“零基础”攻关到助力大国智造，走上了“专精特新”发展之路。截至2023年底，已认定五批共1.2万余家专精特新“小巨人”企业，覆盖新一代信息技术、高端装备制造、新能源、新材料、生物医药等产业领域。

上海沪工自1958年成立之初，一直专注于直线切割机、半自动切割机等业务的研制和生产，依靠长期稳定的研发资金投入、高素质研发团队、独特的生产工艺和技术，实现了多项关键核心技术突破，获得近300项研发专利，迅速占领焊接设备研发制造市场，成为行业领军企业和行业较早主板上市企业，是行业内专业化、精细化、特色化和新颖化的典型代表。

该企业在“智能制造”和“航天军工”战略导向下，将航天华宇及其子公司河北诚航收入囊中，不仅提高了上海沪工军工领域研发投入水平和能力，提高了企业核心技术人员的智力储备，还开拓了航天和国防系统内顶尖研发和制造单位客户，大大增强了企业的创新能力和发展潜力。

资料来源：国文婷，杨宇鸿，高一慧．“专精特新”企业并购与高质量发展：基于上海沪工收购航天华宇的案例研究．财会通讯，2024（18）：99－105.

思考题：上海沪工并购的推动因素有哪些？其并购方向有哪些变化？

第1节 并购战略

一、并购战略概述

从发展路径上讲，企业不断发展壮大主要有两种方式。一种方式是通过自身积累，将生产经营所获得的利润进行再投资来实现发展壮大，或者通过发行股票、债券、向银行贷款筹集资金等方式来扩大企业的经营规模，这种方式称为内涵式发展。另一种方式是通过外部扩张，兼并、收购其他企业来壮大自己，实现企业的迅速成长，此方式称为外延式发展。相对于企业内涵式发展而言，作为外延式发展主要手段的兼并、收购，可以为企业带来重要的转机和大的跨越，能够在较短的时间内迅速适应市场的需求，迅速完成经营扩张、实现规模效应。

企业并购是市场经济发展的必然要求，是企业资本运营和组织调整的重要方式。成功的并购可以增强企业的活力，实现存量资产的优化和经营规模的扩大，提高企业资产的整体效率。同时，并购可以使优势资产向优势企业集中，有利于在较短的时间内形成具有国际竞争力的企业集团，迅速增强企业在现代市场经济中的竞争能力。纵观国际大企业尤其是世界级领袖企业的发展史，几乎就是一部并购史。比如，英国最大的两家全球性公司联合利华与荷兰皇家壳牌石油，全球轨道交通和高铁企业中国的中车集团，世界化妆品行业巨擘法国的欧莱雅，以及美国电话电报公司（AT&T）等大型综合性企业，都是通过不断并购造就的。又如，成立于 1984 年的电信设备制造商思科（Cisco），根据 SiliconANGLE Media Inc. 的数据，它已经收购了 200 多家公司，大约每年 6 家。现在，并购越来越成为企业实现规模扩张和战略发展的重要方式和有效途径。

并购是兼并与收购的统称，是企业通过对另一家企业控制权的掌握来达到自身发展的一种手段，是企业间展开的产权交易与资本运营行为。根据《新不列颠百科全书》的解释，兼并（mergers）是指“两家或更多的独立的企业合并成一家企业，通常由一家占优势的企业吸收另一家或者更多的企业”。兼并行为既可以通过用现金或证券购买其他公司资产的方式或者购买其他公司股份或股票的方式来完成，也可以通过对其他公司的股东发行新股票，以换取所持有的股票，取得其他公司的资产和负债的方式来实现。

收购（acquisitions）是指一家企业用现金、债券、股票等方式购买其他企业股票或资产，以谋求该企业经营或资产控制权的行为活动。收购可以分为收购资产和收购股份（股权）两种方式。收购资产是指收购方收购目标企业的全部或者部分资产；收购股份是指收购方收购目标企业的全部或者部分股权，并使目标企业成为其全资子公司或控股子公司。如果收购方是被收购公司的管理人员或管理层，则称为管理层收购（management buyout，MBO），其通常采用大量借债的方式获取收购所需的资金，这是杠杆收购的一种形式。

兼并与收购既有相同点又有不同点。相同之处在于它们都是企业扩大自身实力和影响力的一种手段，都是通过资本的运营来达到控制另一家企业的目的。不同之处在于二者所带来的法律后果不同，收购只会使企业的控制权发生转移，而兼并则会导致一方或多方的解散及法人资格的灭失。

二、并购动因

企业并购是市场经济发展的必然要求，是企业资本运营和组织调整的重要方式。通过并购，一般的公司可以发展成为集团公司、上市公司或跨国公司；单一经营的公司可以发展成为多种经营、综合经营、集约化经营的公司。追求企业的成长，求得更大更快的发展，进而最大限度地获取利润，是企业并购的根本动因。在这个根本动因下，不同的公司又会因自身情况的不同而有具体的动因，归纳起来，主要包括以下几个方面。

（一）降低进入壁垒和发展风险

现代社会的激烈竞争与多样化的商业风险，使得一些公司已在考虑改变单一经营，朝多元化、综合行业发展，以增强抗风险能力，提高应变能力。企业寻求跨行业经营，向新的领域进军，会遇到各种各样的壁垒，包括资本规模限制、专门技术、制品差别转换、上下游企业关系、销售渠道、成本、顾客、竞争、行业经验等，这些壁垒不仅增加了企业进入的难度，而且提高了进入的风险。如果企业采用并购的方式，先控制该行业现成的公司，则可以绕开这一系列的壁垒，以较低的风险实现在这一行业中的发展。通过并购，企业还可以利用被并购方现成的管理、经验与技术，甚至品牌、市场网络、营销渠道，一步到位，直接切入新行业、新领域，少走弯路，最大限度地缩短摸索期和降低试错代价。

（二）发挥协同效应

并购后两个企业的协同效应体现在多个方面，主要有经营协同、生产协同、管理协同、财务协同和风险协同。

（1）经营协同。经营协同可以通过对资产进行补充和调整，使各生产过程有机配合，减少环节问题，降低总成本，提高综合效益。并购可以把那些在技术上紧密关联的生产阶段组织在一个企业中，可以实现企业技术的规模效益；通过并购可以精简机构，节省单位产品的管理费用；用同一销售网络为更多的顾客提供服务，降低单位产品的销售费用。并购后原有企业的人才、技术可以共享，研发费用也可以由更多的产品分担。

（2）生产协同。企业并购后的生产协同主要通过规模经济取得。并购后原有企业间相同的产品可以由专门的生产部门进行生产，从而提高生产和设备的专业化，提高生产效率；原有企业间相互衔接的生产过程或工序，并购后可以加强生产协作，使生产得以顺畅进行，还可以降低中间环节的运输和储存成本。

（3）管理协同。如果某公司拥有一支高效管理队伍，其能力超过了公司的日常需求，企业并购可使其过剩的管理资源得到充分利用，实现“管理溢出”，产生管理协同效应。

（4）财务协同。并购后企业通过对财务机构管理、人员管理、制度体系和资金使用的统一，增强企业资金的利用效果，使企业内部现金流更为充裕，资金流向更具选择性，投资机会更加丰富，企业资本实力更加雄厚，偿债能力和借款能力不断提高，并在税收政策允许的情况下利用被并购企业的原有亏损合理避税等。对于上市公司而言，并购产生的巨大预期效应将对企业股票价值评估产生影响，使股票价格发生波动，形成股票投机机会，增加股东的资本利得；同时，不断并购具有较低市盈率和每股收益的企业，可以实现企业每股收益的提高。

（5）风险协同。并购后企业规模扩大，可以增强企业抵御风险的能力；混合并购可降低和分散市场不确定性带来的风险，从而产生风险协同。

管理协同、经营协同、财务协同是企业并购成功的关键。

战略实践 6-1　京东并购德邦快递的协同效应分析

（三）促进跨国发展和转型升级

并购可以促进企业的跨国发展。目前竞争全球化的格局已基本形成，跨国发展已经成为企业成长的一个新趋势。企业进入国外的新市场，面临着比进入国内新市场更多的困难，包括企业经营管理方式的不同、经营环境的差别、政府法规的限制等。采用并购东道国已有企业的方式，可以加快进入速度，利用原有企业的运作系统、经营条件、管理资源等，使企业日后顺利发展。另外，由于被并购的企业与所在国的经济紧密融为一体，不会对该国经济产生太大的冲击，因此政府的限制相对较少，这有助于跨国发展的成功。此外，以跨国并购方式开辟“第二故乡”，可以超越企业在本国已形成的文化惯性与战略惰性，助力企业在全球价值链重构过程中实现转型升级。

（四）实现快速扩张

企业在经营与发展过程中必须把握好时机，尽可能抢在竞争对手之前获取有利地位。如果企业采取内部投资的方式，将会受到项目建设周期、资源获取以及配置方面的限制，制约企业的发展速度。通过并购方式，企业可以获得现成的土地、厂房、生产线和人员，对这些人、财、物直接利用或稍加投入予以改造，显然比另起炉灶、重新添置要快得多，从而可以在最短的时间内将企业规模做大，提高竞争能力，尤其是在进入新行业的情况下，谁领先一步，谁就可以取得原材料、渠道、声誉等方面的优势和先手之利。因此，并购可以使企业节省时间，适时把握时机，赢得先机，在行业内迅速扩张并建立领先优势。

（五）加强市场控制力

并购可以加强企业对市场的影响力和控制力。就控制效果而言，横向并购效果最大，纵向并购次之，混合并购则较间接。在横向并购中，企业通过并购可以获取竞争对手的市场份额，迅速提高市场占有率，实现规模经济，增强企业在市场上的竞争能力。横向并购还可以提高行业集中度，减少竞争对手，改善行业生存环境，保持较高利润率，降低行业退出壁垒，稳定价格，解决行业整体生产能力提高速度与市场扩大速度的矛盾。通过纵向并购，企业可以将关键的投入产出关系纳入控制范围，加强对采购市场和销售市场的控制力，对上下游企业实施有效控制，从而节约交易成本，降低产业流程风险。当企业并购（不管是横向还是纵向）获得的市场控制力达到一定程度时，就可能形成市场垄断，企业可获取垄断利润。

（六）获取关键技术和重要人才

市场竞争说到底还是技术与人才的竞争。然而，由于竞争异常激烈，各公司对自己的先进技术都严加防范，一些专有技术更是严禁外泄。除非公司出售其技术，否则其他公司很难获得。当企业通过市场交易的方式对新技术求而不得，自己又不能自主研发或来不及自主研发时，并购就是一种很好的选择。随着信息技术的发展和知识经济时代的来临，在风起云涌的并购浪潮中，战略并购逐步占据主导地位，通过并购获取技术、人才等知识资源成为并购的主要导向。通过并购，只要实现了对相关企业的控制，自然就获得了相应的专利或技术。以同样的思路，通过并购可获得重要人才。当企业看中某一特别优秀的经营管理人才、技术天才或资本运作高手，但由于签有聘用合同不能随意流动，或对原公司忠诚不愿意离开等原因“挖”不来时，一个可行的办法就是买下该人才所服务的公司，从而拥有该人才。

（七）追求代理成就

詹森和梅克林（Jensen and Meckling，1976）认为，与股东关心企业利润相比，作为公司法人治理结构委托-代理关系中代理方的管理者，更关心自身的权力、收入、身价、职场声望和职业稳定性。他们通过并购来扩大企业规模，借此增加自己的收入并提高职位的保障程度，甚至一些管理者通过并购满足他们的成就欲，以彰显他们的管理天赋和技能。

（八）降低交易费用

科斯和威廉姆森等认为，市场运作的复杂性导致交易要付出高昂的交易成本。在信息不对称和外部性的情况下，通过谈判来获得商标、知识产权、关键设备和技术及相关管理人员等关键要素，往往要支付高昂的谈判和监督成本，还可能由于他人的竞争或垄断而最终难以实现。通过并购使市场交易内部化，在企业内部交换因双方利益的根本一致性，可节省交易成本。

（九）发掘利用目标公司的潜在价值

有的公司资产质量好、先天条件佳、净资产较高，极具发展潜力，仅因一时经营不善，或现金流暂时出现问题而濒临倒闭。这种企业的潜在价值值得挖掘，是很好的并购对象，唯因现况不佳，导致并购成本低，一经并购过来加以整合改造，其潜在优势会很快发挥出来，变成企业的现实优势和利益。一些上市公司的价值经常被低估，如果企业认为自己可以比价值低估企业的经营者做得更好，那么可以通过收购这家公司改善其经营而获取更多的收益。此外，企业也可以将目标公司收购后重新出售。对那些发生财务危机但仍具有获利能力的公司，并购后适当投入，经过重新包装出售，往往可为企业带来巨额利润。

（十）避税

不同资产、股息、利息、营业收益、资本收益的税率不同，利用税法、会计处理惯例以及证券交易等规定中亏损的递延条款，通过并购可以实现合理避税。各国公司法中一般都有规定，一个企业的亏损可以用今后若干年度的利润进行抵补，抵补后再缴纳所得税。因此，如果一个公司历史上存在未抵补完的巨额亏损，而收购企业每年产生大量的利润，则收购企业可以低价获取这一公司的控制权，利用其亏损进行避税。此外，用换股的方法进行并购也可以避税，且能实现资产的流动和转移。

三、并购战略要点

并购对企业发展具有重大意义，但是从实际情况来看，有许多并购案都是失败的。为保证企业并购的成功，公司的战略制定者在考虑并购战略时要充分重视以下问题。

（一）明确并购目的

企业在选择并购战略时，首先应明确并购的目的和动机，使并购成为审慎和理智决策的企业战略的有机组成部分。清楚并购目的及其合理性，不仅有助于确定拟进入的行业，也有利于确立企业在较长时期内的经营和投资方针。缺乏一个明确的并购目的，企业在多变的市场环境中很容易迷失方向，将有限的资源耗散在盲目的并购和内部的冲突协调之中。一些企业并购的主要目的是扩张，但想当然和盲目的色彩很重。盲目扩张会带来严重后果：一是分散了企业资源，主业投入不足，难以满足维持市场竞争优势的需要；二是急速上新项目且资金需求巨大，多数项目因缺乏经营资金而不能正常运营，加重了企业的财务负担；三是并购资产不良、负债累累的目标企业，将使自身背上沉重包袱。

相关数据显示，从全球统计范围来看，企业并购失败率超过50%；在中国，企业并购失败率超过 60%，跨国并购失败率超过 80%。据麦肯锡公司统计，国际上并购成功率一般只有 33%，近 70% 效果不明显或者失败。麦肯锡公司根据收购种类加以分类，当公司收购的是行业相关的小公司时，成功率大约为 45%，若收购目标规模很大且从事不相关行业时，成功率仅为 14%。美国的统计资料表明，有 50%～80% 并购出现了令人沮丧的财务状况。实证研究进一步发现，并购带来的益处很少有期望中的那么高，有时完全是徒有虚名。

因此，并购者应首先思考并搞清楚：企业为什么并购？并购后组建的新企业要朝什么方向发展？并购者尤其要弄明白即将开展的并购行动最终究竟要达到什么目的，是改变单一经营，朝多元化、综合行业发展，还是增强抗风险能力，提高应变能力？是通过并购转嫁产业危机，还是化解企业债务？是快速扩张企业规模，提高市场份额，还是寻求协同效应，降低总成本，提高综合效益？是将关键的投入产出关系纳入企业的控制范围，加强对业务链、供应链的控制力度，还是降低市场交易费用？是获取关键技术，还是合理避税？是实现跨国经营，还是重新优化配置企业资源？是长期拥有，还是仅仅为卖而买？更具体地说，是为获取土地使用权（包括经营资产），还是为利用设备厂房等生产要素以求得规模扩张？是利用财政补贴、免税、减免息等优惠政策，还是利用被并购企业的生产要素和存量资产，增加企业自身的资产？是提高名牌主导产品的产量或配套能力，还是利用被并购企业的销售渠道，拓展新的经营领域或业务范围，以求得企业效益最大化？凡此种种，不一而足。

（二）产业分析

这里的产业不仅指企业目前所在的产业，还包括通过并购拟进入的产业。由于任何公司都是处在某个产业之中的，产业状况对企业经营与发展有着决定性的影响。产业分析主要涉及产业总体状况和产业内的竞争结构。

产业总体状况包括产业所处生命周期的阶段和其在国民经济中的地位、国家对该产业的政策等。大部分产业在发展过程中都要经历一个由产生、成长、成熟到衰退的周期，处于不同生命周期阶段的产业发展状况是不同的，这也决定了该产业中公司的发展。如果一个公司处在成长期的产业，则这个公司的市场发展前景就较好；若一个公司处于衰退期的产业，其发展就会受到限制。

分析产业内的竞争结构，首先，应该分析产业内战略集团的当前状况和并购行为发生后所形成的新格局。产业内各竞争者可以按照不同的战略地位划分为不同的战略集团，一个产业中战略集团的位置、战略集团之间的相互关系对产业内企业的竞争有很大的影响。一个产业内各战略集团分布合理，公司处于战略集团的有利位置，对公司经营十分重要。其次，可以根据波特的五力模型来分析产业内的竞争结构。公司所处产业的竞争结构状况对公司的经营有重要影响，如果一个公司所处的产业竞争结构不好，即使经营者付出很大努力，也很难获得一个好的回报。

（三）审慎选择目标公司

企业应根据自身的整体战略和并购目的，审慎选择目标公司。“好的”可并购的目标公司至关重要，这里“好的”目标公司未必是那些具有有利财务条件和令人满意的利润前景的公司，也未必是资产被低估的公司，或者潜力较大但财务困难的公司，即使目标企业十分便宜，也应该慎重行事，因为并购后，并购方有可能不会通过企业间协作、资源共享获得竞争优势，反而会分散并购方的力量，降低其竞争能力。

“好的”目标公司的主要标准是，能否很好地与本企业的战略和并购目的相吻合，能否增强本企业的实力，提高整个系统的运作效率，最终增强竞争优势。此外，目标公司资源与经营的现状和潜力也是重要的考量因素。为此，需要对目标公司的资源与经营进行分析。对目标公司近几年的经营状况的了解，分析其利润、销售额、市场占有率等指标的变化趋势，对今后的运营状况做大致的预测，同时找出问题所在，为并购后的管理提供基础；调查探究目标公司的管理风格、管理制度、管理能力、营销能力，分析并购后其能否与本企业的管理相融合；分析目标公司的人才、技术、设备、无形资产，以备在并购后充分保护和发挥这些资源的作用，促进整个公司的发展。

（四）做好尽职调查

在初步确定目标公司后，并购方应对被并购方的财务状况进行审慎调查。许多并购方在事前想当然地以为自己已经很了解目标企业，而在并购程序结束后才发现事实并非想象中的那样。由于信息不对称，以前所设想的机会根本就不存在，或目标企业隐瞒了重大问题。比如2014年中水渔业并购新阳洲，新阳洲大股东在股权过户前半年突击占用了新阳洲水产1.8亿元，这导致新阳洲资金困难，难以正常运营，业绩承诺也无法完成，到2016年新阳洲基本处于停业状态，净利润为负1 439万元。次年，中水渔业发布公告，裁定终结公司控股子公司新阳洲公司破产流程。

对目标公司做尽职调查（due diligence），主要是为了确定目标公司所提供的财务报表是否真实地反映了其财务状况。这一工作可以委托经验丰富的会计师事务所进行，审查的重点主要包括资产、负债和税款。审查资产时应注意各项资产的所有权是否为目标公司所有；资产的计价是否合理；应收账款的可收回性，有无提取足额的坏账准备；存货的损耗状况；无形资产价值评估是否合理等。对负债的审查主要集中在查明有无漏列的负债尤其是或有负债。另外，应查明以前各税款是否足额缴纳，防止并购后由并购公司缴纳并被税务部门罚款。

（五）正确估计自身实力

在并购过程中，并购方的实力对于并购能否成功有很大的影响，因为在并购中并购方通常要向外支付大量的现金，这必须以企业的实力和良好的现金流量为支撑，否则企业就要大规模举债，造成本身财务状况的恶化，企业很容易因为沉重的利息负担或者到期不能归还本金而破产，这种情况在并购中经常出现。

除了财务实力外，企业还需全面评估自身的综合实力。综合实力包括但不局限于：相对市场份额；相对于竞争对手的获利能力；靠成本进行竞争的能力；技术和革新能力；在质量和服务上与行业对手匹敌的能力；与关键的供应商或顾客进行讨价还价的能力；品牌识别和信誉；有关顾客和市场的知识；供应链管理技能；营销能力；被证明有效的管理技巧和跨文化领导力。这些能力对并购后的整合极其重要，须知，有实力实施并购仅是成功并购的第一步，并购最终能否成功，很大程度上取决于并购后的有效整合。

（六）依法合规操作

由于并购目的各不相同，并购的主体资格不尽一致，并购手法多种多样，并购过程严格、烦琐，尤其是在并购中产生的多种法律规定的权利义务关系非常复杂，这就要求并购行为必然需要多个法律部门从不同层次、不同角度分别加以约束和调整。并购方为使并购行为合法合规，为使所获经营控制权或财产所有权无瑕疵，必须遵守并购程序法的规定，必须遵守企业并购控制实体法规范。并购的参与者除并购双方，还有相关的政府机构及中介组织。企业并购活动需要政府相关部门的审批、核准和中介机构的参与，如国资委、证监会、商务部、会计师事务所、资产评估事务所、律师事务所等。

（七）妥善处理各种关系

著名管理学家德鲁克针对企业并购决策给出了五项基本原则，它们是企业并购决策和并购过程的一个重要参考。这五项基本原则对妥善处理并购过程中的各种关系、提高并购的成功率，可谓金玉良言。

（1）并购企业必须能为被并购企业做贡献。并购企业只有彻底考虑了它能够为被并购企业做出什么贡献，而不是被并购企业能为并购企业做出什么贡献，并购才可能成功。对被并购企业的贡献可以是多种多样的，包括技术、管理和销售能力等，而不仅仅是资金。

（2）企业要想通过并购成功地开展多种经营，需要团结的核心、共同的语言将并购双方合成一个整体，也就是说，并购企业与被并购企业之间在文化上要能够整合，要有共同的文化基础，至少要有一定的联系。

（3）并购必须是“情投意合”。并购企业必须尊重被并购企业的员工、产品、市场和消费者。

（4）并购企业必须能够为被并购企业提供高层管理人员，帮助被并购企业改善管理。

（5）在并购的第一年，要让双方的大部分管理人员得到晋升，使双方的管理人员相信，并购给公司带来了机会。

四、并购后的整合

（一）整合的必要性、重要性和艰巨性

在并购交易完成后的 6 ～ 12 个月，很可能会出现以下现象：被并购企业管理层及员工的承诺和奉献精神下降，被并购企业的生产力降低，由不同文化、管理及领导风格造成的冲突增加，关键管理人员和员工逐渐流失，客户基础及市场份额遭到破坏，不仅如此，大约 1/3 的被并购企业在 5 年之内被出售。

实际上，以上这些现象不是个别的、偶然的。实证研究表明，并购领域存在 70/70 现象（俗称“七七定律”魔咒），即当今世界 70% 的企业并购后未能实现期望的商业价值；70% 的并购失败直接或间接起因于并购后的整合过程。德国学者马克斯 · 贝哈的调查亦表明，并购最终流产于整合阶段的比例高达 52% （见表 6 − 1）。

表 6 − 1　并购过程各阶段失败的风险比例

并购过程阶段	制定战略	寻找目标	尽职调查	谈判	交易	整合
失败的风险比例（%）	10	10	10	13	5	52

因此，如何有效并购已成为一个重大课题。20世纪90年代以来，并购后的整合越来越成为一个流行的管理问题。从某种意义上讲，并购容易整合难。如果将并购比作一部宏伟的交响乐，那么并购协议的签订只是一个不可或缺的前奏，并购后的整合才是真正的主旋律，是并购成败的关键。

目标公司被并购后，很容易出现经营混乱的局面，尤其是在敌意并购的情况下，管理人员纷纷离去，客户流失，生产混乱，因此，需要对目标公司进行迅速有效的整合。由于并购整合涉及企业股东、管理层、雇员、政府机构和资本市场等多个利益主体，涉及战略、组织、人事、资产、运营、流程等一系列重大关键问题的调整和重组，并且都需要尽快解决，因此，整合的任务很艰巨、难度很大。从国内外并购案例看，企业并购绝不是两个企业的简单合并或形式上的组合，每一次并购成功都与并购后的整合不无联系，而且整合成本往往是直接并购成本的数倍。

形式上，并购后的整合可分为有形整合和无形整合两种。有形整合包括经营战略整合、人力资源整合、组织与制度整合、资产债务整合、财务整合等，无形整合主要指文化整合。下面分别予以讨论。

融势、融制、融心，优势重组、体制重组、文化重组。

战略实践6-2 海信并购TVS：“一体三融”整合之道

（二）经营战略整合

企业并购后，战略整合是其他整合的前提，衡量并购成败的关键因素之一是看并购是否使企业的战略意图得以实现，换言之，并购是否服务于企业的长远发展战略。只有符合企业的长远发展战略，能够提升核心竞争力、强化竞争优势的并购，才能为企业创造效益，才能为股东和利益相关者创造更大价值。同时，并购是一项涉及企业所有权和控制权转移的系统工程，也是决定控制权增效的关键，因此，并购活动一般与并购双方的战略安排或战略调整密切相关。

并购过程中的经营战略整合，就是对并购企业和被并购企业的优势战略环节进行整合，目的是提高企业整体的盈利能力和核心竞争力。核心竞争力既可以在主营业务领域获得，也可以通过并购获得。实际上，通过并购吸收与自己存在战略互补关系的企业，是快速获得核心竞争力的一个有效方式。但是，与“内生”的核心竞争力相比，“外源”的核心能力只是潜在的，还不能算作真正的企业竞争力，尚需经过排异期、适应期，才能扎根、内化为现实的核心能力。战略整合不仅要获得新的核心能力，而且要解决新能力与原核心能力兼容的问题。既要保持并进一步强化核心能力，又要通过并购在新的经营领域获取新的竞争优势，赋予核心能力以新要素和新活力，这是企业在并购过程中需要同时考虑的战略性问题。

（三）人力资源整合

人力资源整合的目的是要通过各种手段让双方员工接受这次并购，并能相互了解、相互理解，接受各自的差异，达成对未来共同的期望，以实现并购最终的共同目标。通常并购发生后被并购企业员工会忐忑不安，产生压力感、紧迫感和焦虑感，进而出现人员流失。如果关键人员大量流失，并购成效就会大打折扣。麦肯锡公司的研究结果表明：58% 的被并购公司的管理人员在 5 年内离职，47% 和 75% 的高层管理人员分别在 1 年和 3 年内离职，且通常是高层管理人员和公司最优秀的人才最先离职。

留住关键人员是并购后人力资源整合的重中之重。“千军易得，一将难求”，这些关键人员是企业的战略性资产，是企业未来成功的关键。企业应采取切实可行的措施，留住或稳定这些重要人才。在留住优秀员工的同时，裁减冗员，也是并购后企业进行人员重组的关键一环，尽管这可能会遇到重重障碍。裁员要讲原则，更要讲智慧，既要积极坚决，又要谨慎稳妥，不能不分青红皂白用武断下令各单位裁员 20% 等办法简单处理。企业应在组织结构重新设计的前提下定机构、定岗位、定编制，在此基础上根据员工的实际能力、经验、水平和个人发展目标定人员，做到适才录用。企业还应有针对性地开展人力资源培训，给予员工接受指导与改进管理的机会，注重评价员工的适应性和工作动力，确保整合后的人力资源既具有相对连续性和稳定性，又具有竞争力。

（四）组织与制度整合

组织是战略实施的基础，组织整合可以从两个方面着手：一是在战略牵引下重塑组织愿景和使命。组织整合是一项牵一发而动全身的工作，涉及组织内外部各种利益相关者的诸多利益，通过明确发展愿景和使命，可以使企业内外股东、管理者和员工增强大局意识，增强使命感和责任感。二是重构组织结构。重构组织结构的主要任务除改组董事会和调整管理层外，还包括职位分析、职能调整、部门设置、流程再造和人员调配，其目标是在企业并购后形成一个融规范性和效率性于一体、传承与变革有机统一的组织体系，形成一个开放性与自律性有机结合的权力系统，使整合后的管理层次、管理幅度更加科学合理，各事业部、战略业务单元和职能部门的责权利更加清晰。

制度整合体现为并购双方人事、财务、营销和开发等职能制度的优势互补过程。通常并购方会将本公司优秀的管理制度移植到目标公司，以改善其内部管理效率。同时并购方还会充分利用目标公司优良的制度弥补自身不足。对于那些组织健全、制度完善、管理规范、财务状况良好的企业，并购方可继续沿用其管理制度，以便保持制度的稳定性和连续性。但大多数情况下，被并购企业制度落后、机制陈旧、思想保守、组织涣散、管理无序，因此，将并购方的良好制度植入被并购企业就十分必要。在制度整合过程中，要适时介入变革受阻的单位和部门，积极引导和疏导，使新制度得到切实贯彻和严格执行。

（五）资产债务整合

企业资产包括流动资产、固定资产、长期投资、无形资产、递延资产和其他资产等。从并购整合的实践来看，一般着重对固定资产、长期投资、无形资产的整合，而对流动资产、递延资产和其他资产的整合则主要通过财务处理来进行。资产整合可以选择出售、购买、置换、托管、回购、承包经营等多种形式进行。不良资产、非经营性资产与非主营业务资产可要求被并购企业原控股股东回购，这样不仅可以提高公司资产的质量，也可以降低公司并购的实际成本与现金流出。对于目标企业长期不能产生效益的资产，或者不适应并购后总体发展战略的资产，要进行剥离出售。对于经营业绩和财务状况均欠佳的公司，并购后应果断处置其不必要的资产，迅速关停获利能力低的生产线。对于盈利稳定、原控股股东或原经营管理人员有经营管理优势而不符合产业发展范围的资产，可考虑由原控股股东经营或原经营管理人员承包经营。对于符合并购方确定的产业发展战略，同时又能很快改善公司资产质量、提高收益水平的资产，可以考虑直接购入。对于并购双方有很强互补性的资产，可以进行资产置换。对于专有技术、商标权、专营权及土地使用权等无形资产，并购后要继续充分发挥这些无形资产的作用。债务整合主要是将债务人负债责任转移或债转股。虽然债务整合没有从总体上减少或增加企业的资产总额，但调整了债务结构，可以将企业的负债率调整到一个比较合理的水平。

（六）财务整合

财务整合是指并购方对被并购方的财务制度体系、会计核算体系统一管理和监控，使被并购方按并购方的财务制度运营，最终达到对并购方经营、投资、融资等财务活动实施有效管理和实现收益最大化。财务整合是企业扩张的需要，是发挥企业并购后财务协同效应的基础，是并购方对被并购方实施有效控制的根本途径，更是实现并购战略目的的重要保障。通过财务整合，企业得以建立健全高效的财务制度体系，实现一体化管理，从而使各种信息与数据得到最大限度的共享和高效利用。

在财务整合过程中，尽管不同的并购企业有不同的做法，但一般原则是一致的。这些原则可以概括为“一个中心、三个到位和七项整合”：以企业价值最大化为中心；对被并购企业经营活动的财务管理到位，对被并购企业投资活动的财务管理到位，对被并购企业融资活动的财务管理到位；进行财务管理目标导向的整合、财务管理制度体系的整合、会计核算体系的整合、存量资产的整合、业绩评估考核体系的整合、现金流转内部控制的整合和被并购企业权责明晰的整合。

（七）文化整合

并购后最难的莫过于文化整合。据统计，全球过去二十几年中有65%的并购以失败告终，其中85%的CEO承认管理风格和公司文化差异是并购失败的主要原因。并购实践中，如果是一个很强的企业并购一个很弱的企业，整合起来还相对容易一些；如果两个都很强，或以小博大，文化的整合就很难。文化整合之所以成为并购整合中最困难的任务，原因有二：一是企业文化深深根植于企业的历史之中，旷日持久、根深蒂固，深刻地影响员工的价值取向和行为方式，企业文化整合本质上是对企业中人的思想和行为的改变，这绝非规章制度和操作规程所能解决的，需要潜移默化、耳濡目染、熏陶渗透，很难“毕其功于一役”。二是文化整合不是简单地用一种文化替代另一种文化，或者使几种文化孤立并存，冲突和碰撞不可避免。对冲突和碰撞的化解与融合实属不易，在两种文化的集权程度、开放性、正规性等方面差异较大的情况下，难度则更大。

文化看似很虚，其实很实。美国在线（AOL）和时代华纳（Time Warner）合并，原本是想创建一家世界级的通信和娱乐公司，却在几年时间里成为美国企业史上最大的亏损案，总市值缩水98%。仔细研究该案例不难发现，合并失败的根源在于双方的企业文化格格不入。网络时代的技术新秀美国在线，与历史更长、更正规的传媒巨头时代华纳相比，企业文化和管理风格很不一样，或者说两家公司的“性格”根本就合不来。由于双方几乎没有做出任何努力来弥补这种差异，彼此又缺乏信赖，并购失败在所难免。

要想把文化冲突的负面影响降至最低限度，乃至从冲突走向融合，最终形成你中有我、我中有你的企业文化，需要企业在文化整合中遵循实事求是、取长补短、求大同存小异的原则，在使命、愿景以及企业各个层次上建立起彼此信任的关系，塑造企业共同的价值观，特别是合并公司的领导要通过实际行动取得公司核心团队的信任。同时，想办法了解各自原有的企业文化，探究双方发生文化冲突和碰撞的深层原因和影响程度，寻求协调办法，确定文化整合方案，并在组织结构、制度和流程方面进行适度变革，以有效地融合双方文化，建立新文化。对于跨文化整合，除了营造并购双方相互信任、相互尊重的氛围外，还需着力拓展并购双方员工的全球化思维，培养双方经理人接受不同思维方式、和不同文化背景的人共事的跨文化能力，使双方能在企业的价值、管理模式、制度等方面达成共识，以使并购企业更好地实现各方面的整合。

第2节 一体化战略

一体化实则“体内化”，它是相对于“体外化”运作而言的，指把以前需要外部市场机制或市场交易发生的行为，移到企业内部来完成。其动机主要有两个：一是看好某一产业的长期发展，期望在这一产业链上获取更多的利润；二是通过一体化战略加强调控力，进而提升影响力和竞争力。一体化战略有垂直一体化和水平一体化之分，其中，垂直一体化又分为前向一体化和后向一体化两种类型，如图6-1所示。

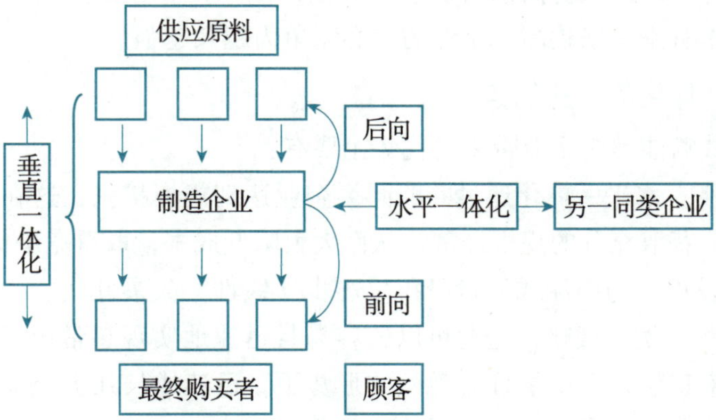

图6-1 一体化战略的形式

一、水平一体化战略

（一）水平一体化战略的要旨

水平一体化（horizontal integration）战略，又称横向一体化战略，是指获得竞争企业的所有权或加强对其控制，以促进企业实现更高程度的规模经济和迅速发展的一种战略。具体而言，是指与处于相同行业、生产同类产品或工艺相近的企业实现联合，本质是资本在同一产业和部门内的集中，目的是扩大规模、降低产品成本、巩固市场地位、提升竞争能力。

水平一体化是当今战略管理的一个显著趋势，并成为很多产业中最受管理者重视的战略。竞争者之间的合并、收购和接管实现了规模经济，加速了资源与能力的流动，通过并购可以获取竞争对手的市场份额，迅速提高市场占有率。并购还是获得新能力或开发新产品及新服务的重要手段。另外，减少一个竞争对手，尤其是在市场竞争者不多的情况下，可以提高讨价还价的能力。因此，企业可以更低的价格获取原材料，以更高的价格向市场出售产品，从而提高企业的盈利水平。

并购是一体化战略尤其是水平一体化的重要形式。据全球领先的管理咨询公司贝恩发布的《全球并购市场报告》，2023 年对于全球并购市场来说是充满挑战的一年。市场的总价值下降了 15%，降至 3.2 万亿美元，这是之前十年来的最低水平。在科技进步、资本过剩和政府干预等多重因素影响下，并购成为企业应对颠覆性挑战和实现增长的重要手段之一。报告指出，在科技、医疗保健和生命科学以及能源和自然资源领域，并购活动的趋势尤为显著。科技领域的并购活动在 2023 年大幅下降，这与整个行业的估值调整和增长预期的变化有关。然而，在医疗保健和生命科学以及能源和自然资源领域，并购活动却呈现出反弹的趋势，这反映了这些行业在应对市场变化和技术创新方面的活跃态势。报告中的案例分析表明，企业通过并购来获取新技术、进入新市场或增强现有业务的能力，是实现长期增长和竞争优势的关键。

推动水平一体化的因素包括：企业对市场份额、效率、定价力量、经济全球化、更大规模经济收益的追求，法规管制（包括反垄断法管制）的放松，互联网、电子商务、智能化提供的条件，以及股价高涨等。众多并购的结果是企业能力提升越来越快，规模越来越大，市场占有率越来越高，企业的核心竞争力越来越强。

（二）水平一体化战略的优势

水平一体化战略能够为企业带来的优势主要有：

（1）规模经济。水平一体化通过并购同类企业达到规模扩张，这在规模经济显著的产业中可以使企业获取充分的规模经济，从而大大降低成本，取得竞争优势。

（2）跨越式发展。与内涵式靠自身积累逐步（线性）发展相比，通过水平一体化这种外延式（非线性）发展战略，企业可以较容易且迅速地实现超常规、跨越式发展。在当今行业洗牌越来越频繁、竞争日益激烈的形势下，迅速成长壮大至关重要，否则，就有被“武装到牙齿”的竞争对手“扼杀在摇篮中”之虞。

（3）通过并购往往可以获取被并购企业的技术专利、品牌名称等无形资产。

（4）降低竞争强度。水平一体化是一种并购竞争对手的增长战略。通过实施水平一体化，可以减少竞争对手的数量，降低产业内相互竞争的程度，为企业的进一步发展创造一个良好的产业环境。

（三）水平一体化战略的条件与风险

企业是否适合采用水平一体化战略，主要决定于企业所处行业前景、被并购竞争对手情况以及企业自身的状况。具体而言，实施水平一体化战略需要关注如下条件：

（1）在不会被政府指控为有很大的削弱竞争倾向的前提下，企业可以在特定地区进行一定程度的垄断。

（2）企业所在的产业属成长型，规模的扩大可以为企业提供更大的竞争优势。

（3）企业具有成功管理更大组织所需的资金与人才。形成对照的是，竞争者由于缺乏管理经验或特定资源而停滞不前。

（4）市场经济日益发达，生产出现结构性过剩，同时，规模小、产地多、成本高、资源浪费严重、项目重复建设等现象较为普遍。

实施水平一体化战略的主要风险有以下几个。

（1）政府法规限制。水平一体化容易造成产业内的垄断结构，因此，各国法律都对此做出了限制。比如，美国早在 1890 年就颁布了第一部反托拉斯法——《谢尔曼法》。实际上，大多数市场经济发达的经济体在 20 世纪 50 年代前后制定了反垄断法，转型国家和发展中国家也于 20 世纪 90 年代前后制定了各自的反垄断法。目前，世界上有 100 多个国家制定了各种形式的反垄断政策，这些政策措施主要是从干预市场结构（如降低卖方集中度或制止集中度上升，降低进入障碍或制止其上升等）和干预企业行为（如禁止妨碍正常交易的契约与合谋，禁止签订排他性交易协议等）两方面来进行的。

2024 年 9 月，美国启动了对英伟达的反垄断调查，这一举措标志着一场关乎市场公平竞争与科技创新未来走向的重要博弈的开始。美国反垄断法作为维护市场经济秩序基石的里程碑，始终致力于保护公平竞争的生态环境，防止企业滥用市场支配地位，从而抑制创新活力。近年来，随着科技巨头不断将触角延伸至社会生活的各个领域，反垄断审查愈发严格。从谷歌、脸书到亚马逊，无不在这场法治风暴中接受考验。英伟达所面临的境遇并非孤立事件，而是全球范围内加强对科技巨头监管趋势的一种缩影。

（2）整合与管理问题。收购一家企业往往涉及收购后的整合与管理协调问题。由于收购企业与被收购企业在历史背景、人员组成、业务风格、企业文化、管理体制、营销渠道等方面存在较大差异，各方面的协调非常困难，这构成水平一体化能否成功的一大关键问题。事实上，签署完合并的法律文件并不意味着大功告成，水平一体化最终能否成功，很大程度上取决于合并后的债务重组、资产重组、流程重组、品牌重组、渠道重组、组织再造和文化重组等诸多重组和融合问题能否很好解决，其中文化冲突问题尤为突出。有时，从战略角度看好像合理的一体化行动却因文化冲突而宣告失败。

（3）技术扩散问题。在某些横向一体化战略如合作联盟战略中，还有技术扩散的风险。若企业对自身的核心技术疏于适当保护，在合作联盟中就有可能被合作方用于私自目的，甚至被用来与主要竞争对手成立另一个联盟和企业进行直接竞争，这将对企业造成伤害。此外，过度扩张所产生的巨大生产能力对市场需求规模和企业销售能力都提出了较高的要求。

二、垂直一体化战略

（一）垂直一体化概论

垂直一体化（vertical integration），亦称纵向一体化，是企业在两个可能的方向上扩展现有经营业务的一种发展战略，指将企业的活动范围后向扩展到供应源，或者前向扩展到最终产品的最终用户，旨在在同一个行业之中扩大企业的边界和竞争范围，以实现对上游供应商和（或）下游销售商的控制。垂直一体化是公司成长到一定阶段的主要发展战略。根据班诺克的观点，企业通过横向一体化打败竞争对手，获得市场多头垄断地位后，便会进入垂直一体化扩张，以占领其供应和市场领域。

威廉姆森指出："垂直一体化使市场交易变成了内部交易。"实际上，垂直一体化是以内部交易取代市场机制，把上下（前后）相邻的生产、经营环节（每个环节可以形成一个独立的企业）纳入企业自身的体系之中。如图6-2所示，企业A与企业B之间在垂直一体化之前是市场交易，在垂直一体化后则成为企业的内部交易。垂直一体化的逆过程是垂直解体。垂直解体实质上是专业化、资源外取的过程。

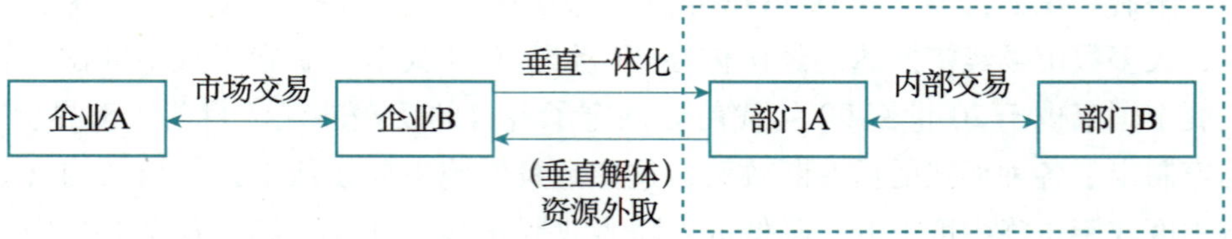

图6-2 垂直一体化和垂直解体过程

垂直一体化有前向一体化（forward integration）和后向一体化（backward integration）之分。当垂直一体化沿着原有生产的投入或原材料供应方向发生时，称为后向一体化或上游一体化；当垂直一体化沿着产出方向发生时，称为前向一体化或下游一体化，如图6-3所示。以计算机产业链为例，计算机整机装配企业向电脑部件、板卡等上游产品的扩张是后向一体化；向软件开发、技术服务、系统集成等下游产品的扩张是前向一体化。又如，化学工业公司可朝石油冶炼、采油方向扩展，以实现后向一体化；也可朝塑料制品、人造纤维等方向扩展，以实现前向一体化。

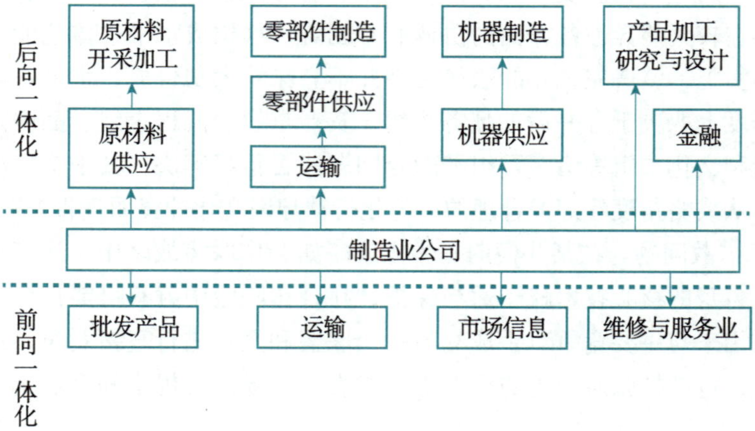

图6-3 后向一体化和前向一体化

垂直一体化可以是参与行业价值链的所有阶段的整体一体化，也可以是进入整个行业价值链的某些阶段的部分一体化。进行垂直一体化的方式，可以是在行业价值链中除公司已经开展经营活动外的其他阶段，由公司自身创办有关的经营业务；或通过并购一家已经开展这些经营活动的公司来实现。简言之，垂直一体化的实现方式有：（1）企业内部拓展壮大；（2）与其他企业实现契约式联合经营；（3）兼并、收购其他企业。

（二）前向一体化

一般而言，在产品的价值链中，离终端（客户）越近，其利润越丰厚。前向一体化战略旨在拥有分销商或零售商的所有权或加强对它们的控制，进而获得原有成品深加工或在销售环节的高附加价值。企业采用前向一体化战略，既可以利用自己的优势，借助互联网和直销队伍直接销售自己的产品，也可以把相关的前向企业合并起来，将其纳入自身体系为企业所用，可口可乐公司就是一个典型例子。该公司发现，决定可乐销售量的不仅仅是零售商和最终消费者，分装商的作用也十分明显，于是，它开始不断地收购国内外分装商，并帮助它们提高生产和销售效率。

当今，越来越多的制造厂商（供应商）通过建立自己的网站向用户直销而实现前向一体化。很多生产原材料或半成品的企业，也根据市场需要和生产技术条件，充分利用自己在原材料、半成品上的优势和潜力，实现前向一体化，由企业自己制造成品，或与成品企业合并组建经济联合体，以促进企业的更快成长和发展。

特许经营（franchising）是一种实施前向一体化战略的有效方式。通过特许经营的方式，授权其他厂商经销自己的产品并提供售后服务可以实现前向一体化。由于成本和机会分散到大量的受许商，企业可通过特许经营方式迅速扩展业务。截至 2023 年，全美已经有 79 万家特许经营企业，经济产值约为 7 900 亿美元。

企业采用前向一体化战略的动因大致有：

（1）突破销售瓶颈。企业可利用的高质量销售商数量很有限，现有的销售商或成本高昂，或不可靠，或不能满足企业的销售需要。通过向销售领域进行前向一体化，企业得以控制销售，能够降低在流通销售环节的成本，更快地对顾客的需求做出反应，提供更好的售后服务，并且获得更多的潜在优势，从而领先于竞争对手。

（2）放大技术优势。若企业已拥有核心零部件生产能力，通过技术方面的前向一体化，向组装领域发展，既可放大技术优势，获利也更多。例如，日本的京瓷公司本来是一家硅酸盐材料生产企业，为其他厂商提供各种电子元件与瓷制零部件。后来该公司充分利用自身核心电子元件和与零部件的技术优势，拓展生产范围，生产电话设备与数码相机等电器商品，现已成为大型电子联合企业之一。

（3）现在利用的经销商或零售商有较高的利润，这意味着通过前向一体化，企业可以在销售自己的产品中获得高利润，并为自己的产品制定更有竞争力的价格。

（4）当稳定的生产对企业十分重要时，通过前向一体化，企业可以更好地预见对自己产品的需求，从而进行稳定的生产。

（5）企业所参与竞争的产业明显快速增长或预计将快速增长。企业具备销售自己产品所需要的资金和人力资源，可以通过建立网站等方式开展包括网上直销在内的各种直接销售活动，以降低交易成本，提高交易效率，增加交易机会。

（三）后向一体化

后向一体化（backward integration）战略是将先前的外部采购活动整合为企业内经营，旨在获得供应商的所有权或加强对它们的控制。在供货成本太高或供货方不可靠或不能保证供应时，企业经常采用这种战略。企业采用后向一体化战略，可以利用自己在产品上的优势，把原来属于外购的原材料或配套零部件，改为自行生产；更一般的做法是，后向合并企业或与供应商合资，组成联合企业或总厂，以利于统一规划和调度，化解原来依靠供应商来提供关键零配件或支持服务的不确定性。

企业采用后向一体化战略的动因大致有：

（1）供应商数量少而需方竞争者数量多，且企业处在其供应商客户优先顺序的下端，很可能会每一次都得等待供应商的送货。

（2）企业当前的供应商成本很高，或不可靠，或不能满足企业对零件、部件、组装件或原材料的需求，或企业需要尽快地获取所需资源。

（3）企业所参与竞争的产业正在迅速发展，所需的量很大，足以达到供应商所拥有的规模经济，而且在不降低质量的前提下可以赶上或者超过供应商的生产效率。

（4）由供应商供应的产品是一个主要的零配件，供应商利润丰厚，这意味着它所经营的领域属于十分值得进入的产业，且进行后向整合所需要的技术不难掌握，企业具备自己生产零配件所需要的资金和人力资源。

（5）价格的稳定性至关重要，通过后向一体化，企业可稳定其原材料的成本，从而稳定其产品的价格。

三、垂直一体化战略的风险

垂直一体化战略的风险主要有四点。

（1）弱化了激励，降低了经营的灵活性。不管是前向一体化还是后向一体化，都会使企业依赖自己的厂内活动而不是外部的供应源。因此，对企业内部而言，每道工序的产出都不必为能否卖出而发愁，更不会像与外部供应商做生意时那样去讨价还价，反正企业内部另一个单位会使用，这种内部交易将弱化激励。对企业外部而言，垂直一体化意味着上游企业的经营激励也会因在内部销售而不是为生意进行竞争而有所减弱。

经营灵活性的降低主要体现在五个方面：一是垂直一体化要耗费不菲的资本资源，企业在增加行业中投资的同时，难以将资源投入更有价值的地方，因为任何资源在企业内部都有一个机会成本；二是与和某些独立实体签约相比，垂直一体化提高了改换其他供应商及顾客的成本和难度，当一体化需要解体时，克服退出壁垒也具有相当大的挑战性；三是垂直一体化会削弱企业进行多元化经营的能力；四是由于在耗尽所投资的设施以前放弃这些设施成本很高，出于对现有投资的技术和产品设施的保护，垂直一体化企业对新技术的采用通常要比非垂直一体化企业慢；五是垂直一体化切断了来自供应商或顾客的信息，降低了企业满足顾客需求的灵活性。

（2）强化了经营杠杆，加大了平衡难度。垂直一体化增加了企业的固定成本。如果企业在某一市场上购买某种产品，那么所有成本都是变动的，但如果企业自己生产，即使由于某些原因产品需求减少，企业也必须承担生产过程中的固定成本。关联业务中任何一个引起波动的因素，都能在整个整合链中引起连锁波动，进而经营周期、市场开发等都可能产生波动。因此，垂直一体化放大了企业的经营杠杆，使企业面临生产、销售上较大的震荡和周期变化，增加了经营风险。

同时，垂直一体化必然面对在价值链各个环节（阶段）生产能力的平衡问题。价值链上各个活动最有效的生产运作规模可能大不一样，在每一个活动交接处都达到完全的自给自足是例外情况而不是一般情况。因此，垂直一体化加大了业务平衡的难度。

（3）减缓对市场的响应速度。后向整合进入零配件的生产，可能会延长对设计和模型进行变化的时间，延长公司将新产品推向市场的时间。如果技术上的变化导致了产品设计包括零部件设计的变化，或者一家公司必须经常改变产品的设计和模型以适应购买者不断变化的偏好，后向进入零配件的生产就是一件负担很重的事情，因为这样做必须经常进行改模和重新改进设计，必须花费时间来实施和协调由此带来的变化。相反，从外部购买零配件通常比厂内制造要便宜一些、简单一些，这使得公司能够更加敏捷地调整公司的产品满足购买者的需求偏好。

（4）增加对技术和管理的要求。不管是前向整合还是后向整合，都需要拥有完全不同的技术和业务能力。零配件的生产、装配、批发分销以及零售是不同的业务，涉及不同的关键成功因素。弄懂如何管理这样一个具有不同特点的企业，是垂直一体化的主要成本。一系列普通的管理方式和一系列普通假设，不一定适合纵向相关业务；能够很好地管理一部分纵向链的管理者，也不一定能够同样有效地管理其他部分。因此，垂直一体化增加了对技术和管理的要求。

四、解体战略

解体（deintegration）战略是与一体化战略相反的战略。解体是指从价值链体系的某些阶段中撤离出来，依靠外部供应商获得所需的产品、支持服务或者职能活动。对于可在全球得到产品供应的公司来说，垂直解体战略是合理的。“不熟不做”，企业只做自己最擅长的事或最重要的事，而将没有比较优势或非核心的业务通过外购（outsourcing）解决。这里，“没有比较优势”是指某项活动由外部的专业厂商来做可能会更有效或者成本更低；“非核心”是指对于公司获取持续竞争优势并不具有至关重要意义的活动，典型的包括维修服务、数据处理、会计以及其他一些管理支持活动。

通过外包或外购而不是贪大求全，公司可以简化运作，提高组织的灵活性，缩短周期，加速决策，降低协调成本；可以减少由变化的技术和变化的购买者偏好带来的风险；可以将精力集中于核心业务，强化与深化核心能力、卓越能力或者技术诀窍；还可以利用供方间的竞争得到最优惠的价格。近年来，一些已经实施垂直一体化战略的公司发现，在价值链的多个阶段进行经营运作是一种不轻的负担，因而纷纷采取垂直解体战略，重新走上“归核化”（回归核心业务）道路。

企业可以通过维持一定的库存、签订固定价格合同、采用多元寻源的方式、建立长期合作伙伴关系以及利用替代供应品等手段，应对不确定的供应环境和强势供应商。一般情况下，同关键的供应商构建紧密的长期合作伙伴关系，充分利用和挖掘强大供应商的能力，既可抓住垂直一体化的优势，又能避免垂直一体化的劣势。

第 3 节　多元化战略

一、多元化战略概论

多元化战略（diversification strategy），又称多元化经营战略，是指企业为了获得最大的经济效益和长期的稳定经营，开发有发展潜力的产品或者丰富与充实产品组合结构，在多个相关或不相关的产业领域同时经营多项不同业务的战略。

多元化由战略大师安索夫于20世纪50年代首先提出，该概念一经提出便迅速被企业界接受并付诸实施，并在60—70年代掀起了全球范围的多元化热潮。然而，随着现代企业理论的发展，特别是企业核心能力理论的兴起，又出现了由多元化经营向以核心业务为主的专业化经营回归的趋势。

近年来，企业多元化经营一直是理论界和企业界研究的一个重要课题。从目前看，存在两种截然不同的观点：一种观点认为，利用现有资源开展多元化经营，可以规避风险，实现资源共享，产生1+1>2的效果，是现代企业发展的必由之路；另一种观点认为，企业开展多元化经营会造成人、财、物等资源分散，管理难度增加，效率下降。其实，多元化作为企业发展到一定阶段的一种经营战略，其本身并无优劣对错之分。究竟是“单边做多”，还是“做空做多两手硬”；究竟是“把鸡蛋都放在同一个篮子”，还是“全品类、全行业、全产业链资本配置”，需要具体情况具体分析，不能一概而论。多元化成败的关键在于企业实施多元化的动机、原则、度的把握以及其他一些支撑条件，根本上还是企业的能力问题。

企业进行多元化经营的动因主要有如下几个：

（1）产品系列化。利用产品相关性、资源共享性强的特点，将产品进行适度延伸，进而实现产品系列化。如东芝、飞利浦等公司在产品的系列化方面就做得非常出色。

（2）开拓新领域。当主业市场容量有限且市场占有率已相当高时，企业再扩展的机会成本很高。在这种情况下，企业就需要向新领域拓展，开辟新领域就等于开辟新的天地。

（3）分散风险。通过多元化经营分散风险，力图使企业总体盈利稳定。

（4）调整企业的主业。任何产业都有生命周期，企业往往会重新调整业务组合，在原有业务基础上发展新业务，或认为有必要退出某一业务领域，选择全新的发展方向，把握新机遇，由此企业能够生生不息地成长。

按照多元化业务与原业务的关联程度，多元化经营可分为三种类型：集中多元化经营、横向多元化经营和混合多元化经营，下面分别加以讨论。

二、集中多元化经营战略

（一）集中多元化经营概要

集中多元化经营（concentric diversification）是指增加新的但与原有业务相关的产品或服务。近几年，产业界兼并的一个最显著的特点就是以相关行业为主，尽可能追求业务的相关性。这里，相关性意指不同业务在共同市场、营销渠道、生产、技术、采购、管理、信用、品牌、商誉和人才等方面能够产生共享效应。当企业将多元化经营建立在具有相关性的活动上时，成功的机会就会增大。之所以如此，主要原因是企业的原有竞争优势可以渐次扩展到新领域，在稳扎稳打的基础上发展壮大。多元化经营战略的理性方式，应是在核心专长与核心产业支撑下的有限相关多元化经营。

集中相关多元化可以带来战略协同，进而产生竞争优势。相关多元化使企业各业务之间保持一定的统一度，能够取得比执行单个战略更大更稳定的绩效。战略协同转化为竞争优势主要依靠两个方面：一是不同业务的成本通过分摊得以降低；二是关键技术技能开发和管理诀窍的有效转移和充分利用。一般地，战略协同产生的利益越大，相关多元化经营优势越显著。

做强肉类加工主业，发展养殖、饲料、屠宰、肉制品加工、外贸等相关辅业。

战略实践 6-3 双汇的多元化布局

（二）常见的集中多元化成长方向

常见的集中多元化成长方向是：

（1）开发紧密相关的技术，把诀窍和专门技术从一项业务转移到另一些业务。例如，由彩电业进入数字移动卫星通信、数字影像音响、多媒体产品；或者由生产洗衣粉转到生产香皂、肥皂、沐浴液、洗发水、牙膏、牙刷等。

（2）将一个品牌的商标和信誉转移到新的产品或服务。例如，娃哈哈从儿童饮料进入矿泉水；佳能利用它在照相器材业的声誉进入复印设备业；松下将消费电器（收音机、电视机）品牌转移到微波炉上。

（3）进入可以共享销售系统和广告影响的业务。例如，面包制造商收购饼干和小食品制造企业。

（4）进入能够对现有业务及企业的地位有重大帮助的新业务。例如，传媒大亨默多克的有线电视网收购足球队与 NBA 篮球队，以提高收视率。又如，申通快递除了外卖超市，还推出“生鲜电商直卖 + 外卖配送 + 预订农产品”一条龙服务。

（三）范围经济

与集中多元化密切相关的一个概念是范围经济。与规模经济通过规模生产降低单位产品的生产成本不同，范围经济是指在相同的投入下，由单一企业生产联产品（联产品是两种或两种以上的可以共用设备、技术、管理等资源条件的技术特性相同或相近的产品），比多个不同企业分别生产这些联产品中每种单一产品的产出水平要高，或等价地，成本要低。这意味着下列不等式

$$C(P_1, P_2, \cdots, P_n) \leqslant \sum_{i=1}^{n} C_i(P_i)$$

成立。其中，$C(P_1, P_2, \cdots, P_n)$ 表示一家单一企业生产产品 P_1，P_2，…，P_n 的费用；$C_i(P_i)$ 表示第 i 个企业单独生产产品 $P_i(i=1, 2, \cdots, n)$ 的费用。范围经济的实质是协同效应（synergy effects），它表明同一核心专长可以派生多项活动（如产品多样化），而多项活动共享一种核心专长，可以导致各项活动费用的降低和经济效益的提高。换言之，范围经济就是企业经营范围拓展后产品线之间的协同所带来的成本节省或效益提升。

多年来，人们普遍认为海尔是集中多元化的成功典范。海尔通过冰箱的专业化建立了自己的品牌，然后利用品牌优势和强大的营销服务网络，逐步从单一冰箱发展到拥有包括白色家电（冰箱、空调、洗衣机、热水器、微波炉、吸尘器、冷柜、油烟机、消毒柜、洗碗机、整体厨房等）、黑色家电（电视、音响等）、米色家电（电脑等智能信息产

品）在内的96个门类15 100多个规格的产品群，成功打造了名副其实的家电王国，现在正致力于成为智能家居的领头羊。

海尔的成功具有典型性，其意义在于由产品线拓展带来的一个集团内产业的范围经济为产业协同开辟了新的途径。众所周知，中国家电产业近些年来陷入只有增长而没有增收的徘徊期。海尔的成功以及彩电巨头长虹并购中国第四大冰箱企业美菱等案例表明，从前被企业奉为圭臬的规模经济似乎走到了尽头，众多产业尤其是家电业已经进入范围经济角逐的时代。

（四）集中多元化经营战略的条件

适合采用集中多元化经营战略的条件包括：（1）企业参与竞争的产业属于零增长或慢增长的产业；（2）增加新的但相关的产品会显著地促进现有产品的销售；（3）企业能够以有高度竞争力的价格提供新的相关产品；（4）相关的新产品所具有的季节性销售波动，正好可以弥补企业现有生产周期的波动；（5）企业现有产品正处于产品生命周期的衰退阶段；（6）企业拥有强大的管理队伍。

三、横向多元化经营战略

（一）横向多元化经营的概念

横向多元化经营（horizontal diversification）是指向现有用户提供新的与原有业务不相关的产品或服务。由于企业对现有用户已比较了解，因此这种战略没有混合多元化经营那样大的风险。例如，亚马逊最开始只经营书籍的网上销售业务，现在则扩及范围广泛的其他产品，包括影视、音乐和游戏、数码下载、电子产品和电脑、家居园艺用品、玩具、婴幼儿用品、食品、服饰、鞋类、珠宝，以及健康和个人护理用品、体育和户外用品、汽车、工业产品等，已成为全球商品种类最多的网上零售商之一。

当今技术的爆炸性发展，使得企业不可能仅凭有限领域内的服务和产品来满足不断变化的市场需求，客户更需要企业提供配套的、完整的系统集成式解决方案。在这种情况下，公司需要开拓其核心领域以外的产业，通过提供一揽子服务满足客户日益多元化的综合需求。在信息技术飞速发展的背景下，IBM在困境之中看准市场对整体服务的需求，从一家“硬件+操作系统”的提供商拓展为融硬件、软件、网络、系统集成、电子商务于一体的一站式综合服务提供商，重塑蓝色巨人的形象，续写了通过相关产业增强核心竞争力的成功故事。

值得指出的是，对横向多元化经营概念中“不相关”三个字的理解不能偏颇。“不相关”是对企业而言的，对用户来讲却是相关的，甚至往往是互补的。比如，对一家生产钢笔的企业而言，墨水显然是不相关的，因为原材料、技术、流程等均不相同，但对客户而言是高度相关的，没有哪个购买者只要钢笔而不要墨水；同样，硬件和软件也是互补的。正是产品的关联性使得客户在买某个产品的同时必须买其互补品或关联品，从而为企业进行横向多元化经营提供了可能。

（二）采用横向多元化经营战略的条件

适合采用横向多元化经营战略的条件包括：（1）通过为既有客户增加新的不相关的

产品，企业从现有产品和服务中得到的盈利可显著增加；（2）企业参与竞争的产业属高度竞争或停止增长的产业，其标志是低产业盈利和低投资回报；（3）企业可利用现有销售渠道向现有用户营销新产品；（4）新产品的销售波动周期与企业现有产品的波动周期可互补；（5）企业在既有业务或产品线上进行拓展的边际成本很低。

四、混合多元化经营战略

（一）混合多元化经营战略的内涵与条件

混合多元化经营（conglomerate diversification），亦称不相关多元化或联合大公司式的多元化，是指增加新的与原有业务不相关的产品或服务。

集中多元化经营和混合多元化经营的主要区别在于：前者是基于市场、产品和技术等方面的共性，后者则出于盈利方面的考虑，寻求战略匹配关系排在第二位。不相关多元化战略涉及进入任何行业或业务，只要该行业或业务有确定的、足够有吸引力的财务收益。如果说相关多元化是协同驱动，那么不相关多元化对于创造股东价值则基本上是财务驱动。它通过灵活地调度公司的财务资源和管理技能，把握财务上具有吸引力的经营机会。讲到底，混合多元化经营是一种创造股东价值的财务方法。

适合采取混合多元化经营战略的条件是：（1）企业的主营产业正经历销售额和盈利的下降；（2）企业拥有在新产业成功竞争所需要的资金与管理人才；（3）企业有机会收购一个不相关但有良好投资机会的企业；（4）收购企业与被收购企业间目前已存在资金上的融合；（5）企业现有产品的市场已经饱和；（6）历史上曾集中于某单一产业经营的企业有可能受到垄断控制。

（二）混合多元化经营战略的动因

尽管相关多元化会带来战略匹配利益，很多公司却选择了不相关多元化。其主要动因是：加速企业成长，充分利用现有资源和优势，加强核心竞争力，调整产业结构。这四点不仅是混合多元化经营的根本原因，而且是混合多元化经营的战略目标。这四大目标并非完全独立和相互排斥而是殊途同归，最终都是为了实现企业和股东价值最大化。

培育企业新的增长点也是混合多元化经营的一大动因。任何行业都有一条生命周期曲线。当所处的行业步入成熟、即将衰退的时候，企业有两种选择：一是通过技术、市场、管理上的不断创新，使行业从一条生命曲线平稳过渡到另一条上升的曲线；二是另辟蹊径，将企业引导到别的新兴行业，用现有资源创造未来的现金流入。多元化经营的目标之一就是要在恰当的时候，从原来趋于饱和、衰退的行业抽身，将企业导入更具发展潜力的行业。当一个公司需要远离一个被危及的或没有吸引力的行业，并且没有可以转移到邻近行业的能力时，这一战略尤其值得考虑。此外，公司所有者对于投资不相关业务的偏好通常比投资于几项相关业务更强，这也是进行混合多元化经营的一种缘由。

（三）混合多元化经营战略的竞争优势

（1）多元化可以为管理层创造一个协调不同部门及资源的机会，可以产生协同效应和实现规模经济与（或）范围经济，因而比单一经营更有效率，利润也更丰厚。

（2）在一系列不同的行业中，经营风险得到分散。由于公司的投资可以分散在有着完全不同的技术、竞争力量、市场特征和顾客群的业务之中，与相关多元化相比，能更好地分散财务风险，还可增强企业的负债能力。

（3）通过投资于任何有丰厚利润前景的行业，将来自低增长和低利润前景业务的现金流量转向具有高增长和高利润潜力的业务，使公司的财力资源发挥最大作用。

（4）企业收益更加稳定。因为一个行业的艰难阶段可以被其他行业的昌盛阶段部分抵消，除非整个市场都很不景气。理想的情况是，公司某些业务的周期性下降可以与多元化进入的其他业务的周期性上升对冲。

（5）企业主副业协同可以抵御经济周期波动。以复星集团为例，其业务组合中的钢铁和房地产是典型的周期性行业，和宏观经济的相关性非常高；医药和商贸则是典型的抗周期性行业，具有良好的现金流和稳定的增长。这种主业、副业混合多元经营形成的跨周期组合，从中长期看具备较强的抵御经济周期波动的能力。

（6）当公司的经理能洞察到价值被低估但具有利润上升潜力的廉价目标公司并对其实施并购，股东财富就能增加。

（7）多元化可以建立内部市场，有效解决企业内部投资不足问题。

（四）混合多元化经营战略的风险

（1）行业进入和退出风险。行业进入不是一个简单的“买入”过程。企业在进入新行业之后还必须不断地注入资源，培养自己的队伍，塑造企业品牌。同时，行业的竞争态势和竞争者策略也在不断变化，企业需要相应地调整自己的经营策略。因此，进入某一行业是一个长期的动态过程，很难用通常的投资额等静态指标来衡量行业的进入风险。行业退出风险亦不容忽视。企业往往在多元化投资前很少考虑退出问题。然而，企业如果深陷一个错误的投资项目却无法做到全身而退，很可能全军覆没。一个设计良好的退出渠道，能有效地降低多元化的经营风险。

（2）经营风险。企业资源总是有限的，多元化经营往往意味着原经营产业受到削弱。这种削弱不仅是资金方面的，管理层注意力的分散也是一个方面。然而，原产业是多元化经营的基础，新产业在初期需要原产业的支持，若原产业受到削弱，多元化经营将面临困难甚或遭遇危机。业界公认雅虎是互联网经济的鼻祖，“雅虎创造了和以往不同的新时代——互联网经济时代”，《时代》杂志如是说。然而，这家以搜索引擎起家的美国著名互联网门户网站，在成为这一领域的领导者后大肆扩张，做了很多和主营业务不相关的业务，比如雅虎健康、雅虎美食、雅虎旅游、雅虎汽车在线销售、P2P电子商务等，渐渐地从搜索业务主轨道偏离出来。雅虎涉及的多个领域和多元业务大大增加了管理和经营的复杂性，导致雅虎削弱乃至忽略对主业的深耕细作，错失在互联网变革与转型期间的大量机会而很快衰落。

（3）内部经营整合风险。新投资的产业会通过财务流、物流、决策流、人事流给企业以及企业的既有产业经营带来全面的影响。不同的行业有不同的业务流程和不同的企业文化风格，对企业的管理机

多元化战略成效显著，但也暴露出一些财务风险。

战略实践6-4 云南白药的多元化战略：发展与挑战

制有不同的要求。企业作为一个整体，必须把不同行业对其管理机制的要求以某种形式融合在一起。多元化经营存在的多重目标和企业有限资源之间的冲突，使这种管理机制上的融合很困难，内部经营的有效整合是多元化经营企业必须要迈过的坎儿。

五、安索夫矩阵

学者们喜欢用图表来展示他们的理论并使之易于应用。一个最简单的战略图表就是安索夫矩阵。1957 年，安索夫发明了如图 6－4 所示的安索夫矩阵，用于对商业扩展进行清晰的分类。其战略分类的标准是产品对于公司的新鲜程度以及公司对于将要进入的市场的经验。所谓产品或市场的“新鲜程度”是对于进行战略考虑的公司而言的，而不是指产品或市场本身的年数。

		市场	
		现有	新
产品	现有	市场渗透	扩展（市场开发）
	新	相关多元化（产品开发）	不相关多元化

图 6－4　安索夫矩阵

矩阵图的威力在于它可应用于任何行业。安索夫为论述战略方向发明了一套简明的词汇。如果好时公司想在美国销售更多的巧克力，它采用的就是渗透战略（现有产品，现有市场），如果它想在东欧销售巧克力，就采用扩张战略（现有产品，新市场）。通过相关多元化战略，好时可开发新的泡泡糖产品在美国销售（新产品，现有市场）。如果它决定在东欧销售汽车（新产品，新市场），则需要采用不相关多元化战略。一个公司总是有多种扩张选择，问题是必须有足够的资金和时间进行管理，才能有效地扩张。假定好时的管理层决定在上述四个方向全面扩展，他们很可能面临许多业务无法充分管理的结果。一个高级管理人员一天的时间是有限的，即便经理可以驾驭这些新企业，公司也可能缺乏足够的资金来支持这些扩展行动。

第 4 节　多元化战略的实施

在企业可选择的众多发展战略中，多元化战略由于操作弹性最大、权变因素最多、程式化与结构化程度最低，成为最具挑战性的一种战略。理论上，对多元化战略的争论和探究仍在继续，实践中，关于多元化经营的悲喜剧也从未停止上演。相比之下，悲剧居多，盲从型、投机型、跟风型、豪赌型、想当然型多元化不乏其例，非理性多元化甚至成了不少企业万劫不复的深渊和难以逾越的卡夫丁峡谷。

要成功实施多元化经营战略需要具备一定的条件。总体上，应综合考虑以下因素：一是企业规模和实力，多元化经营战略通常是大型企业的一种选择；二是主业市场需求增长情况，任何产品都有市场生命周期，企业要把握好现有产品的市场前景，寻找新的经济增长点；三是主业市场的集中度，它反映一个行业的垄断程度和竞争程度，以及由此形成的盈利程度；四是关联度，新产业与原产业的关联度越高，新旧产业之间联系越密切，成功的把握往往越大。

在充分考虑上述因素的同时，以下要点也值得高度重视。

一、选择多元化的路径

企业为多元化而多元化的情况比比皆是，特别是在机会来临而又唯恐别人捷足先登的情形下。于是乎慌不择路，急匆匆进入、一败涂地退出成了许多企业集团的真实写照。这里，关键的问题是缺少对多元化经营战略路径的审慎思考。一般地，多元化经营战略路径，按难易程度由低到高依次为专业型、主导集约型、主导扩展型、关联集约型、关联扩散型和非关联型。与之相对应，企业的发展过程分别是：集中发展核心产品→相关多元化经营→不相关多元化经营。海尔多元化经营战略的路径和脉络正是如此，海尔坚持多年冰箱专业化经营，在管理、品牌、售后服务等方面成为行业的领先者。从1992年开始，海尔进入核心技术（制冷技术）同一、市场销售渠道同一、用户类型同一的冰柜和空调行业，逐步向黑色家电、信息家电和智能家居进军，其多元化相关程度从高度相关到中度相关，最后才涉足不相关。很多企业多元化经营之所以失败，就是选择的多元化路径不合理。

二、把握进入新领域的关键要素

多元化进入新的经营领域，应怎样把握关键要素呢？一是要选择好时机。时机胜过天机，时机不成熟或错过了时机都会造成战略上的被动。因此，审时度势至关重要。面对汽车市场电动化和智能化大趋势，华为利用自身在通信技术上的积累顺势而为，在2019年4月的上海车展上宣布进军汽车产业。2021年，华为在上海车展首次展示了ADS 1.0系统；到2023年，搭载ADS 2.0系统的问界M5智驾版正式发布，并在同年年底实现了“全国通行，有路就能开”的技术突破。2024年推出的ADS 3.0更是实现了车位到车位的全场景贯通，进一步推动了智能驾驶技术的全面发展。二是要把握好节奏。切忌立足未稳又急于上新项目，“快洗的萝卜不去泥”，进新领域速度太快，不仅容易打乱自己的方寸，更严重的是会为未来留下隐患。三是要选择好对象。仍以华为为例，华为进入汽车行业的定位非常明确：做智能网联汽车增量部件供应商，提供智能汽车的ICT部件和解决方案，避免直接与车企竞争。四是要选择好次序。这里的次序即前面提及的路径，先进入哪个产业，再进入哪个产业，需要周密谋划，尽量避免同时进入多个产业，全面开花。五是要选择好方式。是自创、并购还是结盟，是控股还是参股，都要仔细思量。

三、建立战略协同

战略协同通常有两层含义：一是企业现行战略与新战略在进程上的动态协同性；二是在一定时期内保持相对稳定性的横向静态协同性。简言之，战略协同具有“静态横向协同、动态进程协同”特性。不管是哪种协同，共同的特点都是追求更合理、更有效地配置资源，使其效用最大化，使企业的各种业务相互协调与和谐。多元化经营效果发挥得充分与否，很大程度上取决于战略协同效果的好坏。由于不相关多元化战略中的每项经营业务几乎都处于单打独斗的状态，很难彼此帮衬和相互借力，难以产生由战略匹配和资源共享所带来的协同优势，因此，相关多元化更值得鼓励和推崇。相关多元化基于探求不同业务价值链间的联系和协同以降低成本，获得战略匹配利益，其目标是将公司的各种业务间的战略匹配关系转变为各业务子公司靠自己无法获得的额外竞争优势，从而实现多种经营组合的合并业绩高于各业务独立经营所获业绩的总和。

（一）驾驭好多种不同业务

一旦多元化进入多个领域、涉及多个行业，就要设法均衡地管理好这些不同的业务。公司管理人员应充分意识到，不同行业有完全不同的经营特点、竞争环境、资源禀赋和能力要求，其行业经验也截然不同。公司涉足的经营项目越多，多元化程度越高，就越需要对每个子公司进行监察和尽早地发现问题，也越需要尽快掌握评价每个经营行业吸引力和竞争环境的真正技能，还需要越敏锐地判断由各业务层次的经理们提出的计划和其战略行动的质量，同时，尽可能在多个业务之间做到时间、空间和功能间的有序衔接和动态平衡。

（二）立足主业，适度多元

打算多元化的企业，应恪守“企业要固守自己的本行，不要离自己擅长的基本领域太远”这一原则，树立“专业化是基础，多元化有条件”这一理念。稳定而具有竞争优势的主营业务是企业利润的主要源泉和生存发展的基础。企业应该通过保持和扩大自己所熟悉与擅长的主营业务，尽力提高市场占有率以求规模经济效益最大化。企业应始终追问：我们现有的产业做好了吗？利润稳定吗？有足够的富余精力和实力涉足其他产业吗？世界500强企业，其主业都很清晰，往往闻其名就知其主业是什么。例如通用汽车公司、可口可乐公司等，可谓名实相符。

多元化（尤其是不相关多元化）的一个关键问题是，在构建业务组合时应该撒多大的网？换言之，适度多元的“度”在何处？一个公司应经营少数几种不相关业务还是多种不相关业务？多大的多元化程度能使公司总经理进行成功的管理？解决后一问题的一种合理方法是询问“获得可接受的增长和获利能力的最小多元化程度是什么”和“考虑到多元化给公司管理增加的复杂性，能够管理的最大多元化程度是什么”，令人满意的多元化程度通常位于这两极之间。根据《财富》杂志的统计，在世界500强企业中，单项产品销售额占企业总销售额95%以上的有140家，占500强总数的28%，主导产品销售额占总销售额70%～95%的有194家，占38.8%，相关产品销售额占总销售额70%的有146家，占29.2%，而不相关多元化的企业则凤毛麟角。这些数据充分佐证和诠释了笔者倡导的“立足主业，适度多元”。

四、由“广而泛”转向“专而精”

对于已经多元化的企业，要做到“有所不为而后有为”，宁专勿多，把非主要业务剥离出去，集中内部资源强化主要业务的竞争优势。突出主业并加以强化，放弃非相关业务，在全球企业界已成共识。例如，西门子为做好白色家电，不仅忍痛卖掉彩电生产线，还把手机业务卖给明基（BenQ）；以小家电著称的飞利浦挥泪出让生产大家电的子公司；百事为集中精力打败老对手可口可乐，不得不放弃饭店和快餐业；以“万宝路”香烟著称的菲利普·莫里斯公司则着手出售非核心业务。2021年11月，三家跨国企业巨头——强生、东芝和通用电气相继宣布企业分拆计划。在此之前，资本市场上已经掀起了大型跨国公司的分拆热潮，这或许预示着兴起于20世纪60年代，并在80年代加速发展的多元化大型企业集团模式进入整体冷却退热期。

成立于1892年的美国工业巨头通用电气（GE），其业务曾多到连巴菲特都说“看不懂”，20世纪五六十年代GE大力发展过计算机产业，后来在能源价格最高时进军油气开采，却又在金融监管放开的前夕“割肉”卖掉了银行，GE还进入过矿业，却没能等到矿业的复苏期。让GE“交学费”的产业还有影视、水务、运输等。韦尔奇接任总裁之后，对GE进行了一系列重大改革，其中之一便是业务重组，缩减多元化领域。GE宣称，即使损失大量投资，也要壮士断腕，剥离、分拆、变卖那些只能停留在行业第三位及以后的业务，以确保在所在行业中的数一数二地位。即便如此，当了30多年全球多元化经营“模范生”的GE还是解体了，正所谓成也多元，败也多元。2021年11月9日，GE宣布分拆为三家独立上市公司，分别专注于能源、医疗保健和航空。

由“广而泛”向“专而精”的战略转移已是大势所趋。多家企业因多元化战略而一度危机重重，痛定思痛后又重新回归专业化发展。例如，海航曾在2017年位列世界500强第170名，然而，2021年初因不能清偿到期债务而申请破产重整。海航陷入如此境地，主要原因就是盲目多元化扩张，业务涵盖航空、旅游、商业、物流、食品、实业、金融、科技等多个产业领域。海航急于求成野蛮生长，将大量资金用来“买买买”，从中国买向全世界，从关联产业买到毫不相干的资产，最终一发不可收拾。重组后的海航回归航空主业，旨在奋力重振覆盖“全服务+低成本+通用航空+航空维修”全运营模式的五星级航空企业的雄风。

五、铸造核心能力：多元化经营的不二法门

在反复强调企业要突出主业时，并不排斥特定条件下的多元化。优秀的企业在经营领域的选择上，首先要确定自己的核心主营业务，并积极培养核心竞争力，以此为基础，遵循着相关多元化经营→不相关多元化经营的顺序考虑多元化经营。企业发展到一定阶段，既可以多元化也可以继续专业化，不管是多元化还是专业化，都不要僵化、绝对化。多元化本质上是对人类能力有限性的挑战，多元化与否仅取决于能力的限制，能力的强弱才是决定是否多元化以及在多广泛意义上多元化最主要的因素。

能力不仅是企业多元化的限制条件，也是多元化经营的终极依归。一家从事多元化经营的企业，若在经营过程中未能铸造自己的核心能力，不管它在财务上一时的表现多么出色，其多元化经营的所谓成功都要打折扣，也是难以为继的。总部位于美国加利福尼亚州圣迭戈市、标准普尔500指数成分股的高通公司，凭借其开发和提供独具创新性的数字无线通信产品和服务著称于世，它之所以能够笑傲江湖，凭标准号令天下，靠制

定标准挣钱，就在于其拥有“撒手锏”技术——CDMA（码分多址）数字技术，且在该领域有非常深的造诣，形成了无数的专利壁垒。与高通类似的一些公司，不是没有技术，而是没有真正钻研到深透的地方，大多停留在花哨的应用层面，大力推广关联应用。多元倒是多元，但和高通实在是有不小的差距。

第5节 需要澄清的几种认知

有关多元化经营有许多似是而非的认知需要厘清。

一、多元化经营能规避风险

多元化经营可以规避风险的观点的主要依据是马克维茨（H. Markowitz）提出的投资组合理论。该理论认为，将一系列的资产进行有效组合，在不影响投资期望报酬的前提下，可以减少投资的风险和报酬的波动性。实质上，多元化即是将投资分布于（或将资源配置于）不同的产业或业务。假设各业务之间利润流不相关，随着多元化程度的增大，风险呈减少的趋势，如图6-5所示。众所周知，企业总风险R_t由两部分组成：$R_t = R_d + R_u$，其中，R_d为可分散风险，R_u为不可分散风险。可分散风险为非系统风险（unsystematic risk），它与整体市场没有联系，可以用多元化来消除或减少；不可分散风险为系统风险（systematic risk），反映了整个市场的波动，不能用多元化来消除。

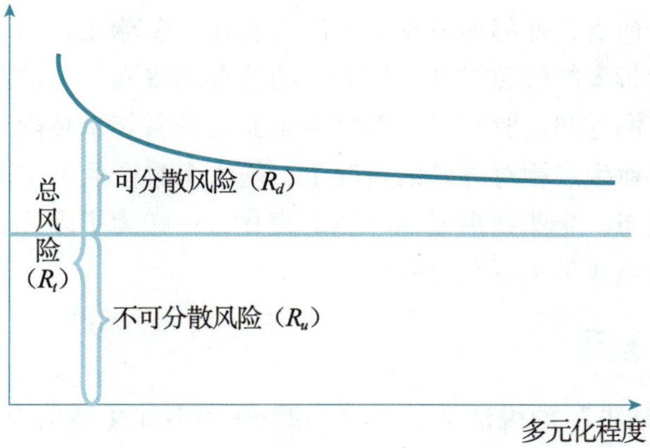

图6-5 多元化的风险分散效应

由此可知，多元化经营可以规避的风险仅为可分散的非系统风险，而对系统风险却无能为力。在许多产业中，系统风险远远大于非系统风险，用多元化方式来分散或消除风险，其作用十分有限。

二、鸡蛋不要装在一个篮子里

支持多元化经营的一个流行说法是“鸡蛋不要装在一个篮子里”，因为同类行业或产品往往一荣俱荣，一损俱损。从规避风险的角度讲，这话有一定道理，但要辩证分析。

第一，常识和经验告诉我们，专心致志、全力以赴地看好一个篮子不让其摔坏的概率（远远）高于同时照看好多个篮子却不让其中的某个或某些篮子摔坏的概率。因此，把鸡蛋装在不同的篮子里不是降低了风险而是提高了风险。通百艺不如精一业，笔者更欣赏马克·吐温的说法："把所有鸡蛋都装进一个篮子里，然后看好那个篮子。"

第二，装鸡蛋的篮子本身也需要钱。很可能的情形是，购买多个篮子的费用比所有的鸡蛋还贵。鸡蛋是保住了，却得不偿失。

第三，凯恩斯在《投资的艺术》一书中讲过一句话："人们只知道把鸡蛋放在不同的篮子里，却不知道哪个篮子底下有洞。"要寻找和识别哪个篮子有洞并非易事，需要耗费相当大的人力和财力。

第四，所有的鸡蛋全都打碎，这是最糟糕的情形，为了避免其发生，把鸡蛋放在不同的篮子里。殊不知，所有这些篮子都被置于一个更大的（无形）篮子中，这个无形的篮子就是整个市场经济的景气度，这是各个产业面临的共同风险。于是，鸡蛋最终仍旧装在一个篮子里。市场经济中的广泛关联性决定了多元化经营的所有业务都必须受大环境的制约，谁都不是局外人，很难做到独善其身。

诚然，不相关多元化提供了在经营周期中销售和利润会更加稳定的潜力，但实际上没有几种富有吸引力的业务经营存在正好相反的上下波动周期。绝大多数经营都相似地受到经济繁荣时期或困难时期的影响，尚未发现有足够说服力的证据表明在萧条时期或经济困难阶段，高度多元化经营公司的合并利润比多元化程度较低的公司的利润更加稳定或更少受到衰退的影响。在宏观力量的冲击之下，企业多元化经营的资源分散将加大风险。

对于今天的企业而言，外部环境发生了巨大变化。全球化、网络化和一体化带来的不确定性，技术革命带来的快速发展与创新，消费者的崛起，日益复杂和脆弱的经营环境，不断被挤压的利润空间，所有这些都使得企业的经营越来越困难，特别是在短缺经济基本结束、部分行业生产相对过剩的情况下，绝大多数企业事实上已处于微利经营甚至无利亏损经营的状态。企业如果无视环境的变化，一味为了多元化而多元化，不但达不到目的，反而会给企业带来更大的风险。

三、多元化经营是陷阱

"多元化经营是陷阱"的说法早已有之。近30年多元化经营企业失败率居高不下，一些大规模分散化经营的企业纷纷陷入困境，这些现象似乎更强化了这一说法。实际上，企业发展究竟是选择专业化还是多元化，一直是理论界和实践界争论不休的话题，至今未有定论，尚待进一步探讨。

多元化真的是陷阱吗？从实践的层面看，国内外固然有大量由于多元化失误特别是利用金融杠杆、资产腾挪等手段盲目扩张失利而造成破产、倒闭、重组的企业，如四通、巨人、太阳神、乐视、海航、紫光、恒大、大宇、安然、雅虎等，但成功的企业也比比皆是，如三星、ABB、三菱、海尔等。韩国三星的多元化领域很广泛，不仅包括芯片（微处理器、闪存等）、核心部件（如LCD）、整机（笔记本电脑）、家电、手机、消费电子（如MP3），还包括机械、重工、汽车、寿险、地产等，在为数众多的领域三星都声誉良好。海尔的多元化经营也可圈可点，尽管过程中还有不少问题需要克服，有些做法值得进一步商榷和探讨，但海尔毕竟创造了连续 14 年平均 82.8% 的增长率，不能不说是一个奇迹。

一些实证研究得出的“多元化降低企业价值”仅是某种意义上的统计结果，并不能由此得出多元化导致企业失败的结论，二者没有必然的因果关系。我国学者对纺织行业和家电行业所做的统计研究表明，至少在这两个行业内企业多元化程度与企业的经济效益和资产负债率之间基本不存在相关关系，一些失败的多元化主要是由经营中的众多非理性因素造成的。

从理论上看，虽然多元化经营会产生过度投资、跨行业补贴和信息不对称问题，也有统计研究表明多元化在提高企业资产负债率和内部资金市场利用方面并未显示明显作用，但是恰如前面讨论的那样，多元化能带来的竞争优势也是显而易见的。值得特别指出的是，曾经喧嚣一时的短期导向“独角兽”企业发展模式似乎增速有所减缓，而长期导向的“骆驼型”企业发展模式以及灵活机敏的“老虎型”（或“瞪羚型”）企业发展模式，正重新得到重视并开始兴起。将“骆驼型”和“老虎型”（或“瞪羚型”）两种模式加以整合，可产生“精一多元冠军型”企业发展模式。该模式既强调奉行长期主义，长期持续专注主业，做强做精聚焦的业务，又注重企业对市场环境保有敏锐犀利的洞察力和迅速响应的行动力，尤其是在纵向深度的基础上不断在横向上开拓广泛多元的应用场景，即“一专多能”中的“多能”机会。简言之，“精一多元冠军型”模式就是把专业化和多元化有机结合，致力于成为精一、多元的冠军。

因此，多元化战略，不管是横向一体化、相关多元化，还是不相关多元化，本身并没有优劣之分、对错之别。同一个战略对于某个企业而言是难得的佳肴，对另一个企业来说则可能是致命的毒药。企业是否应选择多元化作为自己的发展战略，以及选择后能否成功，主要取决于企业自身的资源、组织、能力、技术和战略目标相匹配的程度，以及对前文提及的实施多元化战略的要点的清醒认知和落实程度。

四、东方不亮西方亮

许多企业开展多元化经营是基于“东方不亮西方亮”的理念。从把握机会、保证经营有足够灵活性的角度看，这一理念无可厚非，“失之东隅，收之桑榆”。但是，“东方不亮西方亮”有一个前提，那就是天上有一个太阳。若天上没有太阳，东方不亮西方也不亮。对企业来讲，这个“太阳”就是企业的核心能力。没有核心能力的企业，在涉足的各个领域经营失败不足为怪，成功倒是运气和例外。那些核心能力空洞化的企业可能在某个领域取得一时成功，却难以在多个领域取得长久成功。企业不管实施何种形式的多元化，都要把培养、增强和壮大核心竞争能力作为第一目标。如果说企业是一棵大树，那么核心能力就是树根，只有根深才能干壮，才能枝繁、叶茂、果硕。

第 6 节　全球化战略

一、全球化的三个阶段

众所周知，全球化（globalization）是一个不断演化的过程。15 世纪之前，世界还根本谈不上全球化，那时族群与族群之间、企业与企业之间、国家与国家之间，语言不通、文化不通、通信落后、交通不便，交流合作几乎不可能，国家或民族很大程度上只能依靠武力、战争和政治手段来破除区域的边界。15 世纪后，以 1492 年哥伦布发现新大陆为标志的世界地理大发现、大航海拉开了全球化的序幕。全球化不仅使人们打开了眼界，拓展了生活和经营的空间，更重要的是意外地发现了市场和贸易的力量。人们深切地意识到人和人之间的交往方式并不只有你死我活的战争模式，各自得利的贸易合作模式其实对双方都有利。

全球化具有阶段性特征已成共识，然而，对于阶段的具体划分见仁见智。戴维·赫尔德（David Held）、安东尼·麦克格鲁（Anthony McGrew）等在合著的《全球大变革——全球化时代的政治、经济与文化》（*Global Transformations*: *Politics*, *Economics and Culture*）一书中，按时间跨度将全球化划分为"前现代的全球化"和"现当代的全球化"两大部分，其中，"前现代的全球化"大致对应 11 000 年前到 9 000 年前这一时期。对于"现当代的全球化"，他们又将其进一步细分为"现代早期的全球化"（大约在 1500—1850 年）、"现代的全球化"（大约在 1850—1945 年）和"当代的全球化"（1945 年以来）三个阶段。弗里德曼耗时 4 年写成并于 2005 年出版了《世界是平的》（*The World Is Flat*），这是一本重点论述全球化的专著，在书中弗里德曼将全球化划分为三个阶段，三个阶段对应的时间段分别为 1492—1825 年、1825—2000 年和 2000 年至今。

根据弗里德曼的观点，1492—1825 年为全球化的第一个阶段，或称全球化 1.0 时代。那时，各国从彼此隔绝、自我封闭的状态中解放出来，世界也从遥不可及的庞大尺度变成了中等尺度。这一阶段全球化的行为主体是国家，西班牙发现美洲大陆、英国殖民印度等都是在国家层面发生的，其所作所为都是国家意志的集中体现，这一阶段荷兰等国迅速崛起。

全球化的第二个阶段（全球化 2.0 时代）从 1825 年开始，一直持续到 20 世纪末。1825 年世界第一台商用蒸汽机车在英国诞生，从此人类有了火车和轮船，交往的速度大大加快。随后蓬勃发展的航海业，昭示着真正意义上全球交往的开始。19 世纪后半期到 20 世纪初，以轮船、铁路、汽车和飞机为代表的交通技术出现了质的飞跃，人员和物资的国际交流呈几何级数增长。1983 年西奥多·莱维特（Theodore Levitt）发表的极富启迪性的《全球化市场》（Globalization of Markets）一文，为全球化推波助澜。冷战的终结、信息技术的突破、市场的扩展和劳动力的跨国流动，进一步激发了全球化的内在活力。几十年间，全球化战略已成为企业经营战略的一大主题，对于绝大多数产业来说，全球化经营不再是奢侈的事情，也不仅仅是一种管理时尚，而是成为一种必要的措施。在全球化的这一阶段，跨国公司取代国家成为全球化的活动主体，世界从中等尺度缩为小尺度。

全球化的第三个阶段（全球化 3.0 时代）开始于 2000 年。《世界是平的》一书在开篇即展示了新世纪的风景：轻点鼠标，不管身在何处都能轻易调动世界的产业链。新千年以来，在越来越"平"的世界，几乎所有的人为限制都被取消，资金、信息、知识、技术和人才等各种生产要素和资源要素在国际上自由无障碍地流动。资本、技术和信息在自由流动基础上超越国界的结合，创造了一个单一的全球市场，在某种程度上也可以说是一个地球村。交通和通信的极大便利，互联网的强力渗透，使地球村村民——不管是自然人还是法人，紧紧相连，世界变成“迷你型”，从“小型”缩为“微型”。当今，企业、地区及国家之间的联系和合作无论在广度还是深度上都与以往不可同日而语，信息网络化、资本国际化、经济一体化、经营虚拟化和机制趋同化的趋势空前加强，全球化达到前所未有的高度。

全球化尽管不断从低级向高级演化，从 1.0 时代走到了当今的 3.0 时代，但迄今为止尚未形成一个统一的定义。一般来讲，全球化是一个以经济为核心，包含各国、各民族、各地区在政治、文化、科技、军事、安全、意识形态、生活方式、价值观念等多层次、多领域的相互联系、影响、制约的多元概念。根据弗里德曼的说法，全球化不只是一种现象，也不只是一种短暂的趋势，而是一种取代冷战体系的国际体系。本书所说的全球化特指经济全球化。经济全球化主要以商品和资本流动，尤其是资本输出作为经济交往的纽带，以垂直型或水平型国际分工为基础，通过国外直接投资、服务贸易、科技转让、信息传播、人员交流等多种形式，在全球范围内配置人、财、物等要素，从而把各国各地区更紧密地联系在一起，进而形成发达的世界市场。

我们不禁要问全球化的第四个阶段（全球化 4.0 时代）是否已经在向我们走来？2019 年达沃斯世界经济论坛年会主题为“全球化 4.0：打造第四次工业革命时代的全球架构”，围绕这一主题进行了 300 余场专题讨论。与此前三次工业革命不同的是，全球化 4.0 时代是一个碰撞的时代，也是一个挑战层出不穷和前所未有的时代，包括人工智能、大数据、自动化、未来的网络与虚拟经济以及新的地缘政治等，全球化 4.0 可以看作人类新的发展阶段。作为代表未来新趋势和发展新方向的全球化 4.0 无疑为我们解决现存问题提供了新的机遇。它突出的数据化、共享性为我们创建更公平、公正、平等的世界提供了基础条件。中国作为深度参与全球治理的大国，有责任也有义务对全球化 4.0 提出自己的方案。

新视角

携手构建人类命运共同体

面对“建设一个什么样的世界、如何建设这个世界”的重大课题，中国又给出了构建人类命运共同体这个时代答案。现在，构建人类命运共同体已经从中国倡议扩大为国际共识，从美好愿景转化为丰富实践，有力推动世界走向和平、安全、繁荣、进步的光明前景。

这一理念立足于国与国命运交织、休戚与共的客观现实，树立了平等和共生的新典范。中国主张各国不分大小、强弱、贫富都是国际社会平等一员，在国际事务中利益共生、权利共享、责任共担，各国携手应对挑战、实现共同繁荣，建设持久和平、普遍安全、共同繁荣、开放包容、清洁美丽的世界，推动人类社会实现更加安全、更加繁荣的和平共处。

这一理念顺应和平、发展、合作、共赢的时代潮流，开辟了和平和进步的新境界。中国呼吁各方以人类前途为怀、以人民福祉为念，坚守平等互利、和平共处初心，弘扬全人类共同价值，推动共商共建共享的全球治理，构建新型国际关系，落实全球发展倡议、全球安全倡议、全球文明倡议，高质量共建“一带一路”，增进各国人民共同利益。

这一理念着眼世界多极化和经济全球化的历史大势，丰富了发展和安全的新实践。中国团结各方推动构建人类命运共同体走深走实，实现从双边到多边、从区域到全球、从发展到安全、从合作到治理的历史跨越，有力引领和推动了平等有序的世界多极化、普惠包容的经济全球化，为国际社会带来和平稳定的前景，为各国人民增添繁荣发展的福祉。

在历史的关键当口回首过去、展望未来，我们对人类文明的探索没有穷期，对建设美好世界的努力不会止步。无论世界怎么发展，都改变不了一个基本的事实，那就是宇宙只有一个地球，人类共有一个家园。我们要以同球共济精神珍爱和呵护地球，为子孙后代留下一片生存的乐土。

资料来源：习近平．弘扬和平共处五项原则 携手构建人类命运共同体．人民日报，2024-06-29.

二、逆全球化思潮

2008年国际金融危机以来，世界经济复苏乏力，困难和风险增加，大国之间的利益和价值分歧变得尖锐，国际合作的吸引力和凝聚力下降，加之地区冲突、难民潮等国际安全问题和收入差距扩大、失业等经济社会问题以及世纪疫情，冷战后高歌猛进的全球化进程开始动摇，国际上出现了质疑甚至反对全球化的声音和行为，经济全球化遭遇严峻挑战。英国脱欧、美国“退群”、中东动荡等无不涌动着逆全球化暗流，国际贸易和多边关系现行规则被打破，曾经的“地球村”观念在一些国家正在被贸易保护等掩盖，民粹主义泛起，保守主义、关门主义、逆全球化（deglobalization）思潮不断有新的表现。

不可否认，全球化虽成绩斐然但并不完美。例如，一方面经济全球化使得生产要素在全球层面得到更加有效的配置，带来生产规模和能力大幅度提升和更加广泛的财富增长。另一方面经济全球化的负面效应也日益显现——从贫富差距拉大，到金融监管缺失、治理改革滞后。不发达国家仍处于国际分工低端，诉求得不到有效回应。一些发达国家内部也严重分配不均，中产和中产以下阶层的人抱怨没能从财富增长中获益。对全球化的质疑既来自精英阶层，也来自普通民众。

近年，世界地缘政治和经济态势波诡云谲。俄乌冲突、巴以冲突、红海危机等使世界局势处于高度紧张状态。一些国家大搞排他性经济“规则”，鼓吹“断链脱钩”，构筑“小院高墙”，对全球产业链、供应链造成干扰破坏。

人们不禁担心，经济全球化会不会发生逆转？是否抛弃全球化，退回各自为政的隔绝状态？回答是否定的。经济全球化符合生产力发展要求，符合各国各方利益，是大势所趋。经济全球化促进了商品和资本流动、科技和文明进步、各国人民交往、民生福祉提高，已经成为人类社会发展的必然趋势。少数国家以全球化进程中存在的不平衡、普惠性不够等缺陷为借口，从根本上否定全球化，甚至把国内矛盾和问题归咎到经济全球化和别的国家头上，大范围挑起贸易战，以维护一己私利、遏制别国发展，这是逆时代潮流而动，不得人心。

正视并解决经济全球化进程中存在的矛盾和问题，有效应对贸易保护主义和逆全球化，需要构建人类命运共同体，推动建设一个开放、包容、普惠、平衡、共赢的世界，让经济全球化更好地造福世界各国人民。当前以中国为代表的发展中国家主导的全球化，正在世界经济体系中扮演越来越重要的角色。

三、全球化何以可能

全球化之所以能展开，很大程度上得益于空间扁平化、贸易自由化、商务电子化、生产社会化、经营虚拟化和经济数字化。

（1）空间扁平化。这里的空间扁平并不是说真实的物理空间发生了形变，而是指由于广泛使用超音速飞机、越洋电话、海底光缆、路由器、卫星、通信基站、计算机网络和手机等发达便捷的交通和通信工具，人们几乎感受不到距离的存在，感觉空间被压扁了、夷平了。现在人们进行洲际通话或访问比一个世纪前人们到邻村串门还快。表 6－2 给出了不同时期各种洲际交往工具速度的对照表。由该表可知，人类交往的速度发生了非常惊人的变化。令人匪夷所思的速度使空间高度扁平化，在扁平化的空间里，作为商业交流最大障碍的距离、疆域和国界几近消失，而广袤无垠的互联网世界则更是一个“零距离”世界。

表 6－2　各种洲际交往工具速度一览表

阶段	工具名称	速度	时间
人力时代	手动船、帆船	2～5 千米/小时	19 世纪前
蒸汽时代	汽船、火车	50～80 千米/小时	19 世纪中
喷气时代	飞机	500～1 000 千米/小时	20 世纪中
原子时代	高超音速巡航导弹	≥1.7 千米/秒	20 世纪中
比特时代	数码传输	1 100 亿位元/秒	2000 年

（2）贸易自由化。贸易自由化是指各国经济彼此开放，取消歧视，拆除各种藩篱，形成相互联系、共生共荣的有机整体。贸易自由化的核心是世界贸易协议，该协议是一项国际多边条约，用以调整国家间的贸易关系，协调各国的经济活动，并以各成员方的贸易政策作为管理对象，其宗旨是塑造更加开放的贸易环境，在最大限度和最广范围内实现贸易自由。世界贸易组织的乌拉圭回合和之后世界贸易组织成员达成的协议与协定，对世界贸易组织各成员在货物、服务和与贸易有关的投资领域扩大准入，逐步实现自由化，降低关税，减少贸易壁垒，消除国际贸易中的歧视待遇等诸多方面都发挥了重要而积极的作用。

（3）商务电子化。得益于信息技术的进步，企业商务活动已进入电子化时代。电子商务不受时空限制，没有任何地理障碍，可以全天候、全时空、不间断地开展业务，并能迅速采集顾客购买意向，信息沟通也更为充分。目前，几乎所有的企业都建立了自己的网站，并在全球范围从事电子商务活动。在网上，各种各样的产品琳琅满目，应有尽有。通过电子商务，企业既可在自己的站点上直接销售，也可以加入电脑网络广场和虚拟电子商场实现网络营销。消费者在决定购买时只需将所购产品加入购物车，用电子支付方式付款即可。特别重要的是，企业对企业（B2B）的电子商务日益活跃，其交易量已达企业对消费者（B2C）交易量的10倍。此外，随着在网上收集、分析和发送信息的常态化和普遍化，企业的战略决策方式亦发生了很大的改变。

（4）生产社会化。20世纪80年代以来，一方面，发达国家的跨国公司在国际生产体系中发挥的作用日益显著，在国际范围内的生产、经营活动日益兴盛，触角越来越广，已成为经济全球化的主要推动者。另一方面，各种新形式的企业和工作模式不断涌现，生产劳动被切割成无数碎片，分工合作的可能性大大增加。为数众多的中小企业不再独立生存、自给自足，而是加入全球分工体系承接大公司的外包。在生产社会化的格局下，现在要识别一个公司或产品的"母国"越来越困难。比如，人们通常认为本田公司（Honda）是日本企业，但它的Mercury Tracers牌汽车却产在墨西哥。更典型的情形是，一台摄影设备在多伦多设计，在旧金山制造微处理集成电路芯片，在日本生产机器外壳，最后在韩国进行组装。

（5）经营虚拟化。在生产社会化的基础上，虚拟经营大行其道。虚拟经营将有限的资源集中在附加值高的功能上，而将附加值低的功能虚拟化。以耐克为例，这家总部在美国的公司实际上什么都不生产，它早已将做鞋的业务以合同承包加工返销的方式转向一些低工资国家，而自己只负责产品的设计、开发、推广和市场营销。一般企业通过合理区分并识别所在行业获得成功的关键业务与非关键业务，聚焦能真正创造价值的战略环节，通过外包或虚拟非核心业务，把主要的财力、物力、人力集中投入完成核心业务所需的关键方面。经营虚拟化的结果是今天的经济是一个既高度分工又高度综合集成的经济，在这样的经济中企业扬长避短，优势互补，各展其长，各得其所。

（6）经济数字化。指让数字化的知识和信息作为经济的关键生产要素，通过有效使用现代信息网络通信技术，优化经济结构提升经济效率，进而实现数字经济。数字经济主要包括数字产业化和产业数字化两方面。随着云计算、大数据、物联网、工业互联网、人工智能等技术应用大规模发展，数据和信息越来越丰富，数据资源成为国家的战略资源和新生产要素，数字经济成为拉动经济增长的重要引擎和产业升级的重大突破口。从2016年《G20数字经济发展与合作倡议》发布至今，数字经济加速改变世界，成为改变国际竞争格局的新变量。中国高度重视发展数字经济，特别是党的十八大以来，对建设网络强国、数字中国、智慧社会作出了一系列战略部署，明确提出要构建以数据为关键要素的数字经济，推动实体经济和数字经济融合发展。

四、全球化动因

用A，P，C分别表示利润、售价和成本，则显然有

$$A = P - C$$

设S_1，S_2是两个集合且$S_1 \subseteq S_2$，易知

$$\max_{P \in S_1} P \leqslant \max_{P \in S_2} P$$

$$\min_{C \in S_1} C \geqslant \min_{C \in S_2} C$$

可知

$$\max_{A \in S_1} A \leqslant \max_{A \in S_2} A$$

现令 S_1，S_2分别表示国内市场和全球市场，显然 $S_1 \subseteq S_2$。上述不等式表明，理论上企业在全球市场获得的利润比在国内市场更丰厚，这就是全球化最基础、最根本的动因。

具体而言，企业实行全球化的主要动因包括以下八个方面。

（1）寻求增长。在全球范围内经济发展还存在较大的不同步性、不均衡性，发达国家和发展中国家的产品需求有很大不同，这决定了全球市场具有更大的差异性和多样性。企业立足全球市场，为自身的产品或服务寻找新的顾客，为产品或服务带来更大的营销空间和发展空间。在其他国家市场上销售产品或服务，有助于提高销售收入和利润，也为公司的长期发展提供新的增长途径。

（2）规模经济收益。通过全球化经营，企业可以充分利用现有技术和资源，发挥学习曲线效应，实现局部市场难以实现的规模收益。很多公司在更多的国家销售产品或服务，其原因在于国内市场的销量不足以充分实现公司规模制造的经济性。在国际竞争的情况下，一家公司的整体优势来自公司全球的经营和运作。埃克森公司的年销售总额超过印度尼西亚、尼日利亚、阿根廷、丹麦这四个国家的国民生产总值，规模经济收益的显著性可见一斑。

（3）充分利用自身优势。如果一个公司拥有卓越的核心能力和强大的资源优势，就可以在更广范围和更大程度上充分加以利用，使其效用最大化。企业通过梯度转移的方式，把在国内市场已经建立的竞争优势扩展到国外市场，不仅可以把竞争优势用足，更重要的是在竞争优势扩张的过程中，可以进一步强化既有优势，进而创造和形成具有更高能级的新的竞争优势。

（4）降低成本。东道国得天独厚的自然资源往往是某些产业利润率高低的重要决定因素之一，东道国低廉的劳动力或能源成本、过剩的生产能力，也是企业降低成本、提高利润率的非常有效的重要途径。在劳动力、原材料或者技术成本比较低的国家布置公司的生产工厂和经营运作，可以大大提高公司的成本竞争力。

（5）减轻竞争压力。国外市场可能不存在竞争，或者竞争强度弱于国内市场。全球经营为企业提供的低竞争强度市场，可以使企业在产品价格、产品销量或产品差异化程度上有较大的回旋空间。全球化经营为企业从本土的“红海”市场抽身提供了途径，不仅可以使企业避免国内的恶性竞争，而且使企业在海外的“蓝海”市场将主要精力和宝贵资源用于更有发展前途的项目。

（6）分散商业风险。公司往往可以通过在很多不同的国外市场上经营运作而不是完全依靠自己的国内市场来分散公司的商业风险。由于全球范围内市场的差异性大而相关性小，分散风险的效果比仅通过国内一个大市场来分散更有效。

（7）享受国外优惠政策。国际经营可能会享受到低关税、低税收及更为有利的政治待遇。很多外国政府提供各种优惠措施（补贴、市场进入优惠以及技术帮助等），鼓励他国公司到本国特定地区进行投资。特定国家在特定时期提供的优惠政策，可以使企业享受到在国内经营没有的优惠条件，扩展了企业的盈利空间。实际上，很多外商直接投资公司或合资公司正是在这种条件下形成的。

（8）提高声誉和影响力。如果一家公司参与国际竞争，它在国内市场相对于各个利益相关集团的力量和声誉便会明显提高。声誉提高可以增大公司与债权人、供应商、分销商以及其他重要集团交易时的谈判力量。企业走国际化和全球化道路本身就表明了企业的技术实力和经营实力，表明企业发展的潜力和相对于国内企业更光明的发展前景，这些都是利益相关者如债权人、供应商和分销商选择合作伙伴的基本判断条件，这也是走国际化道路能够提高企业谈判力量的内在原因。

通过优化资源配置、强化品牌塑造、构建合作网络等策略，稳步推动全球业务。

战略实践 6-5　乐歌的跨国战略探索：从国内创新到全球化布局

五、全球化经营的战略路径

企业参与全球化竞争，必须首先对全球战略有清晰的定位，在正确定位的基础上，根据自身的能力选择全球化经营的最佳战略路径。全球化经营的战略路径可分为三类：一是内部成长，即企业靠自身的努力逐步积累全球化的能力和资源；二是兼并收购，即通过并购海外企业的方式快速地提升全球化程度；三是战略联盟，即与海外企业结成利益共同体来开拓全球市场。

三类路径各有优势和劣势。内部成长速度较慢，但企业可以控制节奏和风险，有时间学习和建立组织能力；兼并收购能快速奏效，在短期内实现超常规跨越式发展，但并购整合难度大，失败率高，跨文化整合尤为艰辛；战略联盟同样能快速进入海外市场，但与合作伙伴之间的关系具有较大脆弱性和不可控性。

若进一步细分，又可以将以上三类从易到难分成五个阶段，即许可经营、出口、海外投资、战略联盟和全球跨国公司。大体上，许可经营、出口属于内部成长类，海外投资兼属于第一类和第二类，全球跨国公司则是企业全球化战略的最高阶段。下面简述五个阶段的主要内容。五个阶段分别对应的五种全球化方式的优势与劣势见表6-3。

表6-3　五种主要全球化方式的优势与劣势比较

全球化方式	优势	劣势
许可经营	低开发成本、低风险	缺乏对技术的控制权，无法实现区位优势和经验曲线效应
出口	具有实现区位优势和经验曲线效应的能力	高运输成本，贸易壁垒，与当地营销代理的冲突
海外投资	分享世界各地经济成长和全球热点区域经济发展带来的收益，实现资产的全球配置，寻求新的增长，获取合作伙伴的知识，分担开发成本，分散单一市场系统性风险，回避单一市场的周期性变化	不确定性高，存在经营风险、金融汇兑风险、关税和市场准入风险、政局风险、金融欺诈风险等诸多风险，缺乏对技术的控制权

续表

全球化方式	优势	劣势
战略联盟	要素双向或多向流动，优势互补，资源共享，风险共担，组织化优势，降低市场交易中的各类费用，易于获得信息、知识、技巧和经验	联盟代价高昂，合作一方的机会主义行为，盟友间不可避免的矛盾，“同床异梦”，核心技术或内部知识可能外泄，联盟解体后企业将面临同以前联盟成员新一轮更激烈的竞争，有潜在成为兼并收购对象的风险
全球跨国公司	价值链分解与整合的战略优势，核心知识和能力铸就的经营优势，新型内部化优势，整合供应链的系统优势，规模经济、范围经济和速度经济形成的效益优势	高风险，强化了经营杠杆，弱化了激励，退出壁垒高，容易患“巨人症”

（1）许可经营。如果一家公司的技术诀窍很有价值或者其专利产品很独特，但是既没有内部能力也没有内部资源去国外市场上进行有效的竞争，那么可以给国外的公司发放许可证，让它们使用公司的技术或品牌，生产和分销公司的产品。在这种情况下，国际收入等于许可证协议的版税收入。这样，公司至少可以通过版税的形式获得收入。一家多元化的跨国公司能够通过多元化进入，使用已经建立品牌的其他业务来获取范围经济和营销方面的利益。

（2）出口。维持在本国的生产基地，然后将产品出口到国外市场，其方式是利用公司自己拥有的或者国外公司控制的分销渠道。把国内的生产工厂作为将产品出口到国外市场的生产基地，这是追求国际销售的最佳初始战略。这样做既降低风险又降低投资，同时还是测试国际市场的一个保守方式。在出口战略下，制造商可以同那些在进口业务中久经考验的批发商签订合同，让它们来处理它们国家或地区的所有分销和市场营销，这样，制造商可以降低在国外市场上的卷入程度。如果控制能力好，制造商就可以在一些或所有的目标市场上建立自己的分销和销售组织。

（3）海外投资。目前跨国公司的投资方式主要包括：股权式合资、非股权式合作、独资、跨国兼并与收购等。在向海外投资过程中，企业将面临许多问题：采用什么样的创建方式，是新建企业还是收购企业；如果采用收购方式，是全部收购还是部分收购；公司的资本构成是独资企业还是合资经营；支付方式是现金方式还是非现金方式；投资地区及产品市场是设在传统出口市场还是设在新兴市场，是以第三国市场为主还是以当地销售为主等。实施跨国并购时，不同阶段的企业关注的重点领域看似差异不大，侧重点却不（尽）相同，如何抓住机会、控制风险、把握节奏尤为重要。海外投资最重要的问题是企业要想明白其主要目标是什么。目标不同，相应的策略和方式差异很大。

其一，如果企业的主要目标是开拓和巩固国外市场，通过海外投资可以绕过关税壁垒，扩大出口，企业可以通过在一段时期内保本或微利经营，并提供完善的售后服务，努力实现市场份额的扩张。

其二，如果企业的目标是转移国内闲置的或者未被充分利用的技术、设备和部分零配件，则要在投资的要素中，充分考虑企业投资的各项成本，如劳动力、土地、运输、关税、汇率等，以降低成本，保证国内母公司的利润水平。

其三，如果企业的目标在于获取国外最新的经济和贸易信息，或者获取国外先进的技术和管理经验，在海外的投资地点上就应选择发达国家中经济、技术、信息集中的地区，这样企业可以更直接、更充分地承接知识、技术、管理的溢出效应，以提高自身的管理和技术水平。

其四，如果企业的海外投资主要是基于分散和减少经营风险，企业就应选择风险较小的国家或地区。

其五，如果企业的海外投资是基于利用国外的优惠政策，就应对所在国的各项吸引外资政策仔细加以研究，尽可能充分利用，以最大限度地减少成本。

其六，如果企业的海外投资是出于企业全球化战略的考虑，就应从充分利用国内和国际市场资源的战略高度来组织企业的海外投资，制定出战略规划、战略布局、战略实施和战略管理方案，在国际市场组织资金周转、技术开发、生产经营、市场营销，将既定的企业战略付诸实施。

（4）战略联盟。它是指企业之间超出一般业务往来而又达不到合并程度，在一定时期、一定范围内的合作方式，通过合作，各公司将各自的特定力量组合起来共同努力去实现某一目标。普奇克（V. Pucik）教授认为公司建立战略联盟主要应强调如何利用技术变化带来的好处，以及如何对世界市场上不断加大的竞争性做出反应。他将战略联盟分为以下几种：因技术变动而建立的联盟、交叉许可证等；合作生产和 OEM 协议（OEM 指原始设备生产商）；联合销售或联合分销；共同开发产品项目。

从全球化经营渐次推进的角度，企业可以首先对一些设备的零部件实行全球采购；然后到海外建立销售、服务网络，努力进入著名跨国公司商业营销网络及其全球采购系统；接着收购与跨国公司有厂商协议的外国生产企业，直接参与国际化生产经营，进而培育自己的品牌和拳头产品，最终与跨国公司结成对等投入、共同研发、合作生产营销的国际战略联盟。

跻身奥运会 TOP 赞助商行列，并通过奥运向全球展示其技术和产品实力。

战略实践 6－6　如何成为标杆：联想的全球化品牌之路

（5）全球跨国公司。全球跨国公司是企业全球化战略的最高阶段，它表明企业已迈过了“从企业的全球化”到“全球化的企业”这道坎儿。全球跨国公司日益追求“深层一体化”的生产结构，在竞争过程中更具价值链分解与整合的全球战略优势，更具由核心知识和能力所形成的新垄断优势，更具整合供应链的系统能力和综合势能，其规模经济、范围经济、速度经济（指企业以比竞争对手更快的速度满足顾客的某种需求所带来的超额经济利润）也更加显著。

六、全球化经营的挑战与风险

（一）一般的挑战与风险

全球化是一个艰辛的旅程，跨国公司的管理者不得不面对众多风险。企业在进行全球经营时，不同国家和地区在社会、语言、文化、宗教、传统、价值体系、人口、环境、政治、政府、法律、基础设施等诸多方面均有所不同，这些都对全球化经营提出了较大的挑战。对一个横跨几大洲、员工使用多种语言的企业进行管理，自然要比对同处一个屋檐下、说同种语言的企业进行管理困难得多。进行全球化经营往往还需要对某些经济组织进行了解，包括欧洲经济共同体、拉丁美洲自由贸易区、世界银行及国际金融公司等。相对于国内经营而言，由于全球化经营存在更多的变量与关系，跨国公司的战略管理过程要面临更多的陌生性、复杂性、动态性和不确定性。

企业参与国际竞争，除需考虑各国之间的基本差异，还要特别考虑国际竞争所独有的东道国贸易政策、汇率变动等因素。一些国家的贸易政策反复多变，如尼日利亚1989年前规定石油业外资比例不得高于20%，其后却多次上下浮动，变为45%。还有一些国家货币极不稳定，通货膨胀严重，这也是跨国投资、贸易的重大风险所在。如津巴布韦，这个原本的“非洲粮仓”，在陷入严重的粮食短缺和经济危机后，通胀率高达7 638%，而民间的数字更是官方数字的两倍。近几年，国际金融市场异常动荡，汇率、利率变化无常，振幅很大。在当今这个微利时代，好不容易赚来的辛苦钱，很容易被波动的汇率毫不留情地蒸发掉。还有不少国家实行外汇管制，即使赚了钱也很难汇回国。

企业参与国际竞争，一国及国家间的政治局势变化同样构成国际经营的风险。政治局势变化一般包括政治冲突、军事冲突、选举和政权更迭等。一些国家频发的战乱、民变和其他意外因素对跨国经营造成的威胁很大。以中国企业为例，一些企业在尼日尔、赞比亚都曾遇到绑架、交火等事件，造成人员伤亡。还有个别地方暴发排华风波，如2004年9月温州鞋在西班牙被烧；另一些本来和华人无关的骚乱同样构成威胁，如多哥大选风波，累及多家华人的商铺被砸、仓库被抢。

企业参与国际竞争，国外购买者的偏好、市场状况、分销渠道、长期增长潜力，尤其是各国间在这些方面的差异等，也需要给予充分关注。比如，德国五家连锁零售商控制了65%的市场，而在意大利没有一家连锁商控制超过2%的市场。此外，本地化问题、子公司所有权比重问题及内部转移价格问题，也是跨国公司普遍面临的挑战。

（二）跨国公司面临的新挑战

近年来，跨国公司的挑战呈现出一些新的趋势：一是以产品为基础的生产转向以高技能、高技术和服务为基础的生产。二是生产方式由大规模集中转向灵活分散。三是企业经营的基本条件由与工业经济相适应向与数字经济相适应转变。四是从产品竞争转向组织竞争。团队组织、网络组织、虚拟组织、无边界组织、学习型组织、孵化组织、扁平化组织、女性化组织、跨文化组织、自适应组织等方兴未艾、异彩纷呈，展现出勃勃生机与活力。五是企业的获利能力更多地取决于企业的研发投资力度和知识网络，该网络不仅能够在内部畅通地传达信息，进行创新，而且可以从外部系统中获取信息，对网络进行自我否定和自我加强，从而形成报酬递增的正反馈机制和正强化机制。六是全球科技迅猛发展、不断革新，推动产业升级和转型，越来越多的企业将服务和业务向数字化转型，但欠发达地区目标国的信息网络等数字化基础设施很落后。七是新冠疫情使全球地缘政治、跨国经济、国际贸易调整，供应链半径、产业链半径的变化十分深刻。八是跨国公司越来越表现出全球化和本地化两方面的特征，“全球本地化”与“本地全球化”相得益彰。九是亚洲新兴市场正在崛起全球领袖企业。比如，中国的华为、韩国的三星和印度的兰伯西实验室有限公司，它们已经在其核心业务中拥有全球标准的竞争力，其关键流程已达到甚至超过全球基准水平。

（三）中国企业“出海”面临的主要风险

“出海”是近年来企业发展的一个重要战略选择，“一带一路”倡议为企业创造了一个巨大的“走出去”机遇。中国企业“走出去”既有机遇又有风险，传统风险和非传统风险相互交织，主要表现为以下几个方面：

第一，地缘政治风险。一些国家处于敏感复杂的社会转型阶段，政治形势十分复杂。若不能深刻洞察、全面分析东道国政治环境，把握其走向，将直接影响在这些地区开展经营活动的效果与持续性。

第二，社会风险。东道国的宗教信仰、民俗禁忌、社情民意、舆论导向和文化冲突等，容易引起充满狭隘民族主义色彩的负面炒作，甚或引发排外情绪和社会动荡。

第三，安全风险。就世界范围来看，一些地区恐怖主义袭击等安全事件多发。当地区局势紧张或政府间关系交恶时，跨国企业很可能成为极端恐怖势力的攻击目标，以致人身安全都得不到保障。

第四，经营、财务风险。企业“出海”需要面对价格、汇率、利率、税率剧烈波动的风险。发达市场的反垄断调查、跨国并购，国家安全审查、外资审查等监管要求和规制，也是中国企业必须要过的坎儿。在东道国建设和经营，还需直面招标条件苛刻、漫天要价、融资和运营分歧大、征拆和劳动用工等建设成本高、经济收益低于预期以及低成本优势难以在海外普遍复制等诸多问题和风险。

第五，政策、法律风险。中国企业“走出去”还将面临目标国市场准入、税收政策、主权担保产业政策、外汇管制，以及环保、专利、国有化、长期劳动合同、知识产权等政策法律方面的严苛要求和进入限制。合规理念、法律理解与实施层面的差异，可能导致中国企业在具体执行时偏离合规要求，甚至遭到所在国监管机构的调查与处罚。

/ 本章小结 /

企业并购是企业通过对另一企业控制权的掌握来达到自身发展的一种手段，是企业间展开的产权交易与资本运营行为，通常包含兼并和收购两个层次的含义。企业实施并购战略的动因有：降低进入壁垒和发展风险，发挥协同效应，促进跨国发展和转型升级，实现快速扩张，加强市场控制力，获取关键技术和重要人才，追求代理成就，降低交易费用，发掘利用目标公司的潜在价值，以及避税等。企业并购战略实施中须注意目标公司的选择和审查、自身条件的合理估计以及并购后的整合。

一体化战略是指企业充分利用自己在产品、技术、市场上的优势，根据物资流动的方向，使企业不断地向深度和广度发展的一种战略。一体化战略分为垂直一体化和水平一体化。垂直一体化是企业从产业链的上游或下游两个可能方向上扩展现有业务，水平一体化战略是获得本企业竞争公司的所有权或加强对其控制。

多元化战略分为三种基本类型：集中多元化经营战略、横向多元化经营战略和混合多元化经营战略。不管企业实施何种形式的多元化，都要把增强核心竞争能力作为第一目标，在此基础上兼顾多元化。

空间扁平化、贸易自由化、商务电子化、生产社会化、经营虚拟化和经济数字化等构成了全球化战略大的环境。全球化战略的动因主要包括寻求增长、规模经济收益、充分利用自身优势、降低成本、减轻竞争压力、分散商业风险、享受国外优惠政策、提高声誉和影响力等。全球化的方式有许可经营、出口、海外投资、战略联盟、全球跨国公司等。

/ 常用术语 /

并购（M&A）
兼并（merger）
协同效应（synergy effects）
纵向并购（vertical M&A）
恶意并购（hostile M&A）
前向一体化（forward integration）
水平一体化（horizontal integration）
全球采购（global sourcing）
全球化战略（globalization strategy）
横向多元化（horizontal diversification）
地缘政治（geopolitics）
管理层收购（management buyout，MBO）
收购（acquisition）
横向并购（horizontal M&A）
混合并购（conglomerate M&A）
一体化战略（integration strategy）
后向一体化（backward integration）
集中多元化（concentric diversification）
逆全球化（deglobalization）
数字经济（digital economy）
混合多元化（conglomerate diversification）
“一带一路”倡议（Belt and Road initiative）

/ 思考题 /

1. 试述并购战略的动因和并购战略的主要形式。
2. 举例简述一体化战略的类型。
3. 举例简述多元化战略的类型。
4. 举例简述全球化战略的类型及运用全球化战略需要注意的问题。
5. 垂直一体化战略的风险有哪些？
6. 分析全球化的三个阶段。
7. 逆全球化有何表现？如何正确认识逆全球化思潮？
8. 试述全球化的动因。
9. 决定一个国家某种产业竞争力的主要因素有哪些？
10. 阐述全球化经营面临的挑战与风险。
11. 中国企业“出海”面临哪些主要风险，应如何应对？

第 7 章 发展战略

企业如果固守过去曾行之有效的战略，那么它必将败于竞争对手。

——美国科恩集团董事长、首席执行官威廉·科恩

战略制定者的任务不在于看清企业目前是什么样子，而在于看清企业将来会成为什么样子。

——战略管理学大师约翰·蒂兹

▶ 本章要点

1. 理解平台战略与网络外部性的概念。
2. 深刻理解平台经济和共享经济的核心要义。
3. 理解虚拟经营战略的运作形式和要点。
4. 领会博弈论的主要思想和竞合理论的核心逻辑。
5. 掌握联盟的主要类型。
6. 正确认识产业集群的运作机制和效应。
7. 认识产业集群的竞争优势。
8. 掌握创新战略的实现途径，了解创新面临的困境和解决方法。
9. 了解常用的和创新的商业模式。
10. 深刻理解价值创新战略的核心要义和主要途径。
11. 掌握实施标准化战略的要点。

▶ 课程思政元素

发展是硬道理，发展是第一要务；新发展理念；内涵式发展，高质量发展，特色发展，共同发展；守正创新；创新驱动发展，双循环发展格局；多边思维，换位思维，博弈思维；数字思维，互联网思维；数字化、信息化、网络化、智能化；扬长避短，优势互补；己所不欲，勿施于人；一个人走得快，一群人走得远；法制精神，契约精神；规则意识，规范意识，标准意识；诚信，一诺千金；知识产权创造、保护、运用；创新精神，创业意识，创造能力；人才高地，创新策源地；科教兴国，人才强国。

引　例

淘宝推出淘宝企业购，瞄准万亿蓝海赛道

2024年，淘天集团旗下上线一站式企业采购平台——淘宝企业购，主要面向中小微企业，助力其降本增效、采购升级。相较于C端用户需求，企业采购流程复杂、品类繁多、流转效率低、成本更高。企业采购电商近年迅速增长，淘宝在行业中一直占据着领军地位。

淘宝企业购围绕中小微企业的典型采购场景和需求，汇集了淘宝上优质的工业品、商业农业、企业服务、汽配服务、3C数码、家装家居、大小家电等行业类目，精选超百万商家，商品规模达11亿元。同时，面对企业采购群体的体验需求，淘宝企业购针对一键开票、对公支付、采购清单、榜单导购等功能链路进行升级上线，更好满足企业采购需求，提高整体采购效率。

数据显示，2022年我国电子商务采购总额约为14.32万亿元，同比增长13.7%；此外数字化采购渗透率从7.24%上升到8.26%，相比上年提升1个百分点——带来万亿级数字化采购市场增长空间。

市场环境的快速变化，对企业采购的成本和效率提出更高诉求。利用数字化工具，建立更加敏捷、灵活的采购体系，促进采购部门由企业成本部门转变为价值部门，已经成为企业建立竞争优势的关键。淘宝企业购的业务目标，一是增强体验，满足采购用户的特定需求；二是在新需求市场投入更多产品研发及运维力量，放大企业采购市场规模。

在企业采购市场中，超四成央国企数字化采购的渗透率超过50%，数字化采购仍有巨大市场空间，尤其对于中小微企业。今天在市场上提供企业采购服务的平台，99%都针对大型企业，以央国企为主。但是实际上针对中小企业采购服务的，最大的渠道是淘宝。

资料来源：淘宝推新平台，瞄准万亿蓝海赛道．（2024－09－24）．https：//www. ebusinessreview. cn/newsinfo/7604425. html

思考题：淘宝企业购上线的背景是什么？其商业生态和未来市场潜力怎样？其潜在竞争者是谁？未来的盈利模式如何？

第1节　平台战略

一、平台战略与网络外部性

平台战略是指企业通过建立和运营一个平台来促进生态系统中不同参与方之间的互动和价值创造。在平台战略中，企业充当平台的运营者，通过吸引不同的参与方（例如用户、开发者、合作伙伴等）加入平台，形成一个生态系统。平台战略的核心是通过平台的规模效应和网络外部性，实现更多参与方的加入和互动，从而创造更多的价值。

平台战略的关键特点包括：

- 多边平台。平台不仅连接企业与用户，还连接用户与用户以及用户与开发者、合作伙伴等多方。

- 生态系统。平台建立了一个生态系统，各参与方之间相互依存、相互促进。
- 规模效应。平台的规模越大，参与方越多，平台效应就越明显，为企业带来的竞争优势也越多。
- 网络外部性。平台上的每个新参与方都会为其他参与方带来价值，形成正向循环。

其中，网络外部性（network externality）的概念最早由罗尔夫斯（Rohlfs，1974）提出，他指出网络外部性是需求方规模经济的源泉。当一种产品对消费者的价值随着其他使用者数量的增加而增加时，就说这种产品具有网络外部性。卡茨（Katz）和夏皮罗（Shapiro）在1985年对网络外部性进行了较为正式的定义：随着使用同一产品或服务的用户数量变化，每个用户从消费此产品或服务中所获得的效用的变化。网络外部性广泛存在于电信、航空等领域，是传统经济学中的外部性在网络系统中的表现。

网络外部性可分为直接网络外部性和间接网络外部性。直接网络外部性是指消费者直接和网络单元相连，可以直接增加其他消费者的使用效用。间接网络外部性是指随着一种产品使用者数量的增加，市场出现更多品种的互补产品可供选择，而且价格更低，从而消费者更乐于购买该产品，间接提高了该产品的价值，如硬件和软件。

二、平台经济

由整合与集成发展而成的平台（platform）日渐成为现代经济发展中的突出现象。以信息平台和第三方支付为技术手段，通过发现和创造商机，形成撮合交易平台，融合供方和需方、制造业和服务业的平台经济（platform economics）初现端倪。平台经济实质上是提供或实体或虚拟的交易环境，从而降低消费市场中各方寻找交易伙伴的成本。它之所以拥有巨大魅力，是因为它具有交叉网络外部性，平台的消费关系具体表现为：平台上卖方越多，对买方的吸引力就越大，反之亦然。著名的App Store即是基于苹果用户的巨大平台而产生的盈利模式。此外，像美国的亚马逊、eBay、沃尔玛、Etsy，中国的全球速卖通、淘宝、京东、天猫，日本的PayPay Mall、乐酷天（Rakuten），以及拉美地区的美客多（MercadoLibre）等，都是月访问量达几亿乃至几十亿次的大电商平台。

随着平台经济的出现，企业管理者在思考企业战略和能力问题时应当超越传统思维，转入一种平台战略思维，即通过构建多主体共享的商业生态系统并且产生网络外部效应来实现多主体共赢。平台战略不一定要采用互联网，但若与互联网结合威力更大。这是因为，首先，在数据库和信息化管理方面，互联网有天然优势；其次，互联网有网络外部性，跟平台战略的本质类似。基于平台的合作需要一套独特的战略思路和商业模式，还需要充分关注服务、能力、拉动的机制、范围经济和灵活性。通过平台，不同的企业在研发、设计、制造和客户服务等方面创造新的协作，即使在核心业务领域也能够获得外部的专业服务，与利益相关者共同成长。企业之间的协作通过功能耦合使平台实现系统增值效应和来自资源共享的成本节约，也能为终端消费者创造更多的价值。

近年来，平台经济发展特别快。形态方面，从门户网站、网络游戏、网络电视、网上社区到第三方支付和各种电子商务；内容方面，从衣食住行、吃喝玩乐，到生老病死、婚丧嫁娶，再到教工学思、立业传承；网络方面，从PC互联网到移动互联网，从消费互联网到产业互联网；技术方面，从视窗系统、Internet、搜索引擎，到 GPS、二维码、大数据、推荐算法，再到语音识别、传感器、射频识别、5G 网络、AR/VR、云计算、SaaS 及人工智能等，平台经济在诸多方面推动商业革命风云变幻、日新月异。在平台经济的发展大潮中，众多平台企业利用互联网思维以及技术、流量、资本等优势，在微信生态与下沉市场的促进下迅速成长，新秀迭出。

铜师傅通过嵌入小米生态链，实现传统企业的数字化转型。

战略实践 7－1　企业嵌入平台生态实现数字化转型

这些年来，中国除老牌万亿量级平台 BATJ（百度（B）、阿里巴巴（A）、腾讯（T）、京东商城（J））外，拼多多（网络团购）、抖音（短视频/电商）、快手（短视频）等新兴平台也迅速挤进万亿平台市场。截至 2023 年，拼多多零售 GMV（gross merchandise volume，商品交易总额）在 4 万亿元左右，抖音超过 2 万亿元，快手约 1.2 万亿元。当前，BATJ 等巨头不仅继续在北上广深等一二线城市巩固其头部地位，还通过“下沉计划”在三四线城镇和乡村攻城略地。而拼多多、抖音、快手、美团、滴滴等也已成为互联网用户日常高频使用工具。未来这些平台企业作为新经济力量的代表，将接受更严格的市场考验——无论是资本市场的检验，还是用户市场的考验。

三、共享经济

共享经济（sharing economy）的概念最早由得克萨斯州立大学教授马科斯·费尔逊（Marcus Felson）和伊利诺伊大学社会学教授琼·斯潘思（Joel Spaeth）于 1978 年基于人类生态理论提出。共享经济的最初目的是盘活闲置资源，通过有偿分享提升闲置资源利用率。可以共享的东西非常多，有物业、资产、网络、设备等有形资源，也有数据、流程、时间、技能、技术、技巧和经验等无形资源。共享经济的益处显而易见：所有者通过分享自己的资源（有形或无形），为其赋予多种用途，在为自己带来收益的同时，也创造出社会效益。

共享经济有狭义和广义之分。狭义的共享经济是指以获得一定报酬为主要目的，基于他人（自然人或法人）存在物品使用权暂时转移的一种商业模式，包括供给方、需求方和第三方平台这三大主体。广义的共享经济是指以有使用价值的社会资源（待售或已售）为共享客体，以主导生活消费的个体和主导生产消费的企业为共享参与主体，借助网络技术搭建的信息场景平台，实现社会资源的优化配置和充分利用。

共享经济是经济、社会及科技共同发展的结果，它通过对分散化的资源进行整合与优化配置实现对其最大化利用。本质是人们公平享有社会资源，各自以不同的方式付出和受益，共同获得经济红利。关键要素包括过剩的产能（闲置资源或认知盈余）、共同参与的平台及不同个体的参与，移动互联网、数字货币、移动支付、大数据、物联网等技术是实现共享经济的基础。共享经济潜力巨大，现已发展成为一种重要的商业模式。被称为共享经济鼻祖的罗宾·蔡斯（Robin Chase）在《共享经济：重构未来商业新模式》一书中指出：“共享经济是适应时代发展的新经济模式，也是未来最主要的经济模式之一。”

共享经济是人类的又一次产权制度革命，它创造了一个既非公有亦非私有的混合所有制新产权制度，促使人们从传统的重拥有、重支配、重产权，向重使用、重信任、重合作、重分享转变。共享经济促使政府、企业与个人改变固有的角色，重构现有社会的监管、保险、分工与管理。共享经济比“U 盘化生存”（自带信息、不装系统、随时插拔、自由协作）更丰富，推动生产与消费的产消合一和“创客”运动，使生产和交换过程参与主体个人化。创客（maker）即做东西的人，泛指出于兴趣与爱好，努力把各种创意转变为现实的人（详细的讨论见本章第 6 节的“创新、创业和创造”部分）。个人既有独立意志和利益诉求，又能利用平台参与大规模的知识分享和协作性创造，从而实现个别天才和大公司所不能及的大创新。共享经济的产能过剩 + 共享平台 + 人人参与，创造出“人人共享”的新模式，把组织和平台优势（规模与资源）与个人优势（本地化、专业化和定制化）有机结合，从而在一个稀缺的世界里创造出富足。

自爱彼迎、优步等共享平台出现后，共享经济在美国兴起并迅速扩展到包括中国在内的众多国家和地区，众创、众包、众筹、众扶（通过政府和公益机构支持、企业帮扶援助、个人互助互扶等多种途径，共助小微企业和创业者成长）也应运而生。其发展从共享住宿、共享出行延伸到共享导游、共享宠物寄养、办公和储存空间租赁等领域，未来将逐步扩展到农业、教育、医疗等诸多行业。随着 5G 时代的到来以及区块链、无人驾驶等新技术的发展，共享经济领域将创造出更多的机遇。

需求端细分共享、供给端闲置资源共享、人人直接参与的平台协同共享。

战略实践 7－2　共享经济演化三阶段

当前，云计算、大数据、宽带网络与智能终端这四种力量聚合，催生共享经济的新形态。在共享经济下，互联的商业模式也从“免费”改变为按时间、质量、场景等“类运营商”的新模式。同时，共享经济将在很多传统行业掀起新的产业革命，更多企业将实现共享化。未来，交通运输、教育、能源等一系列产业也将因共享经济而变得更高效、环保和节能。

四、IaaS、PaaS、SaaS 与 MaaS

平台战略的实施，需要云计算技术及其服务架构的支持。云计算技术是一种通过基于互联网的计算方式，使得共享的软件资源、计算资源、存储资源和信息资源可以按需求提供给网络终端设备或用户的技术。云计算技术的服务架构可分为三层：IaaS、PaaS 以及 SaaS。

（1）IaaS（infrastructure as a service），即“基础设施即服务”，指底层的基础计算资源，主要包括计算、存储和网络。

（2）PaaS（platform as a service），即“平台即服务”，指中间层，主要包括云化数据库、云化应用管理平台等。PaaS 将软件研发的平台作为一种服务，允许用户在平台上完成应用程序的开发、部署、运行和管理。PaaS 的目标用户一般是开发人员和程序员。

（3）SaaS（software as a service），即“软件即服务”，指各类云应用，主要包括 ERP 云、CRM 云、HCM 云等。用户根据实际需求，向 SaaS 供应商购买应用软件。SaaS 供应商将应用软件统一部署在自己的服务器上，用户可以在互联网上直接访问，即开即用。SaaS 供应商一般会根据订购的服务内容、时间长短、使用次数等，向用户收费。

云计算系统框架既适用于公有云，也适用于私有云和混合云。具体来讲，超大型公有云服务商，包括阿里云、微软云、谷歌云等，将有机会发展出超大规模、跨地域互联的数据中心的操作系统，即公有云软件。然后，将公有云软件缩小规模运行到中小型企业私有数据中心后形成私有云软件。连接公有云和私有云并能跨两边调度计算资源的软件为混合云软件。在这些云技术之外，还有不可云化的传统企业 IT 技术，它们通过某种方式连入云计算资源池，成为可以被调用的计算资源。在数字化的带动下，各行业对云服务的需求进入快速增长期。

此外，MaaS 在实施平台战略时，也扮演着十分重要的角色。MaaS（model as a service），即“模型即服务”，是将机器学习模型部署到企业端提供给用户使用的服务。通过 MaaS，开发人员可以简单调用模型，无须了解复杂算法和实现细节。MaaS 帮助企业实现更高效、更智能的数据分析和决策，同时降低机器学习模型的部署和应用门槛，将大模型底层的知识和能力带入企业经营场景，实现跨越式的降本增效。

在大模型时代，从国内外生成式人工智能（AI）应用落地的实践来看，“IaaS + PaaS + MaaS + SaaS + AI”融合的云智模式正在成为赋能企业，尤其是中小企业实施平台战略的一种重要方式。

第 2 节　虚拟经营战略

一、虚拟经营概述

虚拟经营是指以信息技术为基础，由多个具有独立市场利益的企业集团，通过非资本纽带媒介生成的一种（类）相对稳定的或者临时性的产品生产、营销和服务的分工协作关系，包括合同制造网络与策略联盟等主要形式。虚拟经营的核心思想是企业仅控制某些核心环节，如研发、设计、销售、品牌和网络渠道等，而把低增值部分如加工制造、生产等委托其他企业去做。通过借用、整合外部资源，使市场上的各个企业都做自己最擅长的、最有比较优势的事，从而提高企业自身的专业化水平，也有利于企业的精细化管理。虚拟经营在组织上突破了有形的界限，企业虽有设计、生产、营销、财务等功能，但企业内部并没有完整执行这些功能的组织，且企业仅保留最关键的功能，而将其他功能虚拟化。实际上，虚拟经营是适应多变的需求与竞争环境的一种动态企业经营观的产物，以内外部资源的合理整合与善用为宗旨，以内部机构的精简和外部协作的强化为目标，以灵活性与适应性为原则，通过建立供应商、生产商、顾客或竞争对手间的动态合作网络来创造财富和价值。

20 世纪 90 年代以来，虚拟经营模式以其柔性的组织结构和灵活的反应速度，越来越受到企业的关注和推崇。许多国际知名企业正是通过虚拟经营，创造了辉煌的业绩。例如，美国的波音公司，作为世界知名的飞机制造商，其本身只生产座舱和翼尖，其他都是靠虚拟经营来完成的；还有荷兰的飞利浦公司，企业本身并不拥有生产线，主要靠虚拟功能生产，而企业的主要精力则是创造品牌和经营市场。还有一些大的跨国公司，如耐克、IBM、戴尔、西门子、通用电气、可口可乐、丰田等也纷纷采用虚拟经营。在我国，虚拟经营的理念逐步深入人心，为越来越多的企业所重视和采用。我国的海尔、小米、红豆、海立、星美、中兴、苏宁、迪信通等企业，也都利用虚拟经营低成本地获取外部资源。特别对一些受资金、技术、设备等资源限制的中小企业，虚拟经营正成为它们能与大企业同台竞技、发挥自身比较优势、实现快速发展的一条有效途径。

随着虚拟经营大行其道，各类外包平台应运而生。Upwork 是全球最大最规范的综合类外包平台之一，前身是 Elance 和 oDesk，它们合并于 2015 年 6 月，现拥有注册自由职业者 2 000 万和企业客户 500 万，每年的发布项目数超 300 万，每年该平台自由职业者收入在 20 亿美元以上，是全球最大的外包人力服务市场。自由职业者很容易在此平台上接到工作，诸如，IT 编程、web 和移动应用开发、语言翻译、内容写作、平面设计、创意、采购、社交媒体营销、管理帮助和法务等。雇主也可以很方便地在平台上找到各种不同技能类型的服务商，迅速、简便、经济实惠地加入自己的团队或项目，以令人满意的性价比完成更多的工作。

二、虚拟经营的运作形式

虚拟经营可采用以下多种运作形式。

（1）虚拟工厂。这是虚拟经营的最初形式，也就是人们通常所说的“外包加工”，指企业虽拥有品牌和市场，但本身并不直接生产产品，而是委托给其他企业代为加工生产。虚拟工厂意味着企业并不真实拥有工厂，它包括两种情形：一是属于别的企业的工厂但为本企业所用；二是仅在网络空间存在，在物理空间并不存在，但具备工厂职能的逻辑上的“工厂”。如耐克和雀巢就没有自己的工厂，其产品却畅销全球，它们就是利用全球各地的工厂。

（2）虚拟职能部门。虚拟经营不但可以对某些经营环节、某些非关键业务（如制造加工、售后服务等）通过外包虚拟化，也可以通过这种方式把行政办公、人力资源管理、财务管理等职能部门虚拟化，使这些部门成为虚拟职能部门。如目前已出现 e-CFO（在线首席财务官），使得企业可以通过互联网理财。企业用这种方法可以改进劣势部门的功能，避免因某些功能弱化而成为发展瓶颈。

（3）虚拟销售网络。虚拟销售网络有代理销售、特许经营和解放下属销售公司产权等多种形式。现在越来越多的企业用招募总代理、经销商的方式来构建经销渠道，而更虚拟化的销售形式是特许经营。公司总部对下属销售网络解放产权关系，使其成为拥有独立法人资格的销售公司，这种形式日益受到青睐。如我国一家公司通过互联网和传统媒体，利用经销权拍卖的方式进行招商销售，在不到 100 天的活动中，就得到 4.3 亿元订单，使公司的产品走向全国 32 个省级市场、440 个二级地市市场、1 万个终端网点，此举可谓虚拟销售的杰作。

（4）虚拟战略业务单元（SBU）。包括项目委托、联合研究与开发和设立信息中心等。如 IBM 在 20 世纪 80 年代初把微机的核心部件微型处理器的生产委托给了英特尔，操作系统则使用微软的 DOS 系统产品，销售方式也由直接销售转为特约商店销售，由此用不到 10 个月时间率先推出了第一批 IBM 商用微机。1983 年 IBM 微机超过专业厂商苹果公司，成为该领域的第一。

（5）企业共生。企业本身并不擅长某方面的工作，考虑成本因素或保密性又不愿外包，于是几个同行公司共同组成作业中心或共同出资建立专业化工厂进行生产，并共同分享利益，负担成本。

（6）策略联盟。企业（主要是大型企业）之间超出一般业务往来，但又达不到合并程度，于是在一定时期、一定范围内形成合作，通过合作将各自的力量组合起来共同努力实现某一目标。特别是当几家公司拥有不同的关键技术和资源而彼此市场又互不矛盾时，可以相互交换资源以创造和形成竞争优势。策略联盟备受世界名牌企业推崇，如 IBM 与英特尔、英特尔与波音、索尼与东芝、西门子与飞利浦等都先后成立策略联盟，或互换技术技艺，或构建特殊的供应合作关系，或共同研制开发新技术、新产品。

（7）动态企业联盟。不同行业的中小企业为达成共同利益目标，在不否定独立经营的前提下快速组合，表现形式为组合成员共同出资、出力、出人，在技术、生产、加工、销售、采购、运输、金融、服务及物流等方面进行联合，作为一个整体参与市场竞争，互享彼此的优势资源，取长补短，以促进联合企业不断提高经济效益。当共同目标达到后，各成员企业可迅速解散。动态企业联盟可避免单个企业在市场竞争中孤军奋战的弱势，降低经营风险。

三、虚拟经营的要点

虚拟经营作为一种新型的高弹性的企业经营模式，对于提高企业的应变能力，促进产品快速扩张，发挥市场竞争优势，具有重要的作用。但是，企业在实施虚拟经营策略时，需要注意处理好下述各方面的问题。

（一）不为我所有，但为我所用

虚拟经营突破了传统的“五脏俱全”组织模式，颠覆了传统企业自给自足的生产经营方式，在“虚拟”二字上做足文章。虚拟的关键是超越企业有形的组织界限，尽可能地借用外部资源进行整合运作，通常是围绕一个核心即品牌概念，通过一个完整的思路去驾驭每一个环节，带动更多的社会资源参与。“可以租借，何必拥有”“不为我所有，但为我所用”“是使用创造了价值，而不是拥有创造了价值”，都是对虚拟经营模式最精当的诠释。企业要在“借”字上做足文章，想到借，勇于借，善于借，通过借船出海，借梯上楼，借鸡下蛋，借壳上市，借外脑拓内脑，达到全方位借力造势的目的。要最大限度地利用外部资源，改变传统的“凡经营必自产，凡生产必自备”的企业扩张模式，使“橄榄型”企业转向“哑铃型”企业。典型的做法是，企业着力于高端（研发）和终端（营销），而将中端（加工制造）外包。

（二）掌握关键性资源

无论选择何种形式的“虚拟”，都必须建立在自身竞争优势的基础上，必须拥有和严格控制关键性的资源，必须根据环境的要求把有限的资源应用到“创造财富的关键领域”，如产品的设计与研发能力、销售网络、专利权等，以自身的核心优势为依托，确保自己居于主导地位，以免受制于人。生产经营活动中的各个环节，哪些可以虚拟，哪些不可以虚拟，是一个十分重要的问题，如果企业将自己的战略环节进行虚拟经营，不仅达不到企业扩张的目的，甚至会使整个企业“虚脱”。

（三）保护知识产权

企业实施虚拟经营，其产品加工采用“虚拟工厂”“动态企业联盟”方式，企业只负责产品总体设计和生产少数部件。这样一来，合作厂家很容易掌握关键技术，从而为仿制打开方便之门。这时重要的防范措施就是依靠专利等知识产权的保护，确保自己在动态企业联盟中的利益。

（四）平衡价值链的各个环节

虚拟企业联盟比传统企业在沟通和管理方面的要求更高，因为作为企业联盟中的各个企业本身，仍然是具有法人地位的独立实体，虚拟企业的内核和外界联盟单元的关系不是传统的母子企业关系，而是相对松散的契约关系。要在这样的组织结构中实现物流、商流和信息流的快捷和通畅，难度更大。虚拟经营的关键是以信息的网络化、经济的契约化为媒介，实现价值链、供应链各环节以及成本、品质及周期等各方面的动态平衡。其中，核心企业应更多地扮演“头脑企业”而非“躯干企业”的角色，应是诸多资源的组织者、调度者，通过优化配置，整合协同各方力量。

（五）突出互补性

虚拟经营要突出互补性。互补形式可分为资本互补、自然资源互补、技术互补、管理互补等多种，高的互补性可以维持合作联盟的稳定。任何企业都有自己的长处和短处，不同的阶段、不同的时间、不同的地点，都应有自己的发展重点和不同的策略。为此，有必要通过开展合作来达到优势互补的目的，尤其是当自己有明显劣势，又暂时没有能力改进或来不及改进时，企业可以充分利用市场经济的兼容性和他人的长处来弥补自身的不足。例如，若企业自身生产不具备成本优势，可以委托给原材料和人工成本更低的厂家，自己集中力量专司技术攻关与市场。又如品牌策划工作，一般的企业都没有这方面的专业人才，然而社会上的咨询策划公司比比皆是，各种各样的新闻媒体和专业的新闻工作者应有尽有，将这些事情交由他们来做，比企业自己做质量要好得多，效率也高得多。

（六）充分利用网络协同制造和智能工厂

网络协同制造和智能工厂是在互联网经济环境下快速响应用户个性化需求，实现跨企业、跨领域、跨地域组织配置与优化制造资源，引领智能制造发展的新模式。网络协同制造和智能工厂集成物联网、人工智能、大数据、云计算等先进技术，通过全链条数据采集与资源集成共享，实现制造、服务及互联网的深度融合，推动制造大数据驱动能力提升和智慧企业发展，是制造型企业虚拟经营的高级形式。其关键是促进制造业与信息化、互联网及服务业的有机结合，重塑技术体系、生产模式和产业形态。

（七）强化核心竞争优势

虚拟经营策略的实施要基于自身的核心竞争力和竞争优势。有了这种优势，才有对资源的整合力量和可靠基础，与虚拟对象的合作才能稳定，才有吸引力不断引进新的虚拟对象。企业自身的条件与优势以及企业在发展过程中已经形成的竞争优势环节，是企业确定战略环节的重点。IBM 已经形成的全球性的销售组织、维修服务体系及其高信誉是其优势，该企业以此为战略环节，对个人电脑的生产技术开发与零配件的生产进行了虚拟，甚至予以出售。

（八）释放无形资产的能量

搞虚拟经营离不开无形资产，比如专利权、商标权、品牌、商誉、客户忠诚度、信息管理系统等无形资产都是虚拟经营制胜的法宝。随着市场经济的发展，无形资产的作用越来越明显，它在企业资产中所占比重越来越大，先进企业的无形资产价值一般占总资产价值的 50%～60%，一个企业拥有的无形资产数量多少、价值高低决定了它在虚拟经营方面的权重和驾驭能力，波音、耐克、任天堂等企业的成功足以说明这一点。

第 3 节　博弈论与合作战略

一、博弈论

（一）博弈论概览

1944 年，数学家约翰·冯·诺依曼和经济学家奥斯卡·摩根斯坦（John Von Neumann and Oskar Morgenstern）合著的《博弈论与经济行为》（*Theory of Games and Economic Behavior*）一书的出版，标志着博弈论的创立。该书被誉为 20 世纪最伟大的科学成就之一，书中概括了经济主体的典型行为特征，提出了策略型与广义型（扩展型）等基本的博弈模型和相应的解概念，提供了一种系统理解和优化相互依存的情境中参与者行为的方法。

1994 年，博弈论的“三大家”约翰·纳什（John Nash）、约翰·海萨尼（John C. Harsanyi）和莱因哈德·泽尔腾（Reinhard Selten）获得该年度的诺贝尔经济学奖，这也表明该理论达到成熟阶段。目前，博弈论在经济学、国际关系学、政治学、计算机科学、生物学、军事战略和其他很多学科都有广泛的应用。

经济学家保罗·萨缪尔森曾言，要想在现代社会做个有文化的人，就必须对博弈论有个大致的了解。事实上，经济学在 20 世纪经历了两场革命，一场是 20 世纪上半叶全面运用边际分析方法的“边际革命”，另一场是最近 30 年大行其道的“博弈革命”。从 1994 年至今，诺贝尔经济学奖已 7 次授予博弈论领域的学者（其中 1994 年 3 位、1996 年 2 位、2001 年 3 位、2005 年 2 位、2007 年 3 位、2012 年 2 位、2020 年 2 位），以表彰他们在非合作博弈均衡分析理论、不对称信息下的激励经济理论、对充满不对称信息的市场分析、通过博弈论促进对冲突和合作的理解、创立和发展机制设计理论以及在稳定分配理论和市场设计实践中所做出的开创性和奠基性贡献，博弈论在经济学中的重要地位由此可见一斑。现在，博弈论已经成为经济学和战略管理的标准分析工具之一，随着十几年来经济管理教育的发展，企业管理者对“囚徒困境”“双赢”“纳什均衡”等博弈论术语已不再陌生。

（二）博弈论的主要思想

博弈论（game theory），又名对策论，是研究具有斗争或竞争性质现象的理论，是研究多个决策主体（个体或团队）之间在特定条件制约下的对局中，各决策主体如何利用相关方的策略而实施对应策略以及这些策略如何达到均衡的系统方法，旨在揭示公式化的激励结构间的相互作用。博弈意味着通过选择合适的策略达到合意的结果。对于博弈者，最佳策略是最大限度地利用游戏规则，最大化自己的利益；对于社会最佳策略，则是通过规则使社会整体福利增加。

简言之，博弈论是交互式决策（interactive decision making）或交互式条件下的“最优理性决策”。即每个人在决策时，都必须把对方的决策纳入自己的决策考虑之中，还要把别人对于自己的考虑也纳入考虑之中，在这种迭代考虑的情形下所做的决策才可能最有利。博弈论强调，每个人都有自己的思想，每个个体都是理性的（在给定的约束条件下最大化自己的效用），所以必须了解竞争对手的思想，关注对手的价值，学会双边思维、多边思维和换位思维。博弈论同时指出，商业关系是相互作用关系，任何作用力都会引起反作用力，但与牛顿第三运动定律不同，这种反作用力并非力量相等方向相反。为了分析对手如何对自己的举动做出反应，需要尽可能对他们所有可能的反应提前进行考虑。在此基础上，对整个事态和格局进行展望，然后逆向推理，弄清现在的哪个行动能使自己达到期望的目标。

博弈论研究策略性互动机制及模型，业已成为横跨自然科学和社会科学的重要分析工具。

战略实践 7－3　博弈论：更具影响力的跨学科研究方法

博弈论有别于经济学或政治学等学科，它不利用个别的特定的结构（如完全竞争、垄断、寡头垄断）来讨论诸如国际贸易、征税、表决、威慑等各种具体问题，而是发展了一套原则上可以应用于所有交互情形的系统方法，进而探讨这些方法在每一具体应用中所导致的结果。用博弈论方法可以获得一些其他方法难以得出的新见解。例如，囚徒困境表明，两个理性追求个人利益最大化的人不仅无法获得于己最优的结果，只能得到相当差的结果，而且不能实现集体的最大利益，个体理性与集体理性是冲突的和矛盾的。以下用一个简单的双寡头价格竞争模型予以说明。

（三）双寡头价格竞争模型

设博弈方1和博弈方2是双寡头市场上的两个寡头，它们原来用同一种较高的价格（称为“高价”）销售相同的产品。如果这两个寡头不满足各自原来的市场份额和利润，就都有可能想通过降价争夺更大的市场份额和更多利润。需要注意的是，当自己的降价引起对手报复时，这种目的就不一定能达到。假设两个寡头在原来的高价策略下各可以获得4万元的利润，如果某个寡头单独降价，即单独采用低价，那么它可以获得5万元利润，此时另一寡头因为市场份额被对手抢去，利润将下降为0；如果另一寡头也降价，则两个寡头都将只能得到1万元利润。这个博弈问题可以表示为图7－1中的得益矩阵。

		博弈方2	
		H	L
博弈方1	H	4, 4	0, 5
	L	5, 0	1, 1

图7-1　双寡头削价竞争博弈

图7-1中，H和L分别表示高价（不削价）和低价（削价）策略。从两个寡头削价竞争博弈容易看出，该博弈的一次性博弈有唯一的纯策略纳什均衡（L，L），双方得益为（1，1）。这个纳什均衡并不是帕累托效率意义上的最佳策略组合，因为策略组合（H，H）的得益（4，4）比（1，1）要高得多，但因为（H，H）并不是该博弈的纳什均衡，因此在一次性博弈中不会被采用，这是一个典型的囚徒困境类型的博弈。

考虑博弈对局反复进行多次的情况，结局可能会有所不同。因为博弈如果只进行一次，参与人就只关心一次博弈的支付，但如果博弈重复多次，短期机会主义行为的所得可能是微不足道的，参与人可能会为长期利益暂时牺牲眼前利益而选择不同的策略。在讨论重复博弈时，需要引入贴现系数δ，贴现系数一般可以根据利率计算，公式为$\delta=1/(1+\gamma)$，其中γ为以一阶段为期限的市场利率。考虑无限次重复博弈下，某博弈方各阶段得益分别为π_1，π_2，…，则考虑时间价值的重复博弈总得益现值为：

$$\pi = \pi_1 + \delta\pi_2 + \delta^2\pi_3 + \cdots = \sum_{t=1}^{\infty}\delta^{t-1}\pi_t$$

现假设这个博弈多次（无限次）重复，且博弈方都采用如下触发策略：第一阶段采用H，在第t阶段，如果前$t-1$阶段的结果都是（H，H），则继续采用H，否则采用L。也就是说，双方在无限次重复博弈中都是先试图合作，第一次无条件选H，如果对方采取的也是合作态度，则坚持选H；一旦发现对方不合作（选L），则用以后永远选L报复。

如果博弈方2采用L，那么在第一阶段能得到5，但引起博弈方1一直采用L报复，自己也只能一直采用L，得益将永远为1，总得益现值为：

$$\pi_L = 5 + 1\delta + 1\delta^2 + \cdots = 5 + \frac{\delta}{1-\delta}$$

如果博弈方2采用H，则在第一阶段他将得到4，下一阶段又面临同样的选择。因此当第一阶段的最佳选择是H时，整个无限次重复博弈的总得益现值为：

$$\pi_L = 4 + 4\delta + 4\delta^2 + \cdots = \frac{4}{1-\delta}$$

因此当

$$\frac{4}{1-\delta} > 5 + \frac{\delta}{1-\delta}$$

即$\delta > \frac{1}{4}$时，博弈方2会采用H策略，否则会采用L策略，此时，博弈方2对博弈方1触发策略的最佳反应是第一阶段采用H。由于从第二阶段开始的无限次重复博弈与从第一阶段开始的无限次重复博弈是完全相同的，因此博弈方2在第二阶段的选择必然也是H，第三阶段也同样。以此类推，只要博弈方1采用前述触发策略，那么博弈方2的最优选择就始终是H，从而走出了一次性博弈时的困境，证明了合作存在的可能性。这表明，如果博弈重复无穷次且每个人有足够的耐心，任何短期的机会主义行为所得都是微不足道的，参与人有积极性为自己建立一个乐于合作的声誉，同时也有积极性惩罚对方的机会主义行为。

二、竞合理论和合作战略

（一）竞合理论的核心逻辑

俗话说，没有永远的敌人，也没有永远的朋友。竞争与合作是商场中永恒不变的主题，企业的经营活动是一种可以实现双赢的非零和博弈，其中既有竞争也有合作。1995年，在深刻认识竞争对抗性本身固有的缺陷和透彻洞察当今经营环境复杂性的基础上，布兰登伯格（Brandenburger）和奈勒波夫（Nalebuff）提出了竞合理论。该理论的核心逻辑是共存共生和共荣共赢，它有效克服了传统企业战略过分关注竞争的弊端，强调合作的重要性，为企业战略管理理论研究注入了新的思想。

实际上，不仅在商业领域，在经济、政治、文化、社会等多个领域，一方面竞争日益激烈，另一方面多元化、多极化的合作风生水起，参与博弈的双方或多方保持一种既竞争又合作的竞合关系现象出现，英语中由competition（竞争）和cooperation（合作）组合而成的新词“copetition”（竞合）亦衍生出来。在竞争中实现优胜劣汰，在合作中谋求共同发展已成王道。

竞争与合作表面上看相互矛盾，但从长期来看两者可共存相伴。博弈论为我们分析企业的竞争和合作提供了别样的视角，竞争甚或冲突何以能产生合作？博弈论的回答是，因为重复博弈的存在。如上所述，如果双方之间的交易是一次性的，结果一定是双方倾向于做出损人利己的决策，但是，如果双方预期交易次数会增加，那么受长期利益的驱动，双方就会考虑到对方的利益，为再次合作创造条件。通常深谙重复博弈之道的企业，会在相互默契中将价格维持在一个合适的水平，以避免长期的大规模价格战。

在社会分工越来越细的现代经济社会，企业之间相互协作相互依赖的程度越来越大，资源的匮乏和不合作的低效率促使企业之间的合作成为必然。合作不但可以降低企业自身由于规模扩大而引起的内部运营成本，还可以简便快速地实现资源共享，更能够分散经营风险，特别是在研发上减少不确定性。博弈思想注重战略制定的互动性和系统性，企业在制定经营战略时，要充分利用博弈思想分析各种商业互动关系，建立与博弈各方之间的竞合关系，并在此基础上确立企业的竞合战略。

近年来，企业间的合作在某种程度上已取代了以前的过度竞争而成为产业组织的主流，企业通过合作从对抗走向双赢，上汽集团可谓实施合作战略的典范。上汽集团把合作理念作为企业文化的重要内容，在其遍及三大洲11个国家和地区的合作伙伴中，有10家是进入世界500强的一流汽车及汽车零部件企业，包括美国的通用汽车、伟世通、天合、江森、德尔福，德国的大众、蒂森克虏伯、博世，意大利的菲亚特和瑞典的沃尔沃等知名跨国公司。正是这一系列合作奠定了上汽集团在中国汽车产业中的领先地位。

（二）合作战略的典型形式

一般企业有三种典型的合作形式：供应链合作、战略联盟和产业集群网络。企业间通过供应链流程上的相互合作，可以增加链上信息可视性，降低物流成本，提高对市场的响应速度，特别是在供应链管理的初期，容易取得良好效果。战略联盟是重要的合作战略，通过各种协议或契约，企业间结成优势互补、风险共担、资源共享的合作体。产业集群网络代表了一种新型空间组织形式，与分散的买者和卖者的市场交易相比，一个地区企业间的地理接近以及它们之间的重复交易，能促进更好的配合与相互依赖，通过在本地结网所形成的聚集，可以在企业间构筑起交流与合作系统，增强企业的技术创新能力和竞争力。本章第 4 节和第 5 节将对战略联盟和产业集群做更详细的讨论。

三、博弈 PARTS 竞合分析

布兰登伯格和奈勒波夫 1995 年在《哈佛商业评论》上发表了《正确的举措：运用博弈论构筑战略》一文，提出了依据博弈论理念进行竞合分析的五大要素：参与者（participators）、附加值（added values）、规则（rules）、策略（tactics）和范围（scope），简称 PARTS。改变商业博弈五要素中的任何一个要素，会形成多个不同的博弈，通过分析和比较各种博弈的结果，可确定适应商业环境的合作竞争战略，最终实现扩大商业机会和共同发展的战略目标。

（一）参与者

商业活动或博弈中的各方都是参与者或局中人（players）。如图 7－2 所示，参与者除企业自身（公司）和竞争者（替代者），还有供应商、客户和补充者。一个参与者有可能同时扮演一个以上的角色。比如，美国航空公司和联合航空公司既是替代者，又是补充者。又如，在任何特定时间，美国电话电报公司可能都会觉得摩托罗拉公司既是供应商、客户、竞争者，又是合作伙伴。没有一个参与者是固定的，有时改变博弈的参与者是精明的做法，其中包括企业自己。

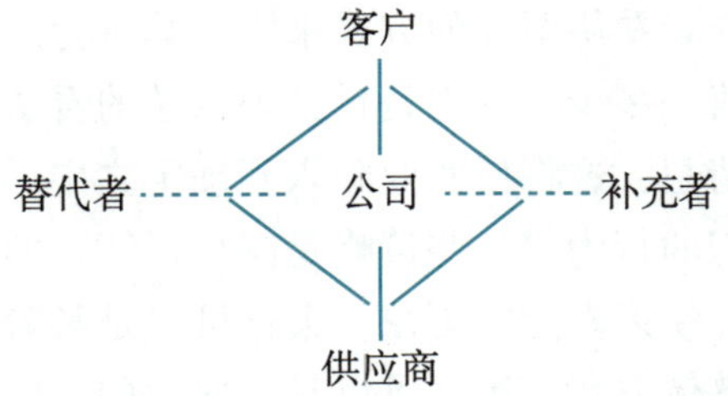

图 7－2　博弈的参与者

注意，图 7－2 的垂直方向上既有合作又有竞争。当供应商、公司和客户在一起创造价值时是合作，在瓜分利润时则是竞争。然而，沿着水平方向管理者的看法可能就片面了：替代者被当然视为竞争对手，补充者也仅被视为朋友。其实，与替代者的相互作用也有合作的成分；同样，与补充者的相互作用也有竞争的成分。

（二）附加值

在商业中所有参与者都参与时所创造的价值与将其中一个参与者剔除后其他参与者所创造的价值之差，就是剔除的那个参与者所创造的附加值。企业可以设法提高自身的附加值，或者借助某些方法降低其他参与者的附加值。谋划良好的商业运作模式、创立品牌、更有效地利用资源、与供应商一起努力降低它们的成本等，都是提高附加值的有效途径。企业可以改进服务或改良创新产品，以更好地适应客户要求。比如，环球航空公司将每架飞机客舱的座位减少5～40个，为乘客提供更大的空间，此举增加了环球航空公司的附加值。

（三）规则

规则可能来自法律、习俗、惯例或合同。企业可利用商业中成文或不成文的规则来降低其他企业的竞争，或者引入新的规则来改变竞争格局。好的规则应是能与对手一起创造出双赢局面而非你死我活的结果。换句话说，参与者应当考虑通过合作与竞争这两种方式改变规则以实现共赢。需要指出的是，激励机制的安排当是规则的题中之义，恰如2005年诺贝尔经济学奖获得者、希伯来大学合理性研究中心教授罗伯特·约翰·奥曼（Robert John Aumann）指出的那样，博弈论最重要的元素是利用激励机制来实现目标，而企业管理中很重要的一点就是向人们提供正确的激励。只有提供合适的激励机制，才能驱动人们在满足自己需求的同时去做正当的事情，相反，两败俱伤常常是错误的或不当的激励机制所致。在奥曼看来，一切悲剧都源于不当的激励。

需要特别指出的是，合适的激励机制应遵循“激励相容”原则。激励相容（incentive compatibility）是赫尔维茨（Hurwitz）在创立机制设计理论时提出的，是指在市场经济中每个理性经济人都会有自利的一面，其个人行为会遵循自利的规则。如果能有一种制度安排，使行为人追求个人利益的行为正好与企业实现集体价值最大化的目标相吻合，这一制度安排就是“激励相容”。现代经济学理论与实践表明，贯彻“激励相容”原则，能够有效地解决个人利益与集体利益之间的矛盾冲突，使行为人的行为方式、结果符合集体价值最大化的目标。

（四）策略

策略是指通过影响参与者看待博弈的方式来影响其行为。不能保证每个人对诸如博弈的参与者是谁，其附加值是多少，规则是什么等问题的看法都一致，也不可能对每项举措及对策的目的都十分清楚，这将使商业陷入不确定之中。策略影响参与者看待不确定性的方式，进而塑造他们的行为。一些策略是减少误解，即驱散迷雾；另外一些策略则是制造或维持不确定性，使迷雾变得更浓。策略可以是某阶段行动的局部方案，也可以是贯彻始终统筹全局的整体方案；策略可以是一次性的，也可以是多次反复甚至无限的；策略可以是一个参与者的独立谋划，也可以是若干参与者的串谋或共谋；策略可能是对郑重承诺的切实践行，也可能是“打左灯往右拐”或“明修栈道，暗度陈仓”。比如，摩根士丹利公司曾一边宣扬中国房地产泡沫论，一边将大量资金投入中国房地产市场。

（五）范围

范围一般由规则界定，也可能是所有参与者心照不宣默认的。然而，在很多情况下，竞争与合作的范围并不确定，也没有边界，适当调整所分析的博弈范围，能使企业改变目前的条件和战略。有时，若能开辟新的市场或博弈空间，可以使在原范围内一筹莫展的问题迎刃而解。比如，交通拥堵在平交的二维空间难解，在立交的三维空间则根本不是问题。又如，“市场渗透”是整个市场容量不变情况下的你多我少，其博弈范围是现有市场；“市场开发”则是开辟新天地，其博弈范围是更广阔的市场，在新的更大的空间中包括弱势或失败过的参与者在内的所有参与者，都有机会获得增长或成功。

第 4 节 战略联盟

一、战略联盟概要

自美国 DEC 公司总裁霍普兰德（J. Hopland）和管理学家奈杰尔（R. Nigel）提出战略联盟的概念以来，战略联盟就成为管理学界和企业界关注的焦点。一般地，战略联盟（strategic alliance）是指两个或两个以上的企业或跨国公司为了达到共同的战略目标而采取的相互合作、共担风险、共享利益的行动，这种行动使有关企业得以发展建立一种相对稳固的合作伙伴关系。20 世纪初，风行西方国家的卡特尔、辛迪加等组织就是企业联盟的最早表现形式。

战略联盟各方之间可能有一个正式的协议，但这种协议不具备真正的法律约束力，也许只是口头承诺。由于战略联盟主要是以契约形式形成的，联盟企业之间很少为了控制或监督对方履行义务，也很少交换股份，联盟企业之间关系十分松散，“合则聚，不合则散”贯穿战略联盟行动的始终。在时间上，战略联盟存在期限一般较短，约定的任务一经完成，战略联盟即行解散。

面对当今世界日趋激烈的市场竞争和外部环境的诸多挑战，战略联盟以一种全新的思维和理念为企业进行优势互补、提升竞争能力、实现全球战略目标及有效扩张提供了一个全新的思路和途径。战略联盟正日益显示出其旺盛的生命力和不可逆转的趋势，构建战略联盟已成为进入新兴国际市场的常用方式，并成为企业实现快速成长的三种战略之一。

二、战略联盟类型

由于产品的特点、行业的性质、竞争的程度、企业的目标和自身优势等因素的差异，企业采取的战略联盟形式自然呈现出多样性。大体上，可根据组成方式把战略联盟分为股权性联盟和非股权性联盟两种。其中，股权性联盟又可进一步细分为合资和相互持股；非股权性联盟包括技术开发联盟、OEM 协议、合作生产联盟、市场营销与服务联盟、特许经营和多层次合作联盟等。

（1）合资。由两家或两家以上的企业共同出资、共担风险、共享收益而形成新企业，是目前发展中国家尤其是亚非等地区普遍采取的形式。合作各方将各自的优势资源投入合资企业中，从而使合资企业发挥单独一家企业难以发挥的效益。

（2）相互持股。由加盟各方通过相互购买并持有彼此的少量股份，建立起一种长期的相互合作关系。这种联盟中各方的关系相对更加紧密，而双方的人员、资产无须合并。

（3）技术开发联盟。为了开发某种新产品或新技术，合作各方签订研发协议。通过汇集各方优势，不仅可以大大提高成功的可能性、加快开发速度，而且因各方共担开发成本，降低了各方开发成本与风险。技术开发联盟常见的情形是，联盟双方是某项技术研发所需不同技能的拥有者，通过组合二者互补的技能和知识来共同研发产品，或联盟一方想从另一方获得某领域的最新技术。

（4）OEM协议。OEM（original equipment manufacturer）指原始设备生产商。OEM协议是指委托方和承接方（OEM）之间的协议。如果委托方有知名品牌但生产能力不足，而承接方有剩余生产能力，则承接方可以为委托方定牌生产。这样，承接方可充分利用闲置生产能力，谋取一定利益；对于拥有品牌的委托方，可以降低投资或并购所产生的风险。

（5）合作生产联盟。合作生产联盟指由各方集资购买设备以共同从事某项目生产。这种联盟可以使加盟各方分享到高生产能力利用率的益处，因为各参与方既可以优化各自的生产量，又可以根据供需的不同对比状况及时迅速地调整生产。

（6）市场营销与服务联盟。合作各方共同拟定适合于合作者所在地的市场营销计划，从而使联盟各方能在获得当地政府协助的有利条件下，比其他潜在竞争对手更积极、更迅速地占领市场；联盟各方也可经由联盟形成新市场，使竞争不至于因各方力量悬殊而一边倒。

（7）特许经营。通过特许经营的方式组成战略联盟，其中一方拥有重要无形资产，可以与其他各方签署特许协议，允许其使用自身品牌、专利或专有技术，从而形成一种战略联盟。无形资产拥有方不仅可获取收益，还可利用规模优势加强对无形资产的维护，而受许可方也可扩大销售，增加收入。

（8）多层次合作联盟。实际上这种联盟是上述各种非股权性联盟形式的组合，即由联盟各方在若干领域内开展合作。企业加入这种联盟可采取渐进方式，从一项业务交流发展到多项合作。

需要指出的是，股权性联盟可能会因为投资各方希望加快获得投资回报而滋生追求短期报酬率、多分利润和减少投资等短期行为。非股权性联盟仅涉及联盟各方的知识技能、产品制造、工艺技术、操作技能与诀窍以及支付等诸方面的交换与转让，一般不会为了股权而追求短期的财务业绩。

通过打造互补型、杠杆型、整合型、互利型品牌联盟，实现高速发展。

战略实践7-4 京东：多样化品牌联盟策略

三、有效的战略联盟

为建立有效的战略联盟，有几个关键环节和关键方面需要把握好。

（1）明确联盟意图。企业在联合与合作之前，首先要明确建立联盟的战略意图，并据此来寻找或接受能帮助实现战略意图、弥补战略缺口的合作伙伴。这是一项艰巨的任务，它需要管理高层透彻认识为何建立联盟，弄清楚究竟可以“扬”哪些方面的比较优势，可以“避”哪些方面的比较劣势；通过联盟究竟要解决什么问题，是当前的还是长远的，是战术层面的还是战略层面的，是规避风险还是把握机会，是解燃眉之急还是长远之需。

（2）选择合作伙伴。组建战略联盟一定要慎重选择合作伙伴，合作伙伴的选择要适合本公司的情况，有时候并不是越大的伙伴越好，适合自己的才是最好的。一个合适的联盟好伙伴的基本条件是：能够带来本企业所渴望的技术、技能、知识，能分担风险，能带来进入新市场的机会等。此外，文化上相容相似的企业比有较大文化差异的企业更适合成为合作伙伴。寻找合适的伙伴是联盟构建过程中一项极具挑战性的工作，如果双方不匹配乃至不相容，容易产生消极后果。

（3）联盟设计。成功的联盟不仅有以交叉许可安排、联合开发、合资经营、股权共享等联盟方式为基础的初始合作协议，还包括对厂址选择、成本分摊、市场份额获得等通常的细节以及技术创新、知识产权等问题进行的设计和约定。企业管理高层还应就联盟的共同目标与主要的中层经理和技术专家进行沟通。此外，在联盟设计开始时就应该考虑联盟解体和终止问题，以确保联盟善始善终。

（4）联盟谈判。由于联盟伙伴之间往往存在既合作又竞争的双重关系，双方应对联合与合作的具体过程和成果分享等进行开诚布公、谨慎细心的谈判。本着真诚、平等、信任、双赢、互惠的原则，摒弃傲慢与单边思维，换位思考，求大同，存小异，谋发展。合作各方应加强沟通，清晰界定联盟各方的权利和义务，建立合理的组织关系与管理制度，优化联盟结构，同时，尽可能预见可能出现的问题，搭建磋商和对话平台，建立协商解决问题的机制。由于战略联盟不能用纯粹的市场机制进行协调，也不像传统企业组织主要通过行政方式进行管理，而是兼具市场机制与行政管理的特点，因此，用协商的方式解决联盟中的问题对战略联盟合约的履行至关重要。

（5）联盟实施和风险控制。战略联盟的最终目的是通过联盟提高企业自身的竞争能力，企业应该把通过联盟向对方学习作为一项战略任务。因此，联盟内的企业不仅应追求联盟合作的最终结果，也需要重视联盟实施的过程，从一定意义上讲，过程比结果更重要。同时，联盟往往需要各方开展多向信息流动，企业应有自我保护意识，防止将己方本应严格保护的关键信息或技术秘密泄露给其他联盟成员，因为联盟伙伴极有可能成为将来的主要竞争对手。

（6）经营运作的有效性。联盟组建后的协调管理和运作的有效性是战略联盟相对于单一企业更难处理的一个问题，及时的沟通、协调甚或谅解、宽容、妥协都是联盟有效运作的重要条件。此外，经营者的勤勉和能力也十分重要，联盟和其他企业的一个共同特点是，一旦总体战略正确，是否成功就有赖于经理的经营运作，选择不善经营的经理很可能导致联盟失败。

（7）控制权问题。控制权问题是战略联盟中的一个敏感问题，大多数公司经理认为他们面临的最大问题就是联盟的控制权问题。据调查，美国经理比欧洲和亚洲的同行更担心失去对联盟的控制权和主导地位，他们更倾向于避免达成双方各占 50% 的合资企业项目。

（8）同业竞争问题。大多数的联盟协议规定，参与联盟的企业不得与联盟方涉及的领域产生直接竞争。但是，在实际执行过程中，随着企业经营环境、自身战略定位的调整，或联盟各方战略地位的变化，有可能发生其中一些联盟成员不愿见到的情形。联盟各方固然需要真诚，尽自己应尽的联盟义务，但适当防范和自我保护总是必要的，否则，企业的一些专利或资产有可能被其中一方窃取，甚至被用来与主要竞争对手成立另一个联盟。

第5节　产业集群

一、产业集群的内涵

马歇尔在1890年出版的《经济学原理》中对小企业群落进行了研究。之后，韦伯（A. Weber）从工业区位论的角度对企业集群进行了深入研究，于1909年首次提出了集聚经济（agglomeration economics）的命题。1990年，迈克尔·波特在《国家竞争优势》一书中正式提出了产业集群（industrial cluster）的概念，后来又在《产业集群与新竞争经济学》一文中对其加以进一步完善。波特认为产业集群“是在某一特定领域中，在地理位置上集中且互相联系的公司和机构的集合，这些公司和机构以彼此的共通性和互补性相联结”。在此基础上，波特定义了两种类型的集群：纵向集群和横向集群。纵向集群由通过买方和卖方关系而联系在一起的企业组成；横向集群的企业会共享终端产品市场，使用相同的技术和劳动力或需要相似的资源。

实际上，集群涵盖的范围相当广泛，包括一连串上中下游产业以及其他企业或机构，涉及有相互关联性的企业、专业化供应商、服务供应商、相关产业的厂商以及特殊基础建设的提供者等。通常集群会向下延伸至下游的渠道和顾客，也会延伸到互补性产品的制造商以及和本产业有关的技能、科技或共同原料等方面的公司。最后，集群还包括大学、标准制定机构、行业协会、智库、贸易组织、培训、咨询等机构。

概括地讲，产业集群是产业内部和相关产业的企业以及相关社会机构为了达到资源共享、风险共担、降低成本、提高收益的目的，在地理上集中、在空间上集聚的现象。从外部看，集群是一个大量生产同类产品的企业集团，体现产品生产的规模经济；从内部看，在集群内通过弹性的分工体系来组织生产，从而形成范围经济。国内外实践证明，产业集群是一种为创造竞争优势而形成的产业空间组织形式，它具有的群体竞争优势和集聚发展的规模效益是其他形式无法比拟的。从世界范围看，产业集群已成为提高区域经济竞争力的有效途径，集群化也已成为普遍现象，国际上有竞争力的产业大多采用集群模式。当今，在经济全球化和区域经济一体化不断加深的趋势下，国家以及区域之间竞争的突出表现之一就是竞争更多地在产业和（大型）企业群落之间展开。近年来，中国致力于推动战略性新兴产业融合集群发展，构建新一代信息技术、人工智能、生物技术、新能源、新材料、高端装备、绿色环保等一批新的增长引擎。同时，加快发展数字经济，促进数字经济和实体经济深度融合，全力打造具有国际竞争力的数字产业集群。

需要指出的是，在一个区域中，集群除了按同一产业进行区域聚集形成产业集群外，不同产业的同种功能，如研发、营销等，由于需求的一致性，也会在一个区域中以集群分布，形成“功能集群”。正是由于同种功能在人才、信息等各类资源的需求上具有相似性，才产生了金融区、贸易区、中央商务区（CBD）等一系列功能集群区。

二、产业集群的运作机制

产业集群是当今世界经济发展的潮流，不仅成为区域经济发展的主导，也是提高一国产业国际竞争力的新力量。促成产业集群有效运作的基本机制是产业集群内的专业化分工与协作机制以及企业间的竞争与合作机制。

1. 专业化分工与协作机制

相对于单个一体化企业或产业内企业组成的松散产业链，集群内企业的专业化分工与协作可以使企业专注于价值链的某一环节，使某项生产技艺专门化，以提高资产专用性，实现企业内部规模经济，分享集群的聚集效应。劳动分工细化和专业化程度的提高，既是产业集群形成与发展的基本动因，又是产业集群的竞争优势所在。同时，专业化分工必然要求协作与配合。没有协作的专业化无异于单打独斗，难以有好的结果，即使能形成一定的竞争优势，最多也只是单元级而非系统级，更何况现在单个企业越来越难以依靠自身拥有的资源和知识去完成技术或产品的经济化和产业化过程。在专业化分工的基础上，产业集群内的企业通过协作能够完成个别企业不能实现的大规模复杂生产和高效率的生产组织，可以减少风险，缩短进入市场的时间，而且比缺乏弹性的垂直一体化和远距离的企业战略联盟有效率。

2. 竞争与合作机制

集群内企业数量众多，所从事的行业又具有相似性，必然导致激烈竞争。集群在地理上的集中缩短了竞争的过程，使集群内企业间的竞争进一步加剧，迫使企业不断研发创新，降低成本，改进产品及服务，追赶技术变革，提高劳动生产率。现实中单个企业通常将竞争对手的产品作为对标的标准，绩效好的企业的引领和示范作用会给表现差的企业压力，促使其奋发努力，迎头赶上。竞争还使得集群内的企业始终保持足够的动力以及高度的警觉性和灵敏性，依靠协作伙伴关系在竞争中发展壮大。此外，虽然产业集群加剧了竞争，但竞争反过来又提升了集群的总体竞争力，使得集群内企业比集群外的同类企业有更大的竞争优势。

然而，产业集群内企业不是一味地竞争，而是合作基础上的竞争。没有合作，集群就丧失了存在的最根本的理由。因此，产业集群必然遵循既竞争又合作的合作竞争机制。合作的形式是多方面的，如技术开发、产品设计、出口、金融、培训、开拓新市场、建立生产供应链等。合作机制的根本特征是互动互助、集体行动，使无序的市场竞争过渡到有序的组织间竞争与合作模式。在产业集群内部，许多原本与大企业相比毫无竞争力的小企业，一旦由区域网络联系起来，通过高效的网络化的互动和合作，其表现出来的竞争力就不再是一己之力，而是一种比所有单个企业竞争力简单叠加起来更加具有优势的全新的集群竞争力。

三、产业集群效应

（1）外部经济效应。集群的外部经济效应体现为集群中的企业从集群获得的好处。因这些好处难以从企业内部获得，故有外部经济的称谓。从集群获得的好处包括：协同创新的环境、可共享的专业化劳动力市场（labor force pooling）和辅助工业服务，对区域经济发展的促进和域内顾客的便利等。早在1920年马歇尔在研究外部经济时，就发现了外部经济与产业集群之间的密切关系。他认为生产和销售同类产品的企业或存在产业关联的上中下游企业集中于特定的地方，使用专门人才、专门机构和原材料，可以产生很高的使用效率，这种使用效率是处于分散状态下的企业所不能达到的，外部经济性由此产生。根据马歇尔的观点，集群外部经济主要体现在三个方面：一是地方具有专用性劳动力市场；二是生产专业化而取得的中间产品；三是可获得的技术与信息。

（2）规模经济效应。在产业集群中，整个集群的生产与服务具有趋同性，集群内的企业紧紧围绕某一领域的产品进行专业生产。专业化不仅可以使企业将有限的精力与物力用于专门环节，达到生产技术上的专精和技能上的创新，还可以形成显著的规模经济。例如，在印度的班加罗尔，90%以上的企业以开发、生产和销售软件为主业。又如，在意大利，集聚在北部萨斯索罗镇及其周边地区的几百家公司主要从事瓷砖加工生产和销售活动，该产业集群的产量占世界瓷砖总产量的30%，占欧洲总产量的54%，占意大利总产量的80%，其产值达到100亿美元。

在中国，有300多个产业集群的粤港澳大湾区是世界上最具活力的区域之一。其中，广州市花都区狮岭镇现有皮具生产企业8 800多家，年产皮具箱包超7亿只，年交易额突破600亿元；南海区丹灶镇共有9 400多家五金企业，从业人口超10万人，2023年规模以上企业产值368亿元，涵盖传统日用五金、专业部件、五金机电等多个领域达3万多个品种；揭阳市日用品塑料制品生产厂家有2 500多家，其中出口企业约200家，估计产值在300亿元左右。山东曹县是全国最大的演出服装产业集群和全国第二大“超大型淘宝村”集群，还是全国重要的汉服生产基地。截至2024年7月，曹县已拥有21个淘宝镇、181个淘宝村，电商企业达7 407家，网店8.42万余家，直接带动35万人创业就业。曹县拥有汉服企业约2 500家，网店约1.5万家，线下体验店约200家，从业者近10万人。2024年1月，曹县汉服销售额达到9.2亿元，马面裙的销售额就占4亿元左右。浙江横店是全国最大的影视城，据统计，全国1/4的电影、1/3的电视剧、2/3的古装剧都在横店拍摄，1996—2023年，横店累计接待剧组4 000多个，总共拍摄影视剧8万余部（集）；2004—2023年的20年间，横店年营收从0.37亿元增至159.62亿元，入驻企业从28家增长到2 135家。河南许昌是世界“假发之都”，生产全球70%～80%的假发。江苏丹阳是全国“眼镜之城”，生产全球一半的眼镜片。在中国，诸如此类的产业集群及特色城（镇）不胜枚举。

（3）扎堆效应。从空间角度看，某一特定产业的大量企业及与之相关的支撑机构构成相对完整的产业链，在某一地域呈现集聚成群的扎堆现象。例如，德国的钢铁业集中在多特蒙德、埃森和杜塞尔多夫；工具车床业集中在雷姆萨伊德。美国的高科技制造业集中在硅谷，硅谷地区集中了众多在业务上相互关联的半导体或计算机企业及其支持企业，形成了硅谷高新中小企业集群，这里既有惠普、网景、英特尔、苹果、太阳微系统等世界领先的大公司，也有大量相关的配套企业，同时还存在许许多多微小的软件研发公司。扎堆效应还表现为能够吸引一大批各种服务机构在集群周边分布，如在硅谷地区就有大量风险投资机构和个人理财机构。又如，中国上海张江生物医药基地是国内规模最大的生物医药高科技产业集群、亚洲一流的生物医药产业基地和有世界影响力的生物医药创新平台，全球医药 10 强中有 7 家入驻张江，中国医药工业百强企业近 1/3 将研发布局张江，张江集聚的国内外生命科学领域企业、科研院所等各类生物医药创新主体 2 300 余家，累计培育科创企业上市超过 60 家，从业人员约 9.9 万人，累计获批 1 类新药超过 20 个，临床在研 1 类新药管线超过 400 个。

（4）知识溢出效应。集群内产品和技能的同质性很容易使领先企业的技术创新扩散至其他企业，一些潜在的知识和技能也可以通过非正式渠道迅速扩散和渗透，使集群内企业相对于集群外企业能够更有效地跟踪行业的前沿技术。众多相关联的企业聚集，可以实现资源信息共享，并互为创新成果的传播者和使用者。知识溢出的另一种形式是集群内企业可以方便、自然地获取新的互补技术，从互补资产和知识联盟中获得收益，从而加快学习过程。集群内企业不仅在本企业技术轨道上不断学习与进步，还通过不断借鉴其他企业的新技术、新材料和新工艺，形成技术与知识的传播与扩散。大量的实证研究表明，集群的知识溢出极大地推动了企业间的互动学习和合作创新，进而推动了产业尤其是具有高端竞争优势产业的升级，由此推动和促进区域经济的发展和繁荣。

（5）网络效应。集群内企业通过生产联系形成紧密的关系网络，该网络通过价值增值链得以进一步扩大，使互相关联的企业、知识机构、中介机构和客户彼此联系形成更大的网络。特别值得一提的是，高科技产业区与附近大学、科研机构相得益彰（见表 7-1）。网络中的各主体以正式或非正式关系构成了一种柔性价值综合体和利益共同体，这些主体之间通过千丝万缕的联系和业务往来、交流与互动、学习与合作而互利互惠，同时，在交往和关联的过程中，降低交易成本，克服或构筑市场壁垒，分散研发和创新风险，取得协作经济效益，共同促进集群的持续发展。集群网络还可以进一步扩大，甚或加入全球分工体系的价值网，以实现从低附加值产品向高附加值产品，从低加工度向高加工度，从生产普通零部件到生产关键的核心部件的基于专业化分工和协作的集群创新的升级。

表 7-1 世界著名高科技产业区智力资源来源状况的比较

高科技产业区	邻近大学	科研机构
美国硅谷	斯坦福大学、加州大学等	贝尔实验室
美国波士顿 128 公路区	麻省理工学院、哈佛大学、耶鲁大学等	林肯实验中心等
美国北卡三角区	杜克大学、北卡大学等	林业科学院、美国环境卫生科学研究所、北卡生物技术中心等
美国奥斯汀	莱斯大学、得州大学等	
日本筑波科学城	筑波大学	筑波空间中心、高能物理研究所等
以色列特拉维夫硅溪	特拉维夫大学、巴伊兰大学	
新加坡科学园	国立新加坡大学、新加坡理工大学、南洋理工学院等	标准和工业研究所
意大利萨斯索罗	博洛尼亚大学	
韩国大德科学园区	韩国技术学院等	韩国高级科学技术研究院等
中国北京中关村科技园	清华大学、北京大学等	中国科学院等

（6）创新效应。关于企业集群与创新的关系，区位经济学家巴顿（K. J. Button）曾在企业集群理论研究中深刻指出：1）企业在地理上的集中必然会带来竞争，而竞争促进创新；2）地理上的集中本身就有助于在商品制造者、供给者与顾客之间信息传播更为自由，相当数量的创新正是顾客需要和解决供给问题产生的结果；3）集群所在地优越的通信工具加快了域内企业采纳创新成果的速度。波特亦指出，区域经济的增长和竞争优势在很大程度上依赖于促进和发展集群的能力，其核心是集群式创新网络的发展，创新是产业集群形成和发展的动力。

实际上，集群内集中了生产同类产品的上下游企业，汇集了掌握与产品有关的各方面知识和技能的人才，很容易就某些研发问题达成合作协议，可以有效地解决产品创新问题和生产过程创新问题，同时形成自身学习和外部模仿的机制与氛围。随着美国的硅谷、日本的筑波、英国的M4走廊、法国的索菲亚-安提波利斯、韩国的大德、印度的班加罗尔、芬兰的赫尔辛基、以色列的特拉维夫以及中国的北京怀柔、上海张江、粤港澳大湾区、安徽合肥综合性国家科学中心等创新集群的出现，集群创新的优势在实践中更加凸显。

（7）风险与成本分摊效应。集群内的生产细化和专业化程度降低了单个企业生产经营过程中的风险，使单个企业承担某个特定的工序成为可能。集群内企业还可以通过集资的形式，将有限的资源集中起来，用于关键技术的研发创新或关键设备的投资环节。对于一些潜在收益大但风险高的项目，由于每个企业只承担了部分风险，使风险控制在可接受的范围，企业就可以问津这类以前不敢碰的项目，于是，产业集群内企业在分担风险的同时，提高了整体承受风险的能力。此外，产业集群能够降低成本。产业集群内部的企业布局在空间上相对比较集中，上下游企业的关联配套也比较齐全，形成了一个高效的专业化分工协作体系，企业能够充分利用这些聚集经济条件，降低环境成本、信息成本和配套成本等一系列成本。当产业集群发展到一定程度，产业的专业分工与协作体系日趋完善，产业的成本优势也日益明显。

（8）品牌与广告效应。产业集群逐步形成的整体高技术、高质量和高技能竞争力，能够产生集群产品的区位品牌效应，如意大利的皮衣、瑞士的手表、印度班加罗尔设计的软件、温州的打火机以及浙江绍兴的纺织品等。与单个企业、单个产品的品牌效应相比，区位品牌效应更形象、更直接，影响力更大，因为它是众多企业品牌的聚集和提炼。由于产品成了地区的品牌和名片，地方政府也更愿意在质量监控、行业标准、人才培训、市场培育和开拓等方面给予扶持和推进。区位品牌效应不仅为集群产品打开了畅销通道，有利于企业对外交往，开拓国内外市场，增加价格谈判筹码，而且有利于提升整个区域的形象，为招商引资和未来发展创造更有利的条件。

第6节　创新战略

创新是驱动发展的原动力。创新驱动就是创新成为引领发展的第一动力，科技创新与制度创新、管理创新、商业模式创新、业态创新和文化创新相结合，推动发展方式向依靠持续的知识积累、技术进步和劳动力素质提升转变。

创新驱动是大势所趋。全球新一轮科技革命、产业变革加速演进，科学探索从微观到宏观各个尺度上向纵深拓展，以智能、绿色、泛在为特征的群体性技术革命将引发国际产业分工重大调整，颠覆性技术不断涌现，正在重塑竞争格局和力量对比。

创新是企业生存和发展的必然选择和必备能力，是企业持续发展的动力源泉。创新可能是组织差异化优势的重要来源，也可能是成本优势的来源。企业只有创造属于自己的知识产权，拥有更多的核心技术、更好的管理方法、更优的制度体系，才能在日益激烈的竞争中立于不败之地。创新战略旨在优化生产要素组合，提高资源配置效率，增强企业自主创新能力和可持续发展能力。

然而，决策者常常遭遇创新战略困境，面临抉择困惑。是技术推动创新还是市场拉动创新？是产品创新、流程创新还是商业模式创新？是自主创新、合作创新、开放创新还是开源创新？是原始创新还是模仿创新？创新 2.0 和创新 1.0 的主要区别是什么？这些都需要深入辨析。

瞄准国际前沿，实现关键核心技术从无到有、从有到优、从优到特的持续跃升。

战略实践 7－5　福耀公司：研发组合拳模式赋能企业突破性技术创新

一、技术推动创新与市场拉动创新

在企业产品创新中，有两种战略形式可供企业选择，即技术推动和市场拉动。这两种战略的出发点不同，在实际中企业可以将二者有机结合，使开发出的新产品更具市场竞争力。

（一）技术推动创新

通常人们认为创新由技术推动，推动创新进程的是专家创造的新知识和研发实验室创造的新产品新工艺，之后将新产品交给组织的其他部门来生产、营销和推广。基于这种技术推动理念，管理者应该主要关注技术人员或者科研人员的想法，支持他们的灵感，给他们提供丰富的研究资源。当然，充足的研发经费对创新的重要性自不待言。技术推动战略认为，只要企业产品创新中所涉及的特定技术具备一定的实用价值和科技含量，以该技术为基础的创新产品一旦投放市场，便会在市场上产生一定的商业价值。换言之，通过技术创新可以人为地创造市场需求，索尼公司就响亮地提出“科技创造需求”。美国的 3M（化学和材料）、甲骨文（软件）、碧迪（医学和生物技术），中国的华为（电信）、腾讯（软件），以及英国的 ARM（硬件和电子）、德国的拜耳（制药）、法国的泰雷兹（航空航天和防务）、日本的旭硝子（化学和材料）、加拿大的黑莓（电信）、瑞士的 ABB（工业系统）和韩国的 LG 电子（家用产品）等，都是推崇和奉行技术推动创新战略的典型企业。

（二）市场拉动创新

产品创新的另一个途径是市场拉动。市场拉动的观点认为，创新不仅是创造，其实际使用也非常重要。相关研究发现，在很多领域重要的创新普遍来自用户而非企业。因此，设计创新战略时，企业应当将聆听用户意见放在第一位，而不仅仅是听从组织内部研发人员的意见。企业的管理者通过市场销售活动发现某个领域的领先用户，然后让研发人员去了解他们的需求，并将其转化为实际的产品或服务，最后推广到普通人群。市场拉动战略认为，产品创新活动应以当前市场上的顾客需求为准绳，如果新产品是按当前顾客的需求设计和开发的，就会自动创造顾客群。

（三）技术推动与市场拉动战略的融合

技术推动和市场拉动都是相对极端的观点，各自的不足显而易见。战略管理学家彼得·圣吉和哈默曾指出，市场拉动战略由于过分听信顾客，企业往往被顾客牵着鼻子走，这将导致企业的近视行为。在很多情况下，顾客缺乏远见，对自己未来需要什么产品未必清楚。即使顾客认识到未来的需求趋势，但市场需求由趋势到现实也是一个相当缓慢的过程。菲利普·科特勒（Philip Kotler）与尼尔玛利亚·库玛（Nirmalya Kumar）等在《从市场驱动到驱动市场》（From Market Driven to Market Driving）一文中也表达了类似的见解，即产品创新应源于市场，但企业绝对不应成为市场的奴隶，企业不应只是满足市场，而应主动利用新技术进行产品创新，积极创造并有效引导市场。

技术推动战略过分注重技术的先进性和引领性，却忽视了最终产品及服务能否被顺利售出这一根本问题。实际上，创新比单纯的技术发明更为复杂。发明仅涉及将新知识转化为新产品、新工艺或新服务，而创新不仅要将新知识转化为新产品、新工艺或新服务，还要将它们投入实际应用并最终得到市场认可。企业若一味追求高、精、全，自以为会广受消费者的青睐和追捧，却超出了大众的实际购买力和有效需求，结果就是产品受到冷落。

从产品导向到生态导向，大疆走过了从硬件开发、软硬件集成到平台构建的创新历程。

战略实践 7-6　大疆创新生态系统的构建

在现实的商业世界中，市场拉动战略与技术推动战略并不是绝对二分的。从根本上讲，产品创新是技术推动和市场拉动共同作用的结果，大多数经营者都可以找到将两种战略相结合的办法，将市场需求和本企业的技术能力相匹配，并随着消费者偏好和产业技术范式的变化，不断调整在这两方面的投入比，寻求风险收益的最佳平衡点，使这两种战略有机融合。

二、产品创新、流程创新与商业模式创新

通常产业发展的第一步是带来产品新特性的产品创新。主流设计一旦产生，竞争的重点会从产品创新过渡到流程创新，即从争夺主流设计模型过渡到如何更有效率地生产主流设计产品。随着工业化的发展和技术进步，产品创新和流程创新的相对重要程度也在发生变化。

（一）产品创新

产品创新可分为全新产品创新和改进产品创新。全新产品创新是指产品用途及其原理有显著的变化；改进产品创新是指在技术原理没有重大变化的情况下，基于市场需要对现有产品所做的功能扩展和性能改进。全新产品创新的动力机制既有技术推动型，也有市场拉动型。改进产品创新一般是市场（需求）拉动型，即首先以市场需求为出发

点，然后明确产品的技术改进方向，最后向市场投放适销产品，亦即市场需求→构思设计→研究开发→加工生产→投入市场。

（二）流程创新

流程创新涉及产品的制造和分销，是指技术活动或生产活动中的生产工艺、操作程序、方式方法和规则体系的创新，它决定了产品的成本、可靠度和生产效率。须知，不同产业流程创新的战略重要性各不相同。一般而言，信息密集型产业流程创新的重要程度最高。像金融服务这种高信息密集的领域，工艺流程本身就是一种产品，流程创新就是产品创新。

（三）产品创新和流程创新关系随时间变化的基本模型

图 7 - 3 给出了产品创新和流程创新关系随时间变化的基本模型。这个模型包含三层战略含义：一是新发展产业一般偏好产品创新，因为竞争的焦点还处于确立产品或者服务的基础特征上；二是成熟产业一般偏好流程创新，因为竞争的焦点已经转移到如何尽量高效地生产主流设计的产品；三是小型新竞争者在主流设计还未成形或濒临淘汰时拥有最大的机会，大型公司在主流设计趋于稳定时占有优势，尤其是在规模经济和流程创新成为重点时。这一模型可以帮助决策者了解应当何时侧重产品创新，何时注重流程创新。

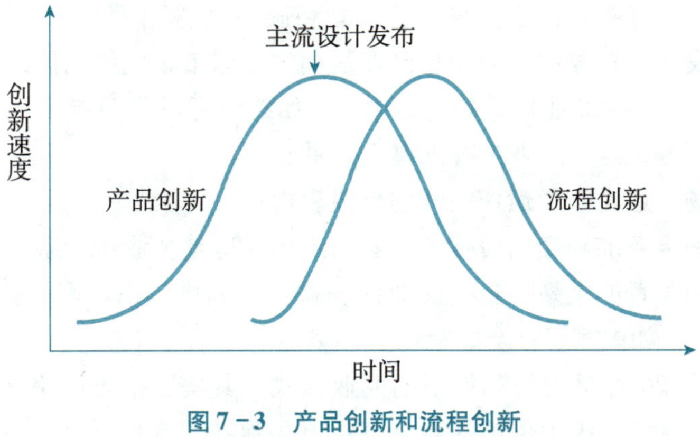

图 7 - 3　产品创新和流程创新

（四）商业模式创新

很多成功的创新并不简单依赖于新的科学技术，而是依赖于对各方面商业元素的改组和融合，创新创造的是全新的商业模式。商业模式（business model）是一个组织通过结构化的活动安排来管理其收益和成本。无论是否有新的技术产生，这样的商业模式都可以使消费者、厂商和供应方甚或所有的利益相关者共同使用新的方式进行商业活动。

商业模式创新的机会存在于两个潜在领域：一是产品领域。新的商业模式可以改善现有的产品或服务。二是流通领域。新的商业模式可能会由于改变销售和分销形式而改变企业的收益模式。依照价值链分析法，新的商业模式可在研发设计、原材料采购、生产运营、内部物流、外部物流、市场营销、渠道销售和售后服务等诸多环节的某一环节或某些方面改变和改进。

三、商业模式再认识

如前所述，商业模式是一个组织通过结构化的活动安排来管理其收益和成本，也可简单地理解为公司通过什么途径或方式来赚钱。其中，“结构化的活动安排”涉及企业与企业之间、企业的部门之间、企业与渠道之间乃至企业与利益相关者之间，特别是企业与顾客之间各种各样的联结方式和交易关系。实际上，商业模式是一种包含了一系列要素及其关系的概念性工具，用以阐明某个特定实体的商业逻辑。它描述了公司能为客户提供的价值以及公司的内部结构、合作伙伴网络和关系资本（relationship capital）等用以实现（创造、推销和交付）这一价值并产生可持续收入的要素，还描述了公司的产品、服务、客户市场以及业务流程。在分析商业模式过程中，应主要关注企业在市场中与客户、供应商、其他合作伙伴的关系，尤其是彼此间的物流、信息流和资金流。

一个好的商业模式应对公司的主要活动及如何行使各功能进行提纲挈领的概括，能清晰定义公司的客户、产品和服务，并揭示创收和盈利的信息。商业模式与公司战略一起，主导了公司的主要决策。从系统论的观点看，商业模式是一个企业满足消费者需求的系统，这个系统组织管理企业的各种资源（资金、原材料、人力资源、作业方式、销售方式、信息、品牌和知识产权、企业所处的环境、创新力，又称输入变量），形成能够提供给消费者无法自力更生而必须购买的产品和服务（输出变量），从而具有自己能复制而别人不能（或难以）复制，或者自己在复制中占据市场优势地位的特性。

在构建、打造、完善商业模式的过程中，应始终注意以下四点：

（1）产品和服务，这是企业生存的基础条件；

（2）目标市场，这是企业运作空间的价值表现；

（3）将产品和服务准确交给目标消费者的过程，这是企业运营系统价值创造的环节；

（4）与利益相关者的关系，包括商业性利益者，如供应商、客户、竞争对手等，也包括社会性利益者，如国家、社会、社区、环境等。

表7-2总结了26种常用的和创新的商业模式。其实，很难严格区分传统的（常用的）或创新的商业模式，因为传统的商业模式历久弥新、常用常新，或迭代进化、与时俱进，而所谓创新的商业模式也绝非横空出世，必须遵循“万变不离其宗”（传统）的商业逻辑——盈利。战略实践中，可以从这26种模式中选择一种或几种的组合，抑或在这些模式的基础上，结合行业和企业自身实际情况，创造出更多更优的商业模式。

表7-2 26种常用的和创新的商业模式

商业模式	要点	备注
1. 店铺模式	在具有潜在消费者群的地方开设店铺并展示其产品或服务	最古老、最基本的商业模式
2. 低价模式	市场永远倾向于便宜的商家，这是最基本的商业规律	小米、优衣库
3. 低开高走模式	由易到难，简单起步、快速成长，从加工代销的低端环节向高端环节和高级业态进阶	联想“贸—工—技”

续表

商业模式	要点	备注
4. 高开通吃模式	啃硬骨头，占领技术制高点，赢家通吃	光刻机巨头 ASML、特斯拉
5. 降维模式	把发达国家和地区的成功模式和先进经验，复制移植整合到新兴经济体	搜狐、百度
6. 学习超越模式	复制—改进—优化（把 99 度的水升温 1 度即可），或引进—消化—吸收—再创新	中车
7. 差异化模式	用独具特色的差异化或全新的产品或服务占领市场，赢得先发优势和消费者青睐	德邦
8. 开放整合模式	打破企业边界，整合企业内外部利益相关者的知识和资源，增强企业的价值创造和利益	波音
9. 哑铃模式	将生产（加工制造）外包，将研发和销售这两部分（关键且利润高）留在自己手里，即两头在内、中间在外	耐克
10. 硬件 + 软件模式	将硬件制造和软件开发进行结合，以软件使用增强用户对硬件使用的黏性	苹果 iPod + iTunes
11. 饵钩（免费）模式	用诱饵让鱼儿上钩，产品免费，服务赚钱；或基本产品免费，但消耗品或服务收费；或前端免费，后端赚钱，或核心功能免费，同时导流到其他付费服务；或直接交叉补贴；甚或一类顾客补贴另一类顾客	打印机与墨盒，或买一送一
12. 增值模式	产品收费，但提供的增值服务不收费，让更多消费者记住并起到再次消费的回流作用	海底捞、星巴克
13. 爆品模式	打造品质好、潜在消费者多、市场大、受追捧的畅销（网红）产品	元气森林、盲盒
14. 长尾模式	产品样多量少，为“利基”市场提供大量产品。该模式需要低库存成本和强大的平台，使得利基产品容易被感兴趣的买家获得，积少成多、集腋成裘	亚马逊网上图书销售
15. 多边平台模式	平台将两个或更多独立且相互依存的客户群体（边）连接在一起，其价值在于增加能吸引的用户数量。平台助力各边用户在平台上进行产品或服务交易，通过平台支付，平台从中收取佣金，或从增值服务中获利	阿里巴巴、eBay
16. 会员模式	从流量思维转变为用户思维，增强黏性、提高复购率，将一次成交变成长期锁定	山姆会员店
17. 时间模式	将产品营销的时间节点定期持续强化，植入人的潜意识形成条件反射	如每年“双十一”
18. 电子商务模式	B2B（阿里巴巴、慧聪网），C2C（淘宝），B2C（唯品会、乐蜂网），C2B（海尔商城、尚品宅配），O2O（美团、饿了么），M2C（戴尔），B2B2C（京东商城、天猫商城）等	参阅本章第 1 节有关内容

续表

商业模式	要点	备注
19. 沉淀资金模式	用户在平台上留存资金，平台可以用这些沉淀的资金赚取投资收益	微信钱包
20. 银行模式	赚利息差或提供增值服务	支付宝
21. 广告模式	通常按展示的位置、时间和效果收费，广告已成为互联网行业默认的首选变现方式。特别地，百度借助超大流量的平台优势，采用以效果付费的网络推广方式实现营收	平台、媒体、电视等常用
22. 路径依赖模式	在一个巨大的便捷沟通平台上，影响和改变数以亿计网民的沟通方式和生活习惯，借助这种影响嵌入各类增值服务	腾讯
23. 融资租赁模式	分期还款，使消费者每一期的付款压力不大，易于做出购买（使用）决策	航空公司
24. 零边际成本模式	打造初始投入很大但复制成本（边际成本）几乎为零的知识或技术产品，如微软的 Windows 系统，腾讯的 QQ 虚拟产品等	微软
25. 众筹、众包模式	借助互联网从外部获取资源，拿别人的资源（钱、智慧等）办自己的事。类似的还有众创、众销、众扶等	3W 咖啡、阿迪达斯、乐高
26. 直销模式	简化、消灭中间商，降低产品的流通成本并满足顾客利益最大化需求	戴尔

四、价值创新战略

前面谈到的创新，不管是技术推动创新、市场拉动创新，还是产品创新、流程创新，都是属于“术”的层次，价值创新属于“道”的层次。价值创新的实质是为顾客提供更具价值的产品或服务，这就要求企业必须改变传统的战略逻辑，将“竞争”主导逻辑变为“价值”创新逻辑；将企业战略思考的出发点，从供给侧转向需求侧，从关注超越竞争对手转向为买方提供更好价值，这是企业发展战略思想的一次重大改变。

（一）竞争导向的战略痛点

在价值创新战略面世之前，企业战略管理领域一直被竞争战略主导。自从波特的《竞争战略》和《竞争优势》这两部企业战略管理专著出版以来，竞争就成为战略管理领域的主导性和占优性关键词。竞争导向战略分析的基点是竞争性，即基于现有顾客及资源状况，企业考虑如何比竞争对手做得更好。在这种理念指导下，企业常在差异化战略和低成本战略之间做选择。然而，追求差异化意味着增加成本，而低成本又限制了企业所能获取的利润率。因此，在竞争导向下，差异化和低成本的两难选择日益成为企业战略的一大痛点。由于竞争战略关心的是如何击败对手，当企业把竞争对手作为设计战略的唯一参照时，竞争对手之间针锋相对、刻意相互模仿，以求在同样的游戏规则下打败对方的行为就在所难免，因此，企业面临的更深刻问题其实是很难做到真正的差异化或低成本，在产品生产制造日益数字化、自动化和标准化以及信息不对称性日益消弭的当今，情况尤其如此。现在越来越多的产业竞争日趋白热化，需求增长却趋缓，若企业仍采用竞争导向战略，那么随着越来越多竞争者在现有竞争边界内参与瓜分和拼抢，企业获利的空间将越来越小。

（二）价值创新战略的理念与逻辑

价值创新（value innovation）战略正是在上述背景下应运而生。有别于竞争战略的竞争导向，价值创新战略将企业战略思考的出发点从竞争对手转向顾客，将战略重点放在顾客方面。价值创新战略不专注于如何去击败竞争对手，而视竞争者为利益相关者，变零和博弈为非零和博弈，通过跨越现有竞争边界寻求新市场（“蓝海”）或重新诠释再造现有市场（“红海”），为顾客提供优越的甚或全新的价值，从而成为市场领先者。

价值创新概念最先出现在《哈佛商业评论》1997 年第 1 期的文章《价值创新：高增长的战略逻辑》（Value Innovation：The Strategic Logic of High Grow），作者是钱·金和勒妮·莫博涅，他们通过对全球 30 个行业的 30 余家高成长企业的研究，揭示出这类企业的重要特征：高成长性不受企业主体规模或技术装备的限制，而是更多地受到企业所遵从的创新逻辑的影响。价值创新并非着眼于竞争，而是力图使客户和企业的价值都出现飞跃，由此开辟一个全新的非竞争性市场空间。企业不应一味关心如何打败竞争对手，而是采用“超竞争”战略，使竞争对手在满足、引导顾客需求上落后，最终使竞争对手不再是竞争对手。当然，价值创新是个动态过程，需要持续进行动态管理。价值创新战略可使那些一直致力于竞争的企业站在一个新的战略高度，造就不可模仿的核心竞争力。

传统竞争战略认为，产业环境是给定的，企业现有资源约束难以突破，企业只能在现有产业环境、市场边界和资源禀赋条件下，寻找、发现和占领生存与发展空间，为目标客户提供产品或服务，同时还认为，企业应注重需求差异，在细分目标市场建立竞争优势战胜竞争对手。企业获得竞争优势的途径主要是差异化或低成本，但二者很难兼得。

价值创新战略则认为，顾客才是真正的战略重点而竞争不是。企业可以对外部环境发挥能动作用，可以突破现有资源条件约束，可以同时实现差异化和低成本。首先，竞争是手段而不是目的，为客户创造价值、自身也盈利才是目的。若以竞争对手作为战略出发点，将重点放在战胜竞争对手以构筑竞争优势上，必然导致企业间为争夺有限的市场份额而恶性竞争。同时，企业更需关注顾客需求的共性，在一定程度上忽略顾客需求的差异性，其目标是赢得绝大多数顾客，在关键价值要素上取得突破。其次，企业通过分析和研究顾客需求、偏好及其变化趋势，将不同市场的买方价值元素进行筛选和重新排序，不断探索新的方法以满足顾客的现实或潜在需求，从而突破产业现有条件限制，超越传统产业边界，开创新的市场空间。再次，企业可以通过构建虚拟企业、组建战略联盟、战略性外包等，超越企业边界去取得或组织资源，以杠杆方式运用企业资源，从而突破现有资源条件约束。最后，价值创新战略对价值和创新同样重视，通过自主创新实施差异化战略，开辟新市场创造有效新需求，同时凭借管理能力推进低成本战略，实现客户价值和公司价值的双重飞跃。换言之，通过剔除、减少、增加、创造现有产业已有的或未提供的某些（价值）元素，以较低的成本为客户提供价值上的突破，企业可以同时实现差异化和低成本。

价值创新战略既关注价值，又重视创新。在没有创新的背景下，创造价值的焦点是外延式规模扩张，虽然提供价值但不足以使企业超越市场。在缺乏价值导向的背景下，创新往往是前述的技术推动创新、市场拉动创新，或者是产品创新、流程创新，抑或是自嗨的“伪理想主义”创新，忽略客户是否愿意接受并支付相应的价格。价值创新战略十分关注企业能否满足顾客的价值需求，所提供的产品或服务能否满足顾客诉求，即解决顾客的痛点、痒点或爽点。打车软件出现之前，3分钟以内很难在路边等到一辆出租车，有了打车软件，用户有70%的概率在3分钟以内叫到一辆车。用户得到的不仅是便利性，更是确定性，这就是打车软件为用户解决的痛点；同样，“极致的效率与性价比”就是小米为用户提供的痒点或爽点。

价值创新战略之价值，首先是客户价值，此外，还包括企业自身价值（利益）。前面多次强调，价值创新战略可以使企业同时实现差异化和低成本，因此，价值创新战略并不以牺牲企业自身利润为前提，否则这种战略就会失败。进一步说，价值创新战略之价值，应包括所有利益相关者的价值，价值创新战略的底层逻辑是价值的共生、共创和共享。从这种意义上讲，价值创新战略是企业战略管理从竞争到竞合（竞争+合作），从竞合再到价值共生的第三次范式转变。

（三）价值创新的途径

企业无论是在产业假设、市场边界、战略重心、顾客，还是在资源禀赋、产品与服务等方面，都可充分挖掘价值创新资源（元素），实现价值创新。比如：

- 通过定义新目标市场（新顾客划分方式、新的地理区隔）来创造产品的价值优势；
- 经由建立客户联盟，与顾客紧密互动，重新定义顾客的认知质量来达到价值创新；
- 经由价值链的重组与价值活动的创新等方式来增加产品的价值优势；
- 通过创新商品组合，包括增加功能、增加服务、改变产品定位（属性）、改变交易方式等不同途径，来达到价值创新；
- 通过引进新科技，特别是数字技术，或是产品升级来达到价值创新；
- 通过在平台化、生态化系统中找准自己的“生态位”来实现价值创新。

五、自主创新、合作创新与开放创新

（一）自主创新

传统意义上的创新源于组织内部资源，即内部实验室和研发部门，而不是被动依赖、购买和模仿外部技术。这样的创新过程是隐秘的，旨在防止竞争对手“不劳而获”，其知识产权也能严密保护。自主创新强调主要通过自己的研发部门来研制新技术、开发新产品或对老产品进行改良。企业通过自身力量探索突破，在产品结构性能和生产工艺的关键技术上不断发明创造，并注重申请知识产权和专利。

不少大中型企业都有自己的研发机构或研究院，从事有关产品的基础研究和应用开发。通信行业是高度知识密集型行业，特别是在设备制造领域，有着极高的准入门槛，企业必须要有核心竞争力才能立足和发展。华为从通信行业的追随者成长为全球领先的信息与通信解决方案供应商，靠的正是在研发方面的不断投入。2023年华为的研发投入超过了 1 647 亿元，营收占比达 23.4%，近十年累计投入的研发费用超过 11 100 亿元。2023 年，华为新公开的专利数达到 3.6 万件，截至 2023 年年底，华为累计公开专利已经超过 33.6 万件，在全球共持有有效授权专利超过 14 万件，向国内外标准组织贡献技术提案超过 13 万份，累计发表学术论文超过 6 000 篇。

（二）合作创新

合作创新是指企业之间或企业、大学、科研机构之间的联合创新行为。它们将资金、技术力量等资源联合起来，共同攻克技术难关，共同分享研发成果。当今全球性的技术竞争不断加剧，企业技术创新活动中面对的技术问题越来越复杂，技术的综合性和集群性越来越强，即使是技术实力雄厚的大企业也会面临技术资源短缺的问题，单个企业依靠自身能力取得技术进展越来越困难。为避免单枪匹马在市场中竞争，充分利用“产学研”的资源共享和优势互补，企业通过外部资源内部化，可以加速攻克技术难关，缩短创新时间，进而增强竞争实力。

现在通过合作创新形成的各种技术联盟甚至产业联盟相继组建。例如，在中国信息产业商会的组织下，旨在提高国内信息应用产品的研发能力、应对国际竞争的中国数字化（3C 产品）产业联盟应运而生。该联盟将研究院所及计算机、信息服务、通信、网络、家电、微电子及软件企业联合起来，按照不同的产品将硬件、软件等相关厂商联系在一起，组成不同的开发群体。

然而，合作创新的成功率一直不高。许多合作创新联盟常常在成立之初很高调，却难有所获，终告失败。究其原因，除了先天技术能力欠缺等因素，更大程度上是由于对合作创新中潜藏的技术和管理问题的复杂性估计不足。还有一个重要原因就是合作中普遍存在信任缺失和机会主义风险。如何让各方在资源和能力互补与依存关系的基础上，构建一种增进信任的长远合作机制，使合作方自觉限制机会主义动机，降低道德风险，规避短期行为，追求持久的共同利益，是合作创新需要切实解决的问题。

是自主创新还是合作创新，取决于如下三个关键因素：

（1）竞争程度。在竞争激烈的产业中，合作者容易出现投机和偷取对手优势技术的行为，此时自主创新更能适应市场竞争。

（2）创新频次。当创新行为能一次性带来技术上的重大突破时，自主创新更能使市场竞争中的胜利者保持领先，而失败者则永远落后。当创新行为是连续多次时，合作创新能更好地进行，同时也能促进持续稳定的互利互惠局面。

（3）技术复杂性。当技术本身非常复杂并且内部联系紧密时，合作创新会带来无关的破坏元素，这样的元素会对整个产品线产生连锁影响。

突破机构边界，推动资源跨组织流动，实现从产品模块化、组织模块化到平台模块化。

战略实践 7－7　沈鼓集团产学研合作创新

（三）开放创新

相比于自主封闭式创新，开放创新创造的产品更加优秀，创新周期更短。在开放创新中，组织有意综合、组合、整合和结合各资源要素，以加快创新速度，增强创新程度，以集大成的方式更有效地增强企业在市场中的竞争力。显然，封闭式创新难以达到这样的效果。

开放创新有多种形态，如委托创新、引进创新、授权许可、兼并收购和众包等。委托创新是指企业把开发新产品的工作通过契约的形式交由企业外部的人员或机构去完成；引进创新是企业直接购买新技术或者购买新产品的生产和销售权；授权许可是企业在不涉及技术所有权转移的前提下从其他企业获得生产和销售某种产品的许可；兼并收购是企业兼并或收购其他公司的股权，顺理成章地取得对该公司的新技术和新产品的占有权、使用权或控制权。

随着互联网的快速发展，过去的外包发展为面向广大个体、研究机构等具备创新能力的个人及组织的众包（crowdsourcing），并成为开放创新2.0的代表性特征。众包的概念由美国《连线》杂志记者杰夫·豪（Jeff Howe）于2006年首次提出，指一个公司或机构把过去由员工执行的工作任务，以自由自愿的形式外包给非特定的（通常是大型的）大众志愿者的做法。众包作为开放创新的新形态，以集大众智慧的方式，丰富了企业借助互联网向外部获取创新资源的渠道，极大地提升了企业的创新效率。

众包受到企业积极拥抱。如宝洁将“研发”改为“联发”，通过充分借助“创新中心”以及YourEncore和NineSigma等外部研发人才交流平台，仅用6年的时间就将研发能力提升了60%，公司外部创新比例也从15%增长到50%；宝马在德国开设了客户创新实验室，为用户提供在线工具，帮助他们参与宝马汽车设计；海尔依托开放创新平台HOPE探索出技术情报众包途径。此外，亚马逊、戴尔、苏宁、乐高、阿迪达斯、耐克等国内外众多企业，也纷纷加入众包行列。

（四）开源创新

开放创新的极致是开源创新，开放源代码软件（open source software，OSS）和百度百科就是典型代表。在某种意义上，所有的设计文件、软件和其他能够用数字形式表达的组成部分都可以在线免费共享。在协议下只要这些内容始终保持开放与共享状态，人们就可以无限制地使用。现在我们每天都在使用开源软件创新，如火狐浏览器、安卓手机系统、大部分网站使用的Linux网络服务器，以及互联网使用的其他不计其数的开源软件。

为什么越来越多的发明者愿意公开分享他们的创新？因为他们笃信从分享中获得的东西多于自己的付出，他们可以借此在推广、营销和错误修正等方面获得反馈与帮助，改进自己的发明，并由此获得有助于他们日后获益的社会资本。开源虽不能享有与专利发明一样的法律保护，但更有机会在商业中获得成功。

对基于开源创新的公司来说，开源构造了一个完美的参与构架，不计其数的来自全世界的志愿者中，不乏各自领域内的精英、高手和奇才，自愿献计献策且分文不取，他们共享代码和创意，修正错误，完善项目，相互分享，只因为这是社区准则。由于是开源方式，他们很清楚研发成果会被更多人了解，吸引更多人加入，在此良性循环中，创新进程较之于传统的研发模式，推进速度更快、效果更好、成本更低。更令人欣喜的是，开源不再局限于研发，产品文件、营销与支持通常也是由社区内的志愿者以相同的形式完成。只要社会激励适当，传统公司中某些成本高昂的功能也可以免费实现。

2020年8月华为把鸿蒙OS（HarmonyOS）全面免费开源，世界上所有厂商都能够使用该系统，当然也包括华为的竞争对手，如小米、魅族等。全球的开发者都能参与到华为鸿蒙这一智能终端操作系统的（新一代）生态建设中，此举不仅打破了 iOS、安卓的垄断，更助力中国实现万物互联时代的操作系统之梦，为不同设备的智能化、互联与协同提供统一语言，带来简洁、流畅、连续、安全可靠的全场景交互体验。目前，美的、九阳、北汽、中国银行等上千家企业已全面接入鸿蒙 OS。2024 年 10 月 22 日，中国首个国产移动操作系统——华为原生鸿蒙操作系统正式发布，成为继苹果 iOS 和安卓系统后，全球第三大移动操作系统。目前，鸿蒙系统生态设备突破 10 亿台，注册开发者达到 675 万，代码超过 1.1 亿行，并实现从操作系统内核、文件系统，到编程语言、人工智能框架和大模型等全部实现自研。

六、原始创新与模仿创新

很多例子表明，原始创新可以获得初期高速增长的销售额，并且易于确立在行业的主导地位。例如，胡佛吸尘器公司在真空吸尘器领域占有主导地位。模仿创新获取成功也并不罕见，因此，原始创新与模仿创新孰优孰劣，不能一概而论。

（一）原始创新

原始创新是从社会和技术发展需要出发，以基础研究和应用研究成果为基础，研制出具有新的原理、构思和设计，采用新的材料和元件，具有新的性能特点，具有新的用途或市场需求的新产品。新一轮科技革命和产业变革的发生，以及新的生产方式、产业形态、商业模式和经济增长点的形成，都源于原始创新和前沿、关键和颠覆性技术的创立。原始创新最大的动力来自从创新中盈利并获得先行者优势。先行者优势就是，组织因在市场中率先推出新产品、新工艺流程或新服务而获得的竞争优势。从本质上讲，先行者是一个垄断者，理论上先行者可以向消费者收取高额费用，且不用担心由于竞争产品很快出现而降价。此外，先行者还有五个潜在优势：经验曲线收益、规模效益、对稀有资源的优先购买权、声望最大化和买家转换成本。

近年来，中国在建设创新型国家征程上，虽然形成了跟跑和并跑并存、一些领域领跑的新格局，但与世界科技强国相比，中国的科技基础仍然薄弱，科技创新能力特别是原创能力差距巨大，对基础研究的投入也只有 6.65%（2023 年数据），远低于发达国家水平（15%～20%），关键领域核心技术受制于人的局面尚未得到根本改变。2018 年的“中兴事件”带给中国人的心理震撼相当深远，作为国之重器的核心技术缺乏，原始创新不足是中国当下最大的隐患。我们必须清醒认识到，在别人的墙基上砌房子，房子再大再漂亮也经不起风雨，甚至不堪一击。诸如高端芯片、基础算法、操作系统等核心技术技不如人，根本出路在于全力提升原始创新能力。

当前，我们正站在新一轮科技革命的风口上，要抓住这一战略机遇期，加强基础研究，推进对宇宙演化、意识本质、物质结构、生命起源等的探索和发现，弄通“卡脖子”技术的基础理论和技术原理，健全基于基础研究和应用基础研究的原始创新支撑体系，加强原创性、引领性科技攻关，加快建设原始创新策源地，提出更多原创理论，做出更多原创发现。同时，瞄准世界科技前沿，扎根中国创新发展的战略需求，突出关键共性技术、前沿引领技术、现代工程技术、颠覆性技术创新，力争在重要科技领域实现跨越式发展，实现从跟踪到引领的转变，坚决打赢关键核心技术攻坚战。

（二）模仿创新

模仿创新是对现有创新的消化吸收、学习借鉴和发展利用。模仿创新有两个潜在的重要优势。一是搭便车。模仿者可以模仿原始创新，并节省成本。研究表明，模仿的成本仅为原始创新成本的65%。二是学习。模仿者可以观察先行者哪些方面做得好，哪些方面可以改进。模仿者可以避免犯与原始创新者同样的错误，并且可以在第一时间纠正错误。

如前所述，原始创新有很多先行优势，但大部分的原始创新者都失败了，甚至苹果公司也曾在自己主导的个人数码产品领域失败过。因此，对经济实力、技术实力相对较弱的企业而言，模仿创新或二次创新不失为一种现实和明智的选择。有时，实力雄厚的公司出于稳健或其他考虑，也可能采用模仿策略并大获成功。例如，亚马逊于1995年进入网上图书销售领域时就一直处于领导地位。然而，亚马逊只是一个模仿者，原创者是加州硅谷的一个名为电脑文学的网上书店，早亚马逊四年开拓出此领域。

伦敦商学院的科斯塔斯·马凯茨（Costas Markides）和保罗·杰罗斯基（Paul Geroski）指出，面对创新尤其是颠覆性创新，最合适的选择不是作为一个原始创新者，而是去做第一个跟随创新者的模仿者。第一模仿者在市场上不一定真是“第二”，反而有可能在竞争中处于统治地位。日本很多企业二次创新的成功案例可以为我们提供值得借鉴的经验。

七、创新、创业和创造

习近平总书记明确提出“实施创新驱动发展战略，最根本的是要增强自主创新能力，最紧迫的是要破除体制机制障碍”①，“要向改革开放要动力，最大限度释放全社会创新创业创造动能，不断增强我国在世界大变局中的影响力、竞争力”②，这为新时代中国创新创业创造工作指明了前进航向，提供了根本遵循。“大众创业、万众创新”为激发全民族的创新基因、创业精神和人们在创造财富过程中更好实现精神追求和自身价值注入了强大动力。

（一）创客

创客对应的英文是maker，即做东西的人，泛指出于兴趣与爱好，努力把各种创意转变为现实的人。创客坚守创新，持续实践，喜欢或者享受创新，乐于分享并追求美好生活，他们以用户创新为核心理念，是热衷于创意、设计、制造的个人设计制造群体。

创客的兴起和流行始于克里斯·安德森（Chris Anderson）的《创客：新工业革命》（*Makers：The New Industrial Revolution*）。该书对创客的描述是：他们使用数字工具，在屏幕上设计，越来越多地用桌面工具制作产品。他们是互联网一代，本能地通过网络分享成果，将互联网文化与合作引入制造过程，他们联手创造着DIY（自己动手制作）的未

---

① 习近平．在中国科学院第十七次院士大会、中国工程院第十二次院士大会上的讲话．（2014-06-09）．中国政府网．

② 向改革开放要动力．（2019-03-11）．中国政府网．

来，其规模之大前所未见。

在中文里“创”的含义是开始做、创造、首创、开创、创立，体现了一种积极向上的人生态度，还体现了通过行动和实践去发现问题和需求、努力找到解决方案的求真务实精神。“客”则有客观、客人、做客的意思。客观体现的是一种理性思维。客人、做客则体现了人与人之间的一种良性互动关系和开放包容的胸怀，而开放与包容体现在行动上就是乐于分享。

根据在创意→设计→制造过程中的侧重点和自身擅长的方面，可将创客进一步细分为创意者、设计者和实施者。创意者是创客中的精灵，他们富有灵感，善于发现问题，并找到改进的办法，将其整理归纳为创意和点子，从而不断创造出新的需求；设计者是创客中的魔法师，他们擅长将创意和点子具象化，使之转化为详细可执行的图纸或计划；实施者是创客中的工匠，他们未必擅长“坐而论道”，“起而行之”是他们的信条，正是他们的行动力和执行力，才使创意变成现实，蓝图变成产品。

创客最早起源于麻省理工学院（MIT）比特和原子研究中心（CBA）发起的 Fab Lab（个人制造实验室）。Fab Lab 基于从个人通信到个人计算再到个人制造的社会技术发展脉络，试图构建以用户为中心、面向应用的用户创新制造环境，该环境融合从创意、设计、制造到调试、分析及文档管理等各个环节。Fab Lab 的核心理念是，发明创造不只发生在拥有昂贵实验设备的大学或研究机构，也不仅仅属于少数专业科研人员，而是有机会在任何地方由任何人完成。Fab Lab 网络的广泛发展带动了个人设计、个人制造的浪潮，“创客空间”也应运而生。

创客空间是为创客提供实现创意和交流创意思路及产品的线下和线上相结合、创新和交友相结合的社区平台。由创客空间进一步派生出互联网时代促进创新创业的新平台“众创空间”。从发展趋势看，创客空间和众创空间必将成为技术创新活动开展和交流的场所，也是技术积累的场所，必将成为创意产生和实现以及交易的场所，从而成为创业集散地。

近年来，我国的创客、创客空间和众创空间契合了“大众创业、草根创业”新浪潮，以及“万众创新、人人创新”的新态势，呈现井喷式的大发展。

我国在《国家创新驱动发展战略纲要》的“战略任务”部分“（八）推动创新创业，激发全社会创造活力”中明确提出：建设和完善创新创业载体，发展创客经济，形成大众创业、万众创新的生动局面。具体做好以下工作：

一是发展众创空间。依托移动互联网、大数据、云计算等现代信息技术，发展新型创业服务模式，建立一批低成本、便利化、开放式众创空间和虚拟创新社区，建设多种形式的孵化机构，构建“孵化 + 创投”的创业模式，为创业者提供工作空间、网络空间、社交空间、共享空间，降低大众参与创新创业的成本和门槛。

二是孵化培育创新型小微企业。适应小型化、智能化、专业化的产业组织新特征，推动分布式、网络化的创新，鼓励企业开展商业模式创新，引导社会资本参与建设面向小微企业的社会化技术创新公共服务平台，推动小微企业向“专精特新”发展，让大批创新活力旺盛的小微企业不断涌现。

三是鼓励人人创新。推动创客文化进学校，设立创新创业课程，开展品牌性创客活动，鼓励学生动手、实践、创业。支持企业员工参与工艺改进和产品设计，鼓励一切有益的微创新、微创业和小发明、小改进，将奇思妙想、创新创意转化为实实在在的创业活动。

方向（Where）、驱动（Irritation）、战略（Strategy）、体验（Experience）。

战略实践7－8 WISE：海尔创客赋能新模式

（二）创新2.0

创客将创新推向新阶段。创客的横空出世，标志着创新2.0时代的到来。创新2.0和创新1.0有何分别？

第一，就创新主体而言，创新1.0的主体是科研人员、知识分子或专业人士，创新2.0的主体是大众、万众乃至人人；创新1.0是厂家和商家创新（出新产品），消费者接受创新、使用创新、享受创新，创新2.0是以消费者为中心，消费者大量参与创新，其广度、深度前所未有。

第二，就创新载体而言，创新1.0是装备精良的实验室，创新2.0是整个社会实践平台，时时处处均可创新。

第三，就创新的加工、生产、制造而言，创新1.0是集中制造，场所是工厂和车间，工具和装备主要是机床磨具和流水线；创新2.0是分散生产，个人制造，其主要工具是3D打印机和激光切割机。相对于过去的个人通信和个人计算，个人制造是一场伟大的革命。

第四，就创新方式而言，创新1.0是独立创新、封闭创新；创新2.0是共同创新、开放创新，甚至是开源创新。

随着信息技术的发展和知识社会的来临，传统的以技术发展为导向、科研人员为主体、实验室为载体的创新1.0模式，正在转向以用户为中心、以社会实践为舞台、以共同创新和开放创新为特点的用户参与的创新2.0模式，该模式消融了创新的边界，用户可以成为创新的动力和创新的主体。

众多创客参与、让知识和创新共享和扩散的创新2.0，象征着科技进入了“范式变革期”。创客借助互联网和新工具，实现产品的自设计和自制造，成为创新2.0时代的造物者。

第7节　生成性人工智能使能战略

人工智能特别是生成性人工智能，作为动力性共性技术或通用技术，几乎格式化了所有的行业、产业、领域和赛道。换言之，整个或多个产业都基于人工智能，人工智能使能/赋能所有产业，这就是国家大力推行“人工智能＋”行动的缘由所在。因此，企业必须高度重视并自觉使用生成性人工智能使能战略。

一、生成性人工智能对企业战略管理的影响

生成性人工智能对企业战略管理的各个方面都将产生广泛而深刻的影响，从战略制

定到战略实施和战略评估，都需要企业重新审视和调整传统模式。

（一）对战略制定的影响

（1）市场机会识别与拓展。生成性人工智能可以帮助企业挖掘新的市场机会，通过分析海量数据，发现消费者潜在的需求和市场趋势，为企业开拓新的业务领域提供依据。例如，传统的食品企业可以利用生成性人工智能分析社交媒体数据，发现消费者对健康、个性化食品需求的增长趋势，从而开发新的健康食品系列，拓展市场份额。同时，生成性人工智能还可以预测市场需求的变化，企业可以根据预测结果提前调整生产和营销策略，更好地满足市场需求。

（2）竞争战略调整。企业的竞争战略需要根据生成性人工智能的发展而调整，对于那些能够率先有效应用生成性人工智能技术的企业，可以通过提供更加个性化、创新的产品和服务，实现差异化竞争。例如，在线教育企业可以利用生成性人工智能为每个学生定制个性化的学习计划和教学内容，提高教学效果，与竞争对手形成差异。而对于一些难以跟上技术发展步伐的企业，可能需要重新评估自身的竞争优势，考虑通过合作、联盟等方式获取生成性人工智能技术，或者寻找新的细分市场进行聚焦战略。

（二）对战略实施的影响

（1）业务流程优化与创新。生成性人工智能可以嵌入企业的业务流程，实现流程的优化和创新。在生产流程中，它可以用于优化生产计划、预测设备故障、提高质量控制水平。例如，制造业企业可以利用生成性人工智能分析生产数据，预测设备何时出现故障，提前安排维护，减少生产中断的风险。在供应链管理方面，生成性人工智能可以优化库存管理、预测物流需求、改善供应商关系。例如，通过分析历史销售数据和市场趋势，生成性人工智能可以准确预测不同产品在不同地区的需求，企业据此调整库存水平，降低库存成本。

（2）组织架构变革与人才需求转型。为适应生成性人工智能的应用，企业组织架构需要进行相应变革。传统的层级式组织架构可能需要向更加灵活、扁平化的结构转变，以促进信息流通和跨部门协作。同时，企业对人才的需求也将发生转型，除需要具备专业领域知识的人才外，还需要大量掌握人工智能技术、数据科学知识的复合型人才。企业需要加强员工培训，提升员工的数字素养和人工智能应用能力，或者积极引进相关领域的高端人才，构建适应生成性人工智能时代的人才队伍。

（三）对战略评估的影响

（1）绩效指标体系的更新。企业传统的绩效指标体系可能无法全面评估生成性人工智能应用带来的影响。企业需要引入新的绩效指标，如数据质量、模型准确率、人工智能驱动的业务增长比例等。例如，企业在评估营销活动效果时，除关注传统的销售额、市场份额等指标外，还要考虑生成性人工智能生成的营销文案的转化率、个性化推荐的准确率等。这些新指标能够更准确地反映企业在生成性人工智能时代的战略绩效，帮助企业及时调整战略决策。

（2）风险评估与管理强化。生成性人工智能的应用或将带来新的风险，如算法偏差、数据泄露、模型被攻击等。企业在战略评估过程中需要强化风险评估与管理。对于算法偏差风险，企业需要确保训练数据的多样性和公正性，定期评估和调整模型算法，避免因算法偏差导致不公平的决策，如在招聘、信贷审批等领域。在数据安全方面，企业要加强数据治理，采取加密、访问控制等措施保护数据隐私，防止数据泄露事件发生。同时，企业还要关注模型被攻击可能导致的业务中断、声誉损害等风险，建立应急响应机制，及时应对潜在的安全威胁。

二、生成性人工智能使能战略要点

（一）技术选型与整合

企业应根据自身的业务特点和战略目标选择合适的生成性人工智能技术。如果企业主要从事内容创作相关业务，如新闻媒体、广告公司等，选择擅长文本生成的模型如GPT系列可能更为合适；对于制造业企业，则需优先考虑能够应用于生产流程优化、质量控制等方面的生成性人工智能技术，如基于图像识别的缺陷检测技术。企业需要深入了解不同技术的优缺点和适用场景，进行谨慎的技术选型。

此外，生成性人工智能技术需要与企业现有的信息系统进行整合，实现数据共享和业务流程的无缝对接。企业要考虑如何将生成性人工智能模型集成到企业的客户关系管理（CRM）系统、企业资源规划（ERP）系统等系统中。例如，将生成性人工智能生成的客户个性化推荐信息实时推送至CRM系统，为销售人员提供决策支持；或者将生产过程中的数据输入到生成性人工智能模型中进行分析，将结果反馈到ERP系统用于优化生产计划。整合过程中要注意数据格式的兼容性、接口的稳定性等问题，确保系统之间能够高效协同工作。

（二）数据管理与隐私保护

生成性人工智能的性能高度依赖于数据的质量和数量。企业需要收集高质量、多样化的数据来训练模型。数据收集过程要确保数据的准确性、完整性和相关性。同时，要对数据进行清洗和预处理，去除噪声数据、错误数据和重复数据。例如，在训练图像生成模型时，要确保图像数据的标注准确无误，图像质量清晰。企业还可以通过数据增强技术，如旋转、翻转、裁剪等操作扩充数据量，提高模型的泛化能力。

在数据收集和使用过程中，企业还必须严格遵守数据隐私保护法律法规，保护用户的隐私权益。企业要建立完善的数据隐私保护制度，明确数据收集的范围和目的，获得用户的明确授权。采用加密技术对数据进行存储和传输，确保数据在各个环节的安全性。例如，在利用用户数据训练生成性人工智能模型时，要对用户的敏感信息进行匿名化处理，防止用户身份泄露。同时，企业要定期进行数据安全审计，发现和修复潜在的数据安全漏洞。

（三）人才培养与合作

企业要重视内部人才的培养，提升员工对生成性人工智能的理解和应用能力。可以开展内部培训课程，包括人工智能基础知识、生成性人工智能技术原理、应用案例分析等内容。鼓励员工参加外部的人工智能培训和学术交流活动，拓宽员工视野。同时，建立内部的人工智能创新团队或项目小组，让员工在实践中积累经验，培养跨学科的复合型人才。例如，组织员工参加人工智能编程竞赛、创新项目孵化等活动，激发员工的创新热情和应用能力。

企业应自觉与高校、科研机构、人工智能技术供应商等建立外部合作关系，以获取外部技术支持和创新资源。与高校和科研机构合作开展前沿研究项目，共同探索生成性人工智能在企业领域的新应用和技术突破；与技术供应商合作，引进先进的生成性人工智能解决方案，并进行定制化开发。例如，企业与高校的人工智能实验室合作成立联合研发中心，共同研究适合企业业务的生成性人工智能算法优化方案；与技术供应商合作开发针对企业特定需求的生成性人工智能应用平台，提高企业的技术创新能力和市场竞争力。

（四）创新应用场景探索与商业模式创新

企业要积极挖掘生成性人工智能在不同业务环节的创新应用场景。除了常见的内容创作、营销、设计等领域，还可以探索在客户服务、风险管理、产品研发等方面的应用。例如，在客户服务中，利用生成性人工智能开发智能客服机器人，能够自动回答客户常见问题，提供个性化解决方案，提高客户服务效率和满意度。在风险管理方面，生成性人工智能可以模拟各种风险场景，帮助企业制定更加科学合理的风险应对策略。

基于生成性人工智能的应用，企业还可以探索新的商业模式，实现价值创造的最大化。例如，一些企业可以提供基于生成性人工智能的定制化服务，根据客户需求生成个性化的产品或服务，收取定制化费用。或者企业可以将生成性人工智能技术作为一种平台服务提供给其他企业，收取技术使用费用或通过平台交易分成等方式盈利。企业要不断思考如何将生成性人工智能与自身的核心业务相结合，创造出独特的商业模式，提升企业的竞争力和盈利能力。

第 8 节　标准化战略

一、概述

标准是科学、技术和实践经验的总结。标准按发生作用的范围，可分为国际标准、区域标准、国家标准、地区标准、行业标准和企业标准；按照内容可分为兼容性标准、质量标准和减少多样化标准；按照产生过程可分为机构标准和事实标准（在市场竞争中产生）。对企业而言，常用的标准有三类，即技术标准、管理标准和工作标准。其中，技术标准是针对企业生产产品的技术要求制定的统一标准；管理标准是对企业标准化领域中需要协调统一的管理事项所制定的标准，是贯彻与实施技术标准的重要保证；工作标准是研究规定各个具体的人在生产经营活动中应尽的职责和应有的权限，是对各种工作的量、质、期以及考核要求所做出的规定。

标准化是指为在一定范围内获得最佳秩序、服务公众利益，有关各方面对实际的或潜在的问题制定共同和重复使用之规则的活动，即制定、发布及实施标准的过程。标准化使物质的和非物质的对象统一化，它不仅能为推进经济界、科技界及管理部门的合理化过程提供质量保证，还有助于人和物的安全以及生活中各领域的质量改善。企业通过标准及标准化工作以及实施相关技术政策，可以加速技术积累、科技进步、成果推广、创新扩散和产业升级。

21世纪是知识产权和专利技术的世纪，也是标准的世纪。谁掌握了知识产权和专利技术，谁拥有了标准，谁就拥有话语权，就可以主导市场。有道是“二流企业卖产品，一流企业卖专利，超一流企业卖标准”，龙头企业是行业的标杆和领头羊，其生产产品的技术参数、质量要求应成为行业乃至国际标准。在经济全球化的今天，“得标准者得天下”，标准的作用已不仅仅是生产产品的依据，更是开创市场的利器。若在标准上没有话语权，不仅受制于人，还将严重削弱企业的比较优势和竞争优势。

实际上，中国高铁“走出去”的最大障碍之一就在于高铁标准被国外垄断。国外主要采用欧标。尽管欧洲某些标准已经过时，但要进入欧洲市场，所有装备必须通过其认证。有报道称，一家中国道岔生产厂商，其产品已经中国原铁道部质检中心认证，产品安全、性能可靠，但要出口至欧洲，至少还需花费600万元的欧标认证费，如果再改造（变）中国高铁厂商的模具、生产设备规格、工艺流程等，资金投入将更大。

标准化在万物互联时代的必要性和重要性凸显。以智能家居这个万亿级的产业为例，智能家居需要将家中各种各样的设备连接到一起，提供家电控制、照明控制、电话远程控制、室内外遥控、防盗报警、环境监测、暖通控制、红外转发以及可编程定时控制等多种功能和手段。这些设备包括：音视频设备、照明系统、窗帘控制、空调控制、安防系统、数字影院系统、影音服务器、影柜系统、网络家电等。显然，智能家居产业亟待解决的问题是行业标准，因为只有基于标准让通信层与设备层互通，才能物物相连，才能由单品到系统，也才有可能真正改善用户体验。

二、标准化的作用

标准化给企业带来的益处是显而易见的。

（1）有利于提升企业社会声誉。企业采用标准化能够促进企业品牌形象的建立，提高企业的社会声誉。比如，企业采用ISO产品质量认证体系，说明企业在产品质量方面已经达到一定水平。又如，若企业积极采用ESG评价标准，将在业界和公众中树立起企业关注环境、社会、治理绩效和具备足够社会责任感的良好形象。对于一些专业性很强的产品，消费者或用户缺乏有关知识，他们选择这类产品很大程度上是依靠其他人的推荐或企业通过的认证以及采用的标准。

（2）有利于降低企业成本。标准化提高了企业产品之间的兼容性，减少了企业产品标准不一致带来的巨大浪费。此外，标准化可以使企业避免对某个供应商的依赖，因为其他供应商也可以提供标准化的产品。供应商数量的增加，加大了供应商之间的竞争，从而促使供应商降低价格、提升质量。

（3）有利于企业之间形成战略同盟、产业集群和业务协同。标准化形成了一个统一的产品和技术规则体系，在这种情况下，企业之间的合作以及战略同盟、产业集群的形成更加容易。基于标准化的战略同盟和产业集群，不仅能使企业成本降低的潜力及成功的可能性大幅提高，还能为企业带来风险共担、技术共享和规模经济的益处和业务协同效应。

（4）有利于优化产业发展生态和企业成长环境。标准化是市场由野蛮生长走向成熟发展的标志，也是企业和产业可持续健康发展的航灯。没有标准的行业将呈现各自为政、各行其是的混乱无序状态，身在其中的企业很难发展起来。截至目前，被视为万亿风口的智能家居市场，其发展之所以没有预期的那么大、那么快，互通标准的缺乏或许是主要原因和最大痛点。

（5）有利于打破技术贸易壁垒。发达国家不断通过各种国家或区域标准设置技术壁垒，阻止发展中国家产品进入其市场。标准是在区域经济内作为一种非关税贸易壁垒武器，如果企业在全球市场上通过 ISO 或 IEC 标准，在欧洲市场上通过 EN 标准，就能很好地打破发达国家设置的技术壁垒，促进出口。

三、实施标准化战略的要点

鉴于标准及标准化的重要地位和作用，众多企业纷纷将标准化作为重要的发展战略。企业标准化战略（standardization strategy）没有统一模式，也不可能搞统一模式，必须从企业实际情况出发，从市场环境和市场发展趋势出发，创造性地制定和实施适合自身的标准化战略，操作中需要重点把握好以下五点。

（1）从战略的高度重视标准化。在知识经济时代，标准已经被称作世界的通用语言。在没有标准的世界，不仅人与人之间难以沟通，企业与企业之间难以沟通，机器、零部件以及产品之间的联系也将变得困难重重。如上所述，标准化有利于企业提升社会声誉，标准俨然成为高质量、高科技、话语权的象征；标准化有利于降低企业成本，企业通过制定并严格执行技术标准、管理标准和工作标准，能大大提升经营效率和产品品质；标准化有利于企业之间形成战略同盟、产业集群和业务协同，有利于优化企业成长生态。实际上，不管是有效利用具有异构性、多源性、复杂性的海量数据，还是实现平台内、同盟内、集群内以及跨平台、跨同盟、跨集群的信息互联互通、资源共享共用、业务系统集成和流程融合协同，标准化能力都是不可或缺的；标准化还有利于打破技术贸易壁垒，成为通向新技术与拓展国际市场的强大工具。因此，必须站在战略高度充分重视标准化工作。

（2）聚焦国内外主流标准化组织，明确标准化战略的重点。一般而言，标准化组织的宗旨都是促进标准化及有关活动的发展，以便于国际、区域、行业、国家、地区、企业的物资交流和服务，扩大知识、科学、技术和经济领域中的合作。一些重要的标准化组织如下。

- 三大国际标准组织：国际标准化组织（ISO）、国际电工委员会（IEC）、国际电信联盟（ITU）。
- 区域标准化组织：欧洲标准化委员会（CEN）、欧洲电工标准化委员会（CENELEC）、欧洲电信标准学会（ETSI）、太平洋地区标准大会（PASC）、泛美技术标准委员会（COPANT）、非洲地区标准化组织（ARSO）等。
- 行业标准化组织：电气电子工程师学会（IEEE）、美国机械工程师协会（ASME）、美国材料与试验协会（ASTM）、中国国防科学技术工业委员会（GJB）、日本工业标准调查会（JISC）等。

• 国家标准化组织：中国标准化协会（CAS）、美国国家标准学会（ANSI）、英国标准学会（BSI）、德国标准化学会（DIN）、法国标准化学会（AFNOR）等。

在互联网和数字经济时代，企业还应关注新兴标准化组织，例如：工业互联网联盟（IIC）、工业互联网产业联盟（AII）、全球产业组织（GIO）、边缘计算产业联盟（ECC）、5G汽车联盟（5GAA）等。

在充分研究国内外主流标准化组织的基础上，企业需要结合科技革命、产业变革、社会发展和消费需求的发展趋势和自身特点，确定标准化战略的重点。当今各国消费者都重视产品的健康、安全和环境保护，发达国家常以健康、安全和环境保护为由，不断对中国产品设置技术贸易壁垒，因此，中国企业应将公众十分关注的健康、安全、节能减排和环境保护及其他社会热点问题的标准放在突出位置，例如SA8000、AA1000，ISO 9000、ISO 14000以及GME跨国企业准则、ESG评价标准等。

（3）积极参与各层级标准的制定。这里的“各层级”首先是企业自身。企业要自觉及早地制定自己的各类标准，随时对比分析与先进标准的差异性和等效性，及时修订、细化技术标准以及相应的管理标准和工作标准，适时提升技术标准的兼容性与可扩展性。特别地，企业若研发成本高的技术密集型产品，则必须采用全球标准以补偿产品研发的巨额投资。随着企业实力增强，还应利用各种市场机会宣传推介企业标准，设法赢得广泛认同，力争使企业标准成为行业标准。在此基础上积极参与高层级权威性的标准化组织工作，不断提高在其中的影响力和话语权。须知，在行业技术标准制定上企业不能只做被动的“旁观者”和“接受者”，而要成为主动的“规则制定者”和“核心贡献者”。据统计，华为在近800个学术、标准、联盟、开源等产业组织中担任超过450个关键职位，累计提交的标准提案超过6万项，2023年，向全球标准组织贡献近12 000篇标准提案。在全球5G标准的核心必要专利数量中，华为以近2 000件高居第一，比位列第二的诺基亚多出了1/3。

（4）加强标准协同，推动产业联盟，助力产业变革。企业应致力于在标准化组织、产业联盟、开源社区等各类产业组织中积极贡献，携手产业合作伙伴加强标准协同，使上下游企业结成利益共同体，加速产业开放创新与开放生态构建，做大产业空间。企业还应与合作伙伴一起建立互生、共生、再生的产业环境和共赢繁荣的商业生态体系，通过技术升级促进产业孵化，联合业界与区域伙伴积极推进、构建和运营产业联盟，凝聚产业共识，促成多方共赢的产业格局，实现产业可持续发展。特别地，推动垂直行业数字化转型通用架构标准化，促成多方共赢的行业数字化产业格局。同时，运用综合标准化的方法建立标准综合体、标准谱系和标准化平台，推进标准发展引领产业方向。在联盟合作可促进行业发展的领域，通过联合技术创新、联合解决方案开发、联合营销和销售等多种方式为客户提供服务，与伙伴联合构建面向客户商业场景的解决方案，共同创造新的市场价值。

（5）将技术创新与标准化相结合。企业要在实施标准化战略中坚持开放式技术创新，促进产学研合作共赢，将技术创新与标准化相结合，最大限度地普及和应用技术开发成果的观点，把标准化作为通向新技术与市场的工具，深刻认识以标准化为目的的研发的重要性。企业要加强与大学和研究机构的合作，让大学成为照亮产业发展的灯塔，让企业成为推动产业发展的动力。通过合作，一方面，加速标准的广泛推广和落地应用，以技术标准支撑技术革命和产业变革；另一方面，将研究、标准、开源、产业联盟等多种手段融入产业发展中，将研究从实验室推向工程化和商业化，促成从学术研究到产业应用的蜕变，使之最终成为行业标准。

/ 本章小结 /

平台战略是指企业通过建立和运营一个平台来促进生态系统中不同参与方之间的互动和价值创造。在平台战略中，企业充当平台的运营者，通过吸引不同的参与方（例如用户、开发者、合作伙伴等）加入平台，形成一个生态系统。平台战略的核心是通过平台的规模效应和网络外部性，实现更多参与方的加入和互动，从而创造更多的价值。

虚拟经营战略是企业在组织上突破有形的界限，虽有设计、生产、营销、财务等功能，但企业内部没有完整地执行这些功能的组织，且企业仅保留最关键的功能，而将其他的功能虚拟化。

博弈论是研究具有斗争或竞争性质现象的理论，是交互式条件下的最优理性决策。博弈论强调关注对手的价值，学会双边思维、多边思维和换位思维。竞合理论的核心逻辑是共存共生和共荣共赢，它有效克服了传统企业战略过分关注竞争的弊端，强调合作的重要性。

战略联盟是指两个或两个以上的企业或跨国公司为了达到共同的战略目标而采取的相互合作、共担风险、共享利益的行动，这种行动使有关企业得以发展建立一种相对稳固的合作伙伴关系。

产业集群是产业内部和相关产业的企业以及相关社会机构为了达到资源共享、风险共担、降低成本、提高收益的目的，在地理上集中、在空间上集聚的现象。产业集群可以为企业带来技术开发和协作上的众多优势。

创新是企业生存和发展的必然选择和必备能力，是企业持续发展的动力源泉。创新战略旨在优化生产要素组合，提高资源配置效率，增强企业自主创新能力和可持续发展能力。在实施创新战略时，决策者需要深入辨析各类创新之间的关系和它们的有机结合。

人工智能特别是生成性人工智能，作为共性技术或通用技术，几乎格式化所有的行业、产业、领域和赛道。换言之，整个或多个产业都基于 AI，AI 赋能/使能所有产业。因此，企业必须高度重视并自觉使用生成性人工智能使能战略。

标准是科学、技术和实践经验的总结。在经济全球化的今天，“得标准者得天下”，标准的作用已不仅仅是生产产品的依据，更是开创市场的利器。

/ 常用术语 /

平台战略（platform strategy）
基础设施即服务（infrastructure as a service，IaaS）
平台即服务（platform as a service，PaaS）
软件即服务（software as a service，SaaS）
模型即服务（model as a service，MaaS）
电子商务（electronic business）
虚拟企业（virtual enterprise）
虚拟经营（virtual operation）
虚拟销售网络（virtual sales network）
企业共生（corporate symbiosis）
博弈论（game theory）
竞合（copetition）
零和博弈（zero-sum game）
激励相容（incentive compatibility）
商业模式（business model）
战略联盟（strategic alliance）

产业集群（industrial cluster）
创新战略（innovation strategy）
价值创新（value innovation）
标准化战略（standardization strategy）
创客（maker）
新常态（new normal）
网络外部性（network externality）
平台经济（platform economics）
共享经济（sharing economy）
众包（crowdsourcing）
通用技术（general-purpose technologies，GPT）

/ 思考题 /

1. 试举例说明平台战略和虚拟经营战略。
2. 如何理解平台经济和共享经济？
3. 博弈论的主要思想是什么？竞合理论的核心逻辑是什么？
4. 博弈 PARTS 竞合分析中的 PARTS 代表哪五个因素？
5. 商业模式为何重要？有哪些主要的商业模式？
6. 价值创新的要点是什么？
7. 如何理解“二流企业卖产品，一流企业卖专利，超一流企业卖标准”？企业如何实施标准化战略？
8. 耐克、思科两个公司是否为虚拟经营？请分别说明原因。
9. 试说明战略联盟的动因以及战略联盟中应注意的问题。
10. 产业集群的运作机制是什么？能为企业带来的竞争优势有哪些？
11. 举例说明中国有哪些有代表性的产业集群？
12. 创新 2.0 和创新 1.0 有哪些不同？

第 8 章 战略分析与选择

战略就是做出选择、权衡取舍；就是要有意识地选择与众不同。

——战略管理大师迈克尔·波特

战略制定者要在所取信息的广度和深度之间做出某种权衡。他就像一只在捉兔子的鹰，鹰必须飞得足够高，才能以广阔的视野发现猎物，同时它又必须飞得足够低，以便看清细节，瞄准目标和进行攻击。不断地进行这种权衡正是战略制定者的任务，一种不可由他人代理的任务。

——麦肯锡总裁弗雷德里克·格鲁克

▶ 本章要点

1. 熟练掌握战略分析的 SWOT 方法和 QSPM。
2. 深刻理解战略组态的系统性和整体性。
3. 理解三种战略态势所处的外部条件以及实现的途径。
4. 理解战略转型与战略权变的要旨。
5. 理解企业数字化/数智化转型战略的必要性和重要性。
6. 掌握数字化/数智化转型战略的基本内涵及操作要点。
7. 熟练掌握大企业的主要战略。
8. 熟练掌握中小企业的主要战略。
9. 理解企业成长路径与成长方式选择。

▶ 课程思政元素

知己知彼，百战不殆；凡事预则立，不预则废；天下大势，浩浩汤汤，顺之者昌，逆之者亡；执大象，天下往；解放思想，实事求是；趋利避害，扬长避短；穷则变，变则通，通则久；创新驱动发展，家国情怀，星辰大海；国情与民生，跨越中等收入陷阱；技术创新驱动，专精特新；以正合，以奇胜；见贤思齐，国际最佳实践；数字化、数智化、数治化；敢为人先，开拓进取，揭榜挂帅；不忘本来，吸收外来，面向未来。

引 例

The RealReal：新一代的二手商店

The RealReal 由朱莉·温赖特（Julie Wainwright）于2011年创立。如今，这是一家总部位于旧金山的上市公司，2022年第二季度的收入为1.54亿美元。在众多新兴的奢侈品时尚转售平台中（如 Depop 和 Vestiaire Collective），The RealReal 是成立最早且规模最大的平台之一。由于该平台基于物品的转售和再利用，它被视为循环经济的一部分。循环经济可以理解为"从传统生产系统向可再生能源的转型；循环模式在经济、自然和社会资本中构建，基于三个原则：最小化废物和污染，保持产品和材料的循环使用（循环系统），再生自然系统"。

The RealReal 瞄准了年轻一代对二手市场日益增长的兴趣。然而，The RealReal 在运营模式以及商品的价值和数量上，与传统的二手店有所不同。首先，与独立的实体店相比，The RealReal 由一系列精品店和一个全球可访问的在线平台组成，到2020年5月，该平台吸引了643万独立访客。其次，与跳蚤市场或廉价二手店不同，The RealReal 定位于奢侈品市场。该平台不只销售知名国际品牌和设计师的商品——如路易威登、爱马仕和香奈尔——它还成为第一个与斯特拉·麦卡特尼、博柏利以及古驰建立合作伙伴关系的平台，提供诸如卖家通过 The RealReal 出售斯特拉·麦卡特尼的二手物品后可获得100美元新商品购买优惠等福利。此外，该平台通过宣称其运营具有可持续性，进一步为购物行为赋予了价值，这反映了Z世代消费者向"道德购物"转变的趋势。最后，不同于其他较早的平台，The RealReal 声称实施了"严格的鉴定流程"，由150多名品牌鉴定师、宝石学家和钟表学家监督鉴定工作。

资料来源：Liroy Choufan，Nir Tila-Cohen. From Secondhand to Invisible Hand：Methods of Manipulating Object Biographies on The Realreal Online Marketplace. Fashion Theory，2023，(27) 6：771－796.

思考题：The RealReal 的战略选择具有什么优势？在战略分析与选择过程中，企业需要更加关注什么？

第1节 战略分析方法

战略分析是在收集企业内外部信息的基础上，通过各种分析工具和手段，最终确定战略方案的过程。其中包括两个步骤：一是在企业内外条件分析的基础上，形成战略的初步方案；二是对备选战略方案进一步筛选，形成最终的战略方案。本节将介绍两种战略分析方法，分别是 SWOT 分析和 QSPM。

一、SWOT 分析

（一）基本概念

SWOT 分析方法的名称源自四个英文单词 strength（优势）、weakness（劣势）、opportunities（机会）和 threats（威胁）的首字母。SWOT 分析方法广泛用于评估组织的战略规划、内部能力和外部可能性以及三者之间的关联性、适应性和有效性。由于该方法把企业所面对的内部与外部因素综合起来进行考虑，使得分析更为全面有效且富有针对性。在使用 SWOT 分析方法时，需要注意其核心思想，即有效的战略源于企业内部资源和外部环境的相互匹配。

在进行 SWOT 分析时，需要厘清企业内部的优势和劣势以及外部环境的机会和威胁。

（1）优势（S）：企业内部比竞争对手更具有优势的因素可以是人力资源、财务资源或技术资源。当企业中的单个因素或者组合能使企业在市场中获得竞争优势时，其就能成为企业的特殊竞争能力。这类特殊竞争能力（或资源）能使企业更有效地完成绩效目标。

（2）劣势（W）：企业中存在的相对于竞争对手在资源或能力上的不足或缺陷。该类因素的存在使企业在竞争中处于不利地位，并将阻碍公司的长期发展。

（3）机会（O）：对企业特别有利的外部因素、趋势或变化。这其中既有当前有利的，也有未来有利的。例如，竞争环境的变化、技术的升级以及与顾客或供应商关系的改善等，都能给企业带来机会。

（4）威胁（T）：对公司特别不利的外部因素、趋势或变化，可以是壁垒、约束以及任何可能对企业造成冲击、侵害或破坏的因素。这类因素将会大大妨碍企业目前或未来的市场地位。例如，新竞争者的进入、市场增长缓慢、主要客户和供应商讨价还价能力的增强、技术变革以及法律法规的修订等，都会给企业带来不同程度的威胁。

（二）具体分析方法

SWOT 分析方法主要通过列表的形式，审视企业主要的优势、劣势、机会和威胁这四大因素，并且通过将内外部不同因素相对应，评估现有的战略定位，同时，将内外部的因素进行匹配，观察可能产生的战略。表 8－1 中有四个因素格、四个战略格，左上角是空格。

SWOT 矩阵两两组合产生四种战略，其具体意义分别如下：

（1）SO（优势-机会）战略。通过发挥企业的优势去把握机会。例如：通过找出最佳的资源组合来获得竞争优势；通过提供资源来强化、扩展已有的竞争优势。

（2）ST（优势-威胁）战略。利用企业优势来应对外部威胁。例如：通过重新构建组织资源来获得竞争优势，将威胁转化为机会；企业可采取防守战略，目的是抓住对战略有利的机会。

（3）WO（劣势-机会）战略。利用外部机会来弥补企业的不足，或通过补短来提高自己的竞争力，进而把握机会。例如：可加强投资，将劣势转化为优势以开拓机会；或将机会放弃给对手。

（4）WT（劣势-威胁）战略。通过补短来应对威胁，或通过弃短来规避风险。例如：可放弃部分处于劣势的市场。

构建 SWOT 矩阵，通常包括如下八个步骤：

（1）列出公司的关键外部机会；

（2）列出公司的关键外部威胁；

表 8－1 SWOT 矩阵

内部 外部	优势——S 列出优势 1. 2.	劣势——W 列出劣势 1. 2.
机会——O 列出机会 1. 2.	SO 战略 发挥优势，利用机会 1. 2.	WO 战略 利用机会，克服劣势 1. 2.
威胁——T 列出威胁 1. 2.	ST 战略 利用优势，回避威胁 1. 2.	WT 战略 减少劣势，回避威胁 1. 2.

（3）列出公司的关键内部优势；

（4）列出公司的关键内部劣势；

（5）将内部优势与外部机会相匹配，把作为结果的 SO 战略填入表内 SO 方格中；

（6）将内部优势与外部威胁相匹配，把作为结果的 ST 战略填入表内 ST 方格中；

（7）将内部劣势与外部机会相匹配，把作为结果的 WO 战略填入表内 WO 方格中；

（8）将内部劣势与外部威胁相匹配，把作为结果的 WT 战略填入表内 WT 方格中。

在上述 SWOT 分析方法中，第（1）步至第（4）步是对信息的收集和转化，这是一个彼此相关、多次反复的咨询过程，要与管理者、职能专家、团队成员以及智囊团充分讨论。第（5）步至第（8）步的工作则是研究战略、组织能力、外部环境之间的关系，确定不同组合的发展战略。

SWOT 分析中，企业内部的优势和劣势由相对可控的因素构成。这些因素包括组织的资源、文化、系统、团体行为、组织价值观等。企业外部的机会和威胁则由相对不可控的因素构成。这些因素包括整体需求度、市场饱和度、政府政策、经济条件、社会文化道德发展、知识技术变革、生态环境演变等，以及波特"五力模型"中的五大要素，即行业内现有企业的竞争强度、潜在进入者的威胁、替代品的威胁、购买者的议价能力和供应商的议价能力等。

通过建立统一的数据平台提高数据处理效率，以更高效地响应海量订单带来的运营需求。

战略实践 8－1 极兔速递企业战略发展构建的 SWOT 分析

表 8－2 是极兔速递的 SWOT 矩阵。

（三）SWOT 分析方法的优缺点与注意事项

SWOT 分析是应用最广泛的战略分析方法之一。该方法的主要优点是：

第一，SWOT 分析不要求大量的财务（或计算）资源，只需利用一些必要的数据，即可迅速且相对有效地完成 SWOT 分析。这一优点在局势复杂、时间有限的情况下尤其明显，通过对最关键的因素进行分析，可以显著提高决策效率。

表 8－2　极兔速递的 SWOT 矩阵

内部 外部	优势——S 1. 率先进入国内三、四线城市及农村市场 2. 拥有广泛可靠的物流网络和内部资源优势 3. 具备先进的物流信息系统、自动化设备和数据分析技术 4. 能够很好地跟踪货物、优化路线规划并实现精确的配送管理。 5. 建立了良好的客户关系和口碑	劣势——W 1. 自有资产投资不足，尤其是转运中心和干线运输依赖于租赁外包 2. 空运量不到全年业务的 5%，主要依赖于公路运输，无法满足对时效性要求较高的市场需求
机会——O 1. 三、四线城市和农村市场买家数量持续活跃上升 2. 完成对拥有成熟运营网络的百世快递公司的收购，扩大快递网络 3. 与拼多多的紧密合作带来更多市场机会	SO 战略 1. 扩展下沉市场，深化与拼多多等电商平台的合作，抓住下沉市场持续增长的机会（S1，O1，O3） 2. 技术提升服务质量（S3，O2） 3. 整合收购资源，同时推动整体业务的快速扩张（S2，O2）	WO 战略 1. 加强空运能力和干线投资（W2，O1） 2. 内部资源整合与优化（W1，O2）
威胁——T 1. 快递行业中已经存在许多大型物流企业和快递公司，竞争激烈 2. 价格战在物流行业中常常发生，可能压缩利润空间	ST 战略 1. 提升客户服务和差异化竞争力（S2，S4，T1，T2） 2. 扩大高附加值服务（S3，T2）	WT 战略 1. 提升内部资产投入，减少外包依赖（W1，T2） 2. 优化公路运输网络，探索多模式运输（W2，T1）

资料来源：万俊，刘奔跃，张悦．动态能力视角下的企业发展战略分析：基于 JT 速递的案例研究．商业观察，2024，10（9）：26－29，35.

第二，在分析市场、产品和财务等职能时，SWOT 分析模型可以处理并综合大量数据和信息，可作为有效的小组分析工具。

第三，SWOT 分析模型还可以用来有效评估企业的核心能力和竞争优势，可以作为评估修正战略的管理工具，用于回答某些特定的企业在实施战略时为什么会成功，为什么会失败。

第四，SWOT 方格中数据的收集、解释和整理过程为指导进一步的战略分析打下了基础。形象地讲，SWOT 分析让研究者看清了棋盘上的棋子和对手可能的反应。

SWOT 分析的不足有两点：

一是 SWOT 分析只强调数据的质，忽略了数据的量，是一个纯粹的描述性模型，并不能给研究者提供明确的、格式化的战略建议。

二是 SWOT 分析强调事后而不是事前，在区分优势、劣势、机会和威胁时过于简化、机械化，缺少测试和检验手段。

在使用 SWOT 分析模型时，务必充分考虑其优缺点，从而使决策更为准确、有效、可行。此外，还需注意以下事项：

首先，SWOT 分析对信息的质量和分析者的能力要求很高。现实中，无法保证信息的完备性，因而不得不更多地依靠分析者的经验和直觉，但这样可能会导致某些重要因素被忽略，使分析结果产生偏差。

其次，SWOT分析制订的战略方案有一定使用限制。在大型企业中，由于不同业务的复杂程度不同，相互之间存在关联，通过SWOT分析得出的结论必须经过校准，以使不同业务的战略相匹配。

最后，在进行SWOT分析时，研究者可能会对企业的劣势估计不足，对优势估计过高，从而导致研究者盲目乐观。

二、QSPM

定量战略计划矩阵（quantitative strategic planning matrix，QSPM）是战略决策阶段的一种重要分析工具。方法是通过专家打分，比较各种战略能否充分利用外部机会和内部优势，减弱外部威胁和消除内部弱点，反映各战略的优越程度。常见的QSPM如表8－3所示。

表8－3　QSPM

关键因素	权重	战略A		战略B		战略C	
		得分	总得分	得分	总得分	得分	总得分
外部因素							
因素1							
因素2							
⋮							
内部因素							
因素1							
因素2							
⋮							
总计							

在QSPM中，外部因素包括外部机会和外部威胁，内部因素包括内部优势和内部劣势。QSPM的外部因素和内部因素都至少应有10项。其中，得分表示各因素对备选战略的吸引力。得分分为4档：1＝没有吸引力；2＝有一些吸引力；3＝有相当吸引力；4＝很有吸引力。给各因素赋予权重计算总得分。例如：因素对战略很有价值（或吸引力），则得分为4，乘以权重后得到总得分。然后，将总得分加总，得出某一备选战略的总分。最后，将不同的备选战略进行比较，找出得分最高（也就是最有吸引力）的备选战略。

QSPM的最终结果反映了战略的最优程度，是制订战略计划的基础。因为在管理实践中，影响战略计划制订的因素很多，不同企业的因素也各不相同，所以在制订战略计划之前，要分析影响战略计划的因素。在大多数情况下，影响战略计划制订的主要因素有：

（1）企业规模。制订战略计划是一个涉及面广、内容复杂、分析要求高的工作。大企业拥有较多的计划分析人员，内部计划性较强，市场情况比较稳定，也容易对长期发展进行比较系统的分析和预测，从而有能力也有必要制订较长期的战略计划。小企业非正式程度高，灵活性强，参与计划分析的人员较少，难以制订较复杂的长期战略计划。

（2）外部环境的稳定程度。企业如果处在相对平稳的环境中，则无须过多的战略选择，一般可以用长期计划代替战略计划。如果处于外部环境变动较大、竞争激烈的环境中，战略计划则应包含多种备选战略，使企业有更大的战略柔性，此时，战略计划就比长期计划有更大的优势。

（3）企业内部管理的复杂程度。一般大型制造业企业的管理要有相对稳定的流程和正式的计划体系，长期计划会更有效；对于服务业或创新产业的企业，则需要相对灵活的计划体系，以对外部环境变化做出灵敏的反应，因此，战略计划会更为有效。

（4）企业文化和管理风格。战略计划由高层管理人员主持制订，因此，高层管理人员对企业发展的思路、决策的程序和解决问题的范式以及与下属沟通的方式，都会体现在战略计划中，从而使战略计划具有鲜明的特色。

此外，影响战略计划制订的因素还有战略计划的目标、改变企业结构的能力、有效制订计划相关的信息等。不同的企业应根据自己所处的环境来考虑影响因素，从中找出关键的因素，而不是照搬其他成功企业的战略计划。

新视角　《隆中对》

第 2 节　战略组态

一、战略组态的要义

战略组态（strategic configuration）是一种战略管理理论视角，强调企业应通过合理的资源组合和组织结构配置，实现持续的竞争优势。该概念起源于 20 世纪 80 年代，由战略管理学者波特、迈尔斯（Miles）和斯诺（Snow）等人提出，旨在帮助企业在快速变化的外部环境中保持灵活性和战略一致性。战略组态理论认为，企业不仅应关注单一战略要素的优化，还应重视企业内部各要素（如结构、文化、流程、技术）之间的匹配与协同。只有当企业内部资源和能力与外部环境相适应时，企业才能有效地应对竞争压力并保持长远发展。

在学术研究中，战略组态被视为对传统战略选择模型的补充。与传统的“线性战略规划”不同，战略组态强调系统性、整体性和相关性，要求企业从多个维度考虑其战略选择与资源配置之间的相互关系。这种系统化的战略管理方式，能够帮助企业在面对不确定的市场环境时做出更具前瞻性的决策。因此，战略组态不仅是企业适应动态环境的一种方法论，还是现代企业战略管理理论的重要组成部分。

从认知思维上讲，如果说传统的“线性战略规划”属于（牛顿）经典思维，那么战略组态思维则属量子思维。一般而言，经典思维认为世界的特点是：分界、部分、机械、惯性、划一、精确、定域、割裂、被动、计划；与之相对照，量子思维认为世界的特点是：无界、整体、灵活、多向、差异、可能、离域、联系、互动、莫测。简言之，经典思维具有更多的粒子性、分解性、独立性、单元性、静态性；而量子思维则具有更多的波性、统摄性、关联性、系统性、动态性。显然，量子思维的这些特点是由量子的叠加、纠缠、涨落、跃迁、跳跃、相干、包容、测不准、不确定等特征所决定。在当代，将过往占主导地位的（西方）经典思维转变为（东方）量子思维至关重要。

二、战略组态的主要模型与类型

为了更好地理解战略组态的应用，学者们提出了多种战略组态模型，以揭示企业在不同环境下的最佳战略组合。迈尔斯和斯诺提出的战略类型模型是最具代表性的战略组态理论之一，将企业战略分为防御者（defenders）、探索者（prospectors）、分析者（analyzers）和反应者（reactors）四类：

防御者：专注于稳定的市场和核心业务，强调效率和成本控制，以保持现有市场份额。适用于竞争激烈且市场需求相对稳定的行业，如传统制造业。

探索者：注重创新和市场开拓，不断寻求新产品和新市场，以获得先发优势。高科技行业和快速变化的市场环境中，探索者战略尤为有效。

分析者：兼具防御者和探索者的特点，在稳定的市场中保持成本优势，同时在新兴市场中寻求增长机会。这种战略常见于成熟企业希望进入新市场时的策略。

反应者：缺乏明确的长期战略，往往对市场变化做出被动反应。这类企业通常在战略规划和资源配置上存在短板，因而难以在竞争中保持优势。

根据发展的不同阶段，适时实施反应型、防御型、适应型和主动型环境战略。

战略实践 8-2　江西铜业的环境战略转型

除了上述经典的战略类型模型，波特提出的价值链分析理论与战略组态理论相结合，也为企业的战略组态提供了新思路。通过识别价值链中的关键环节，企业可以更好地整合内部资源，提高整体协同效应。此外，波特的三种基本竞争战略（即总成本领先战略、差异化战略和聚焦战略）也与战略组态理论相辅相成，强调在不同市场环境下选择合适的战略组合，以实现长期竞争优势。

三、战略组态的应用与企业实践

战略组态理论已在多个行业中得到广泛应用，为企业制定和调整战略提供了系统化的框架。在实际操作中，企业通过分析内部资源与外部环境的匹配程度，选择适合自身发展的战略组态。这一过程通常包括以下几个步骤：

环境分析：企业首先需要对外部环境进行深入分析，包括行业结构、市场趋势、技术变化等因素。通过 PEST 分析、SWOT 分析等工具，企业能够识别出外部机会和威胁。

内部资源评估：企业在了解外部环境后，还需对内部资源和能力进行评估，如财务状况、人力资源、技术优势和组织文化等。这一阶段的核心是找出企业的核心能力和竞争劣势，以便在战略组态中做出针对性调整。

战略匹配与优化：在完成环境和资源评估后，企业需要根据自身的战略定位选择合适的战略组态。例如，处于高度竞争市场中的企业，可能选择探索者战略，以创新推动增长；而在相对成熟和稳定的市场中，则更适合采用防御者战略以保持市场地位。

实施与调整：战略组态不是一成不变的，而是随着市场环境的变化不断调整。因此，企业应定期评估战略效果，通过调整资源配置和组织架构来优化战略组态，从而保持企业在市场中的竞争优势。

在实际案例中，全球领先的科技公司如谷歌和特斯拉通过灵活的战略组态，在快速变化的科技市场中不断保持竞争力。谷歌通过多元化业务组合（如搜索引擎、广告、云计算、智能硬件等），成功实现了资源整合与战略协同。特斯拉则通过垂直整合供应链和技术创新，不断优化其战略组态，从而在电动车市场中取得领先地位。

四、战略组态的挑战与未来发展

尽管战略组态在理论和实践中得到了广泛认可，但其实施过程中也面临诸多挑战。首先，动态环境的不确定性增加了企业在制定和调整战略组态时的复杂性。随着市场的全球化和技术的快速迭代，企业面临的竞争压力愈发严峻。企业需要具备高度的灵活性，以便在变化的市场环境中迅速调整战略组态，从而避免被竞争对手超越。

其次，组织内部的协同与整合是战略组态成功的关键。不同部门之间的沟通不畅、资源分配不合理、文化冲突等问题，都会对战略组态的实施效果产生负面影响。因此，企业应在内部建立良好的协同机制和激励措施，以确保各部门能够在统一战略下有效运作。

此外，战略组态的可持续性也是企业需要关注的重要问题。在追求短期利益的同时，企业需确保其战略组态具有长期的可持续性，以应对未来的市场变化。例如，在环境保护和社会责任日益受到关注的今天，企业需要将可持续发展目标融入其战略组态中，以实现经济效益和社会效益的双赢。

最后，随着人工智能、大数据和区块链等新兴技术的不断发展，未来的战略组态将更加依赖数字化转型和智能化决策。企业应积极采用智能化工具，以提升战略组态的灵活性和响应速度，从而在高度不确定的市场环境中保持竞争优势。未来的战略组态理论将进一步与技术创新相结合，为企业提供更加精准和高效的战略管理方案。

第 3 节 战略态势

战略态势是企业整个发展战略的基调，是制定战略首先要回答的问题。简言之，就是要决定企业究竟是进攻、撤退还是防守。确定战略态势需要综合考虑内外部环境，从而选择符合企业自身特点的战略态势。虽然宏观环境对每个企业都一样，但因为不同的企业在资源、结构、文化等方面的差异，在战略态势的选择上也会有所不同。战略态势一般分为三种：一是加快发展的步伐，实施扩张性战略，如一体化战略、多元化战略或加强型战略等；二是稳固现有业务，消除企业发展过程中一些潜在的问题和风险；三是进行业务收缩，以规避风险，渡过经营困难时期。

一、战略态势选择的总体逻辑

战略态势选择虽然涉及众多因素，但逻辑分析过程并不复杂，由外部分析、内部分析、战略态势分析三部分构成。此外，还需注意以下三个问题。

第一，战略态势主要由企业内部资源环境决定而非宏观环境。宏观环境是企业必须面对而且是不可改变的，企业战略成功的关键是人，需要内部人员认可和有效执行。内部人员不仅包括制定战略的高层管理人员，还包括广大的中层、基层干部和所有企业员工。如果战略遭到大部分中层管理人员的反对，那么战略必定不会得到有效执行。在实际的战略态势选择中，企业几乎无法选择全面“退”的战略态势，因为全面“退”，中高层的收益不仅不会增加，还可能明显减少，一线员工亦大量失业，他们常常会合力抵制，导致战略搁置。

第二，在战略态势的选择中，要尽可能了解企业现有资源状况以及形成目前状况的过程，更要充分预计到内部资源环境变化的难度。经济学术语“路径依赖”很好地解释了组织前期的发展和当前状况将会制约未来发展模式这一事实。任何一个组织在发展过程中都存在业已习惯的商业模式、运作方式和思维定式。这些东西深植在每个员工的心中，很难在短期内改变，导致一些看似非常合理的战略却难以实施。

第三，在宏观经济分析中，重点是要注意宏观经济中的风险因素。企业战略态势选择是战略风险、预期增长和财务收益三者综合平衡的结果。宏观经济对战略造成的风险主要有两种，即宏观经济周期风险和行业经济周期风险。宏观经济周期主要通过影响行业需求进而影响战略。对于某些行业而言，经济周期的影响极大，而另一些则不太敏感。不同企业与行业经济相关度也存在较大差异。此外，不同企业承受风险能力的差异也会影响战略态势的选择。因此，在战略态势选择过程中，应该统筹考虑宏观、中观和微观经济状况以及与之相对应的行业和企业的诸多因素来综合确定。

二、稳定型战略态势

稳定型战略态势一般是在行业相对稳定、缺乏吸引力的情况下所做的选择，此时，即使企业投入更多的资源，也难以取得好的效果。

（一）稳定型战略态势的特性

稳定型战略态势是在内外部环境的制约下，保持企业的盈利能力、市场地位相对稳定的战略。稳定型战略态势追求的是保持盈利能力的稳定，所以对现有的盈利状况是满意的。此外，它有以下三个特征：

（1）企业的战略目标是维持现有的市场地位。企业经过一段时间的快速发展后，如果继续保持快速发展，就需要更多的投入，冒更大的风险，而预期收益未必有多大的增加。这时，企业通常选择稳定型战略，以巩固已有的市场地位。例如，企业在过去的发展中已经进入行业的前五，此时执行稳定型战略，意味着在今后的一段时期里，企业的主要战略目标是保持行业前五的地位。

（2）在稳定型战略的执行期内，企业将减少对创新产品或服务的投入，而将重点放在改善现有产品和服务的质量上。在高速扩张之后，企业在各方面的资源和能力都有所增长，但仍然不能保持与市场规模的同步扩张。一个显著的表征是，顾客满意度开始下降，投诉急剧增加。此时，采用稳定型战略，企业投入的重点就从开拓市场转向维护市场，通过提高产品质量、服务水平和完善渠道建设等措施，稳定现有的市场份额。

(3) 在稳定型战略的执行期内，企业对业绩增长的要求有所降低。稳定型的增长是一种相对缓慢而非跨越式的增长，通常市场占有率保持不变，销售额略有增长，利润水平稳中有升。采取稳定型战略的企业，在战略目标上并不过多地要求增长的数量，而是要求增长的质量，也就是要求利润增长率高于销售增长率。此时，企业的战略目标从前期的以外部市场为主转向强化内部管理为主，经营从前期的以规模扩张为主转向以提升内部运营质量为主。

(二) 稳定型战略态势的选择

从以上特性可以看出，采用稳定型战略常有两个前提：一是企业前期的战略执行非常成功，已经获得了跨越式的发展，完成并超过初期制定的战略目标；二是因为发展太快，企业的内部管理或资源状况跟不上经营拓展的速度，需要控制发展节奏，调整完善有关制度和流程，增加补充或整合优化所需资源。当然，选择稳定型战略也可能是遇到了宏观经济波动，或受到行业经济萎缩的影响，需要采取适度的防守策略，以降低经营风险。

采用稳定型战略的风险比较小，对于那些处于稳定环境中的成功企业来说，尤其值得推荐。对大多数企业来说，稳定发展应是最自然有效的战略，选择这一战略的主要原因有四点。

(1) 企业管理团队可能认为战略变革或继续高速发展的风险过大，因而选择稳定型战略。当企业经过一段时间的发展后，内部组织逐步成型，人员结构逐渐稳定。若推行战略变革或继续实施高速发展战略，则需要增加新技能，迎接新挑战，更主要的是将面临更多的不确定性。

(2) 稳定型战略相对容易推行。稳定型战略是在既有轨道上以既定节奏行事，相应的内部改革也以温和的改良为主，阻力较小。

(3) 高速发展之后，需要采用稳定型战略进行适度调整。可能由于各种原因，如市场迅速扩张、行业周期性高涨、企业研发产品获得了巨大成功等，企业规模实现了超预期的扩张，但高速扩张也导致企业超负荷运行，内部衔接和运行效率不断下降，人才、资金、原料供应出现困难。继续保持高速发展，可能陷入高投入低产出的境地，这迫使企业采用稳定型战略，适当调低发展速度，完善内部管理。

(4) 在外部环境出现重大变化时，采用稳定型战略可进行收缩防御。宏观环境可能发生始料未及的重大变化，如 2008 年全球金融危机的爆发，就迫使很多以前高速增长的企业进入防御期，采用稳定型战略，以应对宏观经济的冲击。

能长期采用稳定型战略的企业，通常是那些有稳定的市场占有率，提供相对单一且是生产、生活所必需的产品的企业。这种企业主要有两种类型：一是公共物品提供商，如供水、供电或供气企业；二是拥有一定市场份额且信誉卓著的商家，如可口可乐、肯德基、同仁堂等。采用稳定型战略的企业也会推出创新产品，但通常比较谨慎，一般都经过缜密调研、小批试销和缓慢推广等环节，才会全面铺开。

(三) 稳定型战略态势的路径

稳定型战略可以通过以下四种路径来实现。

1. 谨慎战略

谨慎战略是企业在战略上放慢步调，并留出一定的资源，以应对不时之需、不测之险。当企业外部环境将要发生重大变化，而这一变化目前尚不明确，或变化的趋势难以判断，或某些政策变化可能改变整个行业前景时，企业有必要采取谨慎战略。

2. 无变化战略

无变化战略亦称无增长战略，是指除每年按照通货膨胀率调整各项经营目标，其他保持不变。企业选择无变化战略有两种可能：一种是过去经营非常成功，而且形成了一套与之相适应的企业结构和人员队伍。若环境没有发生重大变化，企业战略不必调整，继续实施即可。另一种是企业还没有足够的把握进行战略变革，战略制定者担心战略调整会引发冲突，导致混乱，影响企业的盈利能力，从而选择妥协。

3. 暂停战略

暂停战略是指企业在一段时期内不追求发展或降低发展速度，着力进行内部调整。通常企业在超常规发展或进行大量并购后，企业内部资源和能力都跟不上规模的扩张，利润增长率也大大落后于市场份额增长率。此时，采用暂停战略，有利于企业进行人员培训、完善制度、改进流程，使企业更好地整合内部资源，提高运行效率，为以后更稳健地发展奠定基础。

4. 维持利润战略

维持利润战略是企业在外部环境制约下“开源”无望，转而主动收缩，减少支出，通过“节流”来渡过危机。实施维持利润战略可能会牺牲企业的长期利益，因为减少的多为研发支出和员工培训等非直接生产性费用，而这些往往又是企业长远发展所必需的。如果这一战略运用不当，可能会伤及根本，影响企业长期发展，在这方面美国铁路行业有深刻的教训。20 世纪 60 年代，美国许多铁路公司的处境十分困难，它们通过减少铁路维修和保养费用来减少开支，维持分红。遗憾的是，这一困难时期旷日持久，一直延续到 70 年代，铁路的路况每况愈下，日益恶化，最终铁路公司的经营受到严重影响。

三、增长型战略态势

（一）增长型战略态势的特性

增长型战略本质上是一种创新战略，也是一种变革战略。它的目标是通过进入全新的领域，通过内部变革，使企业做大做强。增长型战略有三种表现形式：一是在单一产品上提高市场占有率；二是通过垂直一体化向产业链的两头延伸；三是通过水平一体化或多元化进入新的领域。其实，任何大企业的成长史差不多都是一部实施增长型战略态势的历史。增长型战略有以下四个特性：

（1）增长型战略追求的不仅是市场份额的增长，而且是市场占有率的提高。市场占有率的提高表明，企业在竞争中拥有了一定的竞争优势。企业通过实施增长型战略，可以从竞争对手手中获得部分甚至全部的市场份额。

（2）增长型战略实施初期，利润率往往不高，但后期可获得超额利润。在实施增长型战略初期，企业需要承担大量的研发、市场推广、组织扩张和人员增加等费用，往往难以获得行业的平均利润率，但在中后期，因为市场份额增长，规模效应逐步显现，容易产生规模经济，从而获得超额利润。

(3) 实施增长型战略的企业往往是行业新规则和新产品的提供者。增长型战略不是单纯依靠价格竞争获取增长，而是通过产品创新或商业模式创新实现高速增长。戴尔就是因为创造了直销和大规模定制等新的商业模式而获得了超速发展；国美则是通过改变传统的家电销售模式而迅速崛起。单纯的价格战只能作为短期竞争的手段，难以持续，不属于增长型战略的范畴。

(4) 增长型战略更关注如何引导市场而不是简单地适应市场。增长型战略的核心理念是不断创新，不断激发潜在的市场需求，以此带动自身发展。创新既可以通过研发实现，也可以通过整合社会资源来获得。如微软就是通过发明 Windows 系统，在激发市场对家用电脑的需求的同时，也成就了自身成为世界级领袖企业的梦想。

(二) 增长型战略态势的选择

实施增长型战略的企业，倾向于通过创造来改变外部环境使之适合自身，这与被动地适应外部环境截然不同。

企业采用增长型战略的动因主要有四点：

第一，采用增长型战略体现了领导人的价值。首先，只有增长才能体现领导人的能力。大多数人认为，领导人的能力与事业的发展相一致，换言之，只有事业发展了，领导才能才得以彰显。其次，薪酬激励的推动。许多企业的高层领导都拥有股权，这是他们报酬来源的一部分。理论上，良好的经营业绩和企业的快速发展将推动股票价格上涨，高层领导会因资本增值而直接获利。

第二，增长型战略可改善企业的经营绩效。实证研究表明，与处于同样环境的其他公司相比，实施增长型战略的公司销售收入和利润的增长都要快很多。

第三，增长型战略可以提高投资收益。市场营销学研究所和哈佛大学商学院联合举办了“市场战略的利润影响”项目，在研究了北美 57 家主要公司后发现，增长型战略和投资收益之间存在直接的正相关关系。

第四，增长型战略可以加速经验积累。经验曲线理论认为，采用增长型战略，企业规模和经验的增长会带来绩效的相应提高。

既然增长型战略有上述优势，那么是否所有企业都应实施增长型战略呢？答案是未必。彼得·德鲁克曾提示说：“最好劝告证券市场对上涨的股票和发展中的产业打一个折扣而不是给予奖赏，因为发展就是冒险。”他进一步说：“公司扩大并非美德，正确的目标是不断改善，健全的发展应来自正确的工作。发展本身是无用的，仅此而已。”事实上，若企业基础不扎实，一味追求增长，可能给企业带来灾难性的后果。这方面的例子比比皆是，德隆系的崩溃就是一个明证。

摩擦力、驱动力、重力、自驱力四种力量，有效经营、顾客价值创新、协同共生三种战略。

战略实践 8-3 四种力量下的三种增长战略

(三) 增长型战略态势的路径

最常见的实施增长型战略的途径有以下五种。

1. 同心多元化

同心多元化（集中多元化）以公司现有的产品或服务为中心，不断增加类似的新产品或服务。企业采取同心多元化战略，旨在充分利用现有技术、设备、人员、渠道等资源，使新产品或服务能继续利用现有资源，使现有资源的效用得到充分发挥。

当一个企业所在的产业处于上升期时，同心多元化不失为一种生机勃勃的战略，它可以加强企业在具有特殊知识和经验的领域中的地位。有研究考察了几乎占美国工业资产2/3的460家公司，得出的结论是：公司较快增长的主要原因是扩大与原有市场有关的市场，即采用了同心多元化战略。

2. 纵向一体化

纵向一体化是在供销两个不同方向上扩大企业生产经营规模的增长模式。纵向一体化有前向一体化和后向一体化之别。前向一体化的企业，其业务向下游即购买它的产品或服务的行业渗透；后向一体化的企业，则向上游即为它提供原料的行业渗透。

在一定的形势下，纵向一体化是一种恰当和合理的战略。然而，企业采用这一战略应谨慎，因为如果企业的上下游行业已经进入成熟期，获利相对较少，纵向一体化可能使企业背上沉重的包袱，再要解体脱离就特别困难。

3. 横向一体化

横向一体化通过收购竞争对手实现增长。与同心多元化类似，横向一体化新增加的产品或服务与现有产品紧密相连。但同心多元化主要通过内部开发来实现，而横向一体化则是通过收购或控制较为直接的竞争对手来获得。

横向一体化实施的前提是，政府不会限制企业对竞争对手的收购。大部分国家都有反垄断法，限制行业内部因同行之间的并购而导致行业垄断。另外，有的企业由于担心被竞争对手收购而率先发起并购，加剧了行业内的并购，反而影响了横向一体化战略的实施。

4. 复合多元化

复合多元化（混合多元化）是一种增加与企业目前的产品或服务显著不同的新产品或服务的战略。新产品或服务可从企业内部或外部产生，但更多地是通过对其他企业的合并、收买或合资经营而来。

大多数企业都愿意选择复合多元化战略，采用这种战略的原因很多，其中比较重要的有两点：一是复合多元化能有效地分散经营风险，使企业能抵抗较为剧烈的行业波动；二是复合多元化能把握更多的机会，使企业能在不同的领域实现非均衡发展。

5. 集中生产单一产品或服务

集中生产单一产品或服务是一种加速增长战略，它以快于过去的增长速度发展现有产品或服务，提高销售额、利润和市场占有率。这是最常采用的增长战略之一，当社会对企业的产品或服务需求日益增大时，该战略尤其有效。

采用集中生产单一产品或服务战略来实现增长也存在巨大风险。假如企业所在行业市场衰退，产品或服务滞销，企业将一筹莫展，难有出路。随着社会的发展和技术的进步，据估计，现有产品的80%将在今后十年内从市场上消失，而今后十年内市场销售的产品，80%现在难以预料，而且顾客偏好的不确定性在增加，竞争的强度和复杂性在增长，政府政策的不稳定性也在增加，所有这些都使上述问题更加严重。

四、调整型战略态势

（一）调整型战略态势的特性

任何企业的发展都不是一帆风顺的。在一定时期，随着内外部环境的变化，企业需要收缩业务范围，放弃部分甚至全部市场，即考虑实施调整型战略。比如，IBM 曾在个人计算机领域独领风骚多年，但是最近十年间，生产和销售个人计算机的利润越来越低，IBM 最终将其个人电脑业务出售给联想，完全退出了个人电脑市场。

实施调整型战略的企业，将业务结构重新组合，在一段时期内收缩或放弃当前的生产部门或经营领域，从而集中精力发展重点业务，其理念是以退为进。同稳定型战略相比，调整型战略常用于下降期的转折阶段，是一种在业务组合上有退有进的战略，而稳定型战略则常用于上升期的整固阶段。一般情况下，企业实行调整型战略只是短期性的，其根本目的是使企业避开各种危险，优化内部资源配置，使企业持续健康经营。

调整型战略有以下三个特性：

（1）短期性和策略性。调整型战略对企业现有的生产经营领域实行收缩、调整或撤退，如有计划地放弃某些市场或产品线系列。该战略实施后，企业的规模会缩小，一些绩效指标，如利润率、市场占有率等，会有较为明显的下降。

（2）注重成本控制。调整型战略严格控制企业的运营资源，尽量削减各项费用开支，往往投入维持公司运转的最低限度资源。实施调整型战略时，往往伴随大量员工的辞退，一些奢侈品或大额资产的购买等也会暂停。

（3）过渡性。调整型战略的根本目的不是为调整而调整，而是以退为进，为今后的发展积聚力量。

（二）调整型战略态势的选择

企业选择调整型战略常是处于危机情况下。管理层和员工普遍认为，不调整、不变革就可能危及生存，只有适时推进变革甚或牺牲某些局部利益，才能转危为安，进而提高企业的生存力和竞争力。在以下三种情况下，调整型战略不失为较好的选择。

第一，外部环境发生重大变化，如经济萧条、产业衰退、需求锐减等。在这些形势下，适者生存，企业通过实施调整型战略，以求渡过危机。

第二，由于决策失误或经营不善，造成企业竞争地位弱化，生产经营状况恶化。只有实施调整型战略，才能最大限度地减小损失，保存实力。

第三，出现了新的且为企业主要高层领导认同的发展机遇。此时，企业通过调整内部资源配置，将某些业务削减，使有限的资源集中到效益更高的生产经营领域。此外，当存在多个收益更高的资源配置点时，企业也会在某些生产经营领域实施调整型战略。

（三）调整型战略态势的路径

在经济衰退期或企业财务状况不良期，企业常采用调整型战略。常见的调整型战略有三类：转向战略、放弃战略和清算战略。

1. 转向战略

转向战略是非常时期的非常之举，其目的是渡过难关，扭转困难局面，切实提高企业的经营绩效。实施转向战略可以采取的具体行动包括：（1）撤换管理人员；（2）削减成本；（3）减少或停止招募新员工；（4）削减广告及促销费用；（5）拍卖某些资产；（6）加紧库存控制；（7）催收应收账款等。

实证研究表明，成功实施转向战略的关键是要有系统、完整的战略管理观念。研究还发现，在成功实施转向战略的公司中，有72%对管理人员进行了较大幅度的调整。

2. 放弃战略

放弃战略是企业放弃一个或几个主要部门，这些部门可以是经营单位，也可能是生产线或事业部。对任何企业而言，放弃都是一个艰难的抉择。在实施放弃战略的过程中，通常会遇到一些阻力，从企业内部来看，最可能的阻碍是人的因素，包括：放弃使管理层的自尊心受到伤害；放弃在很多人看来是失败的象征；放弃威胁到职业经理人的信誉；放弃与社会目标相冲突；放弃同管理人员的激励机制不相容等。

为克服上述障碍，可以采取以下五方面措施：（1）在高层领导班子中，要有专人负责鼓励管理人员考虑放弃战略问题；（2）设计合适的激励机制，使之不与合理的放弃决策相抵触；（3）提供有说服力的数据，协助管理人员考虑放弃决策；（4）由于放弃战略影响了中层管理人员的工作职位和提升机会，实施时要格外慎重；（5）定期撤换或轮岗部分高层管理者，以消除由于在位时间过长而形成的种种势力。

3. 清算战略

清算战略是指卖掉资产或停止整个企业的运行。显然清算战略对任何企业来说都是迫不得已的选择，通常只有在其他战略都失败时才启用。在起死回生无望的情况下，企业应尽早制定清算战略，通过有计划地降低企业股票的市场价值，尽可能多地收回企业资产，及时止损，使对利益相关者的伤害尤其是对股东的伤害降到最低。从这种意义上讲，清算战略既是一种明智的选择，也是一种积极的选择。

清算战略与前面介绍的放弃战略不同。放弃战略的目的是找到出价高于企业固定资产价值的买主，从而甩掉包袱，实现整个企业的有效运营。清算基本上只包括资产的有形价值部分，清算之后，企业就不复存在了。

第4节　战略转型与战略权变

在开放、复杂、动态、高度不确定的市场环境下，任何企业的战略都不可能一成不变。企业在制定和实施战略时，既要强调战略的严肃性和连贯性，又不能过分强调战略的长期计划性而使其刚化。当内外部条件变化时，战略需要适时调整。

战略调整有两种形式：战略转型和战略权变。战略转型是指跟随内外部环境变化而进行的战略转变，通常转变后的战略与原战略有重大区别；战略权变则是根据内外部边界条件和资源禀赋的变化，对战略进行权衡变通，作微调或修正。

一、战略转型

（一）战略转型的内涵与实例

战略转型是企业为了动态地适应内外部环境的变化，或者为了利用潜在的机会，而将原战略转变为新战略的行动。一般说来，战略转型包括战略内容转换和战略过程转换两个方面。战略内容涉及目标、范围和竞争策略，可分为公司层次和业务层次。战略过程涉及企业正式的管理系统以及企业文化等诸多方面。

理解战略转型，需注意以下几点：

（1）战略转型存在于企业战略的各个阶段，不仅是衰退阶段，即使是成长阶段，为了获取更大的竞争优势，也可能主动实施战略转型。

（2）战略转型需要系统的支撑条件，如领导控制、体制环境和动态核心能力等。

（3）战略转型的实施主体包括企业的管理层和全体员工。

（4）战略转型的意图是解决竞争优势的短暂性与企业生存的长期性之间的矛盾。

（5）战略转型伴随着一系列不同规模、不同风险程度的战略行动，是一系列强有力的、多种多样战略行动的组合。

以华天酒店集团的战略转型为例，华天酒店集团自 1996 年以来，先后经历了传统酒店旅游行业（1996 年以前）向酒店旅游 + 先进制造行业（1997—2007 年）、酒店旅游 + 房地产行业（2008—2017 年）以及酒店旅游行业（2018 年至今）的三次战略转型过程。

表 8－4 华天酒店集团的战略转型

	传统酒店旅游行业（1996 年以前）	酒店旅游 + 先进制造行业（1997—2007 年）	酒店旅游 + 房地产行业（2008—2017 年）	酒店旅游行业（2018 年至今）
市场环境	• 快速成长	• 产业政策调整机遇 • 激烈市场竞争挑战	• 基于传统酒店旅游行业发展的局限性 • 房地产市场政策变化所带来的发展机遇	• 国有企业专业化整合 • 集团经营遇到严重困境
战略转型	• 资本扩张 • 聚焦发展潜力大的市场	• 坚持以酒店产业为支柱产业 • 国有资产整合和资本扩张 • 跟随竞争战略 • 标杆企业竞争策略 • 战略联盟与合作	• 坚持以酒店产业为支柱产业 • “合作开发模式”的房地产发展路径 • 产权式酒店经营战略 • 市场渗透战略	• 聚焦核心业务战略 • 专业化整合 • 国有资本优化与重组

资料来源：刘天佐，尹诗棋．华天酒店集团战略转型案例分析．合作经济与科技，2023（23）：123－125.

（二）战略转型的动因

战略转型的动因来自以下三个方面：

第一，改善绩效水平。研究发现，企业盈利能力减弱是战略转型最普遍的推动力。在很多情况下，企业管理层认为战略转型将提高企业收入或利润，增加市场份额，提高投资回报。在没有达到预期目标时，企业就可能做出战略转型。

第二，适应环境变化。政策、政治、经济、技术和人口等宏观环境，以及新竞争者的加入、替代产品的出现、竞争战略的变化等竞争环境始终处于变化之中。环境的变动不定，使得战略转型成为战略与环境保持匹配的必要条件。

第三，优化资源配置。基于资源的观点表明，竞争优势常常产生于信息不对称、文化和资源积累以及交易成本的降低等组织属性，因而，随着组织资源基础的不断变化，尤其是人力资源开发，为了使资源配置更优化，战略也必须随之转型。

推动战略转型的三大动因常同时出现。以华安保险为例，为了积极应对传统保险业出现的传统架构成本高、技术封闭等挑战，华安保险积极推行数字化转型战略，凭借其深厚的行业积累，成功构建了新一代非车险承保核心系统。通过这一系统，华安保险在产品创新与运营效率方面实现了质的飞跃。据统计，该系统已帮助公司推出了超过280款保险产品，显著提高了产品配置和出单效率，同时硬件运行成本降低超过50%，为公司的持续发展提供了有力支持。

（三）战略转型的作用与影响因素

战略转型是一个漫长而痛苦的过程，轻则伤筋动骨，重则全盘改变。因此，战略转型很少由内部自发进行，一般都是在外部环境的严重威胁下，才容易得到认同并执行。成功的战略转型能发挥以下三个作用：

第一，化解危机，渡过难关。战略转型的基本目标是使企业顺利生存下去，这也是实施战略转型的最低要求。该作用包含三方面内容：一是缓解现有的危机；二是使企业适应环境的变化；三是提高企业竞争力和运营效率。

第二，抓住机遇，形成优势。通过战略转型，抓住并利用现实的或潜在的机会，获得先发优势，“先下手为强”。先发优势包括四个方面：技术领先地位、独占稀缺资源、成本优势和先发市场地位。

第三，强制转型，提升能力。战略转型可以通过强制推行有益的转换，改善企业的适应能力。尽管转型初期很痛苦，但如果能坚持下去，一旦转型成功，成果将是非常丰厚的；相反，若一成不变地维持现有战略，则可能错失良机，最终导致衰败。

影响企业战略转型成败的关键因素有：高层管理者的更替、企业资源状况以及企业的特殊属性和组织惯性。

高层管理者是影响战略转型的首要因素。研究发现，撤换企业的首席执行官或者其他高级管理人员，有利于推动战略转型。原因有二：一是带入新的观念。新人与旧人具有不同的经验和背景，新人的进入将给企业带来新的理念和对企业环境新的理解，能促成多种变化的出现。二是新人受前期决策的束缚较少，更容易推动战略转型。

企业资源状况对战略转型也有显著影响，如财务资源能制约战略转型的程度。一方面，充足的财务资源使企业有更多的战略选择；另一方面，更早实施战略转型的企业，会有更充足的财务资源投资于战略行动，尤其是那些需较长时间才能取得成果的战略转型。

战略转型还受到企业特有的历史、文化、治理结构及公司规模等属性的制约，这些属性可能提高或降低企业实施战略转型的能力。同时，这些属性也是组织惯性的构成要素，组织惯性通常会阻碍战略转型的实施，除非企业已形成求新求变的企业文化。

（四）战略转型的前瞻性运作

实施战略转型需要未雨绸缪，主动预测内外部环境的变化，提前布局，前瞻性运作，以顺利实现战略转型。前瞻性运作的优点在于：能提前把握市场机会，及时调整资源配置，充分利用外部环境和内部资源，为企业赢得更大的发展空间和发展机会，使企业战略转型更加平稳。

战略转型前瞻性运作的机理如图 8－1 所示，企业业务将在三个层面同时展开：在第一层面拓展并确保核心业务的运作；在第二层面发展新兴业务；在第三层面创造有生命力的未来业务。战略转型的要义是不断提前打造“第二增长曲线”（第二层面是第一层面的“第二增长曲线”，第三层面是第二层面的“第二增长曲线”）。IBM 历次业务转型，无论从硬件转型为综合服务解决方案提供商，还是后来的智慧城市、沃森计划、云计算等都可以视为不断开辟“第二增长曲线”，走向新的“蓝海”疆域。阿里巴巴发展到现在，也经历了多条这样的“第二增长曲线”，从 B2B 到 C2C，从 C2C 到金融，从金融到科技，从科技到文娱，再到物流等。

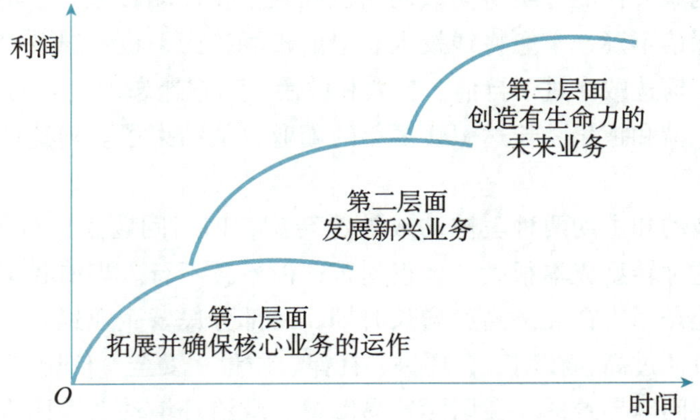

图 8－1　战略转型的前瞻性运作

打造“第二增长曲线”的方法，一是持续不断地迭代产品，比较典型的是手机行业，每年都升级推出新一代的机型，提升性能、增加功能；二是迅速推出与现有业务相关的产品，即相关多元化，苹果公司即是如此：在 iPod 如日中天的时候，iPhone 被推出上市，在 iPhone 一炮而红走向巅峰时，iPad 又披挂上阵，这是一种叠加模式；三是跳出行业思维局限，寻找行业新定位、新利润。如将医院重新定位：为人在不同年龄段的身体健康（刚需）提供解决方案，由此产生“大健康”行业，其中至少包括医疗服务、慢性病调理、健康管理、健康养老、健康保障五大类 20 多个行业。须知，任何行业都有其生命周期，传统行业遇到的周期性衰退问题一般在本行业层面无解，需要打破行业边界或重新定义行业边界，识别本行业在大行业中哪一个赛道，进而重新定位企业，寻求新的利润空间。实际上，某些行业只不过是更大行业的场景入口，一旦打开行业边界，思路自然就宽了。

以转型升级探寻重生之路，以数字赋能提升发展质效。

战略实践 8－4　破解难题焕新生，“五好”徐矿绽新颜

二、转型困境

当今世界唯一不变的就是变化，所有行业/企业都不能置身事外，宏观转轨，微观转型，势在必行，不以人的意志为转移。因为商业逻辑、技术范式、消费者偏好、市场环境，以及需求结构、供给结构、产业结构都发生了深刻变化，原有的发展模式难以为继，不转型意味着被抛弃，甚至等死。这方面的例子不胜枚举，最典型的莫过于柯达、摩托罗拉、东芝、索尼、通用汽车、诺基亚等，这些企业曾经如日中天，如今或危机重重（甚至破产倒闭），或风光不再。

客观地说，这些世界级企业的业务流程、管理规范、专利保护都几近完美，在很多重要方面甚至做到了极致，为何有如此结局？保守自满、故步自封、拒绝转型或转型不当是重要原因。以“黄色巨人”柯达为例，当胶卷相机及整个影像领域产业升级，老对手富士和新对手尼康、佳能等纷纷向数码相机和数字化产品转型时，柯达对于自己的营销和品牌实力仍深信不疑，宁愿将钱投入衰退的市场扩张，也不愿及时重建新的数码成像业务。简言之，柯达败在过于自信、自大和傲慢。当它迷恋于过去的成功不能自拔时，辉煌的过去成了包袱和拖累，长达100多年的霸业也就结束了。柯达的结局，当成为现存企业的警示。

转型可分为被动和主动两种。被动或被迫转型，即当问题集中到不能解决的时候，倒逼企业转型。这种转型成本很大，也很痛苦，但不转不行。当前我国民营经济遇到的困难，很大程度上是因为在经济高速增长时期，一部分民营企业经营比较粗放，热衷于铺摊子上规模，负债过高，在用工、环保、社保、质量、安全、信用等方面存在不规范、不稳健甚至不合规问题导致的。在国际贸易摩擦、政治环境动荡等因素使得全球经济不确定性上升，国内经济因转换增长动能、转变发展模式、优化经济结构而由高速增长转向高质量发展的新形态下，在全社会加强规范管理和监管执法、消费结构全面升级、需求结构快速调整、消费者日益挑剔的新形势下，这些企业不得不转型，否则难以为继。

主动转型或预见式转型是企业审时度势、未雨绸缪，提前把握时机，主动做了他人后知后觉的事情。IBM当年把PC业务卖给联想，就是在PC快不值钱时提前卖了个好价钱，并由此完成华丽转身和成功转型。当然，这类企业凤毛麟角。恋旧或驾轻就熟是人之常情，厌恶陌生和不确定性是人之天性，加之人们往往不愿意割舍过去的成功与光荣，主动转型通常也需要企业领导人超强的战略洞察力和直觉。

转型还可以分为渐进式、重大性和断裂性三种。其中，“渐进式转型”（incremental transformation）和“重大性转型”（radical transformation）是在现有的市场基础与技术发展路径上，对产品技术做出局部或全面改变，基本上属于持续性的转型（sustaining transformation）。大体上，睿智的企业经理人一般都能掌握这种持续性改变的动向，并且对于这类能够领导主流市场发展的创新投入，一向不遗余力。“断裂性转型”（disruptive transformation）是运用与从前完全不同的科学技术与经营模式，以创新的产品、生产方式以及竞争形态，对市场和产业做出颠覆性的改造。它往往与主流市场的发展趋势背道而驰且破坏力极大，一般企业经理人难以应对这类转型所带来的挑战。当下风起云涌的企业数字化转型，对高新技术企业而言属于渐进式或重大性转型，对传统企业来说则属重大性乃至断裂性转型。根据麦肯锡的报告，企业数字化转型成功率不足 20%，即使是精通数字技术的行业，例如高科技、媒体和电信业也都在挣扎。在石油、天然气、汽车、基础设施和制药等传统行业，数字化转型的成功率仅为 4%～11%。

不管是哪种转型，挑战都非常大，转型中暗藏陷阱。实证研究表明，即便是主动转型的企业，也有为数不少的企业业绩反而不如不转型的“冬眠式”企业，或企业资产与业务情况比转型前更加糟糕。另一些企业在转型时的盲目、贪大乃至贪婪、侥幸和赌博心态，还使其自乱方寸，乃至铸成大错。雅虎转型搜索引擎、社交平台，格力电器转型智能手机，万达地产转型消费服务型企业，娃哈哈转型 OAO（线上线下结合电子商务）模式等均不算成功，或许成为企业由盛转衰的导火索。北大方正破产的主要原因是盲目转型，自 2009 年砍掉 PC 业务后，就从一个高科技公司变成了金融控股集团，主业转向金融证券与地产商贸。北大方正转型方向的盲目及路线错误，让其很快陷入债务危机。

企业转型通常还需要全方位的重新定位和重新投入，这将与过去驾轻就熟的业务在生产线、销售渠道、专利竞争力等方面差距很大，对企业而言确实需要巨大的魄力。因为长期以来依靠传统业务盈利，企业高层也大多出身传统部门，用转型后的新兴业务替代传统业务，将使过去的优势不再，他们在感情上一般难以接受。更普遍的情况是，转型伴随剧烈阵痛，甚至会掀起裁员潮。当然，转型最痛苦的还不是阵痛，而是茫然不知如何转，企业突然找不到路标，不知道未来路在何方。企业没有前车之鉴可参照，有的只是不再管用的过去经验。

对于年销售额过 10 亿元的大型企业，转型尤其难，转型甚至成为关乎企业生死的大难。“不转型等死，转型找（早）死”，这就是当下企业面临的双重煎熬或曰转型悖论。但是，再痛苦也必须面对，大型企业一旦痛下决心转型，倒逼转型就会发挥威力，其成功未必是小概率事件。中小企业船小好掉头，存在颠覆行业的弯道超车或变道超车机会，若找对商业模式，开发好产品，就能实现超常规、非线性的跨越式发展。

三、战略权变计划

权变理论兴起于 20 世纪 70 年代的美国，当时经济动荡，政局不稳，社会不安达到空前程度，石油危机和美元危机又使得企业的外部环境恶化。在管理上，人们开始奉行随机应变的原则，权变理论由此兴起。

战略权变就是因势利导，随机应变。无论多么精心地制定、实施和评价战略，诸如自然灾害、经济衰退、罢工、新竞争者的出现、政府政策变化等各种不可测事件的发生，都足以使既定战略失效。因此，战略实施的过程也可以说是权变调整过程。

（一）权变计划的作用

权变计划的主要作用有两个：将潜在威胁降至最低；抓住出乎意料的机会。

战略权变主要通过制定多种预案，降低潜在威胁。战略权变者认为，战略应该及时调整，以适应变化。在具体战略的制定与实施中，加入针对特定关键事件的变通战略，可以将潜在的威胁降至最低。

攻坚期稳健进取，拓展期探索创新，联动期循环提升。

战略实践8-5 乌卡环境下宇视企业国际化的权变战略

战略权变计划还能使企业及时抓住机会。当内外部环境发生变化时，可能会出现一些出乎意料的机会，此时，权变计划就成为抓住这些机会的事前预案。据利纳曼（Linneman）和钱德兰（Chandran）的报道，权变计划为诸如杜邦、道氏化学、联合食品、埃默森电器等公司带来了至少三个优势：（1）迅速对变化做出适当的反应；（2）防止在危机中陷于慌乱；（3）使管理者更加充分地意识到未来是如何变化多端，从而提高他们适应变化的能力。

（二）战略权变计划的制订

战略权变计划在战略制定过程中就已经开始涉及。企业制定战略时，会假设多种可能出现的情况，制定多种可选择的战略路径。在确定了其中一种战略路径后，其他各种假设和战略路径就可作为战略权变计划的备选。当原先对经济形势的预测或假设被证明是错误的，管理者可以立即启动备用的权变计划，从容不迫地应对新情况和新变化。

制订权变计划必须遵循简洁原则。因为世界时刻在变，企业不可能对任何变化都制订相应的权变计划。对那些无关大局的变化，可以忽略不计，只有那些非常重要的变化和情况，才需要制订权变计划。典型的权变计划可考虑以下因素：

- 公司销售未能达到预期目标，应该采取何种措施提高销量？
- 市场需求大大超过预期目标，应该怎样迅速增加产能满足需求，稳固市场份额？
- 公司产品单位成本大大超过预期，应怎样降低成本，防止盈利损失？
- 调查显示，竞争对手正在开发同类型新产品，预计很快推向市场，应如何应对？
- 如果地震、台风或洪水等自然灾害发生，或信息系统出现故障，或存在对本公司敌意接管的企图，或知识产权被侵害等，公司将如何行动？
- 公司研制的新技术即将成功，如果推出新一代产品将极大影响现有产品的销售量，应该如何决策？

利纳曼和钱德兰提出了制订有效权变计划的七个步骤：

（1）辨别可能使现行战略失效的有利和不利事件；

（2）确定这些事件可能发生的环境条件及触发点；

（3）评价各种突发事件的影响，估算这些事件会带来的益处或害处；

（4）制订战略权变计划，要确保这些计划与现行战略的兼容性以及经济上的可行性；

（5）评价各权变计划对事件的效用，即计划在何种程度上可以利用事件带来的机会，或抵消事件带来的不利影响；

（6）确定关键突发事件的早期征兆并进行监控；

（7）对于那些确实已有征兆即将发生的事件，预先制订行动计划以获取先发优势。

（三）主要的权变战略

在制定战略时，要考虑内外部条件的各种变化，并根据预期变化，制定相应的权变战略作为企业战略的补充，从而保证战略的有效性。更广义的战略权变是指任何情况下战略选择与企业内外的客观条件相对应，即企业内外部因素决定战略选择；若内外部因素发生变化，战略也应随之调整。

从企业战略决策的角度看，权变战略的影响因素主要有：企业规模大小、产品生命周期、内部组织条件、职能部门的水平和能力、外部市场结构、行业发展前景、宏观经济状况、外部市场区域的范围等。通常对于不同的关键因素，对应的战略往往有一定规律性，从而形成一定的权变战略。与主要因素对应的权变战略如表 8－5 所示。

表 8－5　与主要因素对应的权变战略

权变因素	权变战略
企业规模 ● 大企业 ● 中企业 ● 小企业	 ● 大企业战略 ● 中企业战略 ● 小企业战略
产品-市场适应度 ● 产品开发期、引进期 ● 产品成长期 ● 产品成熟期 ● 产品衰退期	 ● 低成本战略 ● 市场渗透战略、市场开发战略 ● 产品开发战略、差异化战略 ● 产品退出与转型战略
企业职能 ● 市场营销 ● 研发部门	 ● 市场营销职能战略 ● 研发职能战略
行业发展前景 ● 朝阳产业 ● 成熟产业 ● 夕阳产业	 ● 进攻战略 ● 守持战略 ● 退却战略
产品市场领域 ● 区域市场 ● 全国市场 ● 全球市场	 ● 聚焦战略 ● 加强型战略 ● 全球性战略

第 5 节　数字化/数智化转型战略

一、数字化/数智化转型概述

在所有形态的转型中，数字化/数智化转型的意义最为重大而深远。数智化（digital intellectualization）可以简单理解为“数字化＋智能化”（digital＋intelligence），是在数字化基础上的更高诉求。企业数字化/数智化转型是企业运用大数据、云计算、物联网、云制造、人工智能等数字技术改进/重构核心业务，以增强客户体验、简化业务流程或创建新的商业模式的变革过程。它不是数字技术的简单引进与应用，而是涉及企业战略、产品业务、运营管理、商业模式和组织文化等各方面的全方位变革，是企业的高层次转型，其核心是保证企业持续创新和高质量发展。企业数字化/数智化转型的基本内涵是，以数据为关键生产要素，以数据驱动、集成创新、合作共赢为理念，运用新一代数字技术对传统企业的组织结构、生产方式、业务流程、商业模式等进行全面创新和重塑，持续激发企业活力。对企业而言，数字化/数智化转型已不是选择题而是必答题，答错了或答慢了都等于后退。要实施“黑海战略”，其前提和关键也是数字化/数智化转型。

近年来，数字化/数智化趋势不可逆转而且被新冠疫情大大提前了。2020年全球全方位开启在线教育、在线办公、在线医疗、到家业务等的“在线化”，新冠疫情的冲击使视频会议、远程教育、网络展览、云签约等互联网商业模式大行其道，推动数字化/数智化转型的热度更上一层楼，从IT圈到工业界，企业管理者前所未有地感受到数字化对抗击风险、获得长远发展的重要性。IDC的报告显示，全球已有67%的企业将数字化/数智化转型作为企业的核心战略。现在各行各业都在致力于打通端到端的全产业链，试图把中间的各种痛点、断点、堵点、卡点、弱点全部补上，从而实现以消费者为核心的大数据驱动的全链路、全流程、全要素、全触点、全网全渠道、全生命周期的高效精准匹配，加速推动企业数字化/数智化转型。

二、数字化/数智化转型势在必行

可以从时空、要素、需求、竞争、机会、政策六个维度，解读为什么数字化/数智化转型势在必行。

（1）时空维度。从时间维度看，一方面，渠道端的传统门店，周一到周五几乎没有客人，下雨下雪天也不太有客人，晚上七八点就基本关门了。可是，在网上凌晨时还有大量的人在看直播和网购。另一方面，生产端的智能工厂或无人车间，可以持续进行全天、全周、全年无休的连续生产。因此，时间维度一定会被数智化的方法和手段重构。从空间维度看，销售一般都是从总部到总代、从总代到经销商、再到加盟商，一级一级层层传递。显然，物理空间中的门店数量是有限的，货架空间也是有限的，面对的客户同样有限。但在数字空间，不仅可以获得无限的销售陈列空间和（虚拟）生产空间，而且可以直接触达全球每一个用户。

（2）要素维度。由第4章第3节可知，在数字经济时代，数据不仅成为与土地、劳动力、资本、技术并列的第五大生产要素，还取代土地、部分劳动力、资本成为新的核心关键要素，成为最重要的基础性、驱动性战略资源。此外，技术要素日新月异，3D打印、数控机床、自动吊装设备、自动分检系统等智能工具，取代传统的机器人、机床、专业设备等传统工具，传感器的精度、芯片计算的速度大大提升，使能数智化生产。EPR、CRM、SCM、MES、BA、BI等软件技术，通过不断挖掘、汇聚、分析消费者以及研发、生产、供应链等数据，让“数据+算法”的决策机制成为标配。无论是从大数据的发展逻辑来看，还是从支撑数智化的现实需求和技术基础来看，都揭示出数智化的时代主题。

（3）需求维度。消费需求在升级，消费者主权加速崛起。近年来，消费需求日益多元化、细分化和个性化，需求从碎片化进入粉尘级，为了能够及时捕捉并快速精准响应、满足客户的动态化、随机化乃至瞬时化需求，企业必须借助数字技术提升敏捷性和洞察力，最大限度地改善客户信息不对称的状况，唯如此，方有可能满足客户苛刻和个性化的需求。然而，在“消费者—零售—批发—生产—设计—采购”产业链条上，数字化/数智化程度实际上是依次递减的，这就倒逼企业加速数字化/数智化转型。此外，需求牵引供给，供给创造需求。以前强调满足消费者需求，现在更强调创造需求，就像乔布斯所说，在苹果手机发明之前，没人对它有需求。

（4）竞争维度。数智化浪潮让新势力快速崛起，旧的商业格局被极大地动摇，新势力将重新定义新行业和新位次。三大新势力中，第一类是基于互联网平台和数字经济基础设施，在各个层次上展开大规模高效创新并快速崛起的企业，典型表现就是各类新锐品牌的超速发展，汽车行业的理想、蔚来、小鹏就是很好的例子。第二类是利用新技术，开辟和定义新产业的群体。它们全面利用数智化升级，重新定义产品形态、使用方式、商业模式和竞争规则，给传统组织/企业带来了越来越大的变革压力。如盒马鲜生以独特的“生鲜超市 + 餐饮 + App 电商 + 仓储 + 配送”商业模式给零售业带来巨大冲击。又如教育性非营利组织“可汗学院”、由谷歌与美国国家航空航天局（NASA）合作创办的“奇点大学”，以及提出极具针对性变革计划的密涅瓦（Minerva）大学，它们的大胆探索或将引发全球高等教育的改革浪潮。

第三类则是一部分国际大品牌和中华老字号内部涌现出来的拥抱数智化变革的新势力，它们在自我革新的过程中，也在引领产业变革新方向。如近年来国际业界头部企业 IBM、脸书、特斯拉、迪士尼、库卡（KUKA）、巴斯夫等，都提出了各具特色的锐意变革举措，致力于开辟产业新赛道。在中国，得益于 AI 和大数据等技术，一些老字号尝试各种高科技，在技术助力下走上“潮”路。北京稻香村通过主动适应市场变化实现“逆生长”，越“活”越年轻；浙江五芳斋推出智慧餐厅，扫码、下单、取餐和收盘一键完成；在天津传统布鞋企业老美华的一家“智慧门店”里，智能“云货架”、智能试衣架、3D 量脚仪吸引大批顾客驻足试穿，如此等等，不一而足。

（5）机会维度。数字化给社会环境带来了非常大的变化，几乎所有人都有智能手机就是变化之一，而手机和人绑定则意味着消费者被数智化、在线化了。实际上，现在人们的工作生活、衣食住行、吃喝玩乐都已高度数字化、互联网化，呈现线上线下多渠道、多触点全面融合的特点。根据中国互联网络信息中心《第 54 次中国互联网络发展状况统计报告》，截止到 2024 年 6 月，中国网民规模近 11 亿人，较 2023 年 12 月增长 742 万人，互联网普及率达 78.0%。中国不仅是全球最大的消费互联网国家，还是全球最大的制造业国家，过去这两点是孤立的，而数字化将其融合、贯通、循环，打通需求端和供给端，这将给中国产业突围升级带来最大风口，同时给中国企业数智化转型带来最大机会。

（6）政策维度。在国家层面上，中国政府把发展数字经济作为把握新一轮科技革命和产业变革新机遇的战略选择，同时，对建设网络强国、数字中国、智慧社会做出一系列战略部署，要求加快建设高速泛在、天地一体、云网融合、智能敏捷、绿色低碳、安全可控的智能化综合性数字信息基础设施，打通经济社会发展的信息“大动脉”，明确提出要构建以数据为关键要素的数字经济，推动实体经济和数字经济融合发展。数字经济现已成为国家经济持久增长的主力，这就需要对各行各业进行数智化改造，加快生产关系变革，重塑生产力，在更高水平上释放数智生产力。

三、实施数字化/数智化转型战略的精要

数字化/数智化转型战略支持企业实现由数字技术应用所带来的战略转型，确定转型中和转型后企业经营发展的战略定位，旨在持续提升企业的效率和效益，不断实现企业的高质量发展。实施数字化/数智化转型战略，需要制定科学的转型战略及清晰的实施路径，在转型过程中要把握好以下七点。

（1）深化对数字化/数智化转型必要性、重要性和科学性的认识。思想是行动的先导。企业领导者作为数字化/数智化转型的引领者，需要对数字技术、新兴商业模式保有高度敏感的洞察力，深切认识到数字化/数智化是企业转型的必由之路，充分认识到数字化/数智化转型对于整个企业的价值所在。须知，企业数字化/数智化转型绝不只是技术部门或信息部门的事情，而是由企业最高决策者全力推动，并从企业战略和组织设计一直到运营管理的各个环节，自上而下地部署到企业的职能领域和业务领域的战略转型过程。同时，清醒认识到过于侧重数字技术的“为技术而技术”会把转型引向一个危险的方向，企业实施数字化/数智化转型，数字化/数智化不是答案，转型才是。因为数字技术只是赋能工具，通过技术来实现业务转型之目的是提升效率和效益而不是技术本身。要坚决改变对数字化/数智化转型的“唯技术论”错误认识，在正确认知的基础上，制定科学的数字化/数智化转型战略规划。

（2）因地制宜。当谈及数字化/数智化转型时，谈得最多的就是自建电商平台、数字化营销、终端用户触达、互联网引流等，但这些更适用于面向终端消费者的企业，这些企业对数字化的敏感度最高，天然具备数智化转型的土壤。对于开展面向企业业务的企业来说，其重点不在于快速打通外部，而是如何更好地整合内部 IT 能力、制造能力，实现低成本、高效率地敏捷响应市场。同样是“触网”，传统企业可能需要补“消费互联网”相关的课，比如消费者运营、内容运营、精准营销、直播、基于消费者洞察的产品创新等；新兴企业则需要补“产业互联网”相关的课，比如供应链、柔性快速反应、全网全渠道运营、核心团队打造等。

（3）循序渐进。很多企业特别是一些传统企业，常常把数字化/数智化转型目标和转型战略混为一谈，虽为企业的数字化/数智化转型制定了远大目标，却没有明确每个时期可达成的阶段性目标和相应的切实可行的实施办法。实际上，数字技术发展生生不息，数字化/数智化转型注定是一场持久战。企业数字化/数智化转型不是一口气建立大而全的系统或平台，而是从块、条到全域，从数字化、网络化、智能化到数智化，分阶段循序渐进地进行。一般地，企业可以将运作价值流、资金流等天然信息的线上化、电子化作为数字化/数智化转型的第一步，在此基础上企业通过对数据信息的筛选应用，解决连接协同问题。既要理顺业务流程，把功能模块化，便于组合以及部署，又要把链条打通，使数字化建设配合业务建设协同并行。在搭建起数字化架构后，数据和信息本身就可以持续积累，应用于分析和决策，进而自适应地使规则调整和优化。这样，企业逐步建立起数智化运营体系和可持续发展的数字化生态圈。

（4）加强数字基础设施建设。在数字经济蓬勃发展的背景下，企业数字化/数智化转型顺利与否，很大程度上取决于数据获取与利用、基础设施云化、触点数字化和网络安

全等综合基础能力。关于数据获取与利用，其重点一是加快构建以超融合基础架构为核心的新一代企业数据中心，实现集约化和模块化管理、核心数据多副本保存；二是依照统一数据标准，建设以数据为核心、以云计算为支撑、以“互联、共享、智能”理念为引领的数据中台，实现业务全过程数据的共建共享。关于基础设施云化，要点是形成具有弹性、灵活、高性价比的“小前台 + 大中台 + 强后台 + 富生态”架构，减少低水平重复建设，提升组织敏捷响应能力。

触点数字化反映的是企业在经营过程中与各方交互触点数智化水平的成熟度，它是企业数智化的前提条件。触点数字化主要通过各个触点的移动化和智能化达到多维度的消费者感知、员工感知、组织感知、商品状态感知、合作伙伴感知、生态系统感知，使得企业在全链路保持连接和数据获取能力。至于网络安全，其重要性自不待言，企业应加强平台、系统、数据等安全防护，提升网络安全技术的防护水平和监测预警能力。

（5）打造企业智慧管控平台。触点数字化完成后，要让这些数字化后的触点连接各个业务模块，从而实现业务的实时在线。建立智慧管控平台，就是要确保人、财、物、数据、业务、项目“六大要素”的实时在线和融合协同。在物联网时代，设备在线、生产在线、组织在线、业务在线，消费互联网和产业互联网就可以端到端地整合打通。通过业务中台化，把各种业务在线后衍生出来的所有数据汇集、沉淀，形成管理流、业务流、财务流、物流、信息流的“五流”融合。企业的数据联通后，就可以让研发、生产、仓储、营销、终端管理等各运营环节透明可视，从而助力企业从业务驱动转向数据驱动的智能决策，进而提升市场开发、人财物、质量、安全、成本、进度、风控等过程管理的智慧化水平。

（6）数字技术应用与组织结构匹配。数字化/数智化转型的核心在于理念升级、系统升级、能力升级、组织升级，其中最难的是组织升级，因为它意味着权力和利益的重新分配。一般而言，成功进行数字化/数智化转型的组织具有敏捷性、个性化与包容性、生态平台性特征。数字化/数智化转型要求企业打破传统的层级式组织架构，成为扁平化的敏捷型组织，力求以客户需求为中心、扁平灵活和快速响应；数字化/数智化转型要求企业在结构和文化方面具有个性化与包容性，以利于在数字经济时代发挥各类员工的积极性、主动性和创造性。生态平台型组织是一种数字化实践、结构和价值提升的综合安排，是数智化背景下衍生的一种常见组织形式，如海尔的“小微”组织模式、华为的“铁三角”组织模式等。

（7）数字化/数智化新业务与组织适应能力匹配。企业数字化/数智化转型过程也是企业的核心能力调整和提升过程。随着数字技术应用实践的发展以及企业智能化场景的不断丰富，企业需要及时掌握诸如 SaaS、PaaS、RFID、大数据、云计算应用、机器人、3D/4D 打印、数字工厂、人工智能等不断进阶迭代的数字化技能，并与应用场景深度结合。不仅如此，企业数字化/数智化转型特别需要既懂技术又精通业务的复合型人才，尤其是兼具业务力、技术力、学习力、组织力和跨文化领导力的战略性领军人才。因此，企业要加大人才培训（养）和引进的力度，加强学习型组织的建设，在业务和技术“双轮驱动”的数字化/数智化转型中，把人力资源开发放到突出位置，力求使创新业务与组织适应能力互相匹配、互相促进。

第6节　大企业战略

一、大企业的特征

大企业的判断标准一般是资产规模和生产能力。以工业企业为例，根据国家统计局2017年发布的《统计上大中小微型企业划分标准》，大型工业企业的划分标准为：同时满足营业收入4亿元及以上，从业人员1 000人及以上。国际上常用以下五个指标来衡量：(1) 创业的核心技术；(2) 规模经济，也就是成本优势；(3) 对供应链的管理能力；(4) 品牌价值；(5) 资源垄断。由此可见，大企业的“大”是指财物资源足、人力资源多、市场规模大，从而有大的能力和影响力。

现实经济中普遍的形态是几家大公司（头部企业）主导的寡头竞争格局。例如，中石化、中石油、中海油三足鼎立，电信运营商基本上是移动、电信、联通三分天下，家电业则由海尔、美的、格力三大巨头引领潮流。美国汽车业主要是通用、福特加上近年兴起的特斯拉，全世界的手机生产厂商主要有苹果、三星、华为、vivo、OPPO和小米。

总体来说，大企业有以下五个特征：

(1) 规模大。世界范围内的大企业通常指世界500强企业，中国的大企业通常指中国100强企业，它们的共同特点就是规模大。以市场份额来看，世界性的大企业，其产品所占份额至少为全球市场的20%。中国的大企业，其产品的市场份额一般占中国市场份额的40%。

(2) 与政府联系紧密，要承担更多的社会责任。在世界上，大企业都与政府有紧密的联系，即使市场化程度很高的国家和地区，如美国和欧洲，也是如此。亚洲地区的国家，如日本、韩国，很多大企业都有政府的支持。在政府支持大企业的同时，这些大型企业也要承担一些社会责任，甚至直接执行政府的决策。

(3) 外部联系广，拥有很强的市场话语权。大企业在生产经营活动中，由于其经营范围广，会同各种各样的法人和机构发生关系，有广泛的外部网络。大企业还拥有相当高的市场占有率，非常强的定价能力，能够左右行业标准，抬高市场准入的门槛。因此，具有很强的话语权和供应链整合能力。

(4) 资源充足，抗风险能力强。很多大企业都有足够的人力、物力和财力，一般不至于因为市场和社会环境的一般变化以及经济周期的波动而影响整个公司的运营，具有较强的抗风险和抗经济周期能力。

(5) 前后向关联度大、反应慢。大企业生产规模较大，一般会建立关系相对稳定的供应商队伍，销售渠道也会相对固定。因此，大企业生产的产品前后关联度大，对市场的反应速度较慢，缺乏中小企业与生俱来的灵活性。

二、大企业的战略选择原则

在战略选择上，大企业更需要关注业务组合情况。业务模式一般有两种：一是单一业务模式，即企业在单一市场上占有足够的份额，达到一定的资产和销售额；二是多元化经营模式，即企业在多个相关或无关的领域发展，达到大型企业的规模。

在关注业务组合的基础上，大企业战略选择应遵循以下三条原则：

（1）稳健原则。通常大型企业都存续了相当长时间，人员、组织结构、内部规则已经形成，进行大范围的调整非常困难。因此，在战略选择尤其是战略转型时要特别慎重，贸然转型可能会导致整个企业产生混乱。

（2）业务组合的资源平衡原则。大企业的业务组合应考虑三方面问题：一是资金流平衡，长周期和短周期业务合理搭配。过多的长期业务容易使企业现金流受经济周期的影响，出现较大波动，从而影响企业整体稳健发展。二是充分利用现有资源。应优先发展与现有业务有关联的新业务，以便发挥协同效应或规模效应。然后考虑地区多元化，通过跨地区、跨国经营谋求更大范围的发展。最后考虑产品多元化，进入与原有业务不相关的领域。三是所需资源是否充分。制定战略时要考虑人员、技术、渠道等相关因素能否提供有效的支撑。

（3）社会责任原则。大企业受政府支持较多，在战略选择上也要更多地考虑社会责任。同时，大企业的商誉价值、品牌价值和影响力是核心竞争力之一，如果战略选择对社会有损害，不仅破坏企业自身的整体形象，而且企业的核心竞争力会受到伤害。

三、大企业的竞争战略

大企业的任何动作都会引来竞争者的强烈反应，从而导致行业竞争格局的变化，进而影响大企业自身战略的执行。因此，大企业在制定战略时，需要更多地考虑对手的反应，尽可能减少未来战略执行中的变数，同时，要综合考虑政策变化等多种外部因素和内部资源能力等制约条件。

大企业的竞争战略主要有以下几种。

（一）大企业的进攻战略

大企业的进攻战略需要注重两个方面的内容：一是如何发挥企业现有的优势。企业若已有良好的市场形象、有效的运营方式、成熟的关键技术等，应将之拓展到相关的领域内。二是如何拓展现有的产业链。拓展既可以是业务链的延伸，如前向一体化或后向一体化，也可以利用品牌延伸，将无形资产的效用尽量放大用足。

进攻性行动还包括扩大整个行业需求。如为产品发现新的用途，吸引产品新的用户，或促进现有用户更加频繁地使用产品等。企业应积极寻找各种途径，使潜在购买者的购买选择从竞争者那里转换到自己的产品上来。

进攻战略的核心是不断地改进和革新。采用进攻战略的企业，是不安于现状的企业，是永不自满的企业，是锐意进取的企业。它们持续地率先推出性能更好、品质更高、款式更新、价格更廉的产品，它们不断强化客户关系管理，不断改善客户服务，以不断加强竞争优势。

（二）大企业的防御战略

大企业应竭尽全力做到自身增长率高于行业增长率。如果自身增长率低于行业平均水平，就表明大企业在竞争中开始慢慢失去竞争优势。因此，防御战略的第一目标是把握现有市场份额，其次才是逐步扩张，从竞争对手那里夺取市场份额。防御战略旨在不断降低成本，提高价格优势；或对产品不断更新换代，以加强现有的市场地位。

具体的防御行动有以下几种：

• 不断推出升级产品，并扩充产品线，向行业内的细分市场渗透，消除竞争者可能进入的市场机会。

• 增强产品的成套化、系列化，提高客户的转换成本，达到锁定客户的目的。

• 持续改进，不断向市场推出更质优价廉的产品和服务。

• 保留一定余量的供应能力，对潜在进入者造成威胁：一旦有新进入者，就迅速增加供给，降低价格。

• 同关键的上下游企业建立长期合作关系，如与经销商、分销商和供应商等签订独占性排他合同。

• 保持足够投入，以维持技术领先地位，同时，提高技术壁垒，对可增强核心竞争力的技术申请专利。

• 增加广告费用，改善顾客服务质量，尽量提高挑战者和新进入者的进入壁垒。

（三）大企业的并购战略

大企业的并购战略主要有兼并和收购两种形式。

采用并购战略的企业，通常需要具备三个条件：（1）有明确的战略目标。通俗地讲，就是要清楚地知道究竟需要买什么。研究表明，没有明确战略目标的并购几乎全是失败的。（2）有较强的资金实力。不仅并购需要大量资金，在并购后的整合中，也需要相当大的资金投入。如果投入得不到保障，并购很可能半途而废或前功尽弃。（3）有足够的人力资源，以应对并购后的整合。

在选择并购对象（目标企业）时，应重点关注：（1）目标企业在原有市场中是否已取得规模经济效应；（2）消费者对目标企业的品牌已具有较高的忠诚度；（3）目标企业掌握较为独特的技术。在这些情况下，大企业通过并购目标企业，不仅可以迅速进入新市场，还可以获得目标企业的产品、品牌和独特技术。

（四）大企业的国际化战略

国际化是企业在全球拓展经济规模和势力范围，主要是为获取超越竞争对手的竞争优势，不断寻求新的目标市场。

制定国际化战略的企业，应着眼于世界市场和世界资源分布，以集成和协同的方式，优化企业的经营活动，而不是简单组合，将全球运作分解为多个相互独立的经营活动。在制定国际化经营战略时，需要明确以下四点：

（1）经营范围——企业的服务对象是谁，目标市场在哪里？

（2）经营的优势——在地域、资源、人才和成本等方面，企业运用何种竞争优势，如何将之国际化？

（3）国际化的战略进程——国际化

实施“端对端、数字化、本土化”全球化战略，新兴板块竞相突破。

战略实践 8－6　中联重科为何能够位居海外收入增幅首位

战略的具体措施、步骤和时间表如何？

（4）期望目标——实施国际化战略希望达到的利润目标或其他目标如何？

大企业参与全球竞争的具体路径有单国中心发展战略、多国竞争战略和全球统一战略等多种。

（五）大企业应对竞争对手的战略

对大企业来说，如何应对竞争对手的挑战也相当重要。由于反垄断法的限制，一个企业不可能独霸一个行业，竞争总是存在的。在这种情况下，大企业要巧妙地利用竞争力量，使竞争对手乐于做跟随者而不是挑战者。

大企业应对竞争对手的战略有三种：（1）当较小的竞争对手通过削价等手段进入大企业的主流市场并构成一定威胁时，大企业应竭力反击。可以采取的反击措施有：快速跟进，甚至采取比竞争对手更低的价格；利用大规模的促销行动，反击挑战者旨在夺取市场份额的图谋；为特别客户提供更加优惠的条款等。（2）通过联合分销商，阻止竞争对手的产品进入自己的分销渠道。（3）当与竞争对手争夺供应商时，应早于竞争对手大量向供应商采购，使竞争对手因原料供应不足，被迫降低产销量。

大企业应坚决地对那些试图挑起竞争的行为予以反击，这样做实际上是发出一个清晰的信号：任何攻击或冒犯，都将遭到迎头痛击，挑战者最终将得不偿失。

第 7 节　中小企业战略

一、中小企业的特征

任何企业都是从小企业成长起来的，全世界中小企业数量众多。美国小企业管理局（SBA）数据显示，截至 2023 年，美国中小企业数量达 3 318 万家以上；在日本，中小企业的数量占到全部企业的 99% 以上。在中国，中小企业是推动创新、促进就业、改善民生的重要力量，它们贡献了 60% 以上的税收、60% 以上的 GDP、70% 以上的技术创新成果、80% 以上的城镇劳动就业以及 90% 以上的企业数量。截至 2024 年 7 月，其数量已突破 5 300 万家。虽然不同国家、不同体制下的中小企业各不相同，但仍有一些共性，概言之，主要有以下六点：

（1）规模小、资源有限。同大企业相比，中小企业在资金、人力、物力和信息资源等方面处于明显的劣势。中小企业获得资源的途径少、困难大，可供选择的余地不大，企业的发展多靠自我积累。

（2）经营风险大，常表现为高速成长，急剧衰落。在经营管理上，中小企业因为决策灵活机动，更容易抓住和把握市场机会。但中小企业在内部管理上普遍失范，企业在优越的市场环境中容易忽视管理，不自觉地掉入“温水煮青蛙”的陷阱。一旦外在有利因素消失，好景不再，企业的处境会迅速逆转。

（3）竞争力弱，市场份额小。由于中小企业的资源以及获取资源的方式都有限，大部分中小企业不能形成规模生产，从而难以发挥规模经济优势，多数只能在细分市场上占有一席之地。

（4）组织结构简单，决策机制灵活。中小企业大多组织结构简单，较少采用专业部门。因为组织结构简单，管理层次少，企业内部交流通畅，信息传递速度快，决策和执行也快。

（5）常缺少明确的发展思路。有研究表明，近九成的中小企业没有明确的战略方向。大多数中小企业创业者或专业人员个人的发展思路即为企业的发展思路。

（6）融资困难。在世界范围内中小企业融资都是一个难题。虽然世界各国采取了一些办法，如建立担保基金、风险投资体系或中小企业专业金融机构等，试图解决这个问题，但实际效果并不理想，融资难仍然是制约中小企业发展的突出问题。

二、中小企业战略选择原则

对于中小企业来说，没有明确的发展战略有利有弊。其利在于过早明确发展战略，可能会限制中小企业经营的灵活性；其弊则是中小企业在向大企业过渡时，由于缺乏战略指引很容易偏离发展主线，使中小企业成长为大企业的征程充满艰辛且极具风险，大量的中小企业在这一过程中失败，甚至消亡。因此，中小企业应视发展情况，尽早厘清自身的发展思路，确立明确的发展战略。具体而言，中小企业在制定战略时必须注意以下三个问题。

（一）立足自身的比较优势

中小企业受到资源条件的限制，难以获得某一方面的绝对优势，但通过有效利用自身资源，可以形成比较优势。在市场经济条件下，资源分布是不均衡的，不管实力多强，都不可能占有所有的优势资源；相反，不管实力多弱，也会在某一方面某种程度上拥有一定的优势。在国际竞争中，资源丰富的国家（如美国等）的很多企业被日本、韩国这样资源贫乏国家的企业赶超。因此，只要善于以己之长，找准发力点和突破点，就能在市场上占有一席之地。

大企业有大的优势，小企业有小的特点。中小企业在制定经营战略时，一个重要原则就是扬长避短。中小企业应该在透彻分析自身优劣势的前提下，制定能充分发挥比较优势的战略，做到“有所为而有所不为”。

在我国改革开放初期，乡镇企业能迅速发展，就是因为发挥了比较优势。当时，它们的优势就在于规模小，机制灵活，直接面对市场。虽然产品质量不很稳定，但因其生产规模较小，贴近需求，价格低廉，适应了当时我国居民收入水平较低、对商品价格较为敏感的社会经济状况。可见，中小企业只要立足自身优势，抓住市场机遇，就能建立起独特的竞争优势。

（二）确定适度的市场范围

企业在创建后必须考虑自己的行业和市场定位，这一点对中小企业来说尤为重要。在竞争激烈的市场环境中，没有明确的行业和市场定位，很难成长壮大。小企业因资源有限，必须将有限的宝贵资源集中投入最具比较优势的市场中，以便在点上或局部形成自己的优势。

在进行市场定位时，应考虑目标市场总容量及其前景。目标市场必须具有足够的市场空间和成长空间，企业能随市场发展而发展。凡事都有两面性，目标市场容量越大，前景越好，吸引的厂商也越多，竞争的激烈程度也越大。中小企业的精准定位意味着要找准细分市场或被大企业忽视的空白市场，以形成错位竞争或无竞争经营。

比如，施乐公司在复印机市场处于垄断地位时期，全球许多著名公司也曾采取过与它相同或相似的战略，参与争夺市场，但因为没有独特的战略定位，都未获得成功，而作为小企业的佳能另辟蹊径，选择了施乐战略定位之外的中小机构和个人用户作为目标客户。佳能以此为切入点，通过不断渗透，最终发展为全球复印机销量最大的市场领先者。

（三）构建有特色的商业模式

商业模式是一个企业的盈利模式，它涉及企业的流程、客户、供应商、渠道、资源和能力的总体构造。商业模式能够给企业带来持续的现金流入和利润，支持企业的长期发展。中小企业要不断成长，就要构建有特色和有拓展能力的商业模式。迈克尔·邓恩（Michael Dunne）曾言："在经营企业过程中，商业模式比高技术更重要，因为前者是企业能够立足的先决条件。"

风险投资家将商业模式分为三种：（1）价值链（value chain）模式。企业业务是价值链中的一环或几个环节，以低成本取胜。（2）价值店（value shop）模式。企业业务以项目或专业服务为基础，项目或服务之间相互独立，以提供差异化服务取胜。（3）价值网络（value network）模式。企业的运营具有平台特征，如接入终端、品牌连锁等，通过同样的模式大批复制，以规模取胜。这三种模式既可单独使用，也可组合使用。

三、中小企业的主要战略

与大企业相比，中小企业在资金实力、技术水平、人员储备等方面都处于劣势，在选择市场领域和采取竞争策略时必须有所创新，发现适合自己的生存空间。中小企业常用的战略有以下七种。

坚定专注战略，坚持人才战略，聚焦客户核心价值，加大科技投入。

战略实践 8-7　如何打造"专精特新"的小巨人企业

（一）中小企业的基本竞争战略

低成本战略、差异化战略和聚焦战略是所有企业都能采用的基本竞争战略，但由于中小企业自身的特性，在运用这些基本竞争战略时有别于大企业。

1. 低成本战略

和大企业相比，中小企业实施低成本战略既有优势也有劣势。中小企业的成本优势在于管理成本低，工人的工资水平一般低于大企业。成本劣势则包括两个方面：一是中小企业难以获得规模经济的好处，其产量比不上大企业，无法通过增加产品的数量来分摊企业的固定成本，比如，产品的前期开发费用、营销费用、生产设备的投资等。二是中小企业在生产工艺上处于劣势。中小企业一般设备简单，工艺水平较低，缺乏持续改进能力，难以通过提高工艺水平来降低制造成本。

世界上的中小企业大多集中于两类产业：一类是分散型产业，如服务业、零售业、批发业、木料加工业、农产品等；另一类是新兴产业，如 IT 业、新材料业、新能源业。

这两类产业的特点是，没有显著的规模效应，不同规模的企业均可生存。相对而言，中小企业在成本上的比较优势更多一些。

2. 差异化战略

相对大企业，中小企业更适合实施差异化战略。大企业考虑最多的往往不是差异化，而是如何做到低成本，或是提高产品的技术含量等。大企业主要针对主流市场，一般不会考虑少量特殊的顾客。

中小企业规模小，经营范围窄，面对的是细分的专业化市场。因此，中小企业更容易接近顾客，更容易了解消费者的需求，能通过提供有特色的产品和服务来吸引顾客，从而使企业处于有利的竞争地位。

随着网络经济的发展，更多行业开始采用小批量、个性化、柔性化的生产方式。大企业要适应这一趋势，就必须对现有的设备、运营方式、内部流程做出调整，这是一项系统的浩大工程，耗时费力，绝非易事。中小企业却能很快适应这一趋势，没有太多的负担和沉没成本，“船小好掉头”。另外，中小企业的决策机构简单，一旦发现消费者的特殊需求，能快速反应，有针对性地开发出适销对路的产品。

3. 聚焦战略

对中小企业而言，聚焦战略更具现实意义。中小企业将有限的资源集中到细分市场，在细分市场进行专业化经营，开发和拥有自己独到的专业人才、专业设备、专业技术优势和专业生产经营能力。通过在小范围或某一领域的精耕细作，小企业力求在细分市场形成优势，超越竞争对手，形成小而精、小而专、小而特、小而强和小而大。

比如，义乌的小商品市场有一大批袜业、衬衫业、饰品业的专业厂家，这些充满活力的中小企业昭示着聚焦战略大有可为。

聚焦战略有两个明显的缺陷：一是风险较大。实施聚焦战略时，企业把所有的人力、物力、资金都投入某一特定的市场领域，一旦该领域由于国家政策、顾客兴趣等原因发生变化，就可能给企业致命一击。二是可能限制企业的视野，让企业看不到目标市场外的良好机会，当企业成长到一定阶段后，就会遭遇成长瓶颈。

（二）中小企业的市场补缺战略

在残酷的市场竞争中，由于资金、技术、人才等方面的劣势，中小企业选择直接同大企业对抗，显然不明智。因此，中小企业应避开竞争热点，善于发现市场空隙，做市场的补缺者。

市场空隙即为尚未被占领的市场，主要指大企业在追求规模效益时，对小批量、多品种、制造成本高的产品不愿顾及或难以涉足的经营领域。一般来说，市场上许多需求量大、通用性强、购买频率高的商品被大企业垄断，这就是所谓的大企业领域。在余下的成熟市场领域中，企业之间的竞争异常激烈，大家都惨淡经营。因此，市场空隙是中小企业不可多得的商业机会。

市场空隙有以下五个特点：

（1）市场规模较小。这类市场风险过高，大企业不愿进入，或者利润太少，大企业进入没有优势。

（2）竞争对手少，有时甚至没有。在某些地区性的细分市场中，由于市场规模较小，对大企业来讲不具生产价值，因而市场参与者很少，甚至形成市场空白。

（3）隐蔽性强。尚未被发现的市场或者潜在市场都属于此类。人们常将目光集中在已有的市场领域，对市场空隙视而不见，习焉不察，浑然不觉。

（4）个性化较强。小批量、特殊专用的产品，往往采取单件、小批量生产方式。

（5）产品加工工艺简单，生命周期较短。多数为投资小、制造设备简单、技术含量较低的产品。

在实施市场补缺战略时需要注意以下两点：一是进入要快速果断。市场机会往往稍纵即逝，发现了市场机会就必须快速进入，否则，市场机会就可能被别人捷足先登。二是要做好市场营销的配套工作。采取这种战略的中小企业，其产品往往不被消费者熟悉，企业必须竭尽全力，利用各种手段和渠道吸引消费者购买。在有新的竞争者进入时，中小企业就需要通过良好的营销配套工作，保持在该市场的领先地位。

（三）中小企业的市场追随战略

中小企业选择市场补缺战略是为了避免和大企业正面交锋，而进入那些被大企业忽视的市场领域。选择市场追随战略则是跟随大企业，进入和大企业相同的市场领域，目的不是和大企业交锋，而是获得市场机会以及其他便利。

中小企业采用市场追随战略，可以节省营销调研费用和市场培育费用，避免市场选择风险。当然，并非任何一个市场领域都适合中小企业进入，很多大企业市场领域的进入门槛很高，包括：很高的资金投入；技术复杂；可能面临大企业的打压。市场追随战略包括搭便车战略和依附型战略。

1. 搭便车战略

搭便车战略是指中小企业跟在大企业的后面，大企业生产什么产品，中小企业就生产什么产品；大企业提供什么服务，中小企业就提供什么服务。

搭便车战略又可细分为两种：一种是以低价提供和大企业相同的产品，从大企业那里争夺一部分市场。这种战略适用于规模经济效益不明显的行业，中小企业由于管理简单，人员成本低，比大企业更具成本优势。另一种是提供与大企业相似但经过改进的产品。这种战略尤其适合没有成本优势的中小企业。常见的情况是，当新产品问世时，常会有某种缺陷，中小企业如果能抓住机遇，很快推出克服这些缺陷的新产品，就能取得不错的效果。

比如，在手机行业，欧美的大企业，如诺基亚、爱立信、摩托罗拉，曾是行业的领导者，韩国三星只是市场追随者，但是三星没有一味地采取低价战略，而是重点对时尚手机进行开发。通过开发可更换的彩壳、个性化的铃声、发送图片等功能，三星从大企业手中抢走了不少份额。

2. 依附型战略

依附型战略采用与大企业协作的身份进入，通过为大企业提供配套服务而与大企业建立共生共荣的关系，其实质是中小企业依附于大企业生存。

实施依附型战略，关键是中小企业要根据自身特点，选好依附对象，找准为大企业配套的领域。配套领域不仅限于零部件生产配套，或承包大企业的某些生产经营环节，还可以考虑服务配套。

实施依附型战略要注意解决好两方面的问题：一是保证自身的利益。采用依附型战略的中小企业与大企业合作时多处于不利地位，大企业出于降低成本的目的，常会提出比较苛刻的条件，大大压缩了中小企业的盈利空间。因此，在合作之初，最好能建立与大企业风险共担、利益共享的合作机制。二是考虑企业的长远发展。中小企业依附大企业，进行配套生产和服务时要做有心人，注意积累和增强自己的开发能力，树立自己的信誉，一旦时机成熟，就可以摆脱大企业独自面对市场。世界上很多优秀的企业，如微软，早期都做过代工，但它们志存高远，最终成长为世界一流公司。

（四）中小企业的模仿战略

相对自主创新，模仿常被认为落伍而不被提倡。其实，在管理上模仿战略就是向已经成功的企业学习。采用模仿战略，可以较少的投入取得技术和商业上的成功，因而模仿战略是中小企业在起步阶段广泛采取的一种战略。

虽然自主创新是企业获得持续竞争优势的重要手段，但是新产品从开发到商品化，需要投入大量的资金。自主创新虽然有高收益，但也有很高的风险，并受到大量内外部条件的制约。美国大公司的自主创新表明，只有3%的创新项目进入商业应用，其中只有12%的项目最终产生盈利。因此，对于一家中小企业来说，模仿创新有重要的现实意义。

对于发展中国家的中小企业，模仿战略尤其具有吸引力。实施模仿战略最成功的是日本企业。20世纪60年代和70年代，日本企业大量引进美国和西欧的先进技术，通过反向工程研究，成功地模仿出比原产品质量更好、功能更强、价格更低的产品，从而大大扩展了日本产品的世界市场。

需要指出的是，模仿不是最终目的。中小企业应该由模仿逐步转向自主创新，逐步壮大自己，逐步形成自身的核心竞争力。实践中要注意避免两方面的问题：一是一味模仿。20世纪90年代中期，中国餐饮业中众多企业模仿肯德基和麦当劳，也有不少企业取得过短暂的辉煌，但最终都以失败告终。二是盲目模仿。企业要采取模仿战略，必须保证自己有模仿的基础。比如，如果要模仿靠大量广告打开市场的企业，就必须保证有充足的资金投入。

（五）中小企业的柔道战略

在商战中，并不总是大鱼吃小鱼，赢者通吃。相对大企业来说，中小企业虽然在很多方面处于劣势，但面对激烈的市场竞争，小企业也不是全无胜算。当下，世界已进入“非”时代，力量非对称、竞争非均衡、对策非典型、发展非线性、局势非常态、信息非完备、合约非完全、环境非确定、未来非可测，所有这些“非”都给中小企业以小博大应对不对称竞争创造了前所未有的机会和可能，柔道战略就是其中一个。

柔道战略（judo strategy）与相扑战略（sumo strategy）相对应。相扑的特征是严阵以待，以牙还牙，正面对决。柔道则不同，柔道的精要是避其锋芒，放弃硬碰硬的思维模式，借力打力，用“四两拨千斤”的巧劲将对手的体能和力量为己所用，顺势将对方的攻击力量转向，使其失去平衡，从而打败对方。一般而言，大企业进攻多用相扑战略，而中小企业更适合用柔道战略。

柔道战略有三条原则：移动、平衡和杠杆借力。这三条原则运用到商战中有不同的战略内涵。"移动"使竞争对手难以找到有效的攻击点。"平衡"讲究竞与合的度，避免与对手恶性竞争，在竞争中积极寻找机会，与对手保持适度合作。"杠杆借力"则有两大要点。一是竞争对手的实力、资源、品牌等，既是其资产，也可能成为被人利用的弱点，成为中小企业提升自己的着力点。比如，高调迎战知名度较高的竞争对手的进攻，可以利用对手的盛名来提升自身的市场地位。二是通过设计新的竞争规则，让竞争对手在原规则下的优势成为新规则下的包袱，中小企业得以在新规则下赢得比较优势，争得胜出的机会。

（六）中小企业的联盟战略

中小企业的战略联盟是两个或两个以上的中小企业，为达到共同拥有市场、共同使用资源等战略目标，通过结盟方式，形成共担风险、共享利益的联合体，以增强各自的竞争能力，提高大企业的竞争成本。

战略联盟可以通过协议契约方式，也可以通过股权方式形成。联盟的具体形态包括合资、研究与开发协议、定牌生产、特许经营、相互持股等。如前所述，相对于企业而言，战略联盟是一种边界模糊、关系松散、灵活机动、运作高效的网络式组织。在过去的十几年中，战略联盟的数量激增，已成为最广泛使用的战略之一。

1986—1995 年美国的中小型合资企业数目增加了 423%，其中很多成功的企业都采用了战略联盟形式。微软创业初期就是通过与 IBM 联盟而迅速成功，之后，微软又与英特尔组成了 Wintel 联盟，从而占据了世界电脑业的大半江山。每当微软推出功能更强大的软件，英特尔集成芯片的需求量就上升；当英特尔生产出计算和传输速度更快的集成芯片，微软的软件因有了更好的载体而变得更有价值，联盟使它们真正实现了双赢。

（七）中小企业的高新技术战略

中小企业，特别是科技型中小企业，是科技创新的重要力量。许多国家的实践表明，中小企业发明新技术、新产品的效率远高于大企业。1982 年，美国盖尔研究所对 20 世纪 70 年代 121 个行业的 635 种创新产品进行了分析研究，结果表明，中小企业每百万职工提供的技术创新是大企业的 25 倍，50%～60% 的科技进步发生在小企业，80% 以上新开发的技术由中小企业付诸生产实践。在我国，65% 的国内发明专利由中小企业获得，80% 的新产品由中小企业创造。

中小企业采用高新技术战略是发展的内在要求。没有核心技术和技术诀窍，中小企业就难以在激烈的市场竞争中创办、生存和发展，因此，中小企业必须高度重视自身的创新活动。国际上一些著名的高技术企业，如特斯拉、亚马逊、Alphabet（谷歌母公司）、惠普、思科、甲骨文等，都是从小企业快速成长起来的。中国的高新技术企业，如华为、字节跳动、大疆、腾讯、科大讯飞等，也有同样的发展轨迹。在市场经济条件下，尤其是在风险投资机制的支撑下，依靠高新技术安身立命，实现发展，应成为中小企业成长的主流模式。

第 8 节　成长路径与成长方式选择

彭罗斯在《企业成长理论》中指出：企业成长包括数量的增加、边界的扩大和质量的提高。马歇尔在《经济学原理》中亦提出大树原理，将企业成长的过程比作一个生态过程，即一系列内部变化会导致成长体的个体发育及特征变化。

诚然，企业成长既有质的改善，也有量的增加。质的改善主要表现为企业素质的提高，包括技术创新能力提升、组织结构改进、经营制度和管理方法创新以及企业文化塑造等。量的增加表现为企业规模与经营范围的扩大，包括生产结构专业化、经营业务多元化、组织结构集团化和市场结构国际化等。

企业成长的常见方式有三种：技术创新成长、规模与范围成长（扩张）和多元化成长。

一、企业成长模式

企业成长涉及自身能力、规模、业务范围这三个方面，分别对应成长经济、规模经济和范围经济，三种经济的复合状态——“复合经济”构成企业成长理论的核心。其中，企业能力的成长是关键，也是其他两个成长方向（规模扩张与多元化经营）的依托。

（一）成长过程：专业化—多元化—归核化

归核化即回归核心业务，是哈佛商学院博士生马凯斯（Constantinos C. Markides）于1990年在其博士论文《多元化、归核化与经营绩效》（Diversification，Refocusing，and Economic Performance）中提出的一个概念。他认为，20世纪80年代以来美国企业出现了归核化的趋势，采取多元化经营的企业比例明显下降，而实行归核化战略的企业比例显著上升，由20世纪50年代和60年代的1.3%和1.1%上升到20.4%。

在专业化—多元化—归核化的提法上，有三元论和二元论两种观点。

（1）“企业规模、业务结构与竞争能力”三元论。此种观点认为：竞争能力同企业规模的关系如图8－2中左图所示，随着规模扩大，竞争能力逐渐提高，超过最优规模后，竞争能力就递减。竞争能力与业务多元化的关系如图8－2中右图所示，随着专业化向多元化转变，竞争能力会逐渐降低，但随着进一步多元化，竞争能力又会再度提高。

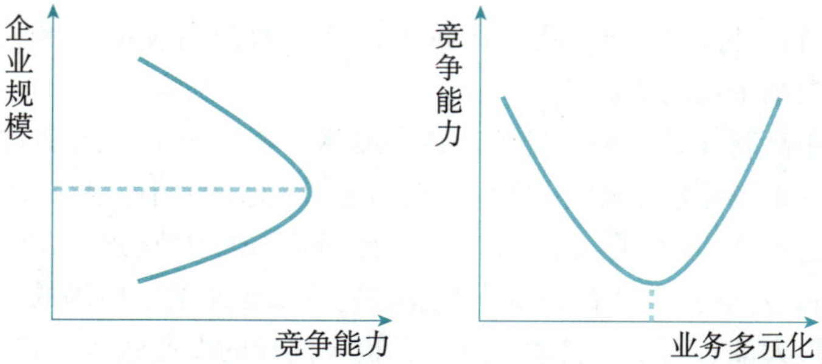

图8－2　企业规模、业务结构和竞争能力关系

（2）“企业规模与业务范围”二元论。持此种观点的人认为，企业发展过程是从原始专业化、小规模生产到专业化大规模生产，再到多元化持续成长的过程。企业经营战略演变的路径是：单一产品战略→主导产品战略→多元化经营战略。在国际市场上，对企业差别优势的培养是跨国多元化经营成败的关键。

（二）成长方式：克隆—虚拟—多元化

按照基体与增生的关系，企业成长的方式可分为三种：

（1）克隆。增生是基体的复制品。特许经营是这种方式的典型代表，把基体成功的管理模式复制到增生上，注重发挥规模经济效应。这种成长方式主要是通过在不同地区的扩张，在扩张过程中，企业的控制能力是持续成长的关键。

（2）虚拟。基体与增生之间不存在产权关系，而是通过契约使二者构成利益共同体。基体与增生之间是一种动态契约关系，是以核心竞争力为基础的分工合作。基体只是经营核心业务，而将非核心业务以外包的方式交给增生完成。

（3）多元化。基体与增生经营不同业务，可能相关也可能不相关。采用多元化的企业是为了追求范围经济，充分利用已有资源和剩余资源，寻找新的增长点，转移核心竞争力，或追求协同效应，此时，企业的指导方针是战略协同与能力分工。

（三）成长逻辑：价值创新

企业成长的逻辑是价值创新。按普拉哈拉德所说，价值创新是要成为行业游戏规则的颠覆者（rule-breaker），成为游戏规则的制定者（rule-maker）。目标是从根本上改造现存的竞争空间，创造新的竞争空间。

价值创新有以下三种类型：

（1）为顾客提供全新的价值。最有效的价值创新是创建全新的行业；次之，则是在完全不同的细分市场上提供产品与服务，这样就完全规避了竞争。传统的战略思想是竞争领先逻辑，要求在竞争中处于领先地位。高速成长的公司则推崇创新逻辑，它们不是关注竞争对手，不是以对手为基准或参照，而是在顾客的需求中寻求自己的生长点，突出价值创新。

（2）为顾客提供非凡的价值。创新者不会因循守旧，他们摒弃那些行业习以为常或视为理所当然的但不能给顾客带来本质价值的产品或服务。创新者为了更好地满足顾客需要，会不断打破现有的行业陈规，创造出更多的顾客价值。

（3）为顾客创造新的模式。哈梅尔和普拉哈拉德认为，未来属于敢于向偏见和成见发起挑战的创新者。如戴尔公司首创了直接订购模式，与团体及个体消费者建立直接联系，首创了客户免费直拨电话，以及隔日（工作日）到场服务，这些服务形式现已成为全行业的标准。

（四）成长的极限

企业成长是否有极限？理论上，每一种组织大到一定程度，都会面临内部结构复杂、机制僵化、管理成本上升和效率下降等情形。关于成长极限有以下三种解释。

（1）交易成本理论。科斯认为，企业是市场的替代物，企业边界由市场交易成本与内部生产成本孰低决定。简言之，如果企业内部生产某零部件的成本高于外购，那么企业应该削减该零部件生产，收缩企业边界。因此，企业规模的极限是内部生产成本与外部交易成本相等。此时，若企业再扩大规模，内部生产成本就高于外购成本，企业必然亏损。

（2）企业成长理论。彭罗斯与马里斯是企业成长理论的代表。彭罗斯在其著作中认为，扩张的最大极限由两个对应的方面决定：一是为扩张储备的现有管理服务；二是扩张所需要的管理服务。企业扩张的边界等于储备管理服务的数量。扩张需要的管理服务包括以下因素：扩张本身的特点、市场环境、新业务与现有业务的关系、扩张方法等。马里斯继承了彭罗斯的观点，他认为扩张速度受内部资源制约。若要保持效率，企业不可能仅通过无限快速招募的方式实现无限快速的成长。

（3）成长上限理论。彼得 · 圣吉认为，企业中同时存在增强环路和调节环路。在企业成长过程中，加速增长的增强环路起主导作用，当成长到一定程度时，由于资源或其他内外部因素的限制，调节环路开始发挥主导作用。增长环路和调节环路的共同作用是企业成长上限形成的根本原因。

二、企业成长的行业选择

企业成长的常见方式是：扩大规模和多元化经营。多元化经营的首要任务是选行业，在行业选择中，主要影响因素有以下五个。

（一）多元化的协同性

实施多元化经营的企业，获得效益的主要原因在于新旧业务的协同。安索夫在其代表作《企业战略》中，强调了协同对多元化经营成功的重要性。安索夫将多元化经营战略划分为四种：水平多元化、垂直多元化、同心多元化及混合多元化，并指出同心多元化更容易发挥新旧业务的协同性，比混合多元化获利更大而风险更小。

（二）企业能力

企业在实施多元化战略时，必然会将资源转移到新的行业或地域，以使进入新行业或新领域所需的资金、人才、管理经验等有保障。在实施多元化战略时，企业常过高估计自身能力，容易犯的错误包括：对资源能转移到新行业、新市场过度乐观；对新行业的进入障碍估计不足；忽视新市场的特殊性，将特定的优势误认为是普适优势，以为可以跨行业使用。

（三）市场结构

在行业选择中，行业的市场结构是一个重要的影响因素。谢勒在 1970 年出版的《产业市场结构和经济绩效》一书中确立了市场结构（structure）—市场行为（conduct）—市场绩效（performance）（SCP）分析框架。其基本理论假设是，大多数市场是不完全竞争的，市场结构决定企业的行为，而这些行为又决定了企业的业绩。波特则对行业选择提出了两个非常明确的标准：一是行业要有吸引力（平均利润率较高）；二是企业能够在这一行业中取得有利地位。这两个标准兼顾行业条件和企业能力，既强调市场决定，也注重能力分工，反对不相关多元化。

（四）行业前景

企业准备进入的行业应该前景光明，行业的成长能为企业提供更多的发展机会。前景好的行业即朝阳产业，一般具有强大的生命力，市场前景广阔，代表未来发展的趋势，在一定条件下，可演变为主导产业，甚至支柱产业。在这样的行业中，企业发展的机会多，最终可能形成的规模也大。相反，如果进入的行业前景黯淡，企业不仅难以获得成长空间，反而因行业发展停滞和竞争加剧而面临重重困难。

（五）业务关联性

多元化经营中业务关联性越高，越容易获得成功。西蒙对《财富》500 强企业的研究发现，实行多元化经营的企业按照经济效益排名，从最好到最差依次是：内在相关多元化企业、外在相关多元化企业、内在不相关多元化和外在不相关多元化企业。相关性可分为有形关联和无形关联。鲁梅尔特（R. P. Rumelt）在其著作《战略、结构和经济绩效》（*Strategy*，*Structure and Economic Performance*）中指出，相关集约型和主导集约型企业的经营绩效最好，绩效最差的是不相关多元化企业。

三、企业成长的区位选择

任何一个区位都具有独特性，因此，选择合理的区位也能获得竞争优势。企业在区位选择中，要考虑的内容和注意事项主要有如下三个方面。

（一）产业集群

大量企业的聚集可以产生溢出效应，处于该区域的企业可以享受各种便利，如原料供应的便捷、易于获取的客户、各种低廉专业的服务等。在法国，超过 1/3 的制造业聚集在巴黎和里昂地区；在美国，汽车制造业聚集在底特律，芯片制造业聚集在硅谷。实证研究表明，地理聚集能够对生产力产生积极效应。因此，企业在进行区位选择时，要选择能获得外部经济效益的产业密集区位，以获得信息、技术、知识支持、配套服务等多方面的好处。

（二）区位成本

韦伯认为，决定工业区位的因素有三个：运输成本、劳动力成本和聚集状态。合理的工业区位位于三个因素总费用最少的地方。韦伯在《工业区位论》（*Theory of the Location of Industries*）一书中指出，工业区位选择的三步骤是：首先，根据运输成本确定工厂的运费最小点；其次，根据劳动力成本修改上述区位；最后，根据聚集状态再次修改上述区位，最终得出合理区位。

（三）市场获取

市场始终是区位选择的重要考虑因素。其中，市场的可得性、市场信息获取的便利性、市场的瓜分与占领以及市场网络的布局等都要仔细研究。对市场选择的标准主要考虑三点：一是市场当前的容量；二是市场相关产品的开发潜力；三是市场开发时间的长短。

四、企业成长的逻辑路径

企业成长模式给出了企业成长过程、成长方式、成长机理的概括描述。成长路径和成长方式的逻辑路径如图 8－3 所示。从起点上看，企业成长只能是基于自身的核心能力。扩张的方式有两种：将核心能力保持在企业内部和将核心能力向企业外部扩散。前者包括四种战略选择：（1）加强型战略；（2）一体化战略；（3）多元化战略；（4）防御型战略。后者包括三种战略选择：（1）战略联盟；（2）虚拟运作；（3）出售核心产品。

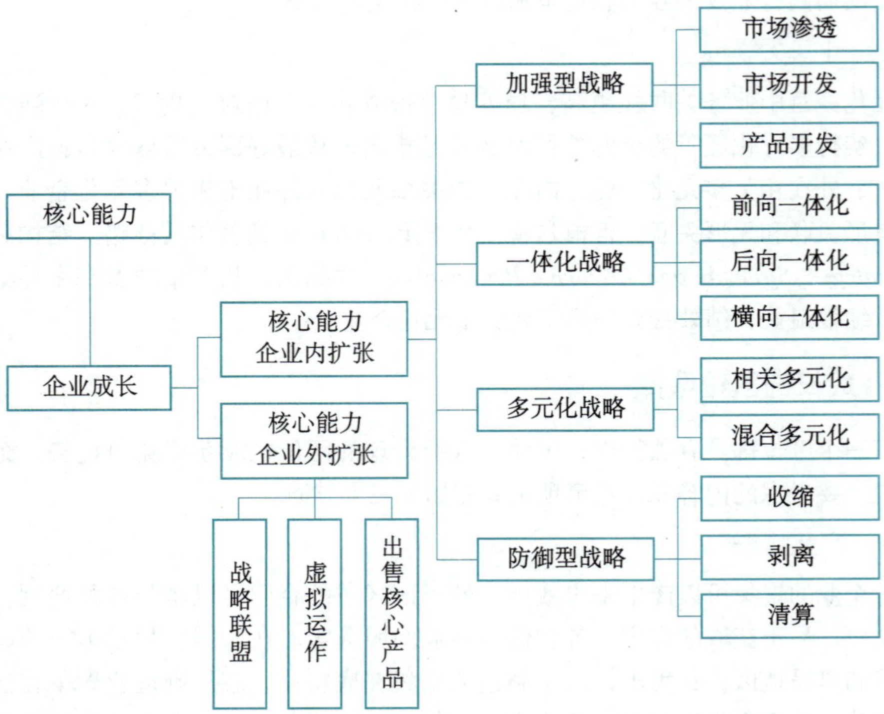

图8-3　企业成长路径与成长方式的选择

/ 本章小结 /

战略分析与选择是基于企业内外客观条件的战略制定过程，包括基于企业内外条件的对战略方案的初步确定和对备选战略方案的进一步筛选。本章介绍了两种基于企业内外条件的战略分析方法——SWOT 分析和 QSPM。

战略组态强调企业应通过合理的资源组合和组织结构配置，实现持续的竞争优势。企业不仅应关注单一战略要素的优化，还应重视企业内部各要素（如结构、文化、流程、技术）之间的匹配与协同。只有当企业内部资源和能力与外部环境相适应时，企业才能有效地应对竞争压力并保持长远发展。

战略态势是企业战略决策中最基础的问题，确定企业发展战略基调。在决策上，表现为企业是采取进攻、撤退还是防守的战略态势。确定一个企业的战略态势需要综合考虑宏观经济环境和企业内部的资源环境。确定战略态势的最关键问题是如何在相同的宏观环境面前，根据特定的企业资源，决定实施扩张性战略，还是稳固现有业务，消除企业发展过程中潜在的问题和风险，抑或是进行业务收缩，以规避风险，度过经济困难时期。

从某种意义上说，战略更像指导企业内部变革的纲领，通过指引企业内部变革达到与外部变化的平衡。其中，企业为了适应内外环境的变化而将原战略转变为新战略的行动是企业战略转型，而企业在内外条件变化时因势利导、随机应变做出修正和调整是战略权变的范畴。

在所有形态的转型中，企业数字化/数智化转型的意义最为重大而深远。企业数字化/数智化转型是企业运用大数据、云计算、物联网、云制造、人工智能等数字技术改进/重构核心业务，以增强客户体验、简化业务流程或创建新的商业模式的变革过程。

在战略选择上，大企业更需要关注业务组合情况。业务模式一般有两种：一是单一业务模式，二是多元化经营模式。大企业在战略制定中，需要更多地考虑对手的反应，尽可能减少未来战略执行中的变数，同时，综合考虑政策变化等多种外部因素和内部资源能力等制约条件。

与大企业相比，中小企业在资金实力、技术水平、人员储备等方面都处于劣势，在选择市场领域和采取竞争战略时必须有所创新，发现适合自己的生存空间。中小企业有七种常用的战略。

企业成长既有质的改善，也有量的增加。质的改善主要表现为企业素质的提高，量的增加表现为企业规模与经营范围的扩大。企业成长的常见方式有技术创新成长、规模与范围成长（扩张）和多元化成长。

/ 常用术语 /

战略分析（strategy analysis）
战略选择（strategy choice）
战略组态（strategic configuration）
经典思维（classical thinking）
量子思维（quantum thinking）
战略态势（strategic situation）
战略权变（strategic contingency）
加强型战略（reinforcement strategy）
市场结构（market structure）
行业前景（industry prospect）
业务关联性（business relativity）
第二增长曲线（second growth curve）
产业集群（industrial cluster）
重大性转型（radical transformation）
柔道战略（judo strategy）
相扑战略（sumo strategy）
成长方式（growth mode）
归核化（refocusing）
断裂性转型（disruptive transformation）
渐进式转型（incremental transformation）
SWOT 分析（strength，weakness，opportunity，threat analysis）
定量战略计划矩阵（quantitative strategic planning matrix，QSPM）
数字化/数智化转型（digital/digital intellectualization transformation）

/ 思考题 /

1. 简要说明战略分析的两种基本方法。
2. 战略组态的核心观点是什么？企业应如何通过合理的资源组合和组织结构配置，实现持续的竞争优势？
3. 有几种不同的战略态势？它们各有什么特征？适合什么样的企业？
4. 转型为什么必要？企业如何应对转型？
5. 企业数字化/数智化转型为何势在必行？如何实施数字化/数智化转型战略？
6. 如何适时（提前）打造“第二增长曲线”？
7. 什么是战略权变？为什么需要战略权变？
8. 大企业可以选择的战略有哪些？为什么？
9. 中国大企业如何加速做大、做强、做优？如何实现高质量可持续发展？
10. 中小企业可以选择的战略有哪些？为什么？
11. 柔道战略的基本原则是什么？举例说明在激烈的市场竞争中小企业如何战胜大企业。
12. 在行业选择中需要考虑的主要因素有哪些？
13. 为什么在现当代将过往占主导地位的经典思维转变为量子思维至关重要？

第 **9** 章

战略实施

战略制定者的绝大多数时间不应该花费在制定战略上，而应该花费在实施既定战略上。

——战略学家亨利·明茨伯格

想得好是聪明，计划得好更聪明，做得好是最聪明又是最好。

——军事家、政治家拿破仑·波拿巴

▶ 本章要点

1. 掌握战略实施的过程、阶段和基本原则。
2. 掌握战略计划与战略目标分解的主要内容。
3. 掌握资源配置原则和资源分析方法。
4. 理解战略力量场，掌握变革管理的要点。
5. 了解 7S 模型及其组成要素。
6. 正确认识战略与组织的关系。
7. 深刻认识战略与企业文化的关系。

▶ 课程思政元素

"把抓落实作为开展工作的主要方式"；一分部署，九分落实；空谈误国，实干兴邦；知行合一，"事上磨练"；"十个坚持"；全面深化改革，更高水平开放；破旧立新，推陈出新，持续赋能；严管厚爱；治理体系、治理能力现代化；群众路线，一线规则；直面问题，实事求是；企业家精神，奋斗者文化；开放融合，生态型组织；文化自信，中国实践，中国范例。

引　例

茶饮顶流卖起小零食

2024 年，茶颜悦色在长沙开出首家"零食生活杂货店"，成为新茶饮赛道中第一个做"折扣超市"的品牌。该概念店以"硬折扣，量贩 GO"为主题，主打低价优惠，商品以自有品牌为主。那么，当茶颜悦色迈入零食赛道，究竟是寻找第二增长曲线的战略远见，还是内卷之下的“病急乱投医”？

随着行业增速放缓，新茶饮赛道进入了贴身肉搏的“存量时代”。存量时代下，新茶饮赛道出现了两种主流的拓展模式：第一种是以量取胜，通过最大化占领加盟商资源，形成规模效应，抢占消费者心智。第二种是以类取胜，通过推出自有品牌的瓶装饮料和零食产品，跨界零售赛道。

面对这样的市场格局，茶颜悦色显然选择了第二种模式。其一，有足够的用户基础。茶颜悦色是一个善于运用产品思维的品牌，每年在稳主业之余，也在加强对副业的开发。其二，有固定的消费场域。作为长沙的名片之一，茶颜悦色周边产品早已是伴手礼清单上的常客。其三，有风口赛道的加成。量贩零食赛道是最近几年的“明星赛道”，鸣鸣很忙、好特卖、乐尔乐等专业玩家已经证明了该业态的可行性。

由于门店规模跟不上，茶颜悦色选择以“类”换“量”。一方面，采取平台型思路，让子品牌多点开花，打造覆盖消费者全品类、全时段的茶颜矩阵。2020 年，茶颜悦色推出“茶颜游园会”等线下零售店，涵盖茶叶、茶粉、零食、文具、生活用品等多个品类。2022 年茶颜悦色瞄准咖啡赛道开了鸳央咖啡。2023 年又推出第三个子品牌，即新中式柠檬茶品牌“古德墨柠”。另一方面，发力电商模式，试图从线上“走出去”，以突破地域限制。在天猫旗舰店和茶颜悦色小程序中，上线了自摇奶茶、小零食、茶颜周边杂货等多款产品。

量贩折扣零食店赚钱的核心是什么？答案是深耕供应链、规模效应、大牌引流、白牌盈利，最核心的点在于折扣、低价，即通过压缩供应链条，用“低毛利 + 高周转”实现对消费者的规模触达。

资料来源：长沙茶饮顶流，卖起两块五小零食．(2024 - 09 - 13). https://www.ebusinessreview.cn/newsinfo/7573601.html?templateId = 92230.

思考题：茶颜悦色跨界量贩零食的优势和劣势分别是什么？这一战略转型你认为成功吗？在具体的战略实施中可能存在的问题是什么？

第 1 节　战略实施的过程、阶段和基本原则

战略确定后，重点就是如何转化为行动。有三个主要步骤：一是确定战略实施的组织及配置资源；二是不断消除战略实施中的冲突和对抗；三是定期对战略实施情况进行检查和调整。制定战略与实施战略的显著不同之处在于：前者强调分析和决策能力，解决应该做什么的问题；后者强调执行能力，解决怎么做的问题，其中包括组织更广泛的人员参与，管理和协调战略实施中的各个单元，纠正战略计划与实施的偏差，解决战略实施中的各种问题，克服战略推进中的各种抗拒力量，等等。正因为战略实施需要解决诸多的不一致、混乱和冲突，所以大部分经理人认为，实施战略要比制定战略困难得多。

一、战略实施过程

（一）战略实施过程的主要任务

虽然不同企业的战略实施过程千差万别，但都离不开以下八项基本任务（如图 9 - 1

所示）：

- 建立一个富有竞争力、创造力和高效运作的组织；
- 建立预算，将足够的资源投入对战略成功至关重要的价值链活动；
- 制定支持战略的政策和程序；
- 对价值链活动进行最佳运作，并不断提高运作水平；
- 建立信息、交流和运营系统，使公司员工在日常工作中能成功地承担其战略角色；
- 建立合理的激励机制，将战略实施绩效体现在薪酬体系中；
- 创立一种支持战略的工作环境和企业文化；
- 发挥实施战略所需的内部领导作用，不断提高战略实施水平。

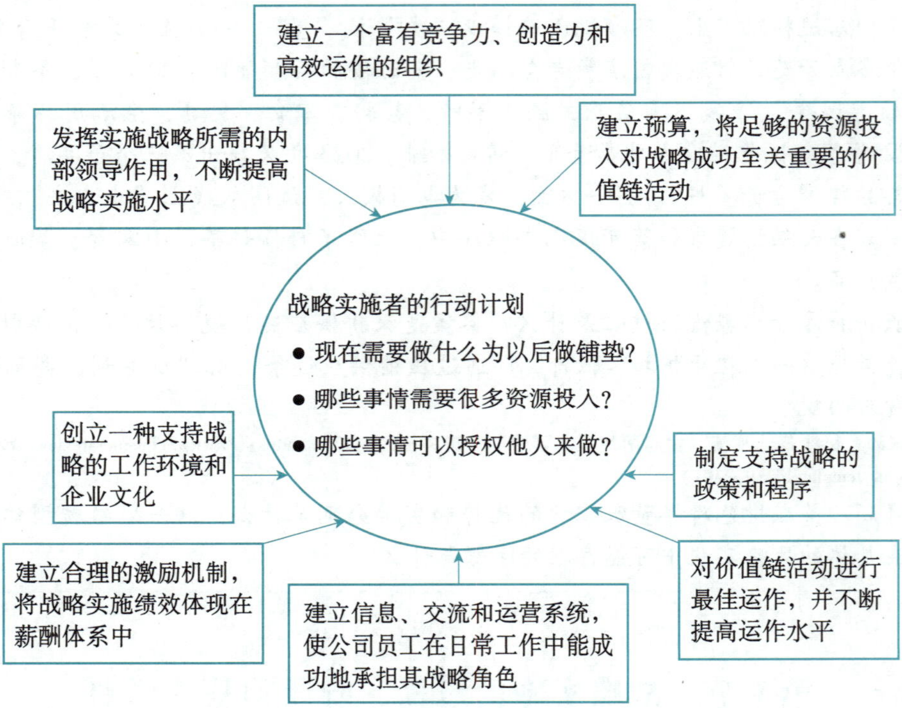

图9-1　实施战略的八大任务

不管具体的战略如何特殊，以上任务会反复出现在战略实施的过程中。根据战略实施过程中各种因素的差异或变化，这些任务中的一项或几项通常比其他任务更加关键或更费时间。这些因素包括：

- 不得不进行的战略变动；
- 组织的财务状况和竞争力的差别；
- 是否存在需要改进的重要资源弱点或需开发的新能力；
- 公司拥有的资源满足持续创建竞争优势的程度；
- 必须改变的约定俗成的行为模式的力量强弱；
- 公司历史上个人和组织的联系状况；
- 追求速成结果和提高期末财务业绩压力的大小等。

在制订行动计划时，战略实施者应首先明确组织必须做些什么事情以及如何做好；然后，考虑尽快进行必要的内部变革。实施者的行动应集中在如何使价值链活动、内部经营与实施战略一致，这需要一系列的匹配关系。例如，组织的能力和资源必须与战略的需求相匹配，特别是当战略是以能力或资源方面的竞争优势为基础时；财务资源的配置，必须能够提供给各部门有效承担其战略任务的人力和运营预算资金。这些匹配关系越好，成功实施战略的机会就越大。另外，公司的薪酬体系、政策、信息系统和运营活动都需要在必要时为实施战略做相应的调整，否则，就可能成为实施战略的障碍。

（二）战略实施存在的问题与应对措施

战略实施包括战略执行计划制订、战略执行以及战略执行评估和反馈三个阶段。每个阶段都会面临一些具体的问题。

（1）在战略执行计划制订阶段，最突出的问题是对战略意图的理解。企业战略在形式上表现为有形和无形两种：有形的是战略的书面表述，无形的是战略表述中隐含的战略意图。如果战略的执行者仅看到了书面的战略而没有理解战略意图，则在战略执行计划制订阶段就容易出现偏差。

（2）在战略执行阶段，最突出的问题是如何处理战略计划与执行不符。战略执行计划制订的基础既包括对未来外部形势的预测，也包括对内部能力的判断。战略执行中产生的偏差，既可能是战略计划本身存在问题，也可能是对未来的预测出现了偏差，还可能是内部能力或努力程度不够。在实践中，以上三种原因往往纠缠在一起，难以分辨和处理。

（3）在战略执行评估和反馈阶段，最突出的问题是战略执行的评估与激励。为防止出现大的偏差，战略执行过程中应有持续的评估和反馈机制。实践表明，阶段性的评估和激励，对于战略执行有非常显著的促进作用。然而，在评估和激励时，组织又往往缺乏系统的评估工具和有效的组织结构。这种问题在很多企业中屡见不鲜，大量的企业集团几乎都建立了战略发展部，但建立战略评估专业部门的凤毛麟角。

为了在战略实施过程中减少或防止出现上述问题，提高企业战略实施的效率，企业战略管理者必须采取相应的预防措施。

（1）在战略制定过程中保持沟通。任何战略的制定，都需要至少企业中层以上的管理者参与。在战略制定过程中，必须不断地交流沟通，以达成共识。战略制定最终形成的战略文本固然重要，但更重要的是战略制定过程中的深入沟通和对战略意图的充分理解。很多企业的战略看似相同，但放在不同的企业背景下，所包含的战略意图却大相径庭。只有当大部分中层以上管理者透彻领会了企业的战略意图，战略才可能得到有效执行。

（2）在战略执行中保持柔性。战略执行计划的制订中包含大量的预测和假设，执行过程中根据实际情况进行及时调整十分必要。战略调整一般有三种可能：一是外部环境发生了重大变化，导致原有战略目标无效而被迫调整；二是内部资源条件发生了变化，或是原有对内部的各种假设中某些重要的假设条件缺失，不得不改变战略目标；三是定期对战略进行评估和微调。为了保证战略计划的严肃性，调整不宜过于频繁，一般以年度或半年为宜。

战略执行中出现问题在所难免，但应分清问题的主次，辨别什么是战略推进的关键问题，什么是次要问题；关键问题着力解决，次要问题可暂缓处理，甚或静观其变，无为而治。

（3）在战略评估中突出重点。战略评估的重要性不言而喻，没有正确的评估，不仅会失去对战略执行的有效控制，而且难以产生有效的激励和合理的处罚，也就难以保证下一阶段战略得到有效执行。但战略评估不是事无巨细，等量齐观，平均用力，而是要突出重点。

二、战略实施阶段

战略实施的过程可以分为四个相互联系的阶段，即战略发动阶段、战略计划阶段、战略运作阶段和战略控制阶段，如图9－2所示。

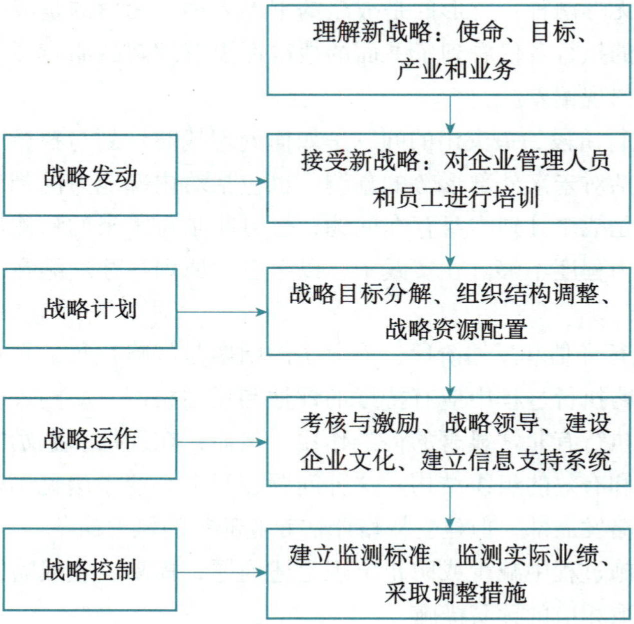

图9－2　战略实施过程

战略发动阶段是将制定的战略在实施意义、执行步骤、实施方法和执行部门各方面进一步具体化，并将这些内容传达给各层管理人员和一线员工，对企业管理人员和员工进行培训。战略计划阶段是对战略目标进行分解，对应到不同的业务单元和职能部门，根据战略需要调整组织结构，确定资源的配置方案。战略运作阶段是根据既定战略计划执行战略，包括根据战略执行效果考核与奖励员工，对战略执行进行领导，建设与战略相适应的企业文化，建立信息支持系统等。战略控制阶段是建立战略执行效果的监测指标，监测战略执行的实际业绩，采取调整措施纠正战略与目标的偏差。

对于每个战略实施阶段而言，都要有明确的阶段目标、实施计划、部门分工及统筹协调等，以保证战略执行的长期性、整体性和系统性。为了保证战略执行的长期性和整体性，战略制定和执行中都应该定期检查、评估并做出适当的调整，从而避免因某一部分执行过度或不足而影响战略全局。为保证战略执行的系统性，企业在总体战略制定过程中应制定相应的分战略，明确战略执行的不同阶段、不同部门需要做的主要工作和目标，在执行中全盘考虑、统筹安排，以确保各阶段有序衔接。

需要强调的是，战略发动是战略实施的重要步骤。许多企业忽视了战略发动，使得战略的责任人和执行部门缺乏对企业战略的自觉性，这是战略执行不力的重要原因之一。

理念革新、架构重塑、数据融通、场景落地。

战略实践 9－1　海通证券数字财务创新推动企业战略落地

三、战略实施的基本原则

在战略实施中应遵循以下五个基本原则。

（一）统一领导原则

在战略实施过程中，资源分配、组织变革、人员重组等都涉及内部利益格局的调整。尤其是在战略驱动的变革中，企业若缺乏权威和统一意志，缺乏坚强的领导核心，不能有效化解和消除在推进中出现的各种矛盾和冲突，战略实施将变得困难重重。

新视角
抓落实是改革制胜之道

作为战略推进领导核心的高层管理人员，他们对企业战略的理解最为深刻，对企业现状和外部信息的掌握也最为全面。然而，即便是他们，在战略制定和执行的初期，也会对战略的理解产生偏差。能够不断纠正高管对战略理解偏差的人，最有可能的就是企业的一把手。从这个意义上讲，战略制定和实施是“一把手工程”。

统一领导原则并不排斥企业适度的灵活性，企业可运用项目小组的形式推进战略。项目推进小组根据战略实施的需要，组合各部门相关人员组成工作组，将战略推进中的大量问题放在项目组内部解决。这样不仅能对战略执行中发生的问题及时加以解决，还可以降低跨部门协调的成本。在战略执行的过程中遇到跨部门问题时，很多问题在低层协调解决的成本将大大低于放在高层解决。如果机械地理解统一指挥原则，每个部门只接受上级的指令，低层人员遇到问题只能汇报给自己的上级，由上级协调后再转给下级执行，协调的时间和成本就会成倍增加。

（二）次优选择原则

在战略的制定和执行中，选择适合企业现有条件的次优方案而非最优方案是基于以下三点：

第一，受企业自身资源和能力的限制。在战略咨询领域有这样一个段子：一只被猫追得慌不择路的老鼠撞到了一个咨询师，急着问“该怎么办”。咨询师答道：“简单，你学两声狗叫，就把猫吓跑了。”老鼠恍然大悟，忙转过头，可马上就呆住了，它不会狗叫！可见，一个听起来好的最优战略往往并不具有可操作性。一些企业寻求国际咨询公司的帮助，得到了国际上同行的经验，但大多难以执行，即使勉强执行，也是失败的居多。其实，咨询公司提供的那些已经被很多跨国公司证明是最优的战略方案本身并没有错，问题是企业不具备执行这些战略的资源基础。

第二，受各方利益平衡要求的制约。战略实施是一个系统工程，执行中需要将目标分解为明确、具体、可控制的分目标，然后由各部门执行。一般地，推行新战略会部分改变甚至全部改变组织的既有结构和行为方式，从而打破原有的利益格局，引起内部矛盾和冲突，协调和疏导在所难免。现实操作中，很多企业不得不降低原有的计划目标，以平衡各方利益，降低执行的阻力。实际上，在不妨碍总体战略目标实现的前提下，为使战略顺利实施，合理、有限度的退让或妥协有时是必须付出的代价。

第三，外部环境约束。在战略制定中，除了企业自身情况，还要考虑外部因素，尤其是竞争对手的行为对企业战略执行的影响。从企业发展的角度看，最优战略往往是对竞争对手威胁最大的，很可能招致竞争对手的强烈反击，从而导致战略执行的偏离。

（三）阶段目标原则

阶段目标就是把企业的总体战略目标分解为一个个具体明确的短期目标，并明确这些目标应该完成的时间和标准，以便评估、检查和纠偏。在分解目标时，要特别注意阶段目标之间的相互协调与配合。

此外，制定阶段目标还能起到激励作用。奇瑞总裁尹同耀在描述研发过程时说，如果让研发人员的目标一开始就定在研发整车，可能还没研发完一个模块就已经没有了动力。正确的方法是，将整车研发分成一个个模块，在完成每个模块后及时给予激励。战略实施同样如此，将500米的目标分成10个50米，每个50米跑完都给予1个奖励，这样的激励效果远比完成500米目标后再给予10个奖励好得多。

（四）坚韧原则

在战略实施过程中会碰到这样或那样的问题，如正常的生产经营活动受到影响，销售额和利润下滑等。随着战略的深度推进，企业的各种潜在问题可能表面化、公开化、尖锐化，这些都是战略实施过程中碰到的正常现象。面对这些问题，战略实施者最重要的是要思考如何在目前条件下解决问题而不是放弃既定战略。战略实施者应具有良好的心理素质，不怕困难，不惧失败，百折不挠，坚韧不拔，锲而不舍。

（五）权变原则

企业战略建立在一系列预测和假设的基础上，在执行中不可避免会遇到与预测和假设不符的情况。其实，战略执行本身就是不断验证猜想和顺势调整的过程。如果预测与现实情况出现严重偏离，就只能修正原有战略。当然，修正的通常只是短期目标，至多是中期目标，长期战略目标不会轻易变动。修正时必须审慎评估，任何对战略的随意调整，甚或简单否定都不可取。

战略权变贯穿整个战略执行过程。不仅战略目标可以进行权变调整，执行的方式、时间、人员、资源配置等，也需要视情况的变化而权衡变通。实际上，在战略制定之初就需要为以后的执行留下权变空间，以便在意外情况发生时能保持战略执行的灵活性，实现战略的底线目标。在实际工作中，有必要对可能出现的重大问题做出预案，同时建立战略信息系统和反应机制。当执行出现偏差时，能灵敏地察觉并迅速做出反应。

第 2 节　资源配置

战略执行不能离开相应的资源基础，资源不仅是做事的保障，也是促使人做事的激励因素。实施战略时，配置资源是战略执行的第一步，处在企业最顶层的高级管理人员，最主要的工作就是配置战略资源。若资源配置不当，不但战略不能有效推进，还会挫伤员工的积极性。

资源配置并不仅指有形资源的配置，还应包括无形资源的配置。无形资源虽然重要，但极易被忽视，如品牌延伸问题，高层管理人员和关键研发人员时间与精力的分配问题，以及宏观、中观层面的政府资源、政策资源、区位资源、平台资源、组织资源等，这些都应纳入资源配置的范畴。

一、战略与资源

在战略实施过程中，企业必须对所拥有的资源进行优化配置。战略与资源的关系主要表现在以下几个方面：

（1）资源是战略实施的重要保障。战略与资源相适应是指企业在战略实施的过程中，应当有必要的资源保障。基于这一关系，战略选择必须考虑资源条件的限制，战略决策必须建立在现有资源条件的基础上。任何偏离企业所能达到的资源条件的战略，都是一厢情愿的战略，都是在天上飘却难以落地的战略。战略执行同样需要一定的资源基础，否则，“巧妇难为无米之炊”。

（2）战略的目标之一是提高资源的利用效率。资源总是短缺的，即使不是绝对短缺也是相对短缺。好的战略不仅能使资源得到有效利用，还能使其效用最大化。战略应该促使企业充分挖掘并发挥各种资源的潜力，特别是无形资源的潜力。

（3）战略应该促进资源的有效储备。有效储备是指对必要的资源以低成本、快速度、在适宜的时机进行储备。战略可以通过两种方式来实现这一目的：一是战略推行的结果可以附带产生新的资源；二是新资源可以成为其他战略的必要资源而被经常性地及时使用。在战略执行中，通过现有资源的良好组合和有效利用，可以在变化中创造出新的资源，从而为企业战略储备资源。

二、战略资源分析

众所周知，战略的制定建立在资源分析基础上，尽管在制定战略时已充分考虑了如何发挥优势、避免劣势，但企业一旦确定战略之后，仍需要进一步分析企业资源和能力与战略的匹配情况，以便优化配置企业资源，培育企业欠缺的资源。

有很多方法可以用来分析企业的资源状况，其中，价值链分析就是一种值得推荐的较系统的方法。通过这种方法，企业一方面可以分析一项成功的业务中，哪些价值活动是重要的，哪些是次要的；另一方面可以判断在重要的价值活动上企业的资源是否足够，在次要的价值活动上如果企业的资源不足，可否实施业务外包，企业怎样才能将优势资源集中在重要的价值活动上，等等。

有关价值链分析，读者可参阅前面章节和有关文献。此外，企业还需分析拟采用的战略与所需资源的匹配状况，表 9－1 给出了三大基本竞争战略对资源的特殊需求。

表 9－1　基本竞争战略对资源的特殊需求

基本竞争战略	对资源的特殊需求
低成本战略	高水平的采购管理；对设备大规模的投资能力；完善的质量保障体系和完好的设备状态；高效率的成本管理；低成本的营销渠道等
差异化战略	高水平的研发能力；对促销活动的投资能力；高水平的营销专家和完善的营销调研系统等
聚焦战略	与目标市场相吻合的资源和能力

三、战略资源的配置方法

无论企业具有怎样的资源优势，资源的稀缺性总是存在的。在资源配置过程中，企业的决策者总能感觉到来自不同部门或项目组资源竞争的压力。有限的资源在众多的“资源渴望”中分配，需要遵循一定的原则。

（一）战略资源配置的原则

在进行资源配置时，应遵循以下一些原则：

（1）首先要抓住产业成功的关键要素。企业的优良资源应首先满足产业关键的成功要素和需要完成的关键任务。

（2）把握任务时序上的缓急。任务或者项目的时序安排是战略所规定的，但要遵循项目间或者活动本身的内在规律性。企业在分配资源时，要明确各项战略任务的优先次序，按任务时序配置资源。在企业业务组合战略中，还应确定不同业务在什么时候进入、什么时候扩张和什么时候产出。业务组合应该能够保证企业在现金流以及其他资源方面实现动态平衡，资源配置在时序上的缓急应该与实现这些平衡相适应。

（3）保留适当的战略资源冗余。企业按任务或按目标来分配资源，其实只是一种计划，这种计划是以“预计”为基础的，具有很大不确定性。为了确保目标完成或提高可靠性，企业要有一定量的资源冗余，不能满打满算，就像关键战役中一定要留预备队一样。与资源冗余密切关联的是资源储备，战略资源储备是企业为了应对环境变化所必需的。当企业发展顺利、风生水起时，不太会意识到资源储备的战略意义。2024 年 11 月，在纳斯达克上市的德国 eVTOL（电动垂直起降飞行器，业内亦称飞行汽车）明星企业 Lilium 发布公告称，由于未能筹集到足够的资金来运营，已向德国拜仁州当地法院提出破产申请。Lilium 破产的直接原因是其向德国复兴信贷银行寻求的 1 亿欧元贷款因无法获得德国联邦政府的担保而未能成功，导致企业陷入现金流危机，资金链断裂，最终压垮 Lilium。

（4）战略导向的资源配置。战略资源配置要立足当前，更要着眼于长远。现实中，一些企业或被短期利益吸引，使战略资源分散，不能聚焦成就大的事业；或迫于眼前的压力，如原材料要买、工资要发、设备要维修、促销要做等，在研发、员工培训、管理创新等方面未能意识到其战略重要性而不肯投资，其结果是疲于应付“燃眉之急”，却忽视了对企业长远发展更重要的方面，最终导致企业倒闭。

（二）战略资源的分配

在企业的战略资源中，除人力资源之外的有形资源均可用价值形态来衡量，但无形资源如何配置很难把握。目前，当谈及企业战略资源配置时，主要是指对人力资源和资金资源的分配。

1. 人力资源分配

人力资源分配包括三方面内容：（1）为各个战略岗位分配现有的管理和技术人才，其中重点是相关业务领军人物的配置。（2）对战略实施中缺少的人才进行外部招聘，一方面及时提供战略实施需要的人才，另一方面适时增加企业的人才储备。（3）在战略实施过程中，保持对各单元战略执行和人力资源状况的跟踪，及时调整企业各部门人力资源的配置。

人力资源配置的重点是详细考虑某特定战略对人力资源的需求，包括所要求的人数、人员应拥有的技能和水平等。具体配置时需要从人力资源的构成、招聘、培训三方面考虑。在招聘和选聘时，需要与组织的战略方向和变革强度结合起来。如果战略变动不大，可以大量使用现有员工或经过培训后使用；变动越大，越应吸收新人加入。

2. 资金资源分配

企业战略调整要求预算同步调整，资金重新分配。在这一过程中，如果处置不当，削弱执行关键性战略活动的部门所必备的资金，将会损害整个实施过程，导致战略实施失败。因此，重新修订预算使其能够支持战略，是战略实施过程中至关重要的一部分，每一个组织单位都需要人力、设备、机构或其他资源，以执行战略计划中的任务。实施一项新战略，常常需要将资源由一个领域转移到另一个领域，削减人员过多或占用资金过多的单位规模，扩大那些对战略成功非常关键的单位规模，停止那些不再适宜的项目和活动。

战略资金分配一般采用预算方式。预算将战略目标明确为财务指标和数量指标，使其成为战略执行和考核的依据。一般地，预算可以分为以下几种类型：

（1）零基预算。根据阶段性战略目标的要求，将所有经营活动重新进行成本分析，然后确定预算。但零基预算工作量大，如果预算周期短，则需要投入大量人力；确定部门预算时的协调成本较高，但可以防止预算与实际的大幅度偏离。

（2）滚动预算。按照战略规划的要求和年度目标，将上一阶段执行的情况作为下一阶段预算的根据，以战略目标增减为基准进行滚动调整。

（3）规划预算。按照战略所规划的项目来分配资源。规划预算覆盖整个项目期间，与项目规划期同步，旨在直接考察一项规划对资源的需求和成效。

（4）灵活预算。预算情况随执行情况变动，有助于克服“预算博弈”及增加预算的灵活性。但在企业中难以全面操作，多用于重要项目的专项预算。

（5）产品生命周期预算。根据不同产品在不同生命周期阶段对资金的需求以及不同的费用项目确定预算额度，编制各项资金的支出计划及原则。

第3节 战略力量场与变革管理

任何事物都在不断运动、变化，没有一个企业或个人可以逃避变革，但变革会使人产生忧虑，因为人们害怕与之相联系的经济利益损失、不方便性和不确定性。企业在组织结构、技术、人员或战略方面的任何变化，都可能打乱人们业已习惯的相互关系。由于这一原因，人们往往抵制变革，而战略的推行常常伴生变革，因此，要使人们从战略的角度进行思考和采取行动并不是一件容易的事情。

一、变革中的战略力量场

在当今社会，为适应内外环境的变化，任何一个企业都不可能一成不变，变革是战略管理的常态。在战略管理中，几乎没有“以不变应万变”的策略，变革是企业获得持续竞争力的重要保证。因此，优秀的企业家都会根据实际情况的需要，积极推动企业变革，他们是企业变革的重要推动力量。

但是，企业家必须认识到，诸如毁坏机器、缺勤、抱怨及不愿合作等形式的变革阻力，不仅时常发生在企业中，而且事实上已成为成功实施变革的最大威胁。战略变革的动力和阻力相互交织，时而阻力占优，时而动力反胜，动力和阻力的博弈较量给变革管理带来了机会和挑战。变革中的动力与阻力的作用如图9－3所示。

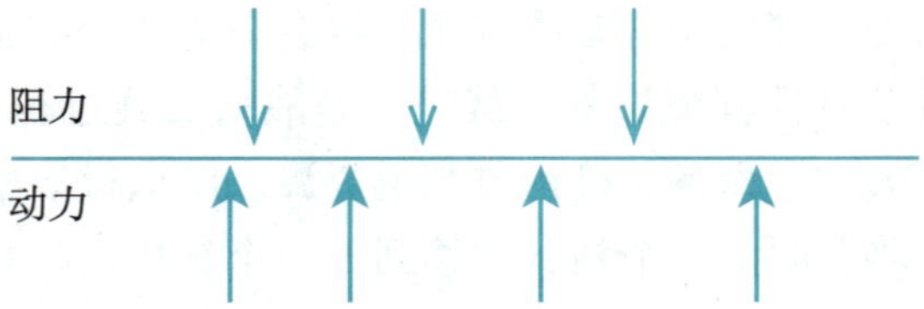

图9－3 变革中的力量场

如何克服阻力，利用动力，促使战略变革顺利实施，是战略变革者的永恒话题。人们对战略实施之所以消极乃至阻碍，往往是由于他们不了解正在发生什么和为什么要进行变革。在这种情形下，特别需要向员工提供正确而充分的信息。成功的战略实施取决于管理者能否建立有利于变革的环境，而这种环境必须让被管理者和员工将战略变革看作机会而不是威胁。

二、变革管理

变革的阻力可能出现于战略实施过程的任何阶段。虽然存在多种实施变革的方法，但应用较为普遍的只有三种，即强制变革（force change）、教育变革（educative change）和理性或自利变革（rational or self-interest change）。强制变革指直接发出和强制执行命令而实施变革。这种战略的优越性是执行迅速，其不足是低责任心和高阻碍力。教育变革的做法是通报信息而使人们确信变革的必要性。这种战略的缺点是实施缓慢且困难，但比起强制变革，它能激发更强的责任感并减少阻力。理性或自利变革是使人们确信变革会对个人有利。如果这一方法成功，战略的实施将会相对容易。然而在现实中，变革的实施很少对所有人都有利。

在三种变革方法中，理性或自利变革最为理想，在此对其做进一步讨论。通过精心设计变革过程，管理者可以提高成功实施变革战略的可能性。杰克·邓肯认为，理性或自利变革应包括如下四个步骤：第一步，邀请员工参加变革和具体的转变过程。参与可以使每个人都能够表达自己的观点，把自己作为变革过程的一部分，并认清变革会给自己带来的利益。第二步，推动变革需要一些激励，自我利益便是一种最重要的激励。第三步，为使人们了解变革的目的，需要进行传播和沟通。第四步，发出和接收反馈，每个人都乐于知道事情进展如何以及取得了什么进步。这四个步骤的共同指向均为克服变革阻力，安索夫将战略家克服变革阻力的必要性概括为："对历史上从一种思想观念转变到另一种思想观念的观察表明：如果顺其自然，过程将变得充满矛盾、发展迟缓并耗费大量的人力和财力。"针对克服变革阻力他提出了值得注意的四个方面：一是预测阻力的中心和强度；二是消除由误解和不确定性导致的不必要的阻力；三是集中力量，确保对变革的支持；四是在变革过程中对阻力进行监视和控制。

由于内部因素与外部因素的多样性，变革本身就是企业的生命力所在。不同的产业和企业在不同的时间，其变革的速度、规模和方向都不一样。战略家应当努力创造这样一种工作环境，使管理者和雇员确信变革是必要的和有益的，从而使每个人更容易适应变革。战略家可采取多种积极行动，如通过教育、培训向员工有效地宣传变革的必要性等来减少管理者和员工对变革的抵制。

在诸多方法中，让员工参与和促进变革，特别是让那些将会受到变革影响的人员参与变革的决策和实施至关重要。恰如罗伯特·沃特曼所述："成功的或获得新生的企业的战略实施过程起始于决策，而不是发生在决策之后。当福特汽车公司开始研制后来非常成功的金牛座汽车时，管理层放弃了常规的、连续的设计过程，将一个初步的设计交给工人，并请求他们协助设计一种容易制造的汽车，结果是汽车研制组收到了来自员工的 1 401 项建议，这与该产业典型的秘密研制方式形成了鲜明的对照。当人们被看作动力主机而不是可随时更换的零件时，作为战略实施必要条件的动力、创建力、质量和责任心，便会大幅度提高。"

第 4 节　7S 模型

20 世纪 80 年代，人们越来越关注企业中软性的方面，其中的代表就是托马斯·彼得斯（Tommas Peters）和罗伯特·沃特曼（Robert H. Waterman, Jr.）所著的《追求卓越——美国杰出企业成功的秘诀》(*In Search of Excellence*: *Lessons from America's Best-Run Companies*）一书。作者认为，理性在企业执行中很重要，但是如果理性主义做过了头，就会暴露其缺点。这两位美国麦肯锡咨询公司的学者在调研了包括 IBM、得州仪器、惠普、麦当劳、柯达、杜邦等 43 家杰出公司并与商学院的教授共同研究后，最终在《追求卓越——美国杰出企业成功的秘诀》一书中提出了 7S 模型，如图 9－4 所示。

其中，7S 分别为战略（strategy)、结构（structure)、制度（system)、人员（staffs)、

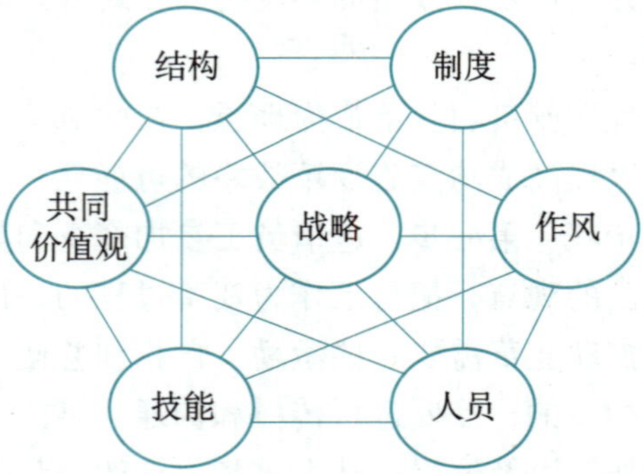

图9-4 麦肯锡7S模型

作风（style）、技能（skills）、共同价值观（shared values）。理查德·帕斯卡尔（Richard Pascale）和安东尼·阿索斯（Anthony Athos）在1981年出版的《日本企业管理艺术》（*The Art of Japanese Management*：*Applications for American Executives*）一书中也提出了与以上两位学者仅一词之差的7S模型，该模型用最高目标（superordinate goals）取代了共同价值观。该书认为，日本企业之所以在20世纪70年代获得成功，是因为日本企业对人员、作风、技能、最高目标这四个“软”因素的重视。

一、麦肯锡7S模型结构

麦肯锡7S模型指出，企业在发展过程中，需要全面考虑结构、制度、作风、人员、技能、战略以及共同价值观这七个方面的情况。换言之，企业在战略制定和推进中，需要综合考虑这七大要素，才能产生协同效果。

该模型认为，企业战略、结构、制度是企业成功的“硬件”，而作风、人员、技能和共同价值观则是企业成功的“软件”。麦肯锡的研究表明，只有将硬件因素与软件因素相结合，如正式组织与非正式组织相结合，企业制度、战略与文化、共同价值观相结合，才能使企业经营获得成功。

二、硬件要素分析

（1）战略。在7S模型中，战略居于核心地位。战略要求企业根据内部资源和外部环境，综合制定企业的长期发展目标和一整套实现目标的手段，同时，战略贯穿整个企业的资源体系，是企业资源运用的集中体现。

（2）结构。组织结构是企业内部各种资源的组织形式，是战略实施的载体。采用不同类型战略的企业，组织结构也会有一定的差异。如采用差异化战略的企业，要求内部组织结构有宽松的氛围，能促进内部人员交流，各种职能人员能灵活组合，以利于创新。为此，多选用大部制、矩阵式等组织结构模式，3M、微软、英特尔等公司的研发组织就是如此。采用低成本战略的企业，要求内部组织结构严谨，制度明确，流程清晰，各职能之间权责分明，以利于成本控制。为此，常采用直线制、职能式等结构模式，如大部分的制造业企业。此外，根据战略重心的不同，组织结构的核心也有所差异。如以控制销售渠道为核心竞争力的企业，组织结构需要围绕销售部门展开，各部门职能主要是支持销售工作。以研发为主的企业，组织结构就会以研发机构为核心。总之，组织结构一定要适应企业战略的需要。

（3）制度。制度是指企业中可见的各种制度体系，包括三个方面的内容：一是在企业组织架构下各职能部门的职责；二是根据各部门职责确定的工作流程；三是根据工作流程规定关键流程节点上操作的基本要求。在企业管理中，常把制度简单地等同于企业的各种规定，如现金管理、报销制度、招聘制度等。其实，这只是制度的表象，制度制定的源头应是与企业组织结构相匹配的职能体系和工作流程。易知，战略需要与之相适应的体制来保障。然而，知易行难，不少公司在这个问题上都曾有过深刻的教训。例如，以创新为核心竞争力的 3M 公司，在实施差异化战略时曾经引入六西格玛管理，但是几年后，3M 公司的成本虽得以下降，开发出的新产品却大量减少，后续发展潜力亦大大降低。原因在于 3M 公司原有体制宽松，易于交流，适于创新，而要求各部门职能明确、制度严谨的六西格玛管理，则抑制了创新。

三、软件要素分析

（1）共同价值观。每个企业都有自己的价值观，每个企业的员工都或多或少会受到企业价值观的影响。如果企业价值观认同战略意图，员工接受战略意图就会相对容易，执行起来也较自觉。同时，企业共同价值观还具有导向、约束、凝聚、激励和辐射作用。共同价值观不仅可以在战略执行中激发全体员工的工作热情，还能产生强大的凝聚力以推动战略的高效执行。因此，企业在战略制定后，需要通过各种方式，按企业管理的层级，就战略的不同部分进行广泛深入的沟通。对全体员工，可重点宣传企业发展的前景和目标以及需要全员努力做到的事情；对中层干部，需要沟通重要的战略举措和可能遭遇的困难；对于高层，则要求全面领会战略意图。日本企业在管理中十分注重沟通，这使得它们的战略常常能够迅速而顺利地付诸实施。

（2）人员。战略需要人来执行，企业人力资源状况很大程度上决定了能选择何种战略以及能否有效实施。人才的来源无外乎内部培养和外部招聘两种，在战略执行中的一般原则是，人才首要的是立足内部培养。因为外部招聘常面临可遇而不可求的情况，外部人员进入企业也需要一定适应期，能否认同企业、真正融入企业尚需考察和磨合。对于渴望晋升的人员来说，过多地空降新人也会打击内部人员的积极性，不利于企业的长期发展。因此，在新战略执行中，需要配套进行内部培训和实施员工发展计划，以保证战略执行与人力资源供给的平衡。

（3）技能。战略通常不是对过去业务的简单延伸或按惯例行事，往往涉及进入某些新的业务领域，或运用某种新的技能。技能的掌握除了实践，还需要严格系统的培训。员工熟练掌握各种技能是长期严格训练的结果。在日本，大多数企业实行终身制，非常重视对员工的培训。员工进入企业初期，企业会根据个人情况制订个人发展计划，并指定有经验的老员工作为导师，教导他们掌握各种工作技能。

（4）作风。作风一般是指管理者受组织文化及管理哲学影响，在管理活动中表现出的特定管理行为。相对而言，有些企业更注重“感性和亲情”，有些企业更注重“理性和规则”。

多元的产品线、卓越的供应链管理、高超的“财技”、一流的产品服务。

战略实践 9－2　苹果市值 10 年翻 10 倍 库克比乔布斯强在哪？

7S 模型提供了审视企业能否成功实施战略的一个系统集成环境，该环境在很大程度上决定了企业战略实施的效果。企业在发展过程中，要全面考虑自己的整体情况，通过软硬两个方面七大要素之间的充分沟通和有序协调，使战略得到有效执行。

四、新 7S 模型

随着企业外部市场竞争日趋激烈，战略执行中的不确定性越来越大，相应地，7S 模型也在实践中不断改进。20 世纪 90 年代，美国管理大师理查德 · 达维尼（Richard D'Aveni）在研究竞争环境变化过程中，提出了超强竞争（hyper competition）理论。他认为，在超强竞争环境下，企业难以建立永恒的竞争优势，必须通过连续的改进，建立一系列短期的竞争优势并不断打破市场平衡，才能维持企业前进的动能。

新 7S 模型的 7S 分别为：股东满意度（stakeholder satisfaction）、战略预测（strategic soothsaying）、速度（speed）、出其不意（surprise）、改变竞争规则（shifting the rules against the competition）、告示战略意图（signaling strategic intent）以及同时的一连串战略出击（simultaneous and sequential strategic thrusts），新模型如图 9－5 所示。

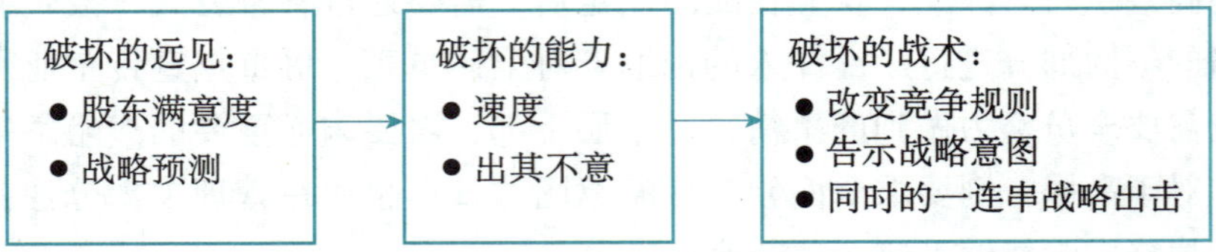

图 9－5　新 7S 模型

图 9－5 的第一个方框中，股东满意度泛指企业的股东、顾客、竞争者等与企业有利益关系的群体即利益相关者的满意度；战略预测则是从打破市场现状所需核心能力方面入手，指导建立战略。第二个方框中，速度和出其不意着眼于整合多种能力，目的是通过采取系统化行动打破现状。第三个方框中，改变竞争规则指改变行业标准、运作模式和既定观念等；告示战略意图是向竞争者表明战略意图，起到在位者威胁作用；同时的一连串战略出击则是通过一系列的战略举措，确立优势并不断拓展到其他领域。新 7S 模型强调的是，如何在超强竞争环境中打破现状，通过制定破坏性战略抓住主动权，从而不断形成阶段性的战略优势。

第 5 节　战略与组织

战略是通过组织来实施的。所谓组织，就是围绕一个共同目标齐心协力工作的一个群体，往往能完成独立的个人无法完成的目标。组织工作是指把实现组织目标所必需的活动进行分类，并对每一类活动任命一个负责人，使其拥有促使他人从事这项活动的必要权力。因此，组织工作的基本内容就是分工与授权，而组织结构则是规定组织单位的界限和组织运行的框架结构。任何组织都包含五个必不可少的要素：人员、职位、职责、关系及信息。钱德勒指出，企业战略与组织结构的关系是决定与服从的关系，即企业战略决定组织结构的类型，组织结构服从于企业战略。

一、企业组织结构的类型

企业组织结构包括以职能为基础的、以产品或服务为基础的、以地理区域为基础的、以生产过程为基础的以及以半独立的产品事业部或其他机构为基础的结构。下面讨论六种典型的组织结构以及它们的特点。

1. 简单结构

简单结构是工业发展初期企业的一种最简单的组织形式。基本原则是，下级从上级那里直接接受命令，上级对下级进行综合管理。在这种组织结构下，厂长或经理都是实行没有职能机构的“个人管理”，权限是直线的，关系是明确的，并且按照有效的管理幅度和企业总人数，决定企业组织的层级与结构。

2. 职能型组织结构

随着管理工作日趋复杂，简单结构已不能适应，企业开始设立专业职能人员和机构，把相应的管理职责与权力交给职能部门，各职能部门在本职责范围内有直接指挥下级的权力。虽然可能采用不同的名称，但大多数组织都有三种基本职能：生产、市场营销和财务。生产职能涵盖所有创造组织的产品或服务的活动。市场营销职能则包括产品或服务的销售。最后，为从事生产和市场营销活动提供必要财力资本的是财务职能。这三种基本职能都可以再细分。例如，生产可以细分为工程技术、制造和质量控制等；市场营销可以细分为销售、广告和市场研究等；财务可以细分为会计、信贷和托收等。图 9-6 是一个典型的职能型组织结构。随着组织发展壮大，其他一些支撑职能，如研发、人力资源管理、长期规划和公共关系等，都可能要增加进来。

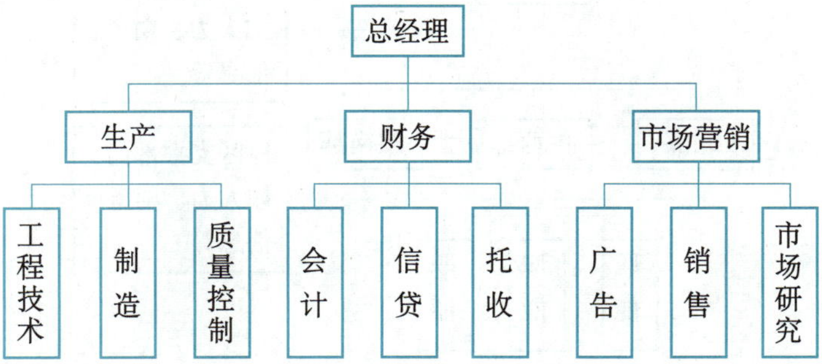

图 9-6 职能型组织结构

3. 事业部型组织结构

事业部型组织结构又称为产品或服务型组织结构，这种结构将生产和销售某类产品或服务所必需的所有活动都集中于一个单位或事业部内。只要产品是多种多样和互不相干的，则组织可能建立的事业部数目实际上没有限制。

事业部型组织结构允许组织中的每个人与特定的产品或服务相联系，这样便于发扬团队精神。这种结构也可以把每类产品或服务作为一个利润中心来管理，并推动其扩展到多样化。在这种结构中，存在的管理层次和协调问题一般较少，还能使管理人员从事广泛的职能活动，为训练高层管理者提供机会。在事业部结构里，如果各事业部过度竞争，会损害整个组织的利益，这是事业部型组织结构的弊端之一。此外，设备和设施的重复购置也是一个问题。其他可能出现的问题还包括：人员配备过多，不同事业部的方针不一致，以及协调上的困难。典型的事业部型组织结构如图9-7所示。

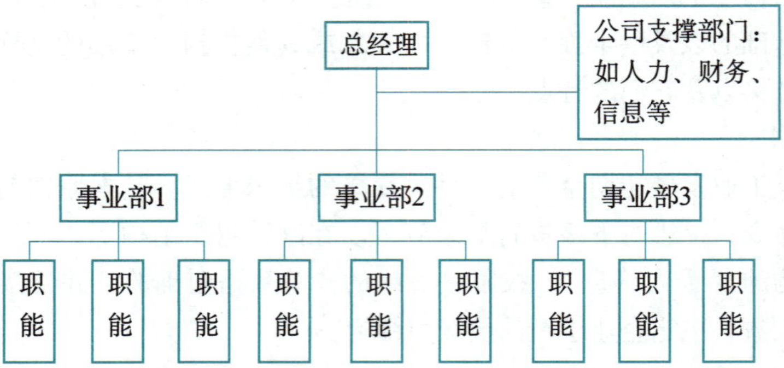

图9-7 事业部型组织结构

4. 区域型组织结构

在区域型组织结构中，生产产品或提供服务的全部活动都基于地理位置而集中在一起。区域型组织结构可按销售区或行政区来建立。在那些保持自然分散经营和自主经营的组织内，最可能采用区域型组织结构。如果组织的业务和产品（服务）在各地区大致相同，这种组织结构就特别有用。例如，美国赫兹公司和安飞士汽车租赁公司就是按区域组织的。美国联邦政府的许多部门（例如美国国内收入署和联邦仲裁与调解局）也是按区域组织的。典型的区域型组织结构如图9-8所示。

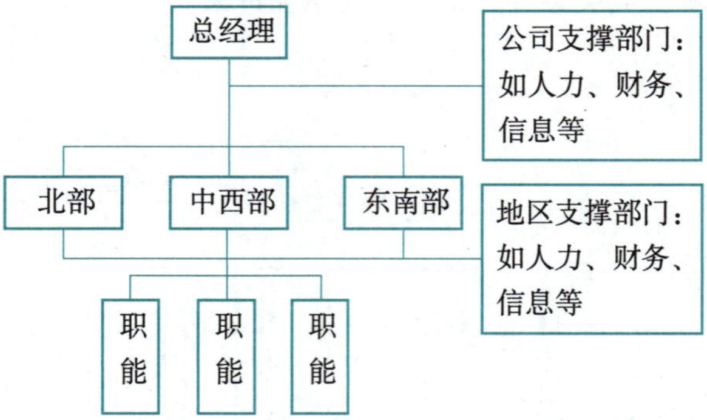

图9-8 区域型组织结构

5. 顾客型组织结构

与事业部型和区域型组织结构很相似的另一种组织结构是基于顾客类型而建立的，如图9-9所示。因为这种结构与事业部型和区域型结构类似，所以与它们有着基本相同的优缺点。例如，如果保险公司的人寿保险、火灾和事故保险等部门在公司资源的分配上过分争执，则公司的整体绩效会受到消极影响。

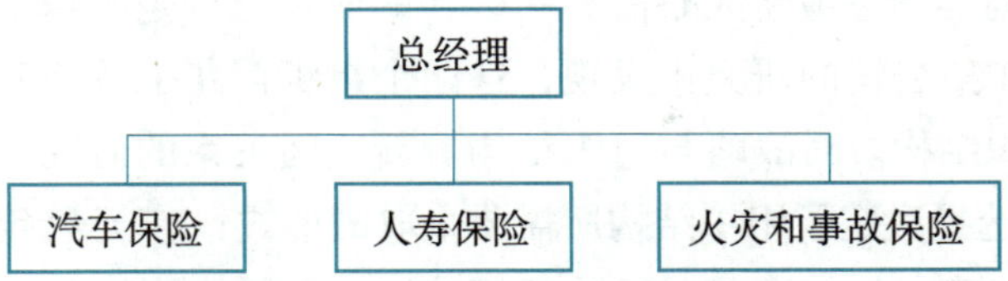

图9-9　顾客型组织结构

6. 矩阵式组织结构

随着外部环境变化越来越快，企业组织必须随着环境迅速调整。矩阵式管理能够很快适应多变的外部环境，通过项目方式组合内部资源，并实现迅速反应。矩阵式组织结构对管理能力的要求很高，这也是矩阵式组织结构与职能型组织结构的最大差别所在。矩阵式管理把横向和纵向两个方面信息流通过项目管理连接起来，如图9-10所示。

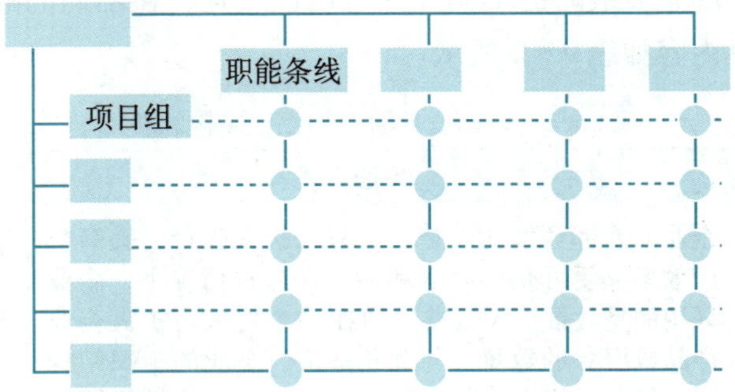

图9-10　矩阵式组织结构

实际操作中，从职能型组织结构到矩阵式组织结构的过渡非常困难。一方面，在转变的初期，职能条线的权力非常强，这对项目组领导的组织能力、专业能力和协调能力都要求非常高，否则，就难以调动职能条线，难以指导职能条线工作在项目内部运行。另一方面，职能条线提供了员工的长期职位，项目管理人员只在项目期间进行管理，员工容易产生短期行为。再则，即使进入了项目组，职能条线的领导对员工的命令仍然比项目经理更具权威性。

除了上述六种主要组织结构外，还有很多其他类型的组织结构。例如，可以按照使用的设备或加工过程来建立组织结构；在24小时连续作业的组织中，经常按照时间或轮班来建立组织结构。由于不同类型组织结构各有优缺点，大多数组织会在不同的组织层次上采用不同类型的组织结构。如总部可能采用矩阵式组织结构，而分部则采用事业部型组织结构。此外，在知识经济时代，一些新型的组织形态应运而生，如团队组织、网络组织、虚拟组织、无边界组织、孵化组织、三叶草组织以及“人单合一”组织、前台-中台-后台型组织、阿米巴组织、平台型组织、自组织等。

二、战略和组织结构

（一）战略和组织结构的关系

人们对战略和组织结构之间的关系进行了大量研究。早期的研究认为，要有效地经营扩大了的企业，则实行一项新战略需要一个新的或者至少是改革了的结构。在对美国通用汽车公司和西尔斯公司的研究中发现，这两个组织都花了数年时间来建立和健全实施战略所需要的组织结构。对战略与组织结构更新之间关系的研究，已经形成了以下基本结论：（1）战略选择决定了组织结构所需要采取的形式；（2）特定的战略与特定的结构相结合才能推动战略目标的实现；（3）组织结构会限制战略的选择和执行；（4）组织结构如果没有重大改变，组织战略的实质也必然是改良而不可能是改革。

大多数研究认为，战略和结构之间的关系十分复杂，但确信无疑的是，若没有一个与战略相配套的组织结构，战略就不能有效实施。战略与组织结构的一般指导原则是：（1）公司业务如果集中在某一个行业领域，则应当按照职能型结构来组织；（2）执行非相关业务或多元化战略的公司，宜采用事业部型或矩阵式组织结构；（3）经营非相关产品或服务多样化，并有地区多元化的公司，应采用复合式（或控股公司）结构。

组织结构还应该随企业战略的不同发展阶段而变化，在不同的战略发展阶段采用不同的组织结构，具体内容如表9-2所示。

表9-2 战略发展阶段同组织结构的匹配

发展阶段	特征	组织结构
数量扩大战略阶段	企业的外部环境比较稳定，只要扩大生产，提高生产效率，便可获得高额利润。在这种情况下，企业采用的是数量扩大战略，即在一个地区内扩大企业产品或服务的数量。与此相适应，企业的组织结构比较简单，往往只需设立一个执行生产或销售职能的办公室	从简单结构到职能型结构
地区扩散战略阶段	随着企业的进一步发展，一个地区的生产或销售已经不能满足企业发展的速度和需求时，企业要求将产品或服务扩散到其他总部和部门，与此相适应，企业的组织结构调整为事业部型	从职能型结构到事业部型结构
纵向一体化战略阶段	随着企业所承受的竞争压力增大，为了减轻竞争压力，企业希望自己拥有一部分原材料的生产能力，或者拥有自己的分销渠道，这就产生了纵向一体化战略。与此相适应，在企业中出现了中心办公机构和多部门的组织结构，各部门之间有很强的业务依赖性	从事业部型结构到矩阵式结构
多种经营战略阶段	在企业发展进入成熟期后，为了规避投资或经营的风险，持续保持高额利润，往往开发出与企业原有产品毫无关系的新产品系列，甚至兼并生产这类新产品系列的企业，实施多种经营战略。与此相适应，企业形成了总公司本部与事业部相结合的组织结构，包括形成各个战略业务单元（SBU）	从事业部型结构到战略业务单元（SBU）

战略与结构的关系基本上受产业经济发展的制约。在不同的发展阶段企业应有不同的战略，企业的组织结构也要相应做出调整。应该指出，企业最先对经济发展做出反应的是战略而不是组织结构，即存在战略的前导性和结构的滞后性现象。

战略的前导性是指企业战略的变化快于组织结构的变化。因为战略会随着外部环境和内部条件的变化而变化，以谋求企业盈利和持续发展。如在出现对企业生存产生严重威胁的技术创新时，企业会立即调整现有的发展战略以及产品产量的组合。当企业内部资源基础能够达到执行新战略的要求时，企业也会适时提出新的发展战略。为与新战略匹配，企业会在一定程度上调整其组织结构。如果组织结构没有同步调整，新战略将难以有效执行。

结构的滞后性是指企业组织结构的改变常常滞后于战略的变化速度。管理大师戴尔·麦康基（Dale McConkie）曾言："有什么样的战略，就应有什么样的组织结构。然而这一真理往往被人们忽视。有太多的企业试图以旧的组织结构实施新的战略。"在企业快速发展中，尤其是小企业向中型企业、中型企业向大型企业的跃升过程中，组织内部的结构容易模糊不清。导致这种现象的原因有三个：一是组织结构转换中，企业对如何进行组织结构调整的方法不甚明确，对未来新构建的组织结构没有明确的目标，因此在转型中需要长时间摸索和尝试，需要视内部由混乱到逐渐清晰而顺势调整。二是新旧组织交替需要一个过渡期。原有组织成员的行为习惯、沟通渠道和管理方式等都要因组织模式的变化而变化。因此，组织结构需要很长时间才能改变。三是管理人员由于惯性思维或既得利益等因素，当其地位、权力乃至心理上的安全感受到动摇或威胁时，会利用手中掌握的权力抵制变革。

战略的前导性和结构的滞后性提示我们，需要不断提高对宏观环境的预测能力，使新战略尽可能早地提出，从而为结构调整、抓住外部机遇留有更为充足的时间。同时，要不断增加组织柔性，减少组织结构调整的滞后性，加强对内部资源的掌控能力。

（二）战略类型与组织

战略必须具备的一个重要特性就是适应性。适应性强调企业要运用已有的资源和可能获取的资源，去适应外部环境和内部条件所发生的变化。这种适应是一种复杂的动态调整过程，要求企业在加强内部管理的同时，不断推出适应环境的有效组织结构。

1. 防御型战略组织

防御型战略组织追求的是一种稳定环境，通过创造稳定的经营领域，赢得一部分产品市场，即通过生产有限的一组产品，占领整个潜在市场的一小部分。在这个有限的市场中，防御型战略组织常采用竞争性定价或提供高质量产品等经济活动阻止竞争对手进入它们的领域。防御型战略组织要开辟的是一种可预见的经久不衰的市场，因此，技术效率是组织成功的关键。有的防御型战略组织通过纵向整合来提高技术效率，如将从原材料供应到最终产品销售的整个过程合并到组织系统内部。

在组织结构上，防御型战略组织常常采取机械式结构，其主要目的是通过行政管理保证组织严格地控制效率。该结构由生产与成本控制方面的专家组成高层管理团队，注重成本和其他效率问题的集约式计划，讲究集中控制和正式沟通，以利于产生并保持高效率，最终形成明显的稳定性。防御型战略组织适合较为稳定的行业，但潜在的危险是，难以对动态变化的市场环境做出快速调整。

2. 开拓型战略组织

开拓型战略组织与防御型战略组织不同，追求一种更为动态的战略，其能力表现在探索和发现新产品和新市场机会上。开拓型战略组织在寻求新机会的过程中，需要具有从整体上把握环境变化的能力。为了正确地服务于变化的市场，开拓型战略组织要求其技术和行政管理具有很大的灵活性。在工程技术问题上，开拓型战略组织不满足于现有的技术能力，避免长期陷于某种单一的技术，注重根据现在和将来的产品结构，确定并开发所需的技术能力。为此，着力于开发那些固定化程度低、例外性程度高的先导技术。

在组织结构方面，开拓型战略组织奉行的基本原则是灵活性，即不采取集中的计划和控制全部生产的方式，而是在大量分散的单位和目标之间调度和协调资源。为了总体协调，这类组织多采取“有机”结构，该结构一般由市场营销、研发等方面的专家组成高层管理团队，注重产出结果的粗放式计划，注重分散式控制和横向纵向间的沟通。开拓型战略组织在不断求变中，可以减少因环境动荡产生的影响，但要冒利润较低和资源分散的风险。在技术问题上，该类组织由于存在多种技术，很难发挥总体效率。在行政管理上，有时也会出现不能有效使用甚至错误使用组织的人力、物力和财力的问题。

3. 分析型战略组织

防御型战略组织与开拓型战略组织分别处于战略调整序列的两个极端。分析型战略组织处于中间，可以说是开拓型战略组织与防御型战略组织的结合体。这种组织总是对各种战略进行理智的选择，试图以最小的风险、最大的机会获得利润。分析型战略组织在寻求新产品和新市场机会的同时，注重保持传统的产品和市场。分析型战略组织的市场转变，是通过模仿开拓型战略组织已开发成功的产品或市场完成的。同时，该组织保留着防御型战略组织的特征，依靠一批相当稳定的产品和市场保证其收入的主要部分稳定。因此，成功的分析型战略组织既能紧随领先的开拓型战略组织，又能在自己稳定的产品和市场中保持良好的生产效率。

在技术问题上，分析型战略组织的两重性也表现得比较突出。这种组织需要在保持技术的灵活性与稳定性之间进行平衡。要达到这种平衡，该类组织需要将生产活动分成两部分，形成双重的技术核心。分析型战略组织的技术的稳定部分，与防御型战略组织的技术极为类似。为达到良好的成本效益，分析型战略组织按职能组织起来，使技术达到高度的标准化、例行化和机械化。分析型战略组织的技术的灵活部分则类似于开拓型战略组织。在实践中，分析型战略组织的双重技术核心，主要是由具有一定权力的应用研究小组来解决。在新产品方面，该小组可以找到解决现有技术的方法，不像开拓型战略组织那样，要花大量的费用才能进行研发。

在组织结构方面，分析型战略组织也具有防御型战略组织和开拓型战略组织的两重特点。一般来说，分析型战略组织在行政管理方面的主要任务是区分组织结构的各个方面，以适应既稳定又变动的经营业务，使两种经营业务达到平衡。这个问题可以由分析型战略组织的矩阵式结构解决。这种矩阵式结构在市场和生产的各职能部门制订集约式的计划，而在新产品应用研究小组和对产品经理制订粗放式的计划。同时，矩阵式结构在职能部门中实行集权控制机制，而对产品开发小组使用分权控制方法。

由于其经营业务具有两重性，该类组织不得不建立一个双重的技术中心，同时，还要管理各种计划系统、控制系统和奖惩系统。这种稳定性与灵活性并存的状态，在一定程度上限制了组织的应变能力。分析型战略组织如果不能保持战略与结构之间的必要平衡，那么它最大的危险就是既无效能，又无效率。

4. 反应型战略组织

以上三种类型的组织尽管形式不同，但在适应外部环境上都具有主动灵活的特点。从两个极端来看，防御型战略组织在其现有的经营范围内不断追求更高的效率，而开拓型战略组织则不断探索环境的变化，寻求新的机会。随着时间的推移，在一定程度上这些组织对外部环境的反应会形成相当稳定的模式。

在对外部环境的反应上，反应型战略组织采取一种变化不定的调整模式，缺少在变化的环境中随机应变的机制。它往往会对环境变化和不确定性做出不适当的反应，随后又会执行不力，对以后的经营行动犹豫不决。结果，反应型战略组织永远处于不稳定的状态。因此，反应型战略是一种下策。只有在防御型、开拓型、分析型三种战略都无法运用时，企业才可以考虑使用反应型战略。

综上所述，企业在发展的不同阶段应该采用不同的战略组织形式。一些企业在某些市场中取得领先地位，逐渐地采用防御型战略。为了降低成本、提高效率，企业将生产经营业务削减到少数几类产品，并将经营业务整合。但是，当企业的市场饱和后，大多数产品利润已经减少，企业如果还坚守防御型战略和结构，不愿做出重大的调整，必然在经营上遭到失败。

总之，前三种战略组织优于反应型战略组织。一个企业如果不是处于经营垄断或被高度操纵的行业中，就不应采取反应型战略组织形态，即使采取了这种战略组织形态，也要逐步过渡到防御型、开拓型或分析型战略组织形态。

第 6 节　战略与企业文化

企业文化是战略制定和执行的微观环境。优秀的企业文化既有助于战略制定，又可以推动战略的有效执行。为了战略的成功实施，企业需要建立与之相适应的文化，更何况建设优秀的企业文化本身也是战略的重要组成部分。

一、战略与文化的关系

20 世纪 80 年代初，哈佛大学教育研究院的教授特伦斯·迪尔（Terrence E. Deal）和麦肯锡咨询公司顾问艾伦·肯尼迪（Allan A. Kennedy）在《企业文化：企业生活中的礼仪与仪式》（*Corporate Cultures: The Rites and Rituals of Corporate Life*）一书中提出，企业文化是全体员工共同遵守的行为规范，这种规范往往是约定俗成的，并有各种各样用来宣传、强化这些规范、价值观念的仪式和习俗。现在，企业文化一般定义为：企业在生产经营实践中，逐步形成的且为全体员工所认同并遵守的带有本组织特点的使命、愿景、宗旨、精神、价值观和经营理念，以及这些理念在生产经营实践、管理制度、员工行为方式与企业对外形象方面的体现的总和。简言之，企业文化就是企业的共同价值观。

战略和文化互有重叠，相互影响。一方面，文化决定战略。如上所述，文化是企业的共同价值观和与之相连的各种制度和行为方式，由此可知，首先，文化决定了战略可能选择的范围，战略只能在共同价值观内选择，超出这一范围就难以被企业认可；其次，文化决定了战略执行可能采取措施的范围，也就是在行为规范之内选择措施；最后，文化所包含的管理制度、组织体系等会影响战略执行的效率。另一方面，战略改变文化。实际上，在制定和执行战略过程中，必然涉及新的领域或新的执行方式，所有这些都可能逐渐改变企业文化。

一般来说，与战略相比，企业文化具有较大的刚性，还具有一定的持续性，具有在企业发展过程中逐渐强化的趋势。当企业制定的新战略要求企业文化随之变化时，企业原有文化的变革往往非常缓慢，很难马上对新战略做出反应，原有文化很可能成为实施新战略的阻力。因此，在战略管理的过程中，企业内部新旧文化的更替和协调是战略实施获得成功的重要保证。

企业战略制定和执行人员还应该认识到，企业文化的改变非常困难，而且耗时耗力。原有企业文化持续时间越长、越成功，就越难以改变；企业规模越大，内部组织越复杂，则文化变革就越困难。如制造型企业向服务型企业转变时，首先要解决的问题就是如何改变众多管理人员的思维方式和行为方式，然后才是组织结构和制度体系等的相应调整。有人认为，既然文化具有延续性，可否通过引入大量新人来快速改变企业文化呢？事实上，这在操作上很难。一是大量引入的新人会产生与老人的融合问题；二是新人常需要老人引导，最终能否带入新文化难以估计；三是大量领导和员工的更换会导致企业混乱。因此，只有企业领导核心非常团结有力，且大量新人进入的是新设业务部门，新老矛盾不是很激烈，才有可能通过大量引入新人实现文化变革。

对战略的执行人员来说，文化的改变不是朝夕之间的事情，必须有计划、有步骤地实施。首先要使管理人员理解实施新战略的必要性及重大意义，并逐步向全员沟通宣讲，最终使新战略与员工的价值观念达成一致，从而实现企业文化的变革。

同时，战略家应当重视和保留现有企业文化中那些支持新战略的方面。当然，企业现有文化中与所建议的战略相矛盾的地方，也应当得到确认和改变。当环境发生改变时，现行的企业文化可能不再适应新形势和推行新战略的需要。在这种情况下，有必要在组织内部进行文化变革，以保证企业文化与企业战略之间的相互适应和彼此协调。

二、建立战略导向的企业文化

企业新战略的制定和执行有两方面的动因。一方面来自外部，如市场爆发式增长或快速萎缩，或竞争者战略调整导致企业面临极大威胁等；另一方面来自内部，如企业陷入危机，必须变革求生。为了发展或应对危机，企业必须推行新战略，并建立与之相适应的企业文化。为了使企业战略能够有效执行，企业必须建立以战略为导向的企业文化。

建立战略导向的企业文化应该从四个方面入手。一是领导要高瞻远瞩。以战略为导向的文化强调引领性、方向性、全局性、长期性和基础性。企业领导应深谙“定位决定地位，布局决定结局”，在企业文化建设中高度重视战略的作用，切忌将文化和战略相割裂。二是让战略体现出

鲜明的企业文化、人性化服务理念、一以贯之的诚信经营。

战略实践 9-3　胖东来：独特商业文化造就独特品牌价值

价值。战略如果不能产生切实的价值，就难以产生持续的变革激励，以战略为导向的企业文化也难以形成。这就要求在推行新战略的过程中，能让员工真切地感受到实实在在的绩效和阶段性的成果。三是注重引导。领导既是战略的制定者和主要推动者，也是企业文化塑造的导向者。企业文化看似很虚，实则无时不在、无处不有，看不见的价值观、理念、行为方式等是在每天的决策、做事、待人过程中逐渐形成的。因此，高层团队应根据战略的要求，加强对企业成员的引导，以增强对战略思想、战略目标、战略方针和战略举措的理解。四是注意清除战略推行过程中的障碍。必须在内部高举坚定变革的旗帜，通过对推动变革者的奖励和对抵制变革者的惩处，向全员传递改革势在必行的信息，同时，还应注意沟通，在推动变革中逐步消除阻力。

三、管理多元文化

常言道，一方水土养一方人。不同国家不同民族有不同的文化，即使是同一国家，不同地方也有各自特色鲜明的文化。如在中国，就有齐鲁文化、燕赵文化、中原文化、荆楚文化、岭南文化、巴蜀文化、吴越文化、关中文化和三晋文化等。对企业而言，由于员工来源的多元化、价值取向的自主化、战略风格的多样化和经营环境的多变化，企业将不同程度地遭遇跨文化管理的问题，特别是当企业实施国际化战略、多元化战略或并购战略等扩张战略时，更是如此。如何管理多元文化，如何避免多元文化的潜在冲突，是高层管理者必须面对的问题。文化冲突可能表现为业绩下降、人才流失、士气低落等，企业文化背景差异越大，在内部引起混乱和文化冲突的可能性就越大。

以并购战略为例，跨文化管理常用的方法有整合、吸收、分割和瓦解等多种。具体选择哪种方法，不能一概而论，需要处理好诸多关系和问题。其中，被并购企业成员在自身文化和并购企业文化之间倾向于选择何种文化尤其值得重视。整合是在合并双方的文化与管理方法之间寻求妥协和相对平衡，不对任何一方实施文化变革，在合并后的文化中仍保留双方相互独立的文化。吸收是一个企业的文化被另一个企业的文化主导。这种吸收并不是强迫性的，而是受被并购企业成员的欢迎。由于各种原因，被兼并企业认为自身文化与管理方法不再具有比较优势，而愿意自觉采用并购企业的文化。分割是把两家公司的文化分离开，使并购企业和被并购企业在文化上保持独立性。瓦解则是在一方不情愿的情况下，另一方通过施加强大压力使其文化瓦解，并把自己的文化与管理方法强加于对方。这种方法往往会产生大量的混乱、冲突、怨恨和紧张，导致被并购企业经营业绩下降，甚至最终分崩离析。因此，一般情况下不宜采用瓦解方法。

四、作为一种战略的企业文化

优秀企业都有自己优秀的企业文化。它们洞察顾客需求，关切顾客价值；它们尊重个性，鼓励创新，宽容失败；它们敢为人先，与时俱进；它们把员工看成关键资源，员工之间关系融洽，氛围温馨；它们追求卓越，讲究细节，总是设法将事情做到最好。

在企业发展过程中，企业文化至关重要，以至于成为企业成功的关键要素和核心竞争力。在如下几种情形中，企业尤其需要从战略的高度看待文化建设。

（1）在技术含量低、商业模式易于被观察和模仿的行业中，如餐饮业、宾馆服务业等，企业难以产生显著的技术创新差异或低成本优势，新的产品或服务模式又很容易被观察和模仿，这种情况下，文化就成为形成长期竞争优势的关键因素。只有优秀的企业文化，才能支持企业长期提供优质服务，从而超越竞争对手。

（2）大量同质中小企业竞争中，能脱颖而出的多是形成了优势文化的企业。企业在发展初期，资源条件和市场范围有限，很多企业缺乏创新能力，也就难以持续改进技术，提供差异化产品，因产品批量小，成本也很难控制在较低水平。但企业可以通过良好的整体服务占领地区市场，那些能逐步积累资源、不断壮大实现超常规跨越式发展的企业，通常是创建者为企业植入了独特鲜活且有强烈使命感的企业文化。

（3）在企业成长发展中，最容易出现问题的阶段不是稳定增长期而是高速扩张期，企业“突然死亡”也多是在高速扩张期。因为高速扩张中，企业资源迅速扩张，但控制资源的能力往往跟不上，从而造成投资失控，资源使用低效率甚至流失等情况最终使企业“失血过多而死”。一般地，企业的发展理念、管理模式、制度流程、行为方式等，如果跟不上资源扩张的步伐，就很容易导致企业内部管理混乱，最终陷入困境。发展理念、管理模式、制度流程、行为方式等背后的深层问题是文化，因此，越是高速发展的企业，越要重视企业文化建设，越应使文化成为企业战略的应有之义。

/ 本章小结 /

本章介绍战略实施阶段涉及的内容，包括战略实施的过程、阶段和基本原则，资源配置，战略力量场与变革管理，7S模型，战略与组织，以及战略与企业文化。总的来看，战略实施是解决“由谁做”和“怎样做”的问题。

任何一个战略都要有计划、有步骤地实施，战略计划和战略目标分解是实施战略的基础。计划和目标分解之后，涉及由谁做的问题，这就是资源配置所讨论的内容。战略的实施不是一帆风顺的，会遇到各种各样的阻力，这是变革管理的问题。战略还要求与之相适应的组织结构和企业文化，牵涉到组织结构的调整和企业文化的改变。

战略实施有八项基本任务，实施过程包括战略发动阶段、战略计划阶段、战略运作阶段和战略控制阶段。

在战略实施的过程中，企业必须对所拥有的资源进行优化配置，这样才能充分保证战略目标的实现。资源分析的根本目的是利用现有资源满足战略实施的要求。进行资源配置时需要遵循一定的原则，并重点做好人力资源和资金资源的分配工作。战略与资源之间是动态的相辅相成的关系。

7S模型指出了企业在发展过程中需要全面考虑的七方面情况，包括结构、制度、作风、人员、技能、战略、共同价值观。该模型也可以看作企业战略实施的内部系统环境和支持条件，只有七个方面协调配合，才能充分发挥战略的有效性。

企业战略决定组织结构的类型。针对具体战略应该采取与之相适合的组织结构。在企业不同的战略发展阶段，要采用不同的组织结构。

企业文化是决定企业成败的关键因素，战略与企业文化相辅相成。战略实施过程中，应该变革对战略实施形成阻碍的企业文化，建立适应新战略和新环境的企业文化，进一步促进更有效地制定和实施战略，以便形成良性循环。

/ 常用术语 /

战略计划（strategic planning）
战略实施（strategy implementation）
战略目标（strategic objective）
战略变革（change of strategy）
强制变革（force change）
教育变革（educative change）
7S 模型（7S model）
共同价值观（shared values）
股东满意度（stockholder satisfaction）
内部治理（internal governance）
组织结构（organizational structure）
企业文化（enterprise culture）
战略资源配置（strategic resource planning）
理性或自利变革（rational or self-interest change）

/ 思考题 /

1. 企业战略实施的主要任务有哪些？
2. 战略实施过程应遵循的基本原则是什么？为什么要遵循这些基本原则？
3. 战略目标的分解包括哪几个方面？各有什么作用？
4. 什么是 7S 模型？
5. 战略资源的配置原则是什么？
6. 基于战略的组织结构类型有哪些？各有什么特点？
7. 数字经济时代有哪些新型的组织形态？
8. 企业数智化转型中如何进行组织变革？
9. 战略与企业文化的关系是什么？为什么要建立战略导向的企业文化？

第 10 章 战略评价与控制

未来已来，唯变不变。

——佚名

战略管理是实现企业使命与目标的一系列决策和行动计划，任何行动从语义学的角度分析都会包含这样几个问题：做什么？由谁做和为谁做？怎么做？在哪里做和何时做？

——管理学家彼得·德鲁克

▶ 本章要点

1. 了解战略评价与控制的必要性和功能。
2. 掌握战略评价与控制的三项基本活动及不同活动间的关系。
3. 了解有效战略评价的标准。
4. 掌握建立有效的战略评价与控制的要点和原则。
5. 了解战略管理实践中存在的若干问题。
6. 掌握企业流程再造的实施原则和步骤。

▶ 课程思政元素

求真务实，科学理性精神；准确识变、科学应变、主动求变；底线思维，稳中求进，又好又快；“三新一高”；“十个坚持”；稳增长、防风险长期均衡；组织变革，流程再造，数智化转型；追求卓越，止于至善。

引 例

探索数字化时代下企业战略管理的变革与创新

随着数字化时代的到来，企业面临前所未有的机遇和挑战。数字技术的快速发展和普及，改变了企业经营环境和竞争格局，也对企业战略管理提出了全新的要求。在数字化时代，企业需要通过变革与创新来适应和利用新的机遇，以保持竞争优势。

过去，企业依赖于传统的信息传递方式，如内部邮件、纸质文件等。而如今，随着社交媒体、即时通信工具等新型信息渠道的出现，信息传递变得更加迅速和便捷。这种变化对企业的影响是深远的。一方面，企业能够更快地获取市场动态、竞争对手情报以及客户需求，为决策提供更加准确、及时的信息支持。另一方面，信息过载和真假难辨的问题也随之而来。大量无用的信息、虚假的信息甚至恶意的信息充斥着网络空间，给企业的信息筛选工作带来了巨大挑战。

数字化时代深刻改变了消费者行为，给企业带来了前所未有的挑战与机遇，传统的商业模式已经难以满足市场的需求，企业需要重新审视并创新自身的商业模式，以适应消费者的数字化生活方式。在数字化时代，消费者行为变得更加复杂和多样化，消费者更加注重个性化和定制化的产品与服务，同时对价格的敏感度更高。这种变化要求企业必须重新审视自身的商业模式，以满足消费者的需求。数字化时代下，企业战略管理的变革与创新显得尤为重要。企业需拥抱大数据、人工智能等新兴技术，挖掘信息的价值，制定精准的决策。同时，企业需具备柔性战略，灵活应对环境变化。创新是发展的核心动力，企业需突破传统思维，探索新的商业模式和技术应用。此外，开放与合作是数字化时代的必然趋势，企业应与合作伙伴共建共赢的生态圈。最后，领导力变革是关键，领导者需引领企业走向未来，实现可持续发展。在数字化时代，只有不断创新和变革，企业才能在激烈的市场竞争中立于不败之地。

资料来源：计飞．探索数字化时代下企业战略管理的变革与创新．市场周刊，2024，37（17）：5-8.

思考题：数字化时代对企业的影响体现在哪些方面？中国企业应如何将这种变化转化为战略价值？

第 1 节 战略评价与控制概述

企业战略应随着企业内外部环境的变化而变化。这些变化中既有战略方针与战略措施的变化，也有战略目标的调整，企业战略应与环境条件相符。此外，人们对未来预期的偏差、对内外部环境把握上的不确定，也会导致战略计划的非客观性、非理性以及战略实施的欠操作性。在战略实施过程中还可能出现操作失误，从而降低企业战略的预期效果。因此，企业要使战略能够不断顺应多变的内外部环境，除了要使战略决策具有一定的灵活性，还必须加强对战略实施的评价与控制。实际上，战略评价与控制从来都是战略管理过程中不可缺失的重要环节。

如图 10-1 所示，战略评价作为整个战略执行中的重要一环，不仅在战略实施的最后阶段需要，而且在战略实施的每一个阶段都需要。通过战略评价可以及时发现战略预测与现实之间的差异和执行过程中的偏离，以便进行及时调整。战略评价还是战略控制的主要手段，战略评价和战略控制紧密相连。战略评价是为了发现问题，而战略控制的主要目的是解决问题，旨在确保战略实施更好地与企业当前所处的内外部环境和企业目标协调一致。

战略评价与控制的必要性是由企业内外部环境的多样性、多元性和多变性所决定的。在战略实施的过程中，有多重因素会导致战略发生偏差，既有人为因素，也有不可抗力因素；既有主观影响因素，又有客观制约因素。作为企业战略管理中的一个必要步骤，战略评价与控制有助于企业解决以下问题。

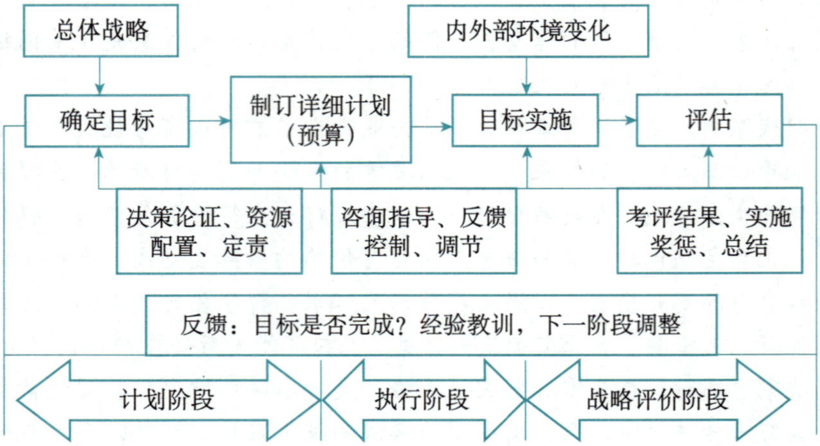

图 10－1 企业战略执行流程图

一、战略共识

一般地，组织由若干业务单元和专业部门组成。通常各个单元都有自己的经营责任和部门利益。在传统的考核方式和财务指标的驱使下，营销部门考虑如何扩大市场份额，生产部门考虑如何降低库存，财务部门则考虑如何降低成本和提高投资报酬率。各个部门在追求各自目标最优化或部门利益最大化的同时，可能对企业的整体战略造成伤害。

即使在同一部门内，随着组织层级的降低，员工对企业战略的了解随之减少。调查表明，大多数企业中只有不到1/10的员工知道企业的战略规划，而且他们对战略与自身工作的联系不甚了解。目前，尽管越来越多的管理者认识到企业上下达成战略共识的重要性，但由于企业战略的高度复杂性，如何向员工清晰地表述和传递企业战略具有很大的挑战性。若不同部门管理者对战略的具体含义缺乏共识，他们难免会根据各自的理解制订与总体战略协调性差的工作计划，结果可能使得各部门行动不一、各行其是，这无疑会降低企业战略规划与实施的效果，甚至导致企业无法实现既定目标。

战略评价与控制为企业提供了一个重新审视战略的机会，为企业上下形成战略共识提供了制度保障。通过战略评价与控制，企业整体运作和局部行动与战略目标和年度目标相一致；同时，敦促各项既定方案得到切实执行和贯彻落实，促使组织成员重新检视工作中的不足以持续改进。战略评价制度使组织内部各级员工将评价指标与自身工作挂钩，从而加深对企业战略的整体把握。

二、分工协作

战略评价与控制有助于组织成员之间对战略运作达成一致，有助于各部门分工协作。多数情况下，即使人们对企业战略已经达成共识，但在操作层面如何使战略实际有效地运作起来还存在很多争论。战略评价与控制从企业的战略目标出发，将考核指标层层分解到公司、部门和员工。这样，不仅能帮助公司形成纵向的目标链，实际上也要求公司加强目标的横向联系，推动部门之间的协作与配合，促使高层管理者在总的经营目标与不同经营单位存在分歧的领域建立共识，发挥团队精神，确保各部门的分工协作与协调一致。

三、适应环境

本书前面的章节已着重阐述了外部环境分析在制定企业战略中的重要性。诚然，只有充分了解外部各种影响因素，明确自身面临的机会与威胁，才能提高企业战略的准确性与适应性。然而，企业外部环境始终处于不断变化之中，企业面临的宏观环境，包括政策法律、经济金融、技术工艺乃至社会文化等宏观因素，哪怕是细微的变化，都可能导致企业战略的实施效果打折扣。具体到企业所处的产业环境，无论是利益相关者的利益诉求，还是供求双方的实力对比等，也都处于变动不定的状态。企业面对的竞争环境更是瞬息万变，所有这些都可能导致战略制定与战略实施之间的脱节。战略评价通过重新审视企业所处外部环境的机会和威胁，分析企业自身的优势和劣势，度量经营业绩，找出问题以支持后续的战略控制。在控制环节，通过采取纠正措施，提高企业战略的灵活性与适应性。

通过“关系嵌入”和认知调整，有效化解跨国经营中的合法性危机。

战略实践 10-1　爱菊公司的本土化适应路径与合法性构建

四、战略执行力

再好的战略，如果缺乏强有力的执行也难以有效实现，创造出真正的竞争优势更是空谈。在实际操作中，建立一套严格的战略评价与控制体系，是行之有效的提高企业战略实施效果的重要手段。

在各个不同的阶段，企业通常会根据整体战略目标分解出若干量化的子目标或考核指标，如果没有严格的绩效考核制度和监督机制，这些目标可能落空或使考核流于形式，尤其是在员工的工作主动性差、责任心不强、遇事互相推诿的情况下，大量工作不能按时、按质、按量落实与完成的情况时有发生。建立战略评价体系有利于及时发现问题、纠正问题，有利于全面提升和强化企业的战略执行力。

第 2 节　战略评价与控制的三项基本活动

按照战略评价与控制的职能，企业战略评价与控制存在三项基本活动：（1）考察企业战略的内在基础；（2）战略绩效的度量与偏差分析；（3）采取纠正措施。这三项基本活动分别承担了对战略实施条件的审视、对战略实施效果的评价和对战略基于反馈的调整。三项基本活动之间在时间顺序上前后连接，相互联系，构成战略管理的评价与控制功能。

一、考察企业战略的内在基础

无论何种战略对其运用环境都有一定的要求。战略制定者在制定战略规划时，不仅要考虑当时企业内外部环境的真实情况，而且要针对当前不可测量的以及将来不可预知的环境变化做出若干假设，正是这些信息和假设构成了企业战略的基础。因此，环境的变化必然影响企业制定战略的准确性和实施战略的适应性。

战略评价与控制的第一步是对企业内外部环境进行考察，尤其要关注关键战略因素的变化。关键战略因素如图 10－2 所示。

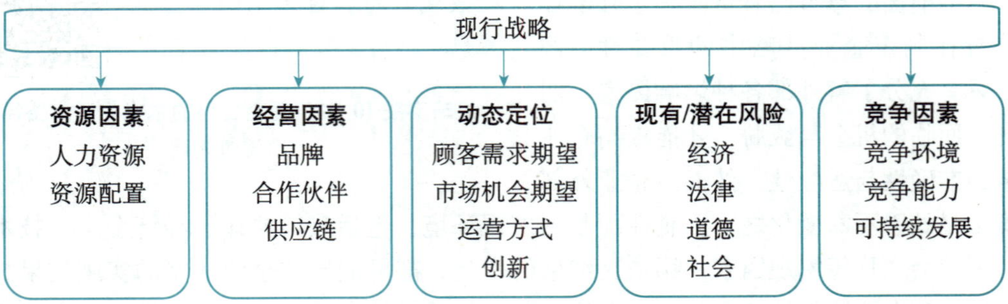

图 10－2　关键战略因素

考察需要做以下工作。

（一）检验制定战略前提的可靠性

制定战略的前提条件是对关键战略因素进行预测并做出相应假设。如果某个关键战略因素预测错误，那么以它为基础制定的战略的适应性与可靠性将大打折扣。这些假设包括：对外部环境及其变化趋势的假设，对自身根本目的的假设，对自身竞争优势的假设等。战略评价就是要适时动态地检查企业对这些问题的判断是否符合现实。

（二）识别关键战略因素的变化

关键战略因素包括企业外部因素与企业内部因素，这些因素的任何变化都有可能影响企业战略管理的效果。从外部看，包括竞争者行为、需求变化、技术变化、经济状况变化、政府行为等；从内部看，包括员工素质、资源配置、动态定位、运营方式、品牌声誉和创新能力等。

（三）将关键因素的变化与战略实施紧密联系

在识别环境关键战略因素变化的基础上，系统收集、分析、研究这些变量之间的相互作用关系，将预测到的关键因素变化与战略实施紧密联系，对不同寻常的威胁或机会形成监视报告，提交下一程序进行评审。

二、战略绩效的度量与偏差分析

企业战略绩效的度量与偏差分析，是将战略规划中的目标与实际结果进行比较，找出实施战略规划过程中已取得的成绩，分析实际成果与评价标准的差距及其产生原因。这是发现战略实施过程是否存在问题和存在什么问题以及为什么存在这些问题的重要步骤。

发现偏差之后，企业首先要做的是分析偏差的性质：偏差是否可以接受？如果偏差不大，或者偏差无关大局，或纠正它要花太大的成本，那么最佳的选择是做适度微调。

此外，在评价工作业绩时，企业不仅要将本企业的业绩与评价标准或目标进行比较，而且应当将自己的实际工作业绩与竞争对手相比较。这有助于企业发现自身的弱点，以采取适当的纠正措施。

评价后应分析偏差产生的原因，作为拟定纠偏措施并付诸行动的依据。实践证明，在原因不明的情况下拟定和实施纠正措施常会事倍功半，或者是即使这次纠正了以后还会再次出现此类偏差。偏差出现的原因是多方面的，需要认真加以分析。偏差可能是战略目标和战略本身的问题，即战略目标、战略规划与控制标准本身定得不科学，也可能是由于客观环境发生了始料未及的变化，原来的目标、战略或实施计划不再适应新形势的需要，偏差还可能出现在战略实施中，这时就需要把承担责任的部门找出来。总之，偏差分析需要把战略本身的问题与战略实施中的问题区分清楚。对属于战略本身或实施的原因造成的偏差，需要通过调整战略和修改标准加以纠正。

三、采取纠正措施

战略评价与控制的最后一个步骤是采取纠正措施或实施权变计划。针对偏差产生的主要原因，管理者在战略控制中可以采取的处理措施有以下三种：

（1）对于因工作失误造成的问题，控制的办法主要是加强管理和监督，确保工作与目标接近或吻合。

（2）如果目标或战略不切实际，控制工作主要是按实际情况修改目标或战略。

（3）若是环境出现了重大的变化，致使战略或计划失去了客观的依据，那么相应的控制措施就是制订新的计划。

战略控制的方式根据进行的时间、控制的内容和企业组织层次，可以做如下划分。

（一）按照时间划分的控制方式

按照战略实施与战略控制的时间先后顺序，战略控制可分为：

（1）事前控制，是在战略实施之前进行的控制活动。它是利用企业对内外部环境的分析和预测，尤其是对可能出现的影响战略执行的各种重要事项进行预测，做出预案和计划安排。事前控制是战略控制中最重要、最有价值但也是最难做到的一环，关键问题在于对关键事项的预测和判断。

（2）事中控制，是在战略实施过程中进行的控制，主要用于控制关键战略的实施。为了保证关键战略的顺利实施并能够发挥预期的关键作用，组织中的高层管理者往往会随时随地监测、控制关键性的战略活动或整个战略实施过程。因为高层管理者时间和精力有限，事中控制往往只能关注关键事项。因此，判断哪些是需要重点关注的关键事项是事中控制的重点。

（3）事后控制，是在战略活动完成之后进行的控制。它是根据当期的战略执行结果与期初设定的战略目标相比较，根据偏离的程度提出相应的调整措施，并指导下一轮的战略执行。在相对稳定的环境中，经过几轮这样的调整，计划基本能与执行相一致，尤其是在制造业中。事后控制的关键在于计划目标制定是否合理，能否成为检查实际成果的标尺。如果计划得当，事后控制执行就比较简单，而且费用低。但事后控制属于“亡羊补牢”型控制，无法挽回当期的损失。

（二）按照内容划分的控制方式

按照控制所涉及的内容，企业战略控制可分为：

（1）财务控制。通过预算、确定收益率等财务数据达到影响战略活动进而实现战略控制的目的。

（2）生产控制。生产控制对产品的生产过程以及服务过程进行控制，还可以再细分为产前控制、产后控制和过程控制三种形式。

（3）营销控制。在对企业市场营销环境进行调研分析的基础上，对按年度制定的企业及各业务单位的营销目标，以及实现这些目标所应采取的策略、措施和步骤，进行修正与控制。

（4）质量控制。质量控制是为了达到规定的质量要求，预防不合格产品的重要手段和措施。组织应对影响产品、体系或过程质量的因素予以识别和分析，找出起主导作用的因素，实施因素控制，才能取得预期效果。

（5）成本控制。成本控制是在产品的制造过程中，对成本形成的各种因素，按照事先拟定的标准严格加以监督，发现偏差就及时采取措施加以纠正，从而将生产过程中的各项资源消耗和费用开支控制在标准规定的范围之内。

财务战略矩阵能够有效展示企业资金状况和价值创造能力。

战略实践 10-2　东方精工：智能制造企业财务战略评价

（三）按照企业组织层次划分的控制方式

一般说来，可以把企业组织自上向下划分为三个层次：上层管理者、中层管理者、基层管理者。企业的战略控制系统也可以对应地划分为以下三个层次的控制方式：

（1）经营控制。企业的上层管理者对企业的战略管理起到主要的领导作用。他们不仅要为整个企业设立战略经营目标，而且要在一定的间隔时间内了解、预测和控制整个企业战略活动的总业绩。只有这样，他们才能确保战略计划全面实施，并在环境发生重大变化时及时调整战略计划。

（2）管理控制。企业中层的生产、技术、供应、销售、人事、财务等部门，按照专业工作的性质、内容、范围、要求和现实条件设立分目标，建立相应的控制标准，并采用适当的方式和方法控制各自部门的工作。

（3）监督控制。企业的基层管理人员通过制订作业计划和进度计划以及收集下属员工的活动信息，确保日常活动按照事先的计划顺利进行。

四、三项基本活动之间的关系

战略评价与控制是一项系统工程，三项基本活动之间的关系如图 10-3 所示。考察企业战略的内在基础、战略绩效的度量与偏差分析构成了战略评价的内容；采取纠正措施是战略控制的手段。在企业实际绩效未达到战略预期目标前，战略评价和战略控制构成一个前后衔接的闭环系统。

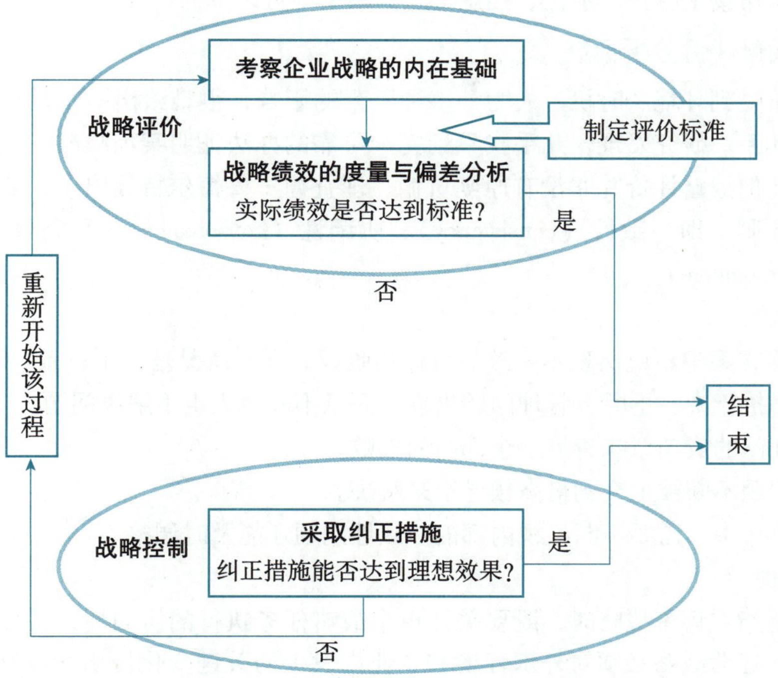

图 10－3　企业战略评价与控制程序图

第 3 节　有效的战略评价与控制

战略评价与控制是战略管理的重要环节，其主要职能是在战略实施的过程中发现问题和纠正问题。不言而喻，不同的战略评价方法和战略控制手段会对这一职能的实现产生不同的效果。因此，应该根据现实需要来选择恰当的战略评价与控制方法。

一、有效的战略评价

（一）有效战略评价的标准

（1）兼顾长期和短期。对战略进展的评价既要立足当前状态，也要根据内外部条件的变化趋势，研判战略在未来时期可能出现的结果以及与预期目标的偏差，使战略评价具有现实性和前瞻性。

（2）充分的反馈。有效战略评价的充分性体现在两方面：一是战略评价的内容是对战略目标的充分描述，即评价的内容全面且与企业经营目标直接相关；二是能对战略实施中出现偏差的原因进行准确把握和系统分析，能够向管理者提供改善企业经营的有用信息。

（3）及时的反馈。评价活动应能及时提供反馈信息，这种及时性因分析目标的不同而有所区别。在一些情况下，管理者需要掌握当日的最新信息，而在另一些情况下，给管理者提供信息的频率和时效可以适当放宽。比如，若企业拟通过收购另一家企业来进行多元化经营，就需要及时、快捷、实时地得到各种反馈或评价信息，而对研究与开发部门来说，从市场上收集、加工、提炼信息的频率则可以降低。

（二）战略评价分析标准

战略评价受到环境、时机、人为等多种因素的影响，很难给出一个具体统一的分析标准和评价体系。研究发现，几乎找不到完全可靠的办法证明某项战略一定是最好的或一定会成功。但战略评价并非没有原则可循。理查德·鲁梅尔特提出了战略评价的四个标准或四项原则，即一致性（consistency）、协调性（consonance）、可行性（feasibility）和优越性（advantage）。

1. 一致性

一个战略方案中不应出现不一致的目标和政策。下列情况是“不一致”的典型表现：

- 在战略执行中，不断有管理问题出现，而且不断换人也不解决问题。
- 一个部门的成功意味着另一个部门的失败。
- 政策问题不断被上交到最高领导层来解决。
- 战略执行中，需要不断检视内部的一致性问题才能及时调整。

2. 协调性

协调性是指在评价战略时，既要关注单个战略任务执行的协同性，又要关注战略组合的匹配性，经营战略必须对外部环境和企业内发生的关键变化做出适应性反应。协调性问题之所以经常出现，是因为外部因素常与内部因素纠缠在一起，相互影响，很难判断究竟是哪一个或哪一些因素在起主导作用。例如，幼儿园数量的迅速增长便是多种因素共同作用的结果，这些因素包括平均受教育水平的提高、通货膨胀的加剧以及妇女就业的增多。尽管单一的经济趋势和人口状况看上去多年保持不变，但各种因素和变化趋势的相互作用一直存在。

3. 可行性

企业所能调集的各种资源是战略制定和执行的硬约束。通常财务资源就是战略制定最直接的硬约束，对于战略选择来说，更重要的制约因素是企业的人力资源和组织能力。一个好的经营战略不仅不能浪费资源，还不能超出企业现有的资源，否则，就只能是一厢情愿或勉为其难。需要指出的是，尽管可用（存量）资源的约束是刚性的，但挖掘（增量）资源的方法是多样的。以融资为例，内部财务公司、销售回租安排及将厂房抵押与长期合同挂钩等方式，均可有效地用于协助在快速扩张的产业中获得关键优势。在评价战略时，不仅要注重过去所执行的战略是否充分利用了企业的各种资源，还要看战略是否激励企业通过各种创新手段来扩大战略的资源基础。

4. 优越性

战略执行必须能起到保持和增强企业现有竞争力的目的。竞争优势的来源很多，天时、地利、人和都可以成为企业的竞争优势。按照以沃纳菲尔特、巴尼、柯林斯、蒙哥马利等为主要代表的资源学派的观点，只要是拥有较竞争对手更稀缺的资源，如企业的技能、文化、销售网络、独特的位置等，都有可能获得竞争优势。不仅如此，对资源的合理配置也可以提高整体效能，军事理论家、棋手和外交家等早就深谙此道，这一道理亦为越来越多的企业家所熟知。

在竞争中的定位，形成占优的位置，也可以发挥关键作用。位置优势可视为一种势能优势，“势”作为一种客观的、不以人的意志为转移的力量，“从高趋卑，从大包小，不容违阻之谓也”。“凡言势者，皆顺而不逆之谓也”“一动而不可止者，势也”。在评价战略时，应当考察战略与企业现有位置之间的关联以及现有位置的优越性。

诚然，好位置的优势至少有两点：一是具有防御优势，即对手攻占这一位置需要付出巨大的代价，这会阻止竞争者向本公司发动全面进攻；二是具有自我延续性，即只要基础性的关键内外部因素保持不变，位置优势便趋于自我延续，换言之，占有该位置的企业能从持续运用某种经营战略中获得稳定的优势，而不在该位置上的企业，即使模仿也难以获得同样的优势，因而地位牢固的公司很难被搞垮，尽管它们可能只是业绩平平。

此外，诸如帮贫扶弱、慈善捐赠、热心公益以及践行互利共生、合作共荣和促进社会公平正义、共同富裕等行为，这些彰显经济价值之外的社会价值的善行义举，也能很好地体现道义上的优越性。

（三）战略评价实施的要点

战略评价是一个主观的过程，但要得到客观的结果，评价中应注意以下四个方面。

1. 信息收集要准确、全面、及时

信息完备、及时反馈是实现有效战略评价的理想状态。战略评价的准确性与评价所依据的信息质量具有高度的相关性。信息收集工作的好坏直接关系到整个战略评价的质量。为了保证信息收集的质量，应坚持以下三个原则：

（1）准确性。该原则要求所收集的信息真实可靠。信息的真实性需要多渠道检验，只有通过大量不同渠道来源的信息互相印证，才能获得相对真实的信息，其代价是需要大量的时间和投入。为了提高信息的准确性，应设法将不同部门掌握的信息组织起来，集中到一个平台进行分析和比对，这既能降低信息收集的成本，又可提高信息的准确性。企业应根据自身实际，逐步建立和完善信息收集、整理、分享的平台，进而提高信息的准确度。

（2）全面性。该原则要求所收集的信息广泛、全面、完整。为了掌握战略执行的全貌，必须广泛全面地收集信息。但任何时候都不可能拥有绝对全面、完整的信息，在信息不完备情况下，应参考部分的主观评价，以弥补信息不全造成的评价偏差。

（3）及时性。信息只有及时、迅速地提供给使用者才能有效地发挥作用。如果不及时，信息效用将显著降低。实践中要保证信息及时，除了获取和传递信息的渠道要通畅，还必须在企业内部建立高效的信息传递网络。

2. 战略评价要适度

适度原则既包括评价项目的适度、评价频率的适度，又包括评价活动力度的适度。评价工作业绩时尤其需要注意在何时、何地以及间隔多久进行评价。为了提供充分及时的信息，应当经常评价工作业绩。但如果评价活动过分烦琐，人们会产生不胜其烦的情绪，一系列负面问题随之产生；过于频繁的评价活动，会导致评价费用升高，还会消耗大量的人力资源和时间资源。因此，应根据所评价问题的性质及对战略实施的重要程度，确定合理的评价频率与深度。

新视角　调查方法

3. 评价指标要全面

全面性原则既包括评价项目的全面，又包括评价跨度的全面。战略评价项目不能仅仅局限在财务指标，还应该对经营指标、顾客指标、人力资源指标等进行全面评价。在这方面，平衡计分卡的评价指标体系很值得参考。企业战略评价指标不能仅仅局限于自身的业绩表现与战略目标，还应该综合考虑行业市场以及竞争对手的情况，通过横向对标，企业可以更好地认识自己的优势与不足。企业战略评价还必须兼顾长期与短期指标，从而认清形势、明晰现状、加强管理、加快发展。

4. 评价要重激励而不是重惩处

战略评价的重点是提供正向激励，从而树立战略执行的标杆，以推动有利于战略执行的行为持续进行，在这方面日本企业的做法给了我们很好的启示。日本的很多企业实行终身雇佣制，没有全面的年度绩效评价问题，对于员工更多考虑的是他有什么长处，适合做什么，而不是他做错了什么，他哪方面能力较差。因为在终身雇佣制下，找缺点的评价方式得到的结果几乎没有任何意义。同样，战略评价的目的不是找出执行较差的人，而是推动战略更好地执行。

二、有效的战略控制

要实现有效的战略控制，应该遵循以下几项原则：

（1）适度控制原则。战略控制依据计划展开，但并非刚性执行计划，而要有一定的弹性。适度原则包括两个方面：一方面，控制的时间不宜过短。战略推进需要一定时间，目标也应有一定的严肃性。如果控制的时间过短，目标调整过度频繁，不仅无益于战略推进，反而会使执行者无所适从，失去方向。另一方面，不要过度执着于战略目标，而应该评价战略执行的方向是否正确。不管是短期还是长期，战略目标都会随着内外部情况的变化而有所调整，不同的人执行战略也会有步调的差异，不可一概而论。只要战略执行的方向正确，就无须进行全局性调整，否则会引起不必要的混乱。

（2）重要性原则。战略控制和战略调整都需要时间和投入，对于战略执行所依据的计划来说，需要确定目标的上下限，如果在区间内波动，则不必进行调整，只有在突破上下限时，才需要有针对性地纠偏。换言之，就是对影响战略执行的重要事项进行控制，从而降低战略控制的成本，保证战略执行的顺畅。

（3）例外原则。只有在战略预测与实际差异达到一定程度，出现例外事件时，才有必要调整战略，或对战略执行进行调控。

（4）适应性原则。不同部门和业务单元在战略执行中的作用是不同的，战略控制也应该根据不同单元在战略执行中的职责进行控制。

（5）激励为主原则。战略控制的目的是执行，控制如果能让战略执行者切实体会到执行的利益，就更有利于激发执行战略的愿望。因此，对有效执行战略的部门或个人进行激励有利于强化战略执行，而惩罚很难达到同样的效果。

（6）信息反馈原则。战略控制中的信息反馈包括两个方面：一是对战略预测中的各种前提是否正确进行反馈，以便进行战略调整；二是对战略执行中的各种信息进行反馈，以便进行战略控制和调整。

三、战略管理实践中的若干问题

（一）重规划而轻实施

一个完整的战略管理过程可以分为三个阶段，即战略规划、战略实施以及战略评价与控制。这三者相互联系，相辅相成，三位一体，缺一不可。如果没有合理的战略规划作为指导而盲目进行战略执行，那么企业运营必然会陷入一团乱麻；相反，如果没有后续的战略实施予以落实，不管多么正确的战略规划最终都归于空谈；战略实施过程中，由于环境变化、判断失误、管理者能力局限等诸多原因，无论是战略规划还是战略实施，都可能出现无法预料的误差，此时战略评价与控制就显得尤为重要了。相对而言，一些企业倾向于把战略管理的重点放在战略实施与控制上，而另一些企业则恰恰相反，战略管理中虎头蛇尾、重规划轻实施的现象十分普遍，从深层次看这是不同企业管理的弊病。许多企业在制定战略阶段投入了极大的热情与资源，但随着实施阶段复杂程度的加深，热情不断消磨，到了评价与控制阶段更是草草了事，最终导致战略管理的效果大打折扣。

（二）重整体而轻局部

企业战略是一个系统的整体，由公司战略、事业部战略和职能战略三个部分组成。这三个层次的战略有机结合、相辅相成，构成了一个完整的企业战略体系。三个层次的战略都是企业战略管理的重要组成部分，但侧重点和影响范围各不相同。公司战略作为企业最高层次的指导战略，侧重于从全局出发确定企业的经营业务范围并进行资源配置；事业部战略是公司战略的具体表现形式，目的是使企业在所处行业与市场中形成竞争优势，获得超过竞争对手的利润率；职能战略主要涉及企业各职能部门，目的是提高组织效率和资源配置能力。战略管理正是通过这样一整套体系制定企业的使命、目标、实施步骤来协调企业各部门的活动，从而使管理工作总体上达到最优。许多企业的战略管理工作普遍存在战略整合性和协调性差的问题，突出表现为门户之见严重，互相扯皮推诿，协调困难，企业高层管理者不得不花费大量精力协调各方关系，造成战略管理的不和谐以至于失调。

（三）战略缺乏企业自身特色

企业战略规划受制于企业的内外部环境和主客观条件，没有一种放之四海而皆准的普适战略。同一行业的不同企业、同一企业在不同发展时期有不同的战略，同一战略放入不同企业，其实施效果也会有很大差别。此外，战略制定者不同，其对企业内外部各种因素的假设与判断不同，制定出来的战略也必然有所区别。再者，战略需要适合它的组织结构为支撑，否则会妨碍战略实施，影响企业绩效。从这方面讲，不同企业应该根据自己的组织结构进行战略规划，或者根据战略规划变革组织结构。

国际决策中心（DPI）董事长、著名战略咨询家米歇尔·罗伯特在《超越竞争者：战略思考的力量》一书中明确指出：“企业取胜需要一个有特色的战略”“模仿就是自杀”。然而，一些企业的战略管理经常生搬硬套、人云亦云，没有结合自身实际情况而盲目照搬、复制成功企业的战略，其结果可想而知。

（四）实施过程中缺乏动态控制

正如前文所说，战略分析与选择、战略实施以及战略评价与控制是企业战略管理过程必不可少的三个组成部分。一旦发生计划不周、战略失误、企业内外部环境出现重大变化等问题，企业的当务之急就是进行战略调整以适应竞争需要，这就是战略评价与控制的功能。当前，战略评价与控制之所以是企业战略管理的工作重点，原因在于企业竞争环境的急剧变化要求企业必须练就一种应付动态竞争的能力。随着我国经济体制改革的深化、经济与世界接轨以及国际化的加速，中国企业的竞争环境越来越复杂，动态竞争的特征越来越显著。这就要求企业摆脱以往僵化的战略管理思想，建立起动态控制的管理机制。那些曾经成功的企业尤其要注意，不应一味迷恋于自己过去成功的模式，不应用静止的观点来看待战略。昨天的成功、今天的辉煌，并不必然预示着未来的成功与辉煌，一时的强势、胜势不会自动转化为持续的竞争优势。企业若不能适应外部环境的新变化，由优转劣、由强转弱、由盛转衰在所难免。

第4节　企业流程再造

一、企业流程再造概述

（一）企业流程再造的产生与发展

企业流程再造（business process reengineering，BPR）于20世纪80年代末90年代初在美国兴起，并迅速风靡世界，被誉为第二次世界大战后自全面质量管理以来的又一次管理变革运动。20世纪70年代，以日本为先导的全面质量管理，强调流程思考和流程改善，把流程思考和流程改善的思想放在更广泛的企业管理范围内加以运用。日本质量专家认为，只要把流程管理好，输出的产品和服务质量自然就好。到了80年代中后期，许多大公司，特别是美国和欧洲的一些大公司，开始怀疑这种连续改善能否满足企业变化的需求。信息技术的飞速发展为流程的彻底改善提供了可能。随着“价值链”概念的大行其道，“为制造而设计”“并行工程”等思想应运而生。这些思想的共性在于把关注的焦点由某一职能的流程扩展到跨职能的流程，以信息技术和组织调整作为整个流程改善的推动器，追求流程的巨大改善。企业流程再造把这些思想推广应用到制造企业外的各行各业，推广到整个企业的所有流程。1990年美国著名企业管理大师、麻省理工学院教授迈克尔·哈默首先提出了企业再造理论，随即掀起席卷欧美国家企业的管理革命浪潮。

企业流程再造的主要过程如图10－4所示，由系统诊断开始，经过总体建模、重新设计、试运行等几个主要程序。

（二）企业流程再造的核心思想

企业流程再造的核心思想是，以企业长期发展战略需要为出发点，以流程价值再增值设计为中心，强调打破传统的职能部门界限，提倡组织改进、顾客导向及正确地运用信息技术，建立合理的企业流程，从而使企业适应日益加剧的市场竞争和瞬息万变的外部环境。

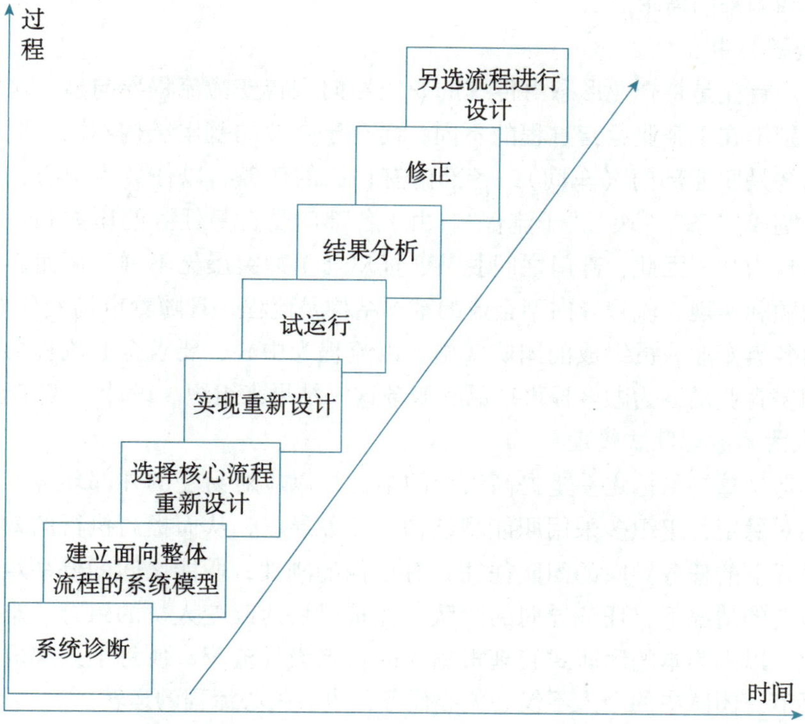

图 10－4 企业流程再造的主要过程

企业战略对于企业流程再造具有极其重要的导向作用。企业实施流程再造时，应当确保流程再造能够体现战略发展的方向，再造后的流程能够服务于企业战略要求。这两点必须始终贯穿流程再造的全过程，即从蓝图的描绘、流程的识别、流程的分析、流程的再造，直到流程再造后的评价和检测工作的全过程。

二、企业流程再造的实施

（一）企业流程再造实施应遵循的原则

1. 以提高企业核心能力为目标

企业要想在激烈的市场竞争中立足，必须不断培养和创新自己的核心能力。一些企业热衷于资本运营或资本扩张，还有一些企业虽然十分重视自身产业结构、产权结构和产品结构的调整，但大多停留在表面。企业要获得良好的发展机遇，实现长治久安、基业长青，必须充分搞好最基本的内部流程重组，以现有核心能力为基础，多角度全方位地思考所有流程，大胆取舍，使企业系统绩效得以优化，整体水平得以提升。

2. 以市场为导向

在卖方市场时代，商品供不应求，企业市场竞争意识淡薄。随着市场经济的逐步深化，市场竞争越来越激烈，企业只有通过“关注客户→捕捉客户需求→实现客户需求→达到客户满意”来争取市场份额，才能实现效益最大化。因此，在流程再造过程中，需要通过市场调研了解市场信息，将市场调研规范为企业日常经营活动的重要环节，充分考虑直接影响企业经营活动的三大要素——客户、竞争者和政策环境，致力于发现和理解顾客当前和未来的需求。

3. 以流程为中心

流程再造首先是将企业形态由传统的职能导向型转变为流程导向型。这两种企业形态的本质区别不在于企业运营过程的不同，而在于企业的基本结构不同。职能导向型企业的基本结构是职能部门（车间），各部门有自己的任务，以任务为中心，是将企业流程人为地分割成“条”“块”“子流程”。由于各部门受自身任务的压力和自身利益的驱使，难免各自为政，因此，部门之间脱节、扯皮乃至冲突屡见不鲜，从而影响企业整个流程目标的顺利实现。流程导向型企业的基本结构是流程，且随着市场变化而不断改变。每个流程由各类专业人员组成的团队实施。以流程为中心，要求企业流程再造围绕结果进行，即围绕企业最终为顾客提供产品和服务这一结果来组织、设计、实施流程。

4. 以人为本的团队式管理

流程再造的重要目标之一是提高组织的柔性，以应对易变的外部环境。传统管理中外部环境相对稳定，组织多采用职能型结构、任务导向，从而提高执行的效率。但在职能型组织模式下的任务导向的团队往往具有很强的刚性，职能之间的壁垒难以打破，在外部环境多变的情况下，任务导向的团队往往难以快速改变人员的组合，难以适应外部市场的变化。以人为本的团队式管理根据人的特点设计流程，使每个人都成为流程中的一个重要环节。团队中的个人不仅会关心任务，也会关心流程的运转。

（二）企业流程再造的实施步骤

组织结构变革、业财融合、财务核算、预算管理、资产管理、风险管控。

战略实践 10－3　传统制造向智能制造转型下的企业财务流程再造

企业流程再造是一项艰巨的工程，要获得成功，不仅需要清晰合理的计划，还需要巨大的勇气与魄力。在任何一个流程再造计划中，组织都需要识别增值业务活动和非增值业务活动，并尽可能降低后者的比例，以达到为顾客提供更多价值的目的。尽管实施企业流程再造并没有一个固定的模式，但可参考如下基本步骤。

1. 流程诊断

流程再造建立在对原有流程充分认识的基础上，需要对原有流程进行全面的功能和效率分析，发现存在的问题。在查出流程中的问题后，还要针对具体问题分析原因。流程的问题既可能源于流程本身的混乱，也可能源于流程之间关系的不协调。由于企业的各种流程存在相互联系、相互制约的关系，企业应特别重视流程之间的相互作用和匹配，不仅要对单个流程进行合理的整合，还要加强流程网络的总体规划，使流程之间彼此协调，减少摩擦和阻力，降低系统内耗。

2. 流程再造策略

企业流程中关键的流程直接面对顾客，为顾客提供有价值的产出，是企业流程再造的中心环节。流程再造将原来按职能划分的管理方式转变为以流程和具体任务为中心的管理方式。流程再造从设计一个或数个基本的流程开始，其基本原则是：执行流程时，环节越少越好；从服务对象看，需要交流和面对的人越少、越简单越好。根据这一原则，可以有以下再造策略：

（1）借助技术支持，将可以合并的流程合并，减少工序的分割，这样既可以提高工作效率，也可以降低管理成本，还可以降低衔接错误的发生率。

（2）将属于同一个职能且需要紧密合作的流程合并，组成工作小组，重新构造流程。以团队内信息沟通代替个人之间信息交换和交接手续，从而提高效率。以团队方式开展流程工作，是多数企业流程再造的重要策略。

（3）将连续和平行流程改为同步工程。连续流程是一个前后工序紧密衔接的流程。前后工序不能随意变换，前道工序没有完成，后道工序便无法开始。平行流程是各工序分开进行，最后将各工序成果进行汇总和组合。同步工程则是将多道工序组合成一个模块，在模块内部，各工序可以互动进行。传统的产品研发多采用连续流程或平行流程，不仅时间长，而且只要其中一个步骤失误，整个流程就需要重新开始。在新产品研发中，如果发现某个流程有问题，就需要耗费大量时间从头开始。采用同步工程方式，将全过程划分为几个模块，模块内部各工序可以随时交流，一个流程错误可以在模块内部调整和纠正，可显著提高开发效率。

3. 流程设计

在完成以上两个步骤后，流程再造进入实质性阶段——流程设计。流程设计应充分集思广益，群策群力，认真审视设定的目标以及流程设计所必须达到的输出要求，将目标和一些想法、建议通过流程加以实现。同时，还应考虑到本企业的实际情况，设计出与流程改进方案相配套的组织结构、人力资源配置、企业文化等方面的保障体系。只有以流程改进为核心形成系统的企业流程再造方案，才能达到预期的目的，这包括组织结构的再造、人力资源的重新配置以及企业文化的重塑。

4. 组织实施与持续改善

流程设计完成之后，应尽快将流程加以实施。实施企业流程再造方案，必然会触及原有的利益格局，因此，要精心组织，谨慎推进。既要态度坚定、克服阻力，又要积极宣传、达成共识，以保证企业流程再造的顺利进行。此外，企业还要通过实践进一步完善流程。企业流程再造方案的实施并不意味着企业流程再造的终结。在社会发展日益加快的当今时代，企业总是会面临新的挑战，这就需要对企业流程再造方案持续加以改进，以适应新形势的需要。

/ 本章小结 /

战略评价是指在企业经营战略的实施过程中，检查企业为达到目标所进行的各项活动的进展情况，把它们与既定的战略目标相比较，分析偏差产生的原因。战略控制是在战略评价的基础上纠正偏差，使企业战略的实施更好地与企业当前所处的内外环境、企业目标协调一致。战略评价与控制的三项基本活动是：考察企业战略的内在基础，战略绩效的度量与偏差分析，采取纠正措施。

有效的战略评价能够兼顾长期和短期，并进行充分和及时的反馈。战略评价分析中对战略的评价标准是一致性、协调性、可行性和优越性。有效战略控制遵循的原则是适度控制原则、重要性原则、例外原则、适应性原则、激励为主原则和信息反馈原则。

企业流程再造的核心思想是以企业长期发展战略需要为出发点，以流程价值再增值设计为中心，强调打破传统的职能部门界限，提倡组织改进、顾客导向及正确地运用信息技术，建立合理的企业流程，从而使企业适应日益加剧的市场竞争和瞬息万变的外部环境。企业流程再造的实施流程包括流程诊断、流程再造策略、流程设计及组织实施与持续改善。

/ 常用术语 /

战略评价（strategy evaluation）
一致性（consistency）
协调性（consonance）
可行性（feasibility）
优越性（advantage）
战略控制（strategy control）
战略管理工具（strategic management tools）
有效的战略控制（effective strategic control）
企业流程再造（business process reengineering，BPR）

/ 思考题 /

1. 战略评价与战略控制的关系如何？
2. 战略评价与控制的三项基本活动是什么？
3. 如何度量战略绩效以及避免战略偏差？
4. 怎样衡量战略评价与控制是否有效？
5. 战略评价实施的要点有哪些？
6. 战略管理实践中容易发生的失误有哪些？
7. 企业流程再造的核心思想是什么？
8. 战略管理面临怎样的挑战？如何应对？

参考文献

[1] 钱旭红．改变思维（新版）．上海：上海文艺出版社，2020.

[2] 安德鲁·卡卡巴德斯，娜达·卡卡巴德斯．灵捷外包：如何快速在全球获取资源．史晓峰，李小北，译．北京：经济管理出版社，2003.

[3] 安德森．创客：新工业革命．萧潇，译．北京：中信出版社，2012.

[4] 波特．国家竞争优势．李明轩，邱如美，译．北京：华夏出版社，2002.

[5] 波特．竞争战略．陈小悦，译．北京：华夏出版社，2005.

[6] 曾鸣，宋斐．云商业的大创想．商业评论，2012（9）：104－113.

[7] 陈炳富，周祖城．企业伦理学概论．天津：南开大学出版社，2000.

[8] 达夫特．组织理论与设计精要．李维安，等译．北京：机械工业出版社，1999.

[9] 戴维．战略管理：理论与案例：获取竞争优势的方法：第14版．徐飞，译．北京：经济科学出版社，2015.

[10] 戴维．战略管理．李克宁，译．北京：经济科学出版社，2001.

[11] 德鲁克，等．公司绩效测评．李焰，江娅，译．北京：中国人民大学出版社，1999.

[12] 德鲁克．创新与企业家精神．《世界经济科技》周刊编辑室，译．北京：企业管理出版社，1989.

[13] 杜迪克．战略创新：形成创造性成功战略的革新思想和工具．王德忠，译．北京：机械工业出版社，2003.

[14] 多兹，哈梅尔．联盟优势．郭旭力，鲜红霞，译．北京：机械工业出版社，2004.

[15] 弗格森．并购整合绩效分析．李亭，译．北京：清华大学出版社，2005.

[16] 福卡智库（福卡经济预测研究所）．福卡分析，2021年第1－49期.

[17] 弗雷德·戴维，福里斯特·戴维，梅雷迪思·戴维．战略管理：建立持续竞争优势：第17版．徐飞，译．北京：中国人民大学出版社，2021.

[18] 傅莹．迈入2019，世界处于选择关口．参考消息，2018－12－28.

[19] 干春晖．并购实务．北京：清华大学出版社，2004.

[20] 高杲，徐飞．企业战略联盟的演化机制：基于自发性对称破缺视角．上海：上海交通大学出版社，2012.

[21] 高杲，徐飞．战略联盟利益决策：基于契约的参考点分析．系统管理学报，

2011，20（3）：335－339.

［22］高杲，徐飞．战略联盟的不完全性分析．南开管理评论，2010，13（6）：50－58.

［23］戈梅斯-卡塞雷斯．重混战略：融合内外部资源共创新价值．徐飞，宋波，任政亮，译．北京：中国人民大学出版社，2017.

［24］谷源洋，林水源．世界经济概论．北京：经济科学出版社，2002.

［25］赫尔德，等．全球大变革：全球化时代的政治、经济与文化．杨雪冬，周红云，陈家刚，等译．北京：社会科学文献出版社，2001.

［26］胡乃文．塑造网络经济：第三代电子商务教科书．北京：清华大学出版社，2006.

［27］胡卫东，周毅．产业集群价值链链接模式与升级路径探索．工业技术经济，2008（11）：112－116.

［28］霍金斯，马瑟斯博．消费者行为学：原书第12版．符国群，等译．北京：机械工业出版社，2014.

［29］卡茨，格林二世．中小企业创业管理：第3版．徐飞，译．北京：中国人民大学出版社，2012.

［30］坎贝尔，卢克斯．战略协同：第2版．任通海，龙大伟，译．北京：机械工业出版社，2000.

［31］坎贝尔，卢斯．核心能力战略：以核心竞争力为基础的战略．严勇，祝方，译．大连：东北财经大学出版社，1999.

［32］科特，哈默．未来的战略．徐振东，张志武，译．成都：四川人民出版社，2000.

［33］莱特．战略决策的艺术与科学．爱丁文化，译．北京：中华工商联合出版社，2004.

［34］李琮．世界经济学新编．北京：经济科学出版社，2000.

［35］李全喜，刘伟江．企业信息化与管理．北京：机械工业出版社，2005.

［36］利普顿．愿景引领成长．范徵，杭虹利，王风华，等译．广州：广东经济出版社，2004.

［37］梁琦．产业集聚论．北京：商务印书馆，2004.

［38］刘鹤．必须实现高质量发展．人民日报，2021－11－24.

［39］刘冀生．企业经营战略．北京：清华大学出版社，1995.

［40］刘俊海．公司的社会责任．北京：法律出版社，1999.

［41］刘兴国．知识经济与企业组织结构．经济师，2002（5）：17－18.

［42］刘雪慰．一切悲剧都源于不当激励：专访诺贝尔经济学奖得主罗伯特·奥曼．商业评论，2013（1）：84－95.

［43］隆国强．理性认识当前的中美贸易摩擦．人民日报，2018－08－29.

［44］鲁特．国际市场进入战略：增订版．古玲香，译．北京：中国人民大学出版社，2005.

［45］伦德朗．共赢：战略联盟 & 伙伴关系手册．郑忠静，覃云，译．北京：企业管理出版社，2004.

［46］马楚．WTO 补贴与反补贴规则．广州：广东人民出版社，2001.

［47］麦克里斯特尔，科林斯，西尔弗曼，等．赋能：打造应对不确定性的敏捷团队．林爽喆，译．北京：中信出版社，2017.

［48］麦特森，伊万舍维奇．管理与组织行为经典文选：第 7 版．李国洁，王毅，李国隆，译．北京：机械工业出版社，2000.

［49］明茨伯格，阿尔斯特兰德，兰佩尔．战略历程：纵览战略管理学派．刘瑞红，徐佳宾，郭武文，译．北京：机械工业出版社，2002.

［50］木蕊．公司愿景．北京：中央编译出版社，2004.

［51］帕拉哈拉德，多茨．跨国公司使命．王文彬，等译．北京：华夏出版社，2001.

［52］派恩．大规模定制：企业竞争的新前沿．操云甫，译．北京：中国人民大学出版社，2000.

［53］潘爱玲．企业跨国并购后的整合管理．北京：商务印书馆，2006.

［54］钱德勒．规模与范围：工业资本主义的原动力．张逸人，陆钦炎，徐振东，等译．北京：华夏出版社，2006.

［55］切尔．企业家精神：全球化、创新与发展．李欲晓，赵琛徽，译．北京：中信出版社，2004.

［56］秦玮，徐飞，宋波．研发联盟合作伙伴行为演化博弈分析：吸收能力的视角．工业工程与管理，2011，16（6）：16－20.

［57］秦玮，徐飞．产学联盟绩效的影响因素分析：一个基于动机和行为视角的整合模型．科学学与科学技术管理，2011，32（6）：12－18.

［58］秦玮，徐飞．基于演化视角的企业动态能力构成维度研究．现代管理科学，2010（5）：14－15，39.

［59］任政亮，徐飞．对称破缺视角下的战略联盟稳定性．现代管理科学，2012（6）：12－14.

［60］塞隆纳，谢帕德，波多尼．战略管理．王迎军，汪建新，译．北京：机械工业出版社，2004.

［61］史蒂文森．运营管理：原书第 8 版．张群，张杰，等译．北京：机械工业出版社，2005.

［62］史密斯，希特．管理学中的伟大思想：经典理论的开发历程：典藏版．徐飞，路琳，苏依依，译．北京：北京大学出版社，2016.

［63］宋波，徐飞．不同需求状态下公私合作制项目的定价机制．管理科学学报，2011，14（8）：86－96.

［64］宋波，徐飞．基于多目标群决策迭代算法的 PPP 项目合作伙伴选择．系统管理学报，2011，20（6）：690－695.

［65］宋波，徐飞．基于马尔科夫状态转换的战略联盟自发性对称破缺机制．系统管

理学报，2013，22（1）：85－90.

［66］宋波，徐飞．联盟稳定性的静态贝叶斯博弈分析．上海交通大学学报，2009，43（9）：1373－1376，1382.

［67］宋波，徐飞．战略联盟稳定性、破缺性与演化实证．上海：格致出版社，2014.

［68］宋波，赵良杰，徐飞．基于网络嵌入的战略性新兴产业新熊彼特式发展的动力学机制．系统管理学报，2019，28（4）：615－624.

［69］汤姆森，斯迪克兰迪．战略管理：概念与案例：第10版．段盛华，王智慧，译．北京：北京大学出版社，2004.

［70］汤普森，甘布尔，斯特里克兰三世．战略管理：获取竞争优势．蓝海林，李卫宁，黄嫚丽，等译．北京：机械工业出版社，2006.

［71］瓦斯康赛洛斯．军事战略在管理中的妙用．刘金岩，译．北京：机械工业出版社，2007.

［72］王方华，陈继祥．战略管理．上海：上海交通大学出版社，2003.

［73］王方华，徐飞．赢利模式3.0：变革时期的竞合．北京：机械工业出版社，2009.

［74］王广生．经济国际化、经济全球化、经济一体化的区别与联系．北京理工大学学报（社会科学版），2003（4）：47－50.

［75］王缉慈，等．创新的空间：企业集群与区域发展．北京：北京大学出版社，2001.

［76］吴清津．WTO反倾销规则．广州：广东人民出版社，2001.

［77］希特．战略管理：竞争与全球化：原书第6版．吕巍，等译．北京：机械工业出版社，2002.

［78］项保华．战略管理：艺术与实务．北京：华夏出版社，2001.

［79］肖利华．下一个十年，谁能笑到最后．商业评论，2022年1月号（总第217期）：77－80.

［80］谢康，等．超越国界：全球化中的跨国公司．北京：高等教育出版社，1999.

［81］徐二明．企业战略管理．北京：中国经济出版社，2002.

［82］徐飞，高隆昌．二象对偶空间与管理学二象论：管理科学基础探索．北京：科学出版社，2005.

［83］徐飞，黄丹．企业战略管理．2版．北京：北京大学出版社，2014.

［84］徐飞，宋波．企业发展理论与成长机理．成都：西南交通大学出版社，2014.

［85］徐飞，徐立敏．战略联盟理论研究综述．管理评论，2003，15（6）：12－18，22－63.

［86］徐飞．“双创”企业应抓住五大方向转危为机．中国科学报，2020－03－20.

［87］徐飞．“双一流”建设在创新驱动发展战略中的四大使命．中国高等教育，2017（10）：42－46.

［88］徐飞．DIT：信息与知识定量测度的新视界．系统管理学报，2006，15（5）：

479－480.

[89] 徐飞. DNA 范式下的企业发展战略. 管理学家，2007（12）：70－72.

[90] 徐飞. 不确定性视阈下的战略管理. 上海交通大学学报（哲学社会科学版），2008（5）：5－10，19.

[91] 徐飞. 从“点”竞争到“链”竞争. 销售与管理，2008（1）：52－53.

[92] 徐飞. 东西方思维方式和文化特质比较：兼论跨文化领导力. 上海交通大学学报（哲学社会科学版），2006，14（5）：48－52，59.

[93] 徐飞. 而立之年的浦东正迈向大成. 光明日报，2020－11－12.

[94] 徐飞. 共同富裕的理念演进、实践推动与基础性制度安排. 学术前沿，2021（22）：96－104.

[95] 黄晓琼，徐飞. 科技服务业与高技术产业协同集聚创新效应：理论分析与实证检验. 中国科技论坛，2021，40（3）：93－102.

[96] 徐飞. 坚持走中国特色自主创新道路：中国高速铁路的成功实践. 求是，2017（4）：35－37.

[97] 徐飞. 世界交通运输的发展趋势与挑战. 学术前沿，2020（7）：78－84.

[98] 徐飞. 新文科建设：“新”从何来，通往何方. 光明日报，2021－03－20.

[99] 徐飞. 疫情寒冬，企业如何突围. 清华管理评论，2020（4）：6－13.

[100] 徐飞. 与后浪说. 上海：格致出版社，2021.

[101] 黄晓琼，徐飞. 云平台背景下科技服务资源跨区域集成与共享中政府行为策略及协调. 运筹与管理，2024，33（7）：151－157.

[102] 徐飞. 中国高铁的全球战略价值. 学术前沿，2016（2）：6－20.

[103] 徐飞. 中国管理体系的构建：从“人”到组织、制度和流程. 北大商业评论，2006，28（11）：32－37.

[104] 徐飞. 中小企业应对非对称竞争的四大战略. 管理学家（实践版），2010，141（1）：14－17.

[105] 徐飞. 纵横“一带一路”：中国高铁全球战略. 上海：格致出版社，2017.

[106] 杨洁. 企业并购整合研究. 北京：经济管理出版社，2005.

[107] 杨升荣，徐飞，陈洁. 基于点评网用户数量的促销策略. 系统管理学报，2009，18（3）：320－324.

[108] 徐飞. 战略和战术要靠战役来贯通落地. 商业评论，2024 年 11/12 月：67－69.

[109] 徐飞，陆亮亮. 生成式人工智能时代的元宇宙创业. 湖南日报，2025－01－25.

[110] 黄晓琼，徐飞. 聚合模式下双边平台的增值服务投资及佣金定价策略研究. 管理学报，2024，21（6）：919－927.

[111] 徐飞. 弘扬新时代企业家精神. 国家治理，2024（20）：10－11.

[112] 徐飞. 从概念验证看科技体制改革的深化方向. 人民论坛，2024（16）：32－35.

［113］徐飞，胡钺．在中国式现代化中不断增进民生福祉．解放日报，2024－07－02.

［114］綦成双，徐飞．创新战略视角下的制造企业协同与创新绩效研究．软科学，2024，38（4）：70－75，82.

［115］黄晓琼，徐飞．考虑平台异质性的第三方平台整合研究．信息系统学报，2023，18（1）：129－144.

［116］徐飞，綦成双．塑造与新质生产力相适应的新型生产关系．文汇报，2024－03－17.

［117］黄晓琼，徐飞．知识生态视域下面向产业集群的区域综合科技服务系统生态化发展研究．科技进步与对策，2021，38（3）：60－69.

［118］徐飞，綦成双．数字创业学习：内涵、研究议题与展望．经济管理，2023，45（3）：192－208.

［119］徐飞，陆亮亮．提升全球资源配置功能．解放日报，2024－02－06.

［120］徐飞．大学春秋．上海：格致出版社，2023.

［121］蒲旺，徐飞，黄登仕．城市轨道交通 PPP、ABS 和 TOD 投融资模式比较研究．交通运输工程与信息学报，2016，14（2）：69－75.

［122］徐飞，綦成双．谱写高质量发展新篇章．解放日报，2023－10－24.

［123］徐飞．儒家经济圈为何在全球“出圈”．湖南日报，2023－07－01.

［124］徐飞．在线教育：是应急之举还是长远之计．文汇报，2023－03－08.

［125］杨圣明．中国对外经贸理论前沿．北京：社会科学文献出版社，1999.

［126］约翰逊，惠廷顿，斯科尔斯．战略管理基础：第 2 版．徐飞，译．北京：电子工业出版社，2013.

［127］约翰逊，斯科尔斯．公司战略教程．金占明，贾秀梅，译．北京：华夏出版社，1998.

［128］张九元，张羡．虚拟经营．北京：中国经济出版社，2004.

［129］张维迎．博弈与社会．北京：北京大学出版社，2013.

［130］张应杭，黄寅．企业伦理：理论与实践．上海：上海人民出版社，2001.

［131］中共中央关于进一步全面深化改革 推进中国式现代化的决定．人民日报，2024－07－22.

［132］习近平．高举中国特色社会主义伟大旗帜 为全面建设社会主义现代化国家而团结奋斗：在中国共产党第二十次全国代表大会上的报告．北京：人民出版社，2022.

［133］刘守英，黄彪．从传统生产力到新质生产力．中国人民大学学报，2024，38（4）：16－30.

［134］杨玉春．释放数据要素内生潜力促进新型工业化提档加速．数字经济，2024，（9）：18－23.

［135］周昊天，段小梅．新质生产力赋能绿色贸易高质量发展：内在逻辑、现实困境与实施路径．价格月刊，2024，（9）：60－69.

［136］连俊华．积极推动专精特新中小企业高质量发展．宏观经济管理，2024（4）：

78－84.

［137］肖红军．共享价值式企业社会责任范式的反思与超越．管理世界，2020，36（5）：87－115，133，13.

［138］程兆谦，张念灵，徐晟楠，等．生态战略：VUCA 时代的新一代企业战略．商业评论，2024 年 2/3 月号.

［139］蔡舒恒，刘婕．战略领导力：杰克・韦尔奇、霍华德・舒尔茨与埃隆・马斯克．中欧国际工商学院案例库，2022.

［140］齐琦．比亚迪：底气来自消费者，竞争力源于技术，长期坚持成就卓越．哈佛商业评论，2024－09－26.

［141］孙静，贺竞成，刘婷婷．中兴通讯：战略引领供应链转型升级．清华管理评论，2023，（9）：6－15.

［142］季丹．企业视角下的产品召回研究．上海质量，2023，（9）：46－50.

［143］黄晓娟，陈素波．腾讯："科技向善"共创可持续社会价值．企业管理，2023（5）：53－58.

［144］肖红军，张哲，王欣．数字平台企业社会价值共创的实现机制：基于美团"青山计划"的纵向案例研究．管理世界，2024，40（10）：146－171.

［145］姜付秀，陈思，王骜然．ESG 的合法性基础．中山大学学报（社会科学版），2024，64（6）：413－428.

［146］李含伟，李梦圆．"堵"还是"促"：无人驾驶的社会诉求与政策因应：以武汉"萝卜快跑"为例．学习与实践，2024（8）：32－41.

［147］杨张博，韩淑君，孙笑明，等．中美 AIGC 领先企业技术创新布局比较研究．科学学研究，2025，43（2）：265－277.

［148］许丹．基于波特五力模型的快递企业服务竞争力研究：以顺丰速运为例．中国物流与采购，2023（24）：30－31.

［149］安健，李营．突破内卷困局，中小商家如何开辟新蓝海？．哈佛商业评论，2024－09－14.

［150］徐向梅．新型基础设施建设驶入快车道．经济日报，2023－02－24.

［151］王珽，底亚星．数据确权：必要性、复杂性与实现路径．光明日报，2024－03－15.

［152］李少帅．新一代人工智能赋能企业数智化转型升级：驱动模式及路径分析．当代经济管理，2024（12）：1－8.

［153］长青，王喆敏，吉格迪，等．登高望远，乘势而上：伊利持续竞争优势构建的适应性管理之道．管理学报，2023，20（5）：631－642.

［154］朱恒源，杨斌．战略节奏：在动荡的商业世界把握未来．中欧商业评论，2018（5）：10－17.

［155］周翔，叶文平，李新春．数智化知识编排与组织动态能力演化：基于小米科技的案例研究．管理世界，2023，39（1）：138－157.

［156］湛泳，李胜楠．新质生产力推进产业链现代化：逻辑、机制与路径．改革，

2024，(5)：54－63.

［157］贝雷塔，达兰德，弗雷泽里克森，等．看乐高如何玩转客户共创．商业评论，2024（1)：109－115.

［158］张瑜晶，何瑛．华为基于经营战略与财务战略协同的企业价值创造路径分析．财务与会计，2023（14)：35－39.

［159］宫慧琳．春秋航空低成本战略应用研究．会计师，2023（6)：26－28.

［160］胡涵清，沈娜．基于差异化战略的休闲食品企业发展战略研究：以洽洽食品为例．中国商论，2024，33（19)：151－154.

［161］丁绒，邓雯丹．在笃耕中闪耀：研发组合拳模式赋能企业突破性技术创新的演进路径．科学学与科学技术管理，2024（11)：1－21.

［162］郑德琦，赵洪丹，王可及．企业并购的协同效应分析：以京东物流并购德邦快递为例．廊坊师范学院学报（自然科学版)，2024，24（3)：89－94.

［163］单宇，季冰妍，苏岳．海信并购东芝 TVS："一体三融"整合之道．企业管理，2024（7)：78－83.

［164］冯瑞莲．多元化战略下食品企业财务绩效分析：以双汇发展为例．中国食品工业，2024（16)：47－49.

［165］刘一凡，高东芳．多元化战略下云南白药财务风险研究．商场现代化，2024（19)：174－176.

［166］苏萌萌，冯永春，李子玉，等．新兴市场跨国企业国际市场机会识别规则及其演变机制：基于乐歌的纵向案例研究．管理学报，2024，21（5)：633－643.

［167］李昕，张驰．何以成标杆：全球化品牌联想的奥运营销剖析．国际品牌观察，2024（14)：50－55.

［168］邱毅，周亚铭，王节祥，等．企业如何嵌入平台生态系统推进数字化转型?．外国经济与管理，2024，46（12)：20－36.

［169］陈宏民，杨云鹏，王春英．共享平台的生存空间和社会价值．管理科学学报，2024，27（1)：1－16.

［170］杨蓝岚．博弈论成为更具影响力的跨学科研究方法．中国社会科学报，2023－10－11.

［171］李纯青，刘苗苗，黄红丽．数字生态系统下品牌联盟作用机理研究：以京东为例．管理案例研究与评论，2024，17（2)：263－279.

［172］周常宝，冯志红，林润辉，等．从产品导向到生态导向：高科技企业创新生态系统的构建：基于大疆的纵向案例．管理评论，2023，35（3)：337－352.

［173］张学敏，王海军，温兴琦，等．模块化驱动下企业产学研深度融合演化路径：沈鼓集团纵向案例研究．科技进步与对策，2024，41（8)：149－160.

［174］郑子辉，赵建华．WISE：海尔创客赋能新模式．企业管理，2023（8)：53－57.

［175］万俊，刘奔跃，张悦．动态能力视角下的企业发展战略分析：基于 JT 速递的案例研究．商业观察，2024，10（9)：26－29，35.

［176］张子健，王思力．动态能力视角下环境战略转型影响企业高质量发展的机理

研究：以江西铜业为例．管理案例研究与评论，2024，17（1）：123－148．

［177］陈春花．四种力量下的三种增长战略．哈佛商业评论，2023 年 12 月．

［178］李先昭，王鑫，王柯．破解难题焕新生，“五好”徐矿绽新颜．新华日报，2023－10－13．

［179］高原，王锐，彭泗清．乌卡环境下中国高科技制造企业国际化的权变战略：基于宇视科技的案例研究．管理评论，2024，36（3）：269－288．

［180］李佳洛．中联重科上半年海外收入增幅第一究竟凭什么？．建设机械技术与管理，2024，37（5）：10－11．

［181］李贝贝，田甜．德国隐形冠军对我国专精特新“小巨人”企业的启示．中小企业管理与科技，2022（23）：71－73．

［182］马中，陈巍鋆，韩子露．数字财务推动企业战略落地：海通证券数字财务创新实践案例．中国管理会计，2023（2）：85－93．

［183］吴清．苹果市值 10 年翻 10 倍库克比乔布斯强在哪？．中国经营报，2023－07－08．

［184］安明霞．以独有商业文化造就独特品牌价值：关于胖东来商贸集团有限公司诚信经营的思考．中国合作经济，2024（9）：70－72．

［185］张红芳，朱珠，张琦，等．合法性危机下跨国公司人力资源本土化策略及其动态演进研究：基于爱菊粮油集团的案例研究．南大商学评论，2023（3）：159－180．

［186］杨沛．智能制造企业财务战略评价及优化研究：以东方精工为例．现代工业经济和信息化，2024，14（7）：204－205，209．

［187］刘圆圆．传统制造向智能制造转型下企业“财务流程再造新模式”探究．财经界，2021（14）：89－90．

［188］Barney J B. Firm Resources and Sustained Competitive Advantage. Journal of Management，1991（17）：99－120.

［189］Bowman C，Faulkner D. Competitive and Corporate Strategy. Irwin，1996.

［190］Bradley M，Desai A，Kim E H. Synergistic Gains from Corporate Acquisitions and Their Division Between the Stockholders of Target and Acquiring Firms. Journal of Financial Economics，1988，21（1）：3－40.

［191］Carroll A B. The Pyramid of Corporate Social Responsibility：Toward the Moral Management of Organizational Stakeholders. Business Horizons，1991，34（4）：39－48.

［192］Chanberlin E H. The Theory of Monopolistic Competition. Cambridge：Harvard University Press，1933.

［193］Chen T Y，Chen Y M，Chu H C，et al. Development of An Access Control Model，System Architecture and Approaches for Resource Sharing in Virtual Enterprise. Computers in Industry，2007（58）：57－73.

［194］Dixit A K，Stiglitz J E. Monopolistic Competition and Optimum Product Diversity. The American Economic Review，1977，67（3）：297－308.

［195］Edvinsson L，Sullivan P. Developing a Model for Managing Intellectual Capital. European Management Journal, 1996, 14 (4): 356-364.

[196] Fujita M. Urban Economic Theory: Land Use and City Size. Cambridge, New York: Cambridge University Press, 1989.

[197] Hsee C, Xu F, Tang N Y. Two Recommendations on the Pursuit of Happiness. The Journal of Legal Studies, 2008, 37 (S2): 115-132.

[198] Johnson G, Whittington R, Scholes K. Fundamentals of Strategy. 2nd ed. Pearson, 2012.

[199] Jones J, Bowonder B, Wood D. Critical Competencies in Virtual Service Webs. European Management Journal, 2003, 21 (1): 48-61.

[200] Krugman P. Development, Geography and Economic Theory. Cambridge, MA: MIT Press, 1995.

[201] Markides C C. Diversification, Refocusing and Economic Performance. The MIT Press, 1996.

[202] Marshall A. Principle of Economics. London: Macmillan, 1925.

[203] Miles R E, Snow C C, Meyer A D, et al. Organizational Strategy, Structure, and Process. New York: McGraw-HilI Book Company, 1978.

[204] Penrose E T. The Theory of the Growth of the Firm. New York: Wiley, 1959.

[205] Porter M E. The Competitive Advantage of Nations. New York: Macmillan Business, 1998.

[206] Porter M E. The Competitive Advantage of Nations. The Free Press, 1990.

[207] Porter M E. What is Strategy. Harvard Business Review, 1996 (6).

[208] Prahalad C K, Hamel G. The Core Competence of the Corporation. Harvard Business Review, 1990, 68 (3): 79-91.

[209] Pu W, Xu F, Chen R X, et al. PPP Project Procurement Model Selection in China: Does it Matter? . Construction Management and Economics, 2020, 38 (2): 126-139.

[210] Pu W, Xu F, Marques R C. A Bibliometric and Meta-analysis of Studies on Public-Private Partnerships in China. Construction Management and Economics, 2021, 39 (9): 773-789.

[211] Qin W, Xu F. Do Behavioral Characteristics Influence the Performance of Industry-University Alliances? Evidence from China. African Journal of Business Management, 2011, 5 (17): 9348-9354.

[212] Richardson G B. The Organisation of Industry. Economic Journal, 1972 (82): 883-896.

[213] Sanchez R. Heene. Managing Articulated Knowledge in Competence-Based Competition, Chichester: John Wiley and Sons, 1997.

[214] Stalk G, Evans P, Schulman L E. Competing on Capabilities: The New Rules of Corporate. Harvard Business Review, 1992, 70 (2): 57-69.

[215] Stewart T A. Brainpower: How Intellectual Capital is Becoming America's Most Val-

uable Asset. Fortune, 1991, 6 (3): 44 - 60.

[216] Teece D J, Pisano G, Shuen A. Dynamic Capabilities Strategic Management. Strategic Management, 1997, 18 (7): 509 - 533.

[217] Wernerfelt B. A Resource-Based View of the Firm. Strategic Management Journal, 1984, 12 (5): 171 - 180.

[218] Xu F. The Belt and Road: The Global Strategy of China High-Speed Railway. Singapore: Truth and Wisdom Press and Springer Nature Singapore Pte Ltd. , 2018.

图书在版编目（CIP）数据

战略管理：理论模型与中国实践：数字教材版/徐飞编著．--6版．--北京：中国人民大学出版社，2025.4．--（中国管理学系列教材）．--ISBN 978-7-300-33847-7

Ⅰ．F272.1

中国国家版本馆CIP数据核字第20256EV437号

本教材第4版曾获首届全国教材建设奖全国优秀教材二等奖
“十二五”普通高等教育本科国家级规划教材
高校课程思政示范建设项目（国家级）配套教材
中国管理学系列教材

战略管理——理论模型与中国实践（第6版·数字教材版）

徐　飞　编著

Zhanlüe Guanli——Lilun Moxing yu Zhongguo Shijian

出版发行	中国人民大学出版社		
社　　址	北京中关村大街31号	**邮政编码**	100080
电　　话	010－62511242（总编室）		010－62511770（质管部）
	010－82501766（邮购部）		010－62514148（门市部）
	010－62511173（发行公司）		010－62515275（盗版举报）
网　　址	http://www.crup.com.cn		
经　　销	新华书店		
印　　刷	北京密兴印刷有限公司	**版　　次**	2009年7月第1版
开　　本	787 mm×1092 mm　1/16		2025年4月第6版
印　　张	21.75 插页1	**印　　次**	2025年7月第2次印刷
字　　数	498 000	**定　　价**	62.00元

中国人民大学出版社　管理分社

教师教学服务说明

中国人民大学出版社管理分社以出版工商管理和公共管理类精品图书为宗旨。为更好地服务一线教师，我们着力建设了一批数字化、立体化的网络教学资源。教师可以通过以下方式获得免费下载教学资源的权限：

★ 在中国人民大学出版社网站 www.crup.com.cn 进行注册，注册后进入“会员中心”，在左侧点击“我的教师认证”，填写相关信息，提交后等待审核。我们将在一个工作日内为您开通相关资源的下载权限。

★ 如您急需教学资源或需要其他帮助，请加入教师 QQ 群或在工作时间与我们联络。

中国人民大学出版社　管理分社

教师 QQ 群：648333426(工商管理)　114970332(财会)　648117133(公共管理)
教师群仅限教师加入，入群请备注(学校+姓名)

联系电话：010-62515782，82501868，82501048，62514760

电子邮箱：glcbfs@crup.com.cn

通讯地址：北京市海淀区中关村大街甲 59 号文化大厦 1501 室（100872）

管理书社　　人大社财会　　公共管理与政治学悦读坊